KB252660

finale 25 (2016)

최이진 지음

노하우
도서출판

피날레 25을 가장 쉽고 빠르게 익힐 수 있는 방법

최이진의 MakeMusic Finale 25

Know-How of Choi E-Jin / Music begins with Finale 25

초판 발행 2016년 10월 19일

지은이 최이진

펴낸곳 도서출판 노하우
기획 현음뮤직
진행 노하우
편집 덕디자인

주소 서울시 관악구 행운1길
전화 02)888-0991
팩스 02)871-0995

등록번호 제320-2008-6호
홈페이지 hyuneum.com

ISBN 978-89-94404-31-8
값 25,000원

ⓒ 최이진 2016

파본은 구입하신 서점에서 교환해드립니다.
이 책에 실린 내용과 사진은 허락 없이 전재 또는 복제할 수 없습니다.

MakeMusic Finale 25 MakeMusic Finale 25 MakeMusic Finale 25 MakeMusic Finale 25 MakeMusic Finale 25

Thanks to readers
Music begins with Finale 25

인생을 바꿀 수 있는 한 권의 책!

멀티 출판 부문 1위!
독자 여러분! 고맙습니다.

세상을 살다 보면
차라리 죽고만 싶을 만큼
힘들고, 괴로울 때가 있습니다.

하지만, 누가 봐도
힘들고, 괴로워 보이는 사람들은
오히려 그 속에서 피와 땀을 흘려가며
가슴속 깊이 전해지는 감동을 만들어냅니다.

도서출판 노하우는
힘들게 공부하는 사람들과
함께하는 작은 디딤돌이 되겠습니다.

힘들고, 괴로울 때
내가 세상의 빛이 될 수 있다는
꿈과 희망을 품고 열심히 공부하세요
멈추지 않는다면, 꿈은 반드시 이루어집니다.

그 곁에 도서출판 노하우가 함께 하겠습니다

고맙습니다.

MakeMusic Finale 25 MakeMusic Finale 25 MakeMusic Finale 25 MakeMusic Finale 25 MakeMusic Finale 25

책의 구성 미리보기
Music begins with Finale 25

본서는 저자가 독자 곁에 있는 것처럼 느낄 수 있도록 모든 학습 과정을 따라하기 방식으로 설명하고 있습니다.
피날레 25 학습이 처음인 독자도 쉽고, 빠르게 전문가가 될 수 있습니다.

[Chapter]
학습 내용을 안내합니다

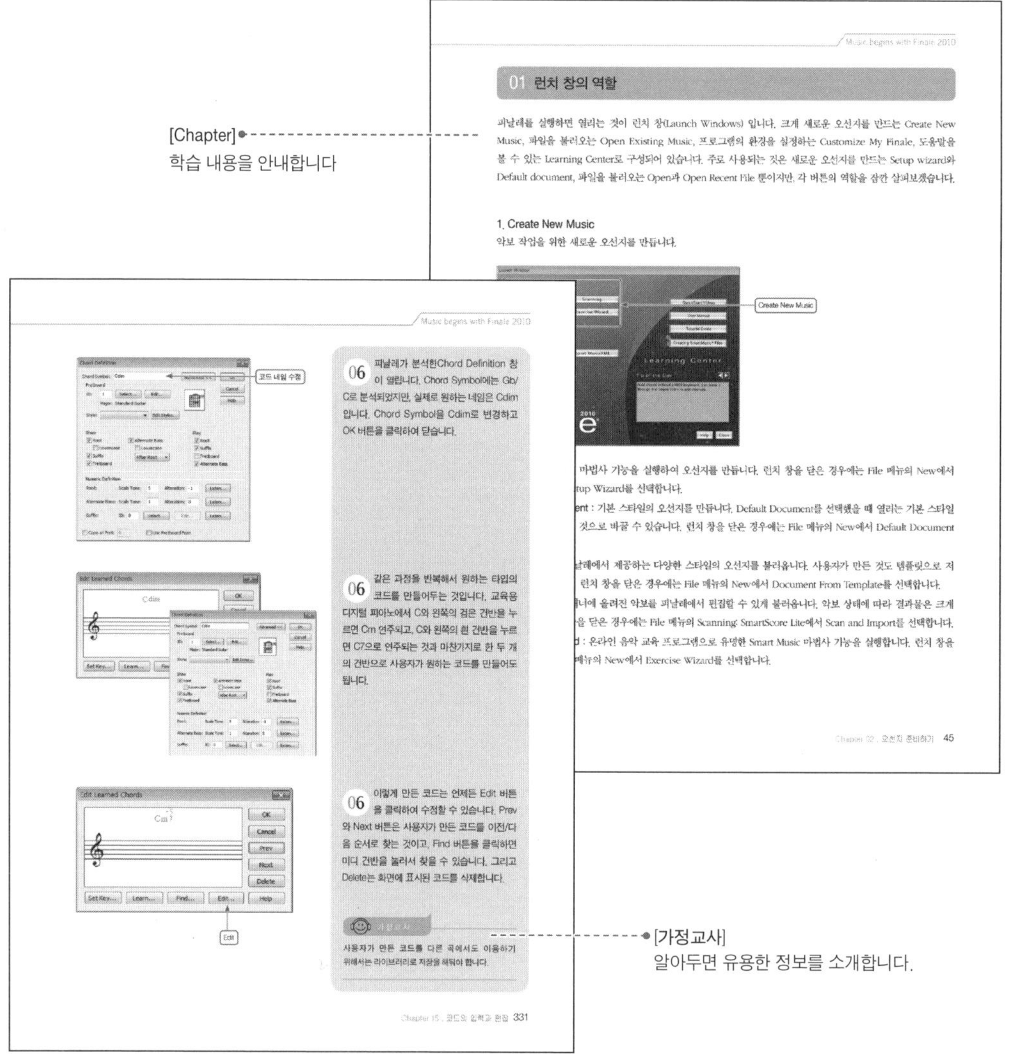

[가정교사]
알아두면 유용한 정보를 소개합니다.

◆ [따라하기 제목]
실습 내용을 안내합니다.

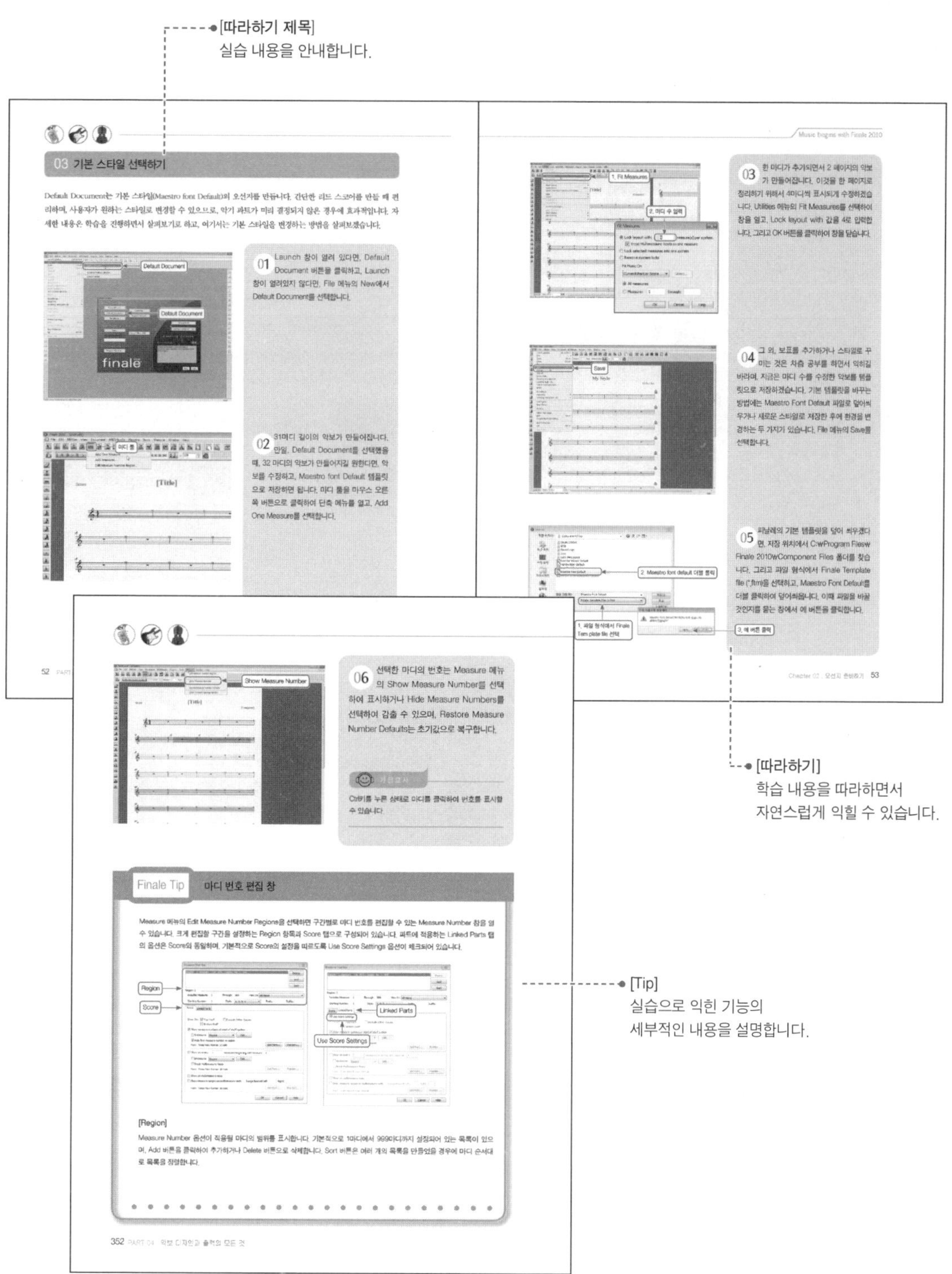

◆ [따라하기]
학습 내용을 따라하면서
자연스럽게 익힐 수 있습니다.

◆ [Tip]
실습으로 익힌 기능의
세부적인 내용을 설명합니다.

부록 CD의 구성
Music begins with Finale 25

부록 CD는 5개의 폴더로 구성되어 있으며, 학습을 진행하는데 필요한 데모 버전과 샘플 파일이 제공됩니다. 가능하면 직접 에제 악보를 만들어보면서 진행하는 것이 좋으며, 여의치 않은 경우에만 샘플을 이용합니다.

● Trial 폴더

Trail 폴더에는 저장 및 프린트 기능을 제외한 피날레 25의 모든 기능을 30일 동안 테스트 해볼 수 있는 시험 버전을 제공합니다. 정식 버전을 구입하기 전에 프로그램을 익히고 경험해보는 것이 목적입니다.

● Sample 폴더

실습에 필요한 샘플 파일을 제공합니다. 부록으로 제공되는 샘플 파일은 각각의 학습을 진행하기 전에 필요로 하는 간단한 예제 악보입니다. 예제 악보를 만들면서 진행하는 것이 지루하다고 느껴질 때만 이용을 하고, 그 외에는 독자가 직접 예제 악보를 만들어보면서 학습을 진행하는 것이 효과적입니다.

● 현음뮤직

학습을 하면서 궁금한 사항이 있으면 언제든 hyuneum.com의 질문과 답변 코너를 이용합니다. 저자를 비롯한 16명의 전문가들이 성심껏 답변해드립니다.

● TGTools 폴더

피날레의 기능을 확대할 수 있는 PG Tools사의 플러그-인
입니다. 좀 더 다양한 플러그-인에 관심이 있는 경우에는
tgtools.com을 방문해보기 바랍니다. 좀 더 화려한 악보를
빠르고, 쉽게 만들 수 있는 방법을 알 수 있습니다

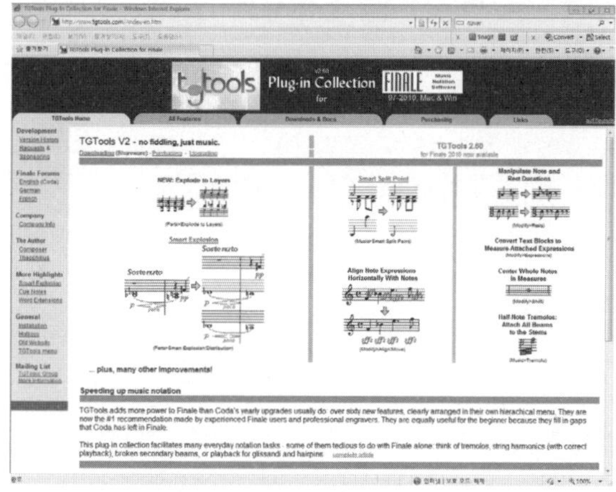

● SmartMusic 폴더

음악 교육 시스템으로 유명한 smartmusic.com 프로그램
입니다. 프로그램은 무료로 제공되고 있지만, 라이브러리
를 이용하기 위해서는 유로 가입이 필요합니다. 개인 연습
을 위한 학생부터 온라인 교육이 필요한 교사에 이르기까
지 악기 연주에 관한 세계적인 교육을 받을 수 있습니다.

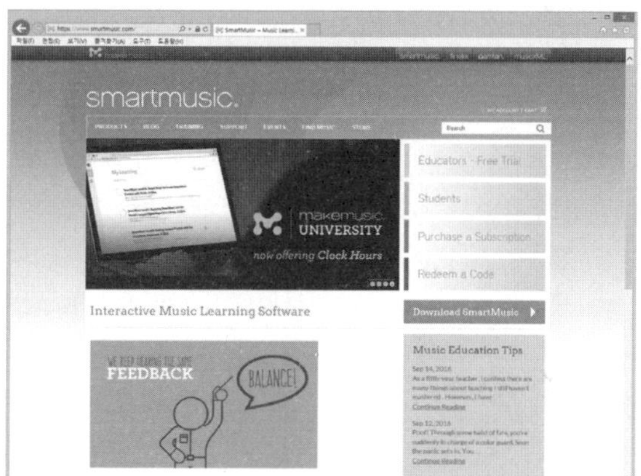

● NotePad 폴더

피날레가 설치되어 있지 않은 컴퓨터에서 피날레 악보 파
일을 편집하고 인쇄를 할 수 있는 무료 프로그램입니다. 기
존에 가지고 있던 피날레 파일을 연주 및 인쇄 목적으로
간단하게 이용하고자 하는 교수와 학생들에게 유용합니다.
최신 버전은 makemusic.com에서 무료로 다운받을 수 있
습니다.

CONTENTS
Music begins with Finale 25

PART 01 피날레 25 기본 기능 익히기

PART

02   음표 입력하기

CONTENTS
Music begins with Finale 25

PART

03 피날레 25의 주요 기능 익히기

CONTENTS
Music begins with Finale 25

PART

04 악보 디자인과 출력의 모든 것

Make Music Finale Version 25

피날레 25
기본 기능 익히기

01

피날레 25 둘러보기

피날레 25을 설치하고, 처음 실행할 때 열리는 창의 처리 방법을 살펴봅니다. 이미 피날레가 설치되어 있고, 미디와 오디오 설정까지 마친 사용자는 이번 챕터를 건너뛰어도 좋습니다. 하지만, 미디와 오디오 설정을 재대로 했는지의 여부를 확인해보기 위해서라도 한 번쯤은 읽어보는 것이 좋겠습니다. 미디와 오디오 설정을 잘못한 경우에는 이에 관련된 기능들을 정상적으로 이용할 수 없습니다.

01 피날레 25에 관하여

녹음 스튜디오의 작업 환경을 컴퓨터 한대로 구현하는 음악 프로그램에는 다양한 종류가 있으며, 대표적인 것이 Roland사의 Sonar, Yamaha사의 Cubase, Apply사의 Logic Pro, Digidesign사의 Pro Tool 등이 있습니다. 간혹, 이들 프로그램과 본서에서 학습할 Make Music사의 FIANLE를 비교하는 사람들이 있습니다. 피날레에서도 미디와 오디오 작업이 가능하지만, 근본적인 사용 목적은 악보를 만들고 디자인하는 것입니다. 즉, 음악 작업을 목적으로 사용하는 Logic, Cubase, Sonar, Pro Tool 등과는 애초부터 비교 대상이 아닙니다.

▲ 피날레 제작사 (finalemusic.com)

피날레와 비교 대상이 되는 것에는 같은 목적으로 사용하는 Avid사의 시벨리우스(Sibelius)나 Gvox사의 앙코르(Encore) 정도가 있습니다. 이 중에서 피날레와 유일한 경쟁 구도를 이루고 있는 것이 시벨리우스(Sibelius)입니다. 시벨리우스는 Pro Tools로 유명한 Avid 사의 제품으로 개인 사용자들에게 큰 신뢰를 얻고 있으며, 화려한 디자인과 뛰어난 기능으로 아주 짧은 시간에 피날레 만큼이나 많은 사용자를 확보한 프로그램입니다. 특히, 피날레의 유일한 단점이라고 볼 수 있는 어렵고, 복잡한 구조를 개선하여 쉽고, 빠르게 악보를 만들 수 있다는 장점은 이미 피날레에 익숙한 사용자마저 유혹할 수 있는

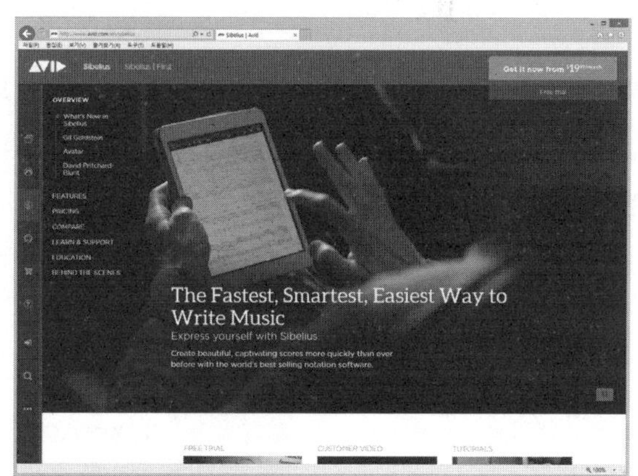

▲ 시벨리우스 제작사 (sibleius.com)

큰 매력입니다. 하지만, 국내에서 만큼은 아직도 피날레의 장벽을 넘지 못하고 있으며, 시벨리우스를 정식으로 사용하는 업체가 없기 때문에 사보 편집을 목적으로 공부를 하는 학생이나 음악 교육 및 자료 사보가 필요한 전문가들에게는 피날레가 유일하다고 보아도 좋습니다.

참고로 악보 사보 프로그램은 연필로 그리던 악보를 컴퓨터로 그려서 출판물과 동일한 품질의 결과물을 만들어내는 툴을 말합니다. 아날로그 필름으로 촬영한 사진을 어두운 암실에서 현상하던 시대를 지나, 메모리가 장착된 디지털 카메라로 촬영하여 책상 구석에 자리잡고 있는 프린터로 출력하는 시대에 접어들었듯이 과거에 연필로 그리던 악보를 컴퓨터로 깨끗하게 그려서 출판물과 동일한 품질의 악보를 집에서 만들 수 있는 것입니다.
음악 출판사의 편집 디자이너는 물론이고, 지휘자, 밴드 마스터, 작/편곡가, 교수 등, 음악을 만들거나 교육하는 사람들에게서부터 논문이나 리포트 준비가 필요한 학생에 이르기까지 악보 사보가 필요한 사람들에게 꼭 필요한 피날레 25의 학습을 시작하겠습니다.

02 새로운 기능

피날레 25, 2014 등, 출시 년도를 버전 이름으로 사용하던 피날레가 2016년 8월에 출시한 것은 년도를 사용하지 않고, 25라고 표기하고 있습니다. 이는 피날레가 25년 되었다는 뜻으로 Make Music 사의 새로운 각오를 짐작할 수 있는 아주 의미 있는 숫자 입니다. 실제로 한글 시스템에서 보이던 몇 가지 버그가 완벽하게 해결되었고, 다소 복잡했던 기능들이 심플하게 바뀌었습니다. 특히, 리와이어 지원은 컴퓨터 뮤지션들에게 더할 나위 없이 반가운 기능입니다. 그 외, 내부적으로 많은 기능들이 업그레이드 되었지만, 제작사에서 특히 강조하고 있는 몇 가지 기능들을 살펴보겠습니다.

● 리와이어(ReWire) 기능

리와이어는 두 개의 프로그램을 연결하여 하나의 프로그램을 사용하는 듯한 효과를 주는 기능입니다.

음악 제작 툴로 유명한 큐베이스나 로직에서의 아쉬운 점은 악보 기능인데, 이를 피날레로 보완하여 완벽한 하나의 툴로 사용할 수 있게 된 것입니다.

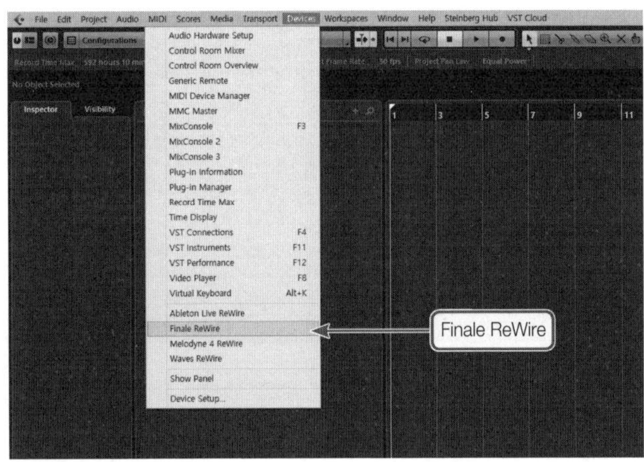

01 리와이어 기능을 사용하려면 큐베이스를 먼저 실행하고, 피날레를 실행하면 됩니다. 그리고 큐베이스의 Devices 메뉴에서 Finale ReWire를 선택합니다.

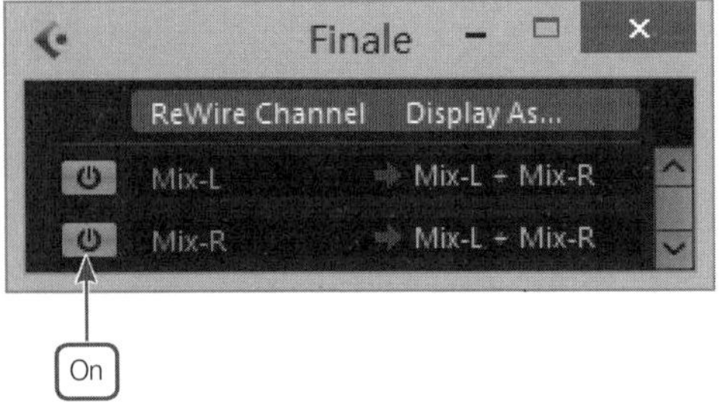

02 ReWire 채널 창이 열리면 채널 활성화 버튼을 On으로 합니다.

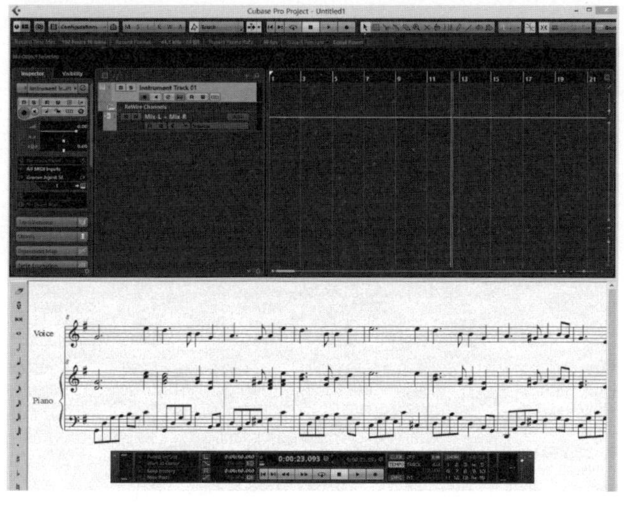

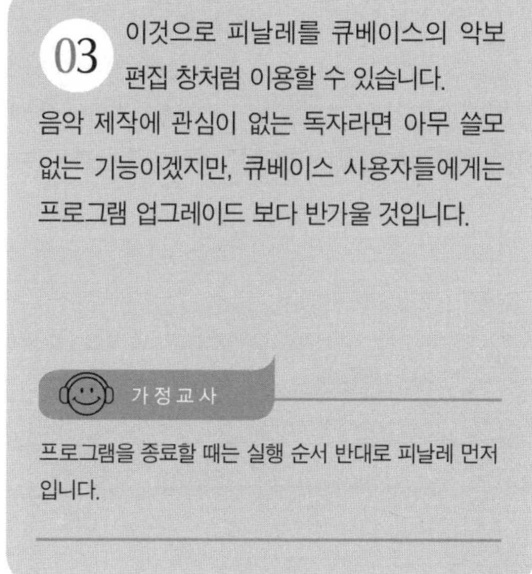

03 이것으로 피날레를 큐베이스의 악보 편집 창처럼 이용할 수 있습니다. 음악 제작에 관심이 없는 독자라면 아무 쓸모 없는 기능이겠지만, 큐베이스 사용자들에게는 프로그램 업그레이드 보다 반가울 것입니다.

가 정 교 사

프로그램을 종료할 때는 실행 순서 반대로 피날레 먼저 입니다.

● 초기화 기능

피날레 환경 설정을 간단하게 초기화 할 수 있습니다. 프로그램을 오래 사용하다 보면, 어떤 설정을 어떻게 바꿨었는지 기억이 나지 않아 초기 상태로 되돌리고 싶은 경우가 있습니다. 이전에는 설정 파일을 찾아 지워야 했던 것을 Preferences 창의 Reset All Preferences 버튼을 클릭하는 것 만으로 초기화 할 수 있습니다. Preferences 창은 Edit 메뉴의 Preferences를 선택하여 엽니다.

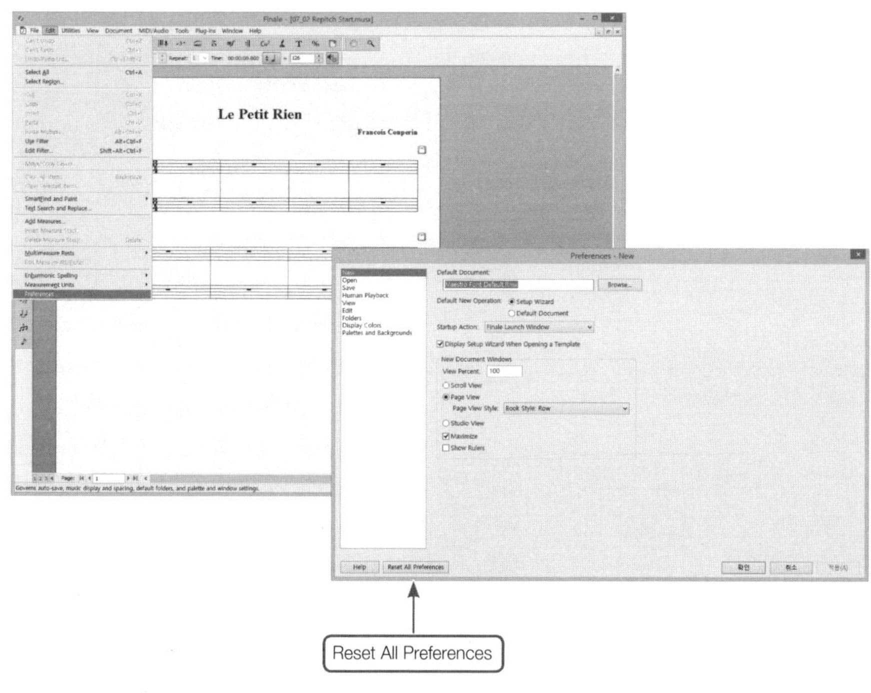

● 작업의 단순화

피날레는 악보 출판의 표준 툴로 온/오프 라인에서 판매되고 있는 모든 악보를 만들고 있다고 봐도 좋습니다. 다만, 독특한 결과물은 그래픽 프로그램을 다루듯이 복잡한 과정을 거쳐야 했는데, 보편화 되어 있는 것들은 최소한의 과정으로 구현할 수 있게 업그레이드 되었습니다. 한 가지 예를 들면, 큰 박자표를 만드는 것입니다.

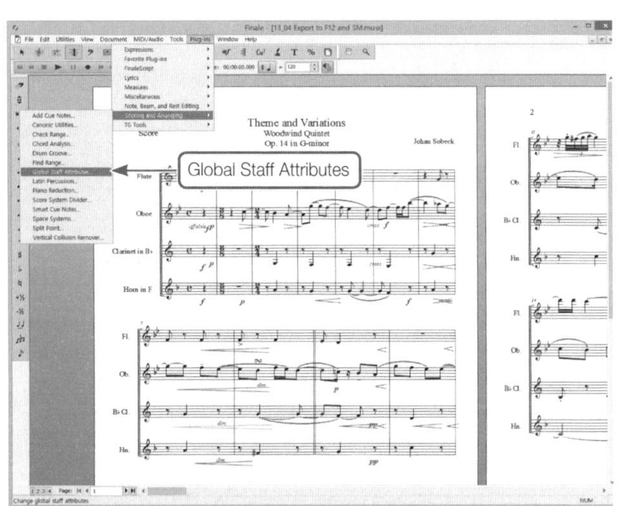

01 큰 박자표는 보표를 그룹으로 표시 하는 것이므로 다른 보표의 박자표는 표시되지 않게 해야 합니다. Plug-ins 메뉴의 Scoring and Arranging에서 Global Staff Attributes를 선택합니다.

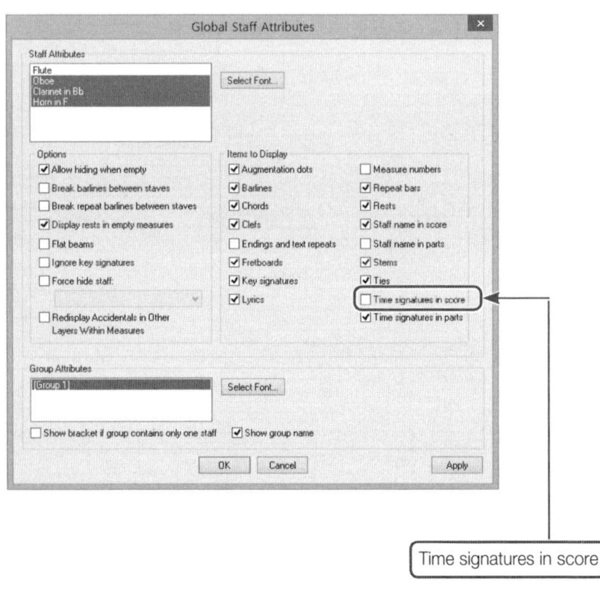

02 Global Staff Attributes 창이 열리면 박자표를 표시할 보표를 제외한 나머지 보표의 Time signatures in score 옵션을 해제합니다.

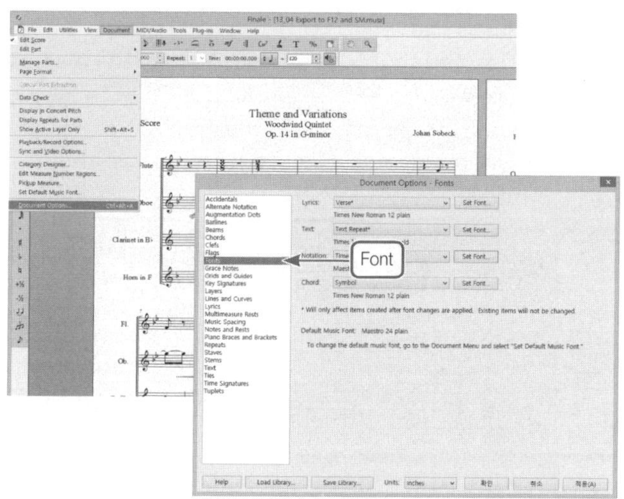

03 Document 메뉴의 Document Options을 선택하여 창을 열고, Fonts 카테고리를 선택합니다.

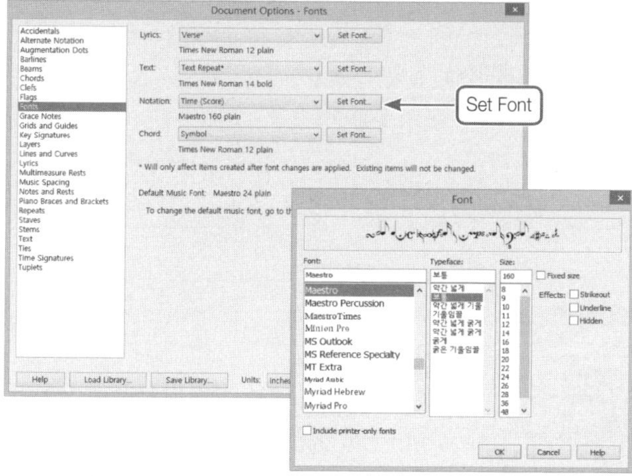

04 Notation에서 Time(Score)를 선택하고, Set Font 버튼을 클릭하여 글자 크기를 변경합니다.

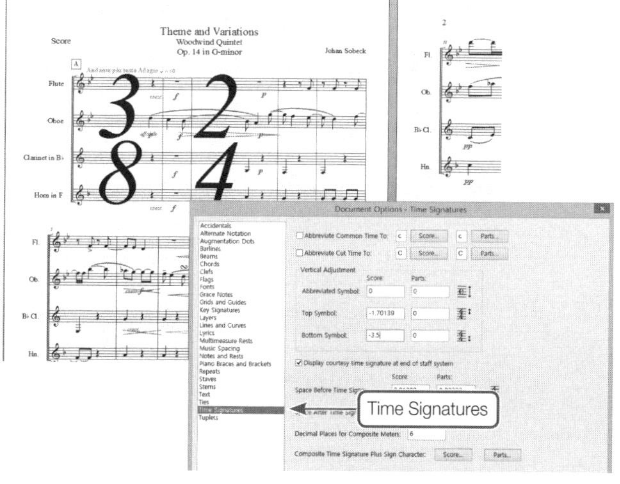

05 Time Signatures 카테고리의 Top 및 Bottom Symbol 값으로 위치를 조정하면, 그룹으로 표시되는 박자표를 만들 수 있습니다. 이 외에도 이전 버전에 비해서 심플한 과정으로 특별한 악보를 만들 수 있습니다.

● 레이어 쉼표 통합

피날레는 4개의 레이어를 제공하며, 각 레이어마다 표시되던 쉼표를 하나로 통합할 것인지의 여부를 선택할 수 있게 되었습니다. 보다 깔끔하고 보기 쉬운 악보를 만들 수 있는 것입니다.

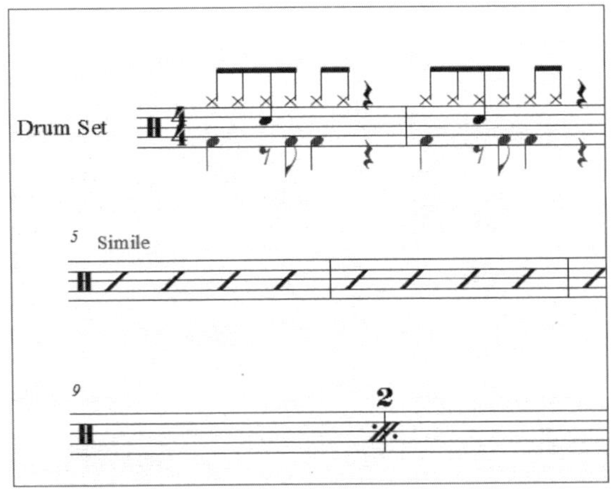

▲ 레이어마다 쉼표 표시

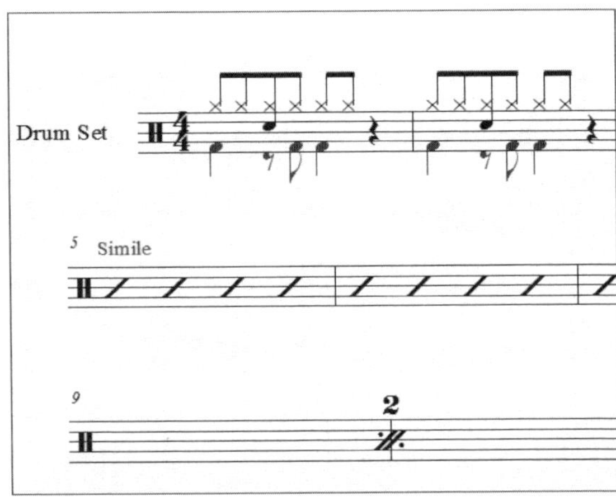

▲ 레이어 쉼표 통합

레이어 쉼표 통합 여부는 Document 메뉴의 Document Options을 선택하여 창을 열고, Layers 카테고리의 Consolidate rests across layers 옵션으로 선택합니다.

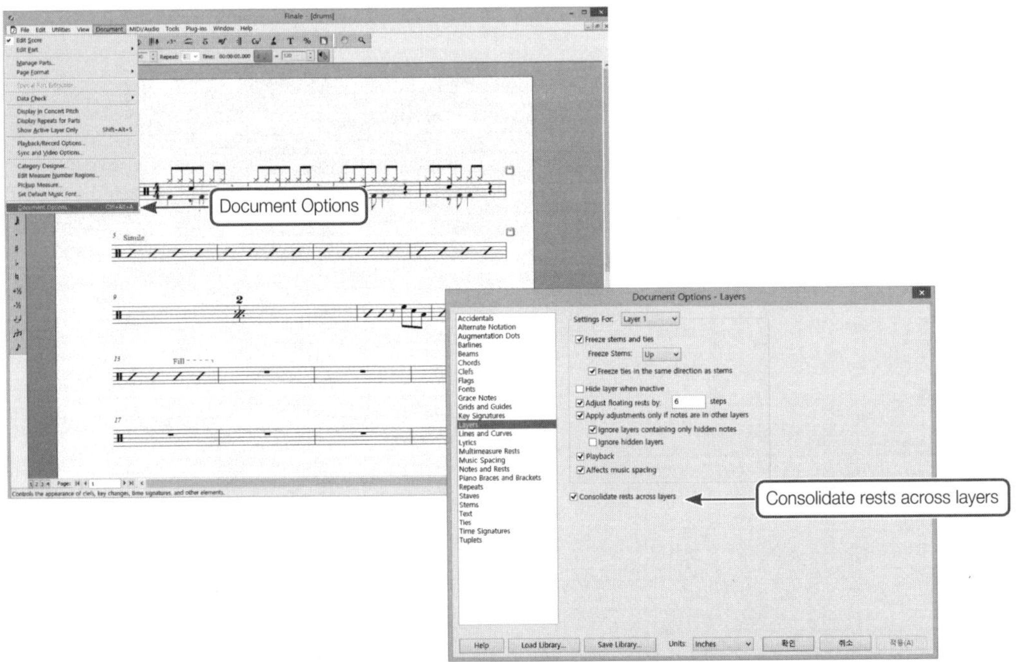

● 미디와 오디오 기능 강화

Steinway Concert D Grand Piano 음색을 포함하여 100개 이상의 오케스트라 라이브러리가 추가된 Garritan Instruments for Finale를 제공합니다.

입력한 악보를 체크하는데 가장 좋은 방법은 재생을 해보는 것입니다. 이때 연주되는 사운드의 품질이 좋다면, 보다 흥미 있는 작업이 가능할 것입니다. 피날레 25에서 업그레이드된 Garritan 인스트루먼트는 별도의 VST를 추가할 필요성을 느끼지 못할 만큼의 퀄리티 있는 사운드를 구현합니다.

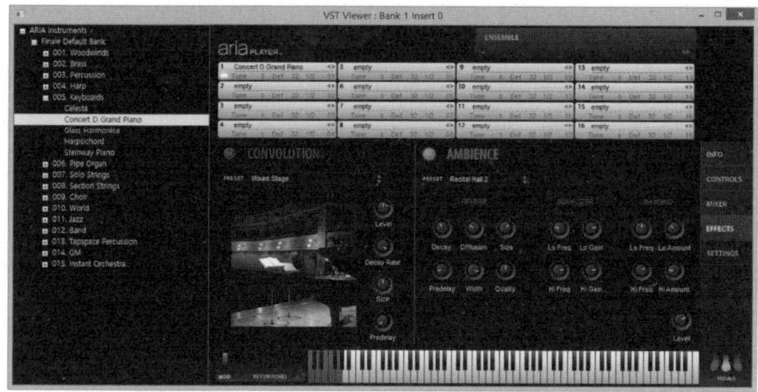

▲ Garritan Instruments for Finale

특히, 향상된 오디오 기능은 음악 교사에게 악보의 시범 연주나 음성을 담는 등, 효율적인 멀티 교육 자료를 만드는 데 응용할 수 있습니다.

그 밖에 피날레 25는 64비트 운영체제로 출시되어 작업 속도를 향상시켰고, 점선 슬러 입력, 입력 코드 자동 분석에 의한 코드 표기 등, 안전성과 편리함이 크게 향상되었습니다.

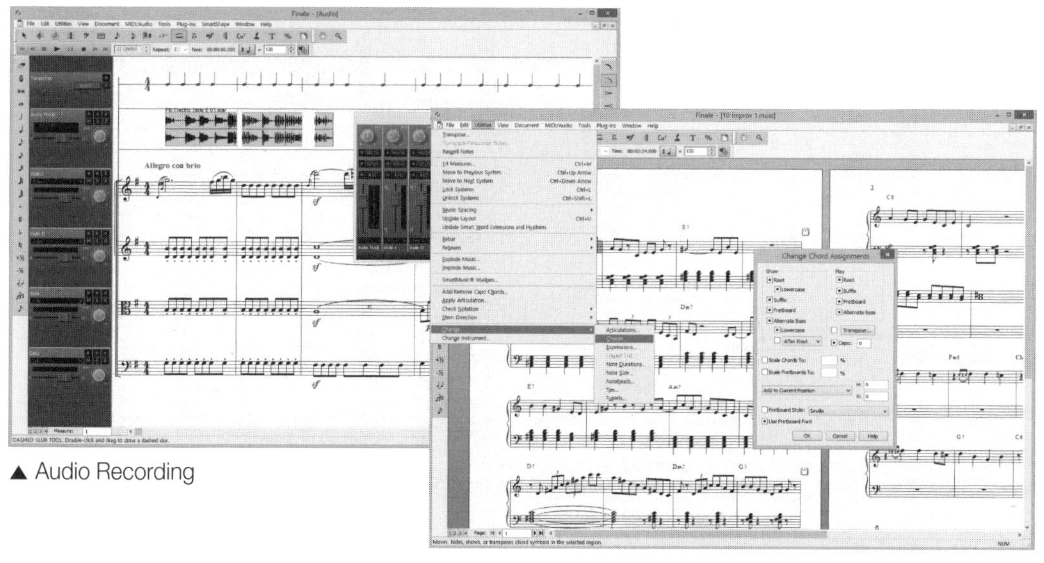

▲ Audio Recording

▲ Change Chord Assignments

02 피날레 25 설치하기

Make Music사의 Finale 25은 기본 프로그램인 Finale 25와 소프트 악기인 Garritan Instruments를 제공합니다. 피날레에서 입력한 음표가 실제로 연주될 때 어떠한 소리를 내는지 확인할 수 있는 Garritan Instruments는 사용자 선택으로 설치 여부를 결정할 수 있으며, 이것을 설치하지 않아도 기본 사운드 폰트(SF2)의 SmartMusic SoftSynth를 이용하여 모니터 할 수 있습니다. 참고로 프로그램을 구입하기 전에 한 달 동안 체험해볼 수 있는 데모 버전은 부록 CD의 Trail 폴더에 담겨 있으며, finalemusic.com에서 무료로 다운 받을 수 있습니다.

이미 사용자 컴퓨터에 피날레 25이 설치되어 있다면 이 과정을 생략합니다.

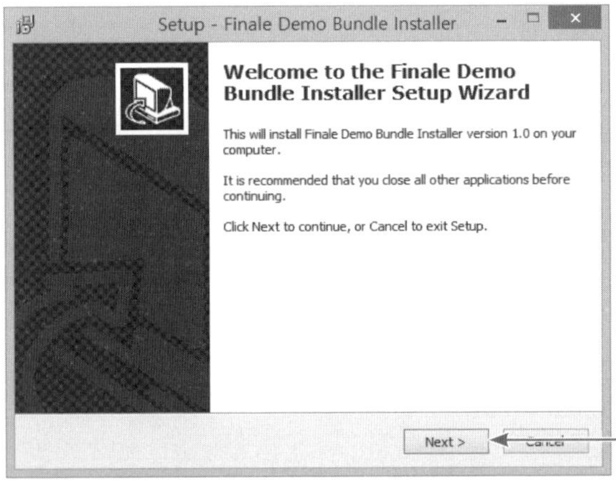

01 데모 버전으로 설치 과정을 살펴보겠습니다. 부록 CD의 Trial 폴더에 담긴 Finale Demo Setup 파일을 더블 클릭하여 설치 마법사를 실행하고 Next 버튼을 클릭합니다.

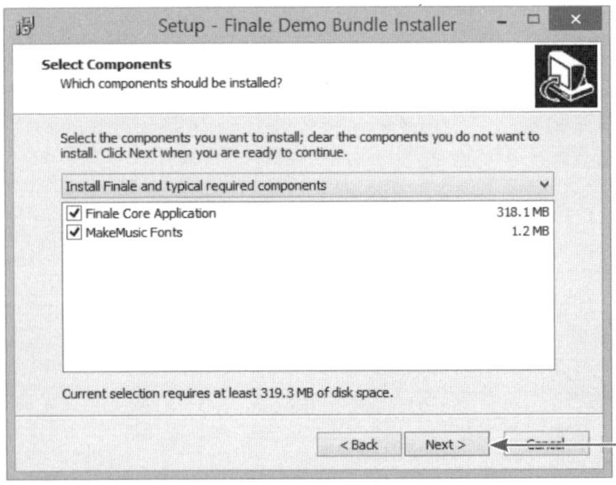

02 설치 종류를 선택할 수 있는 창이 열립니다. 데모 버전의 경우에는 프로그램과 폰트 선택이 가능하며, 정식 버전은 Garritan Instruments가 추가됩니다.

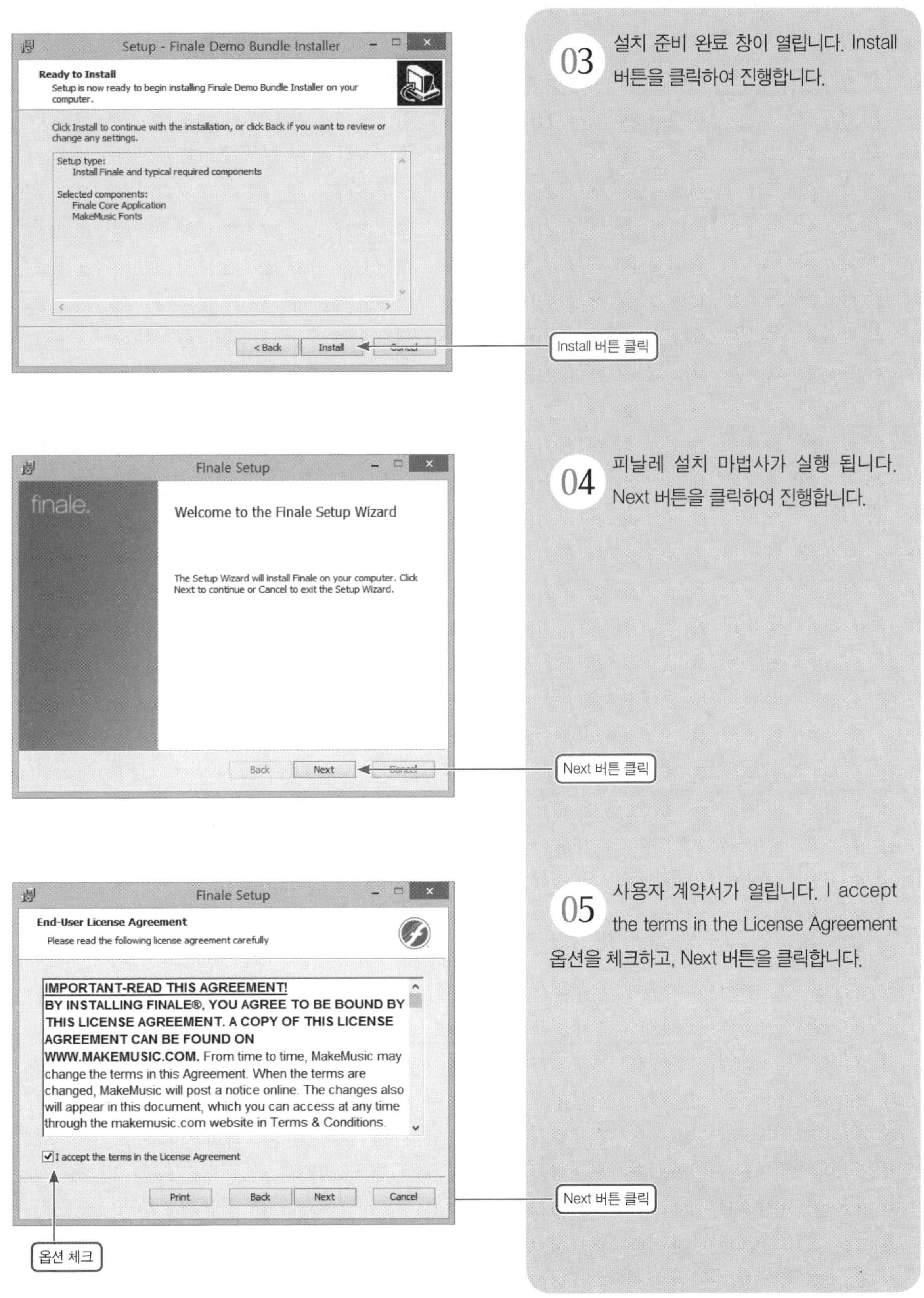

03 설치 준비 완료 창이 열립니다. Install 버튼을 클릭하여 진행합니다.

04 피날레 설치 마법사가 실행 됩니다. Next 버튼을 클릭하여 진행합니다.

05 사용자 계약서가 열립니다. I accept the terms in the License Agreement 옵션을 체크하고, Next 버튼을 클릭합니다.

06 설치 위치를 선택할 수 있는 창이 열립니다. 위치를 변경하겠다면 Browse 버튼을 클릭하여 선택하고, 기본 위치에 설치하겠다면 그대로 Next 버튼을 클릭합니다.

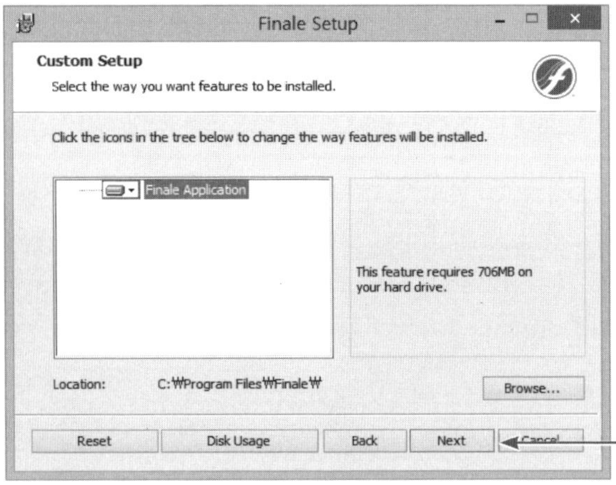

Next 버튼 클릭

07 피날레 설치 준비 창이 열립니다. Install 버튼을 클릭하여 진행합니다.

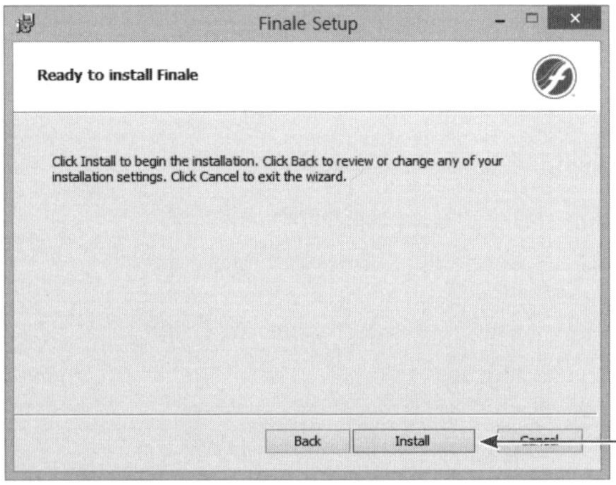

Install 버튼 클릭

08 설치 완료 창이 열립니다. Finish 버튼을 클릭하여 완료합니다. 재부팅 메시지 창이 열리면 확인 버튼을 클릭하여 시스템을 재부팅 합니다.

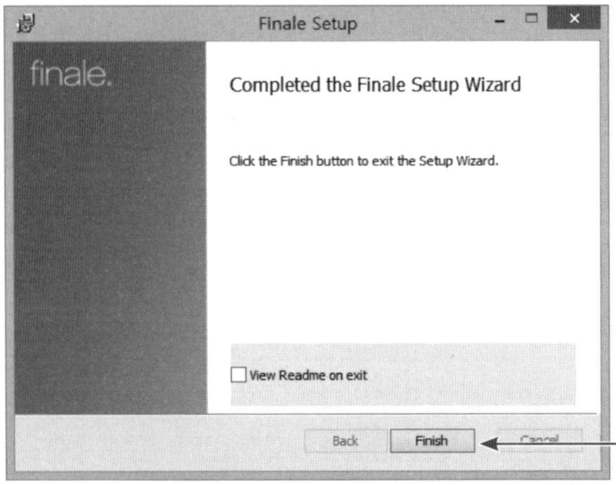

Finish 버튼 클릭

03 미디와 오디오 설정

미디 기능을 지원하는 디지털 피아노 또는 컴퓨터 뮤지션들이 사용하는 마스터 건반 등을 이용해서 악보를 입력하려면 미디 인 설정이 되어 있어야 하고, 입력한 악보를 모니터하기 위해서는 미디 아웃과 오디오 디바이스 설정이 되어 있어야 합니다. 물론, 시스템 설정이 자동으로 연결되기 때문에 크게 문제되는 경우는 드물지만, 설정법을 알아 두면, 관련 기능을 사용할 때 발생할 수 있는 오류를 스스로 체크할 수 있습니다.

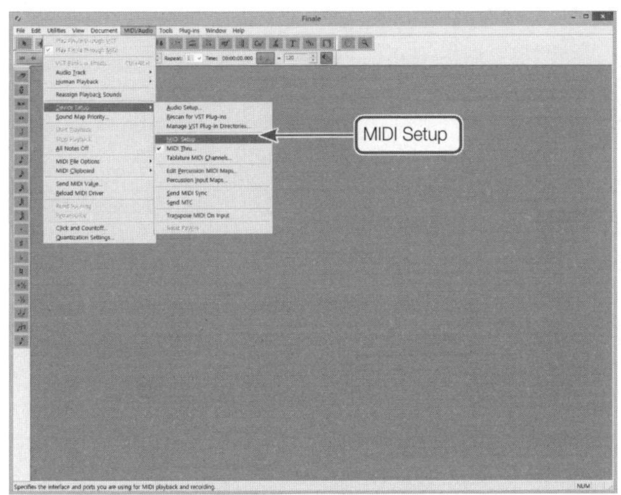

01 미디 설정

디지털 피아노를 이용하여 악보를 입력하기 위한 미디 인과 피날레에 입력한 악보를 모니터하기 위한 미디 아웃 설정 입니다.
MIDI/Audio 메뉴의 Device Setup에서 MIDI Setup을 선택합니다.

02 왼쪽 MIDI In에서 건반을 선택합니다. 기본값은 Auto-dectect Input Devices 옵션이 체크되어 있어 자동으로 연결됩니다. 하지만, 자신이 사용하는 건반 이름이 아닌 경우에는 옵션을 해제하고, Device 목록에서 직접 선택합니다.

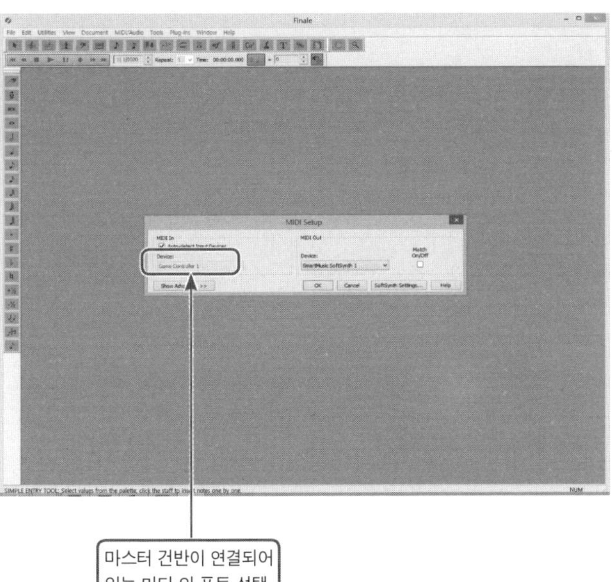

가정교사

디지털 피아노 및 마스터 건반은 대부분 USB로 컴퓨터에 연결되며, 목록에는 해당 제품의 이름이 표시됩니다.

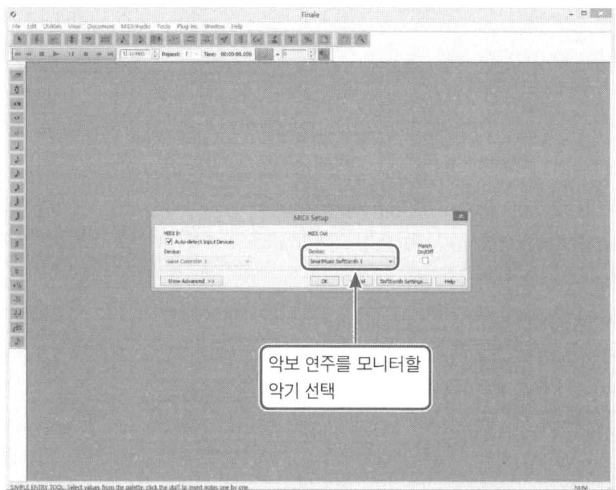

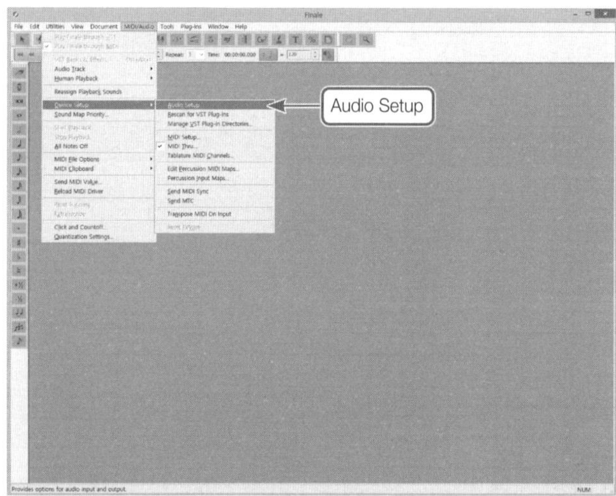

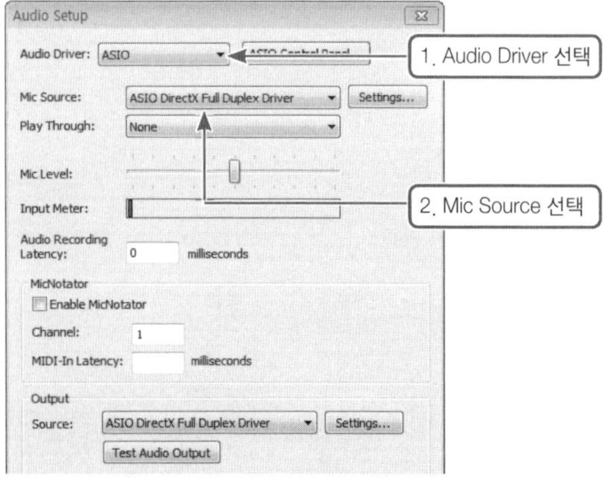

03 오른쪽 MIDI Out에서 악보 연주를 모니터할 악기를 선택합니다. Smart Music SoftSynth 1을 권장하지만, 사용하고 있는 디지털 피아노가 GM 모드를 지원하다면, 해당 악기를 선택하는 것도 좋습니다.

가 정 교 사

GM 모드를 지원하는 악기는 GM 마크가 표시되어 있습니다. 자세한 내용은 사용하고 있는 악기의 설명서를 참조합니다.

04 오디오 설정

마이크 입력을 위한 Mic Source와 미디 아웃에서 Smart Music SoftSynth 1을 선택했을 때 소리를 출력할 Output을 설정합니다.
MIDI/Audio 메뉴의 Device Setup에서 Audio Setup을 선택합니다.

05 피날레에서 사용할 사운드 카드를 선택할 수 있는 창이 열립니다. Audio Driver 항목에서 DirectSound를 선택하고, Mic Source에서 사운드 카드의 마이크 인 단자를 선택합니다.

가 정 교 사

오디오 인터페이스를 사용하는 경우에는 Audio Driver에서 ASIO를 선택하고, Mic Source에서 해당 장치의 마이크 입력 단자를 선택합니다.

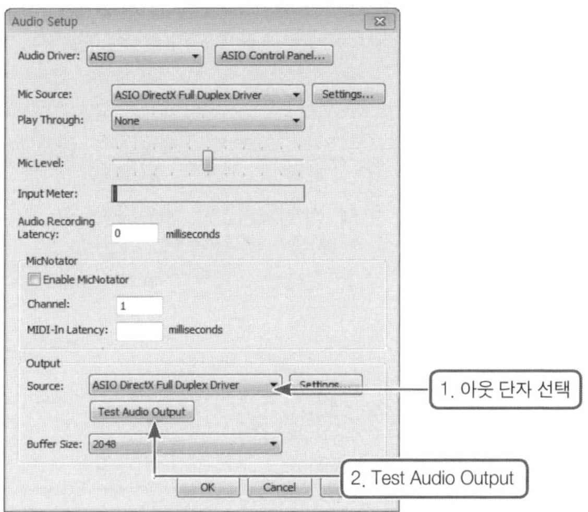

06 Output 항목의 Source 메뉴에서 스피커가 연결되어 있는 사운드 카드의 아웃 단자를 선택합니다. 그리고 Test Audio Output 버튼을 클릭하여 테스트 톤이 들리는지 확인합니다.

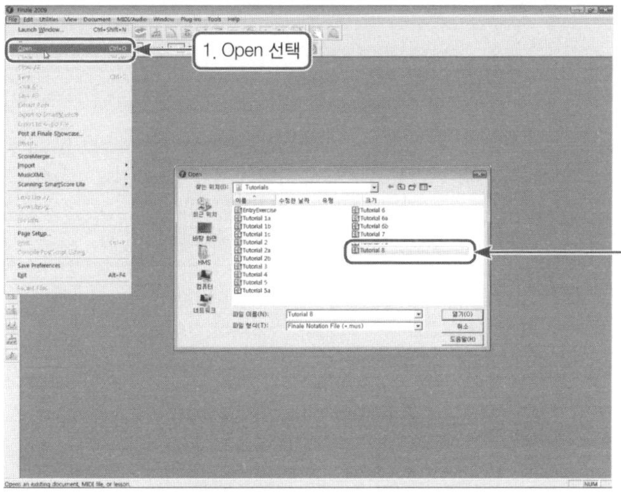

07 File 메뉴의 Open을 선택하여 창을 열고, 부록 CD의 Sample 폴더에서 Tutorial 파일을 더블 클릭하여 불러옵니다.

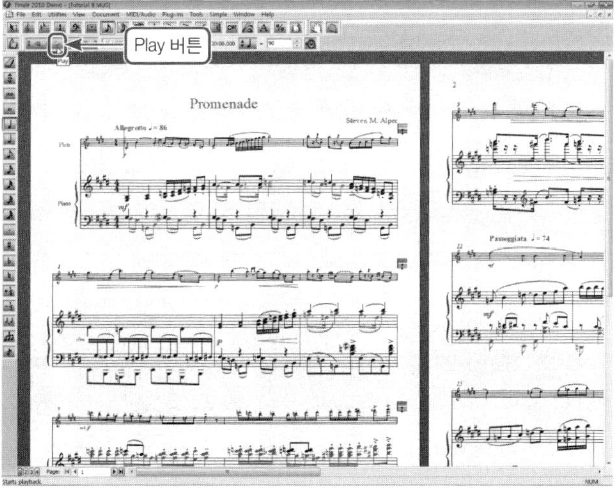

08 도구 모음 줄의 Play 버튼을 클릭 합니다. 악보가 정상적으로 연주가 되면 미디와 오디오 설정에 문제가 없는 것입니다.

04 화면 구성 살펴보기

1. 타이틀 바

작업 중인 파일 이름이 표시됩니다. 새로운 악보를 만들고 저장을 하지 않은 경우에는 제목이 없다는 의미의 Untitled로 표시됩니다. 참고로 MUS는 피날레 파일을 의미하는 확장자이며, 문서 작업에 많이 사용하는 한글의 HWP이나 사진 작업에 많이 사용하는 포토샵의 PDS과 같은 의미입니다.

타이틀 바

가정교사

타이틀 바를 더블 클릭하면, 화면의 크기를 최대화 및 이전 크기로 조정할 수 있으며, 마우스 드래그로 위치를 변경할 수 있습니다.

2. 메뉴 바

피날레는 File, Edit, Utilities, View, Document, MIDI/Audio, Plug-ins, Tools, Window, Help의 10가지 기본 메뉴를 제공하고 있으며, 툴을 선택했을 때만 보이는 툴 메뉴가 있습니다. 그림은 심플 툴(Simple Entry Tool)을 선택했을 때 보이는 Simple 메뉴를 열어보고 있는 모습입니다.

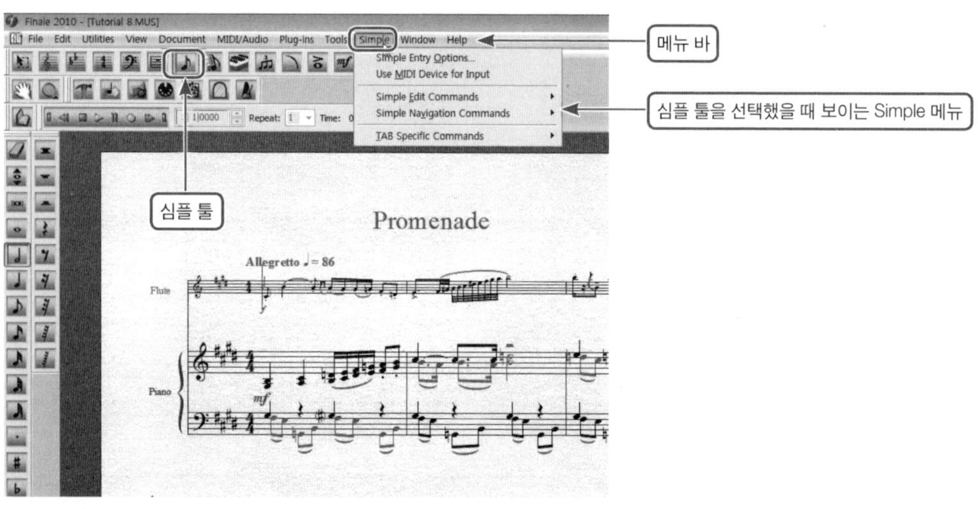

메뉴 바

심플 툴을 선택했을 때 보이는 Simple 메뉴

심플 툴

메뉴에는 오른쪽 방향의 삼각형이 표시되어 있는 것들이 있는데, 이것은 하위 메뉴가 있다는 것을 나타내고, Ctrl+X, Ctrl+C와 같이 단축키가 표시되어 있는 것들은 해당 메뉴를 컴퓨터 키보드로 실행할 수 있다는 것을 나타냅니다. 예를 들어 선택한 개체를 복사하기 위해 Edit 메뉴의 Copy를 선택해도 되지만, 컴퓨터 키보드의 Ctrl + C 키를 눌러도 된다는 것입니다. 자주 사용하는 메뉴의 단축키는 외워두는 것이 좋습니다.

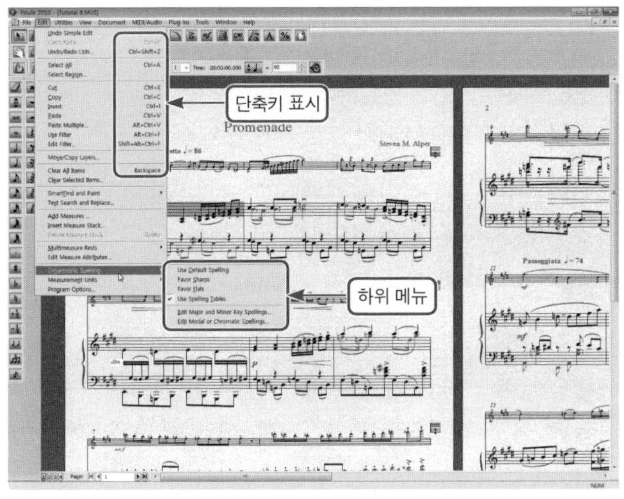

가정교사

Mac 사용자는 본서에서 설명하는 Ctrl키 대신에 Commend 키를 누르고, Alt키 대신에 Option 키를 누릅니다.

3. 도구 모음 줄

음표를 입력하고, 편집하는 역할의 팔레트와 메뉴를 한 번의 클릭으로 실행할 수 있는 툴로 구성되어 있습니다. 기본적으로 메뉴 바 아래쪽에는 메인 팔레트와 플레이 백 컨트롤이 있고, 화면 왼쪽에는 심플 팔레트가 있습니다. 그 외의 팔레트는 Window 메뉴 또는 도구 모음 줄의 빈 공간에서 마우스 오른쪽 버튼을 클릭하면 열리는 단축 메뉴에서 선택하여 열 수 있습니다.

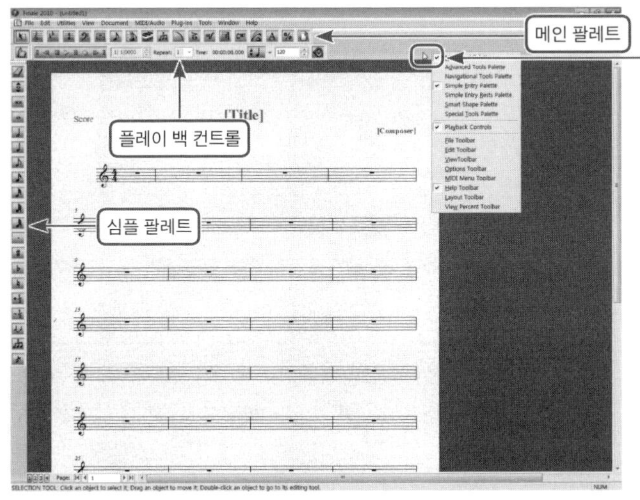

4. 메인 창

실제적인 작업이 이루어지는 공간으로 악보가 표시됩니다. 피날레는 총 4개의 레이어를 제공하고 있으며, 각 레이어마다 2 보이스 구성이 가능합니다. 즉, 8성부의 악보를 만들 수 있다는 것입니다. 레이어 선택 버튼 오른쪽에는 페이지 이동 버튼이 있으며, 가로 이동 바와 세로 이동 바를 드래그하여 악보의 위치를 이동시킬 수 있습니다.

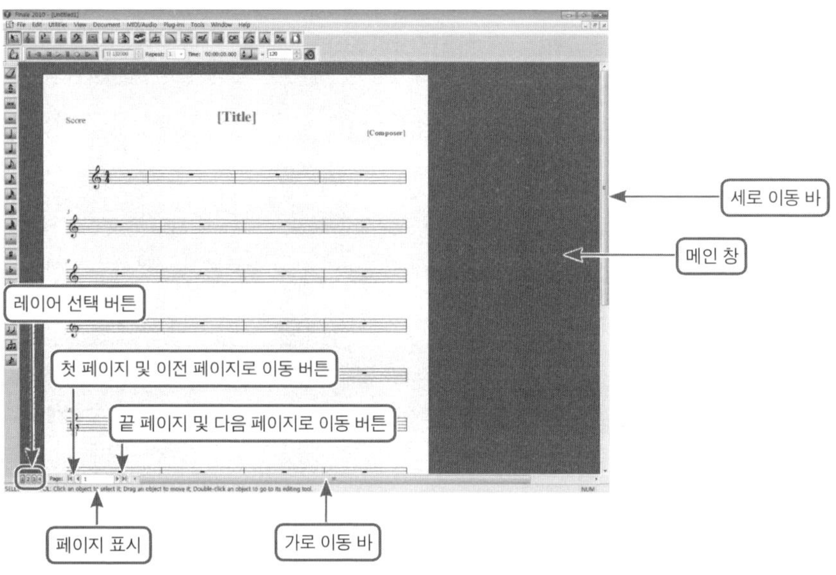

5. 작업 표시 줄

메뉴나 툴에 마우스를 가져가면, 해당 명령의 역할을 표시합니다. 작업 표시 줄의 필요성을 느끼지 못한다면, Window 메뉴의 Status Bar를 선택하여 작업 공간을 넓게 쓰는 것도 좋습니다. 언제든 Window 메뉴의 Status Bar를 선택하여 다시 표시할 수 있습니다.

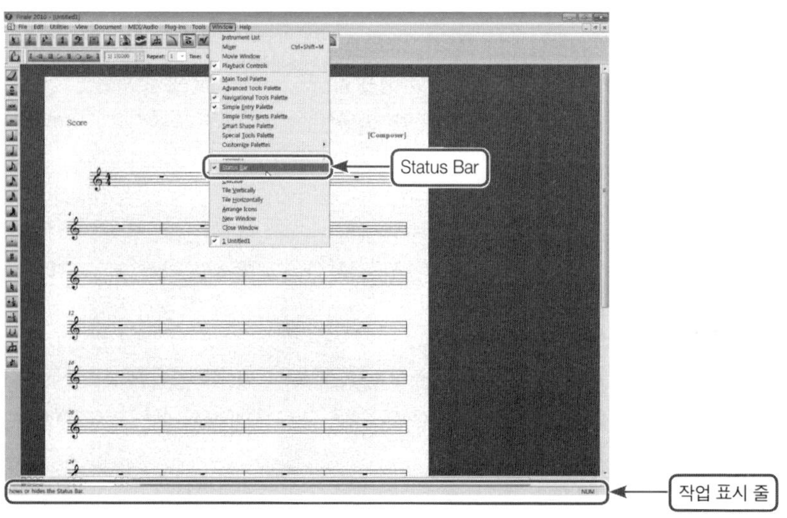

05 팔레트의 구성

피날레는 Main Tool Palette에서부터 Special Tools Palette까지 7가지 팔레트를 제공하고 있지만, Simple Entry, Simple Entry Rests, Smart Shape은 Main Palette에 종속된 것이고, Special은 Advanced Palette에 종속된 것입니다. 결국, Main, Advanced, Navigational의 3가지이며, 악보의 이동과 확대/축소 역할의 툴을 가지고 있는 Navigational는 단축키를 이용하게 될 것이므로, Main과 Advance의 두 가지뿐이라고 보아도 좋습니다.

1. Main Tool Palette

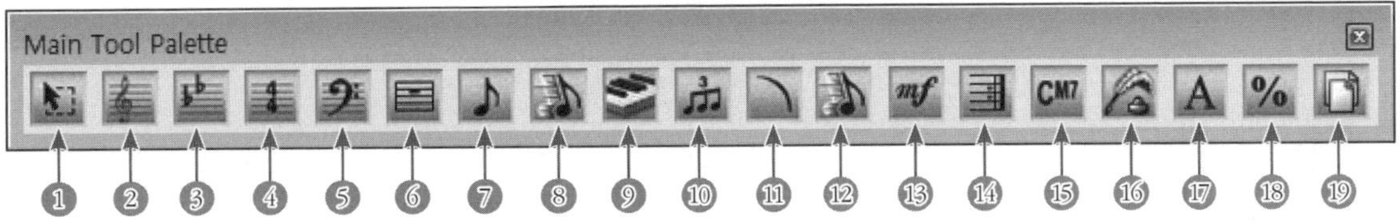

❶ 실렉션 툴(Selection Tool) : 아이템 및 마디 등, 편집할 대상을 선택합니다.

❷ 보표 툴(Staff Tool) : 보표의 추가, 삭제 등, 보표를 편집합니다.

❸ 키 툴(Key Signature Tool) : 조표의 삽입, 조옮김 등, 조표를 편집합니다.

❹ 박자 툴(Time Signature Tool) : 박자의 추가, 변화 등, 박자를 편집합니다.

❺ 음자리표 툴(Clef Tool) : 음자리표의 추가, 삭제 등, 음자리표를 편집합니다.

❻ 마디 툴(Measure Tool) : 마디의 추가, 삭제 등, 마디를 편집합니다.

❼ 심플 툴(Simple Entry Tool) : 피날레에서 제공하는 3가지 음표 편집 툴의 하나로 마우스를 이용합니다.

❽ 스피디 툴(Speedy entry Tool) : 피날레에서 제공하는 3가지 음표 편집 툴의 하나로 키보드를 이용합니다.

❾ 하이퍼 툴(Hyper Scribe Tool) : 피날레에서 제공하는 3가지 음표 편집 툴의 하나로 미디 건반을 이용합니다.

❿ 잇단음 툴(Tuplet Tool) : 잇단음표를 입력하기 위한 툴이지만, 잘 사용하지는 않습니다.

⓫ 스마트 툴(Smart Shape Tool) : 슬러, 클레센토 등의 스마트 라인을 입력하거나 편집합니다.

⓬ 아티큘레이션 툴(Articulation Tool) : 스타카도, 액센트 등의 아티큘레이션 기호를 입력하거나 편집합니다.

⓭ 익스프레션 툴(Expression Tool) : 포르테, 피아노 등의 익스프레션 마크를 입력하거나 편집합니다.

⓮ 반복 툴(Repeat Tool) : 달세뇨, 코다 등의 반복 기호를 입력하거나 편집합니다.

⓯ 코드 툴(Chord Tool) : 코드를 입력하거나 편집합니다.

⓰ 가사 툴(Lyrics Tool) : 가사를 입력하거나 편집합니다.

⓱ 문자 툴(Text Tool) : 가사 이외의 문자를 입력하거나 편집합니다.

⓲ 리사이즈 툴(Resize Tool) : 선택한 아이템의 크기를 조정합니다.

⓳ 페이지 툴(Page Layout Tool) : 페이지의 크기, 여백 등, 악보를 디자인 합니다.

2. Advanced Tools Palette

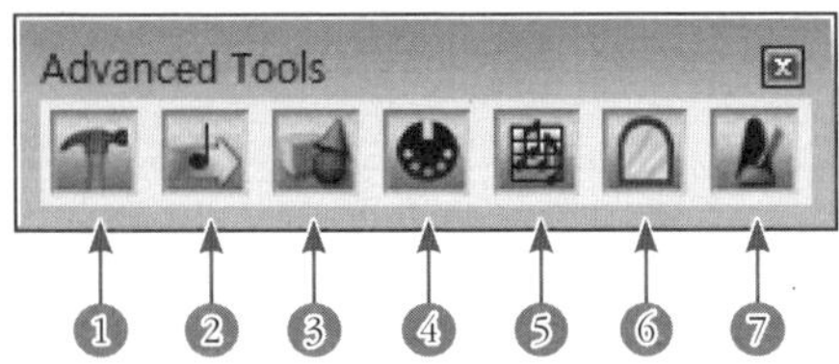

❶ **스페셜 툴(Special Tool)** : 음표의 머리 모양이나 빔 등을 디자인 합니다.

❷ **노트 툴(Note Mover Tool)** : 음표를 교차시키거나 복사하는 등의 역할을 합니다.

❸ **그래픽 툴(Graphics Tool)** : 그림을 삽입하거나 출력하는 등의 역할을 합니다.

❹ **미디 툴(MIDI Tool)** : 음표의 길이, 벨로시티 등, 미디 작업을 합니다.

❺ **오시아 툴(Ossia Tool)** : 연주자에게 두 가지 프레이즈를 제시하여 선택할 수 있게 하는 오시아 악보를 만듭니다.

❻ **거울 툴(Mirorr Tool)** : 악보를 복사, 편집 합니다.

❼ **템포 툴(Tempo Tool)** : 템포 변화를 만듭니다.

3. Navigational Tool Palette

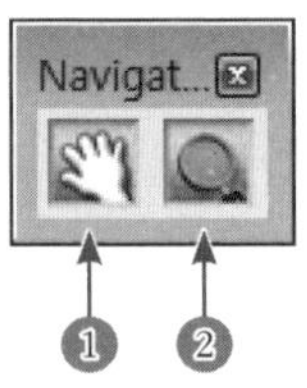

❶ **핸드 툴(Hand Grabber Tool)** : 화면에 보이는 악보의 위치를 조정합니다. 언제든 마우스 오른쪽 버튼을 클릭하면 핸드 툴의 역할을 수행할 수 있기 때문에 잘 사용하지는 않습니다.

❷ **줌 툴(Zoom Tool)** : 화면에 보이는 악보의 크기를 확대/축소합니다. Ctrl 키를 누른 상태에서 + 또는 - 키를 눌러 크기를 조정할 수 있기 때문에 잘 사용하지는 않습니다.

4. 팔레트의 배치

가로로 배치되어 있는 팔레트는 왼쪽 끝에 굵은 줄로 표시되어 있는 타이틀 바가 보이고, 세로로 배치되어 있는 팔레트는 위쪽에 타이틀 바가 보입니다. 각 팔레트의 타이틀 바를 드래그하면 사용자가 원하는 위치로 이동이 가능합니다. 그림에서와 같이 팔레트를 독립 창으로 배치한 경우에는 팔레트의 이름이 표시된 타이틀 바가 보이며, 이것을 드래그하여 위치를 조정합니다.

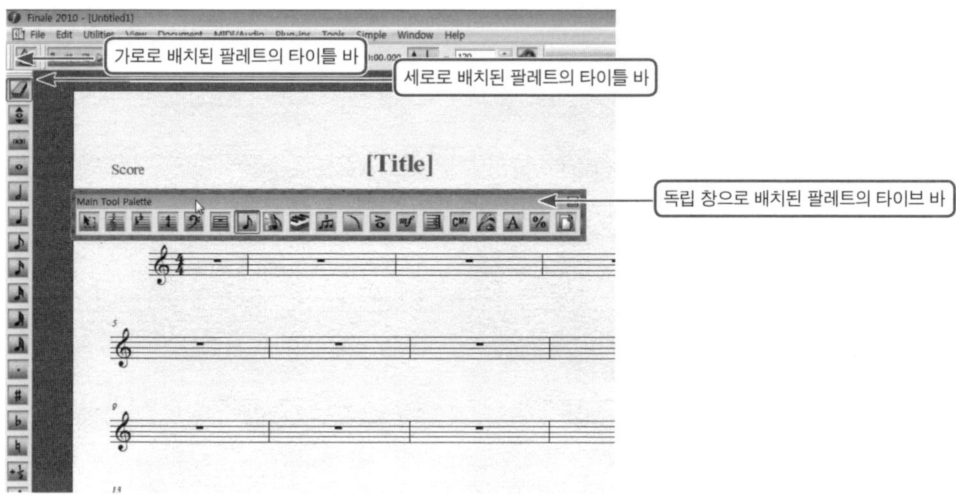

5. 팔레트의 재구성

각 팔레트에 구성되어 있는 툴은 사용자가 원하는 것들로 재구성할 수 있습니다. Window 메뉴의 Customize Palettes에서 재구성하고자 하는 팔레트를 선택합니다. 악보 작업에서 가장 많이 사용하는 Main Tool Palette를 선택해보겠습니다.

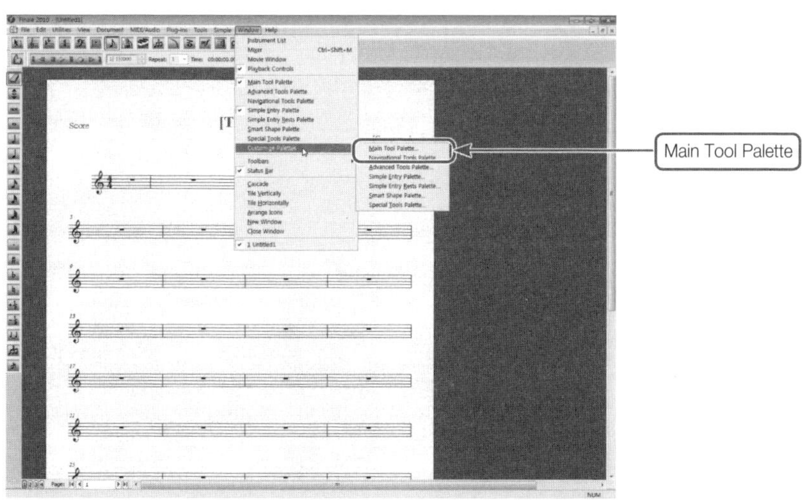

오른쪽의 현재 도구 모음 단추(T) 목록이 팔레트에 보이는 툴의 종류입니다. 잘 사용하지 않는 툴은 목록에서 선택하고, 제거 버튼을 클릭하여 제거할 수 있습니다. 제거한 툴은 사용 가능한 도구 모음 단추(V) 목록에 배치되며, 추가 버튼을 클릭하여 팔레트에 배치할 수 있습니다.

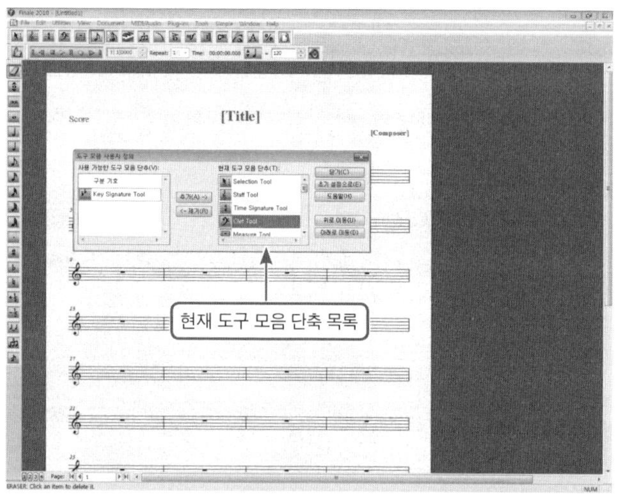

현재 도구 모음 단추(T) 목록에서 툴을 선택하고, 위로 이동 또는 아래로 이동 버튼을 클릭하여 위치를 변경할 수 있습니다. 가로로 배치된 팔레트의 경우에는 왼쪽에서 오른쪽 순서로 배치되는 것입니다. 다양한 실험을 해보고, 초기 설정으로 버튼을 클릭하여 원래의 상태로 복구합니다.

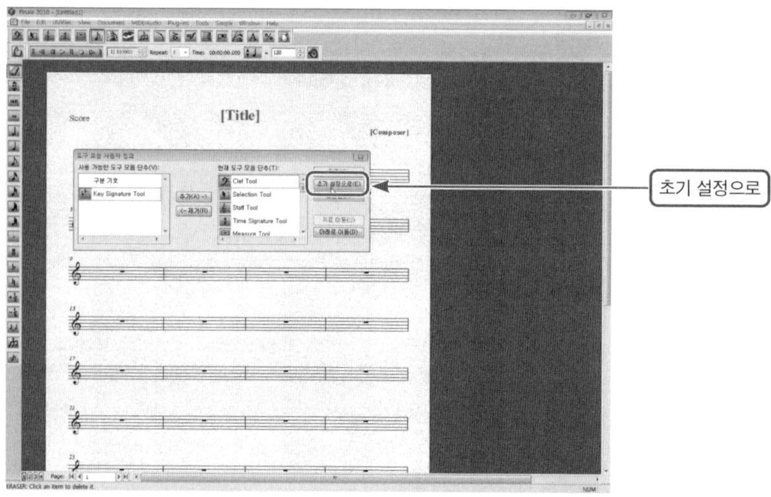

06 뷰 모드의 이해

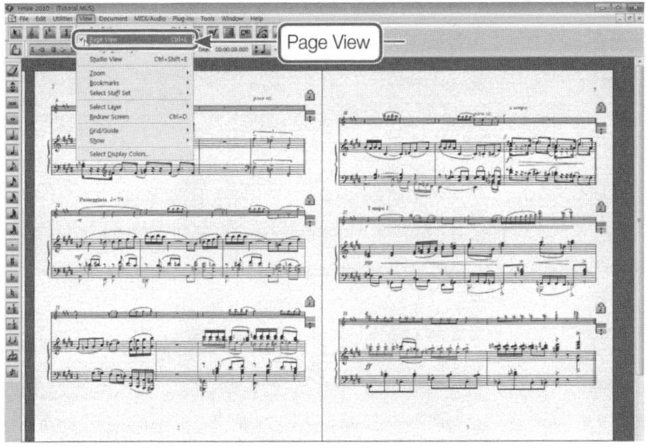

01 피날레는 화면에 표시되는 악보를 스크롤 뷰(Scroll View), 페이지 뷰(Page view), 스튜디오 뷰(Studio View)의 3가지 모드 중에서 선택할 수 있습니다. 일반적으로 악보를 출력했을 때의 결과물을 그대로 확인할 수 있는 Page View 모드를 이용합니다.

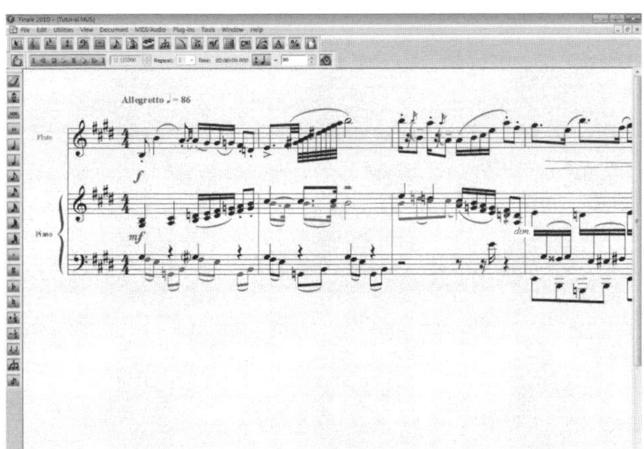

02 스크롤 뷰는 악보를 가로로 펼쳐서 보여줍니다. 낮은 시스템 사양에서도 원활한 작업이 가능하다는 장점이 있습니다. 본서에서는 페이지 뷰 모드로 설명을 하고 있지만, 실제로는 출력을 하기 전까지 스크롤 뷰로 작업하는 사용자가 더 많습니다.

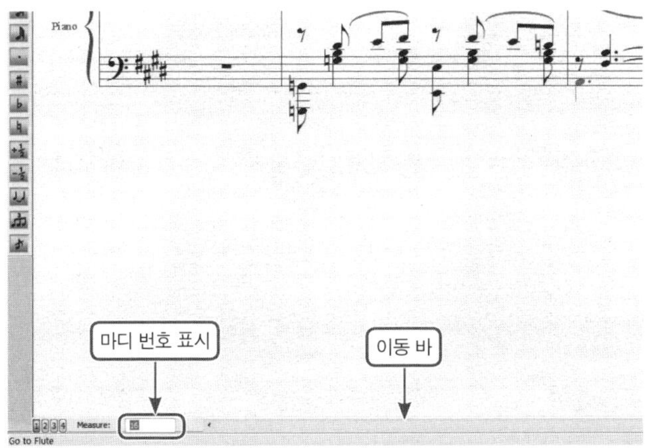

03 스크롤 뷰 모드일 경우에는 페이지 개념이 없기 때문에 화면 아래쪽의 가로 이동 바를 드래그하여 위치를 옮겼을 때, Measure 항목에는 화면에 표시되고 있는 마디의 번호가 표시되며, 마디 번호를 입력하여 이동할 수 있습니다. Home 과 End 키를 누르면 첫 마디와 끝 마디로 이동합니다.

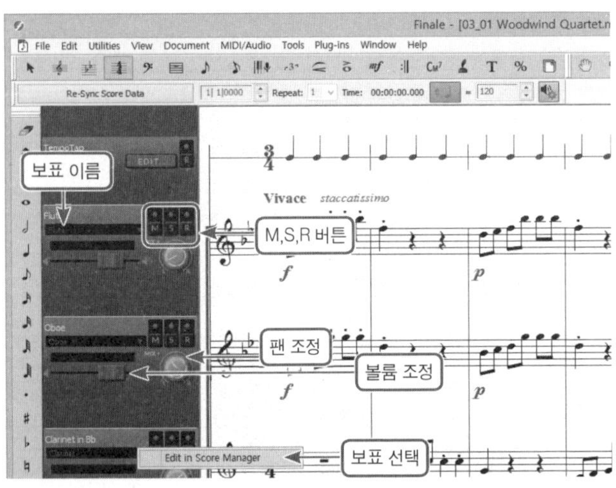

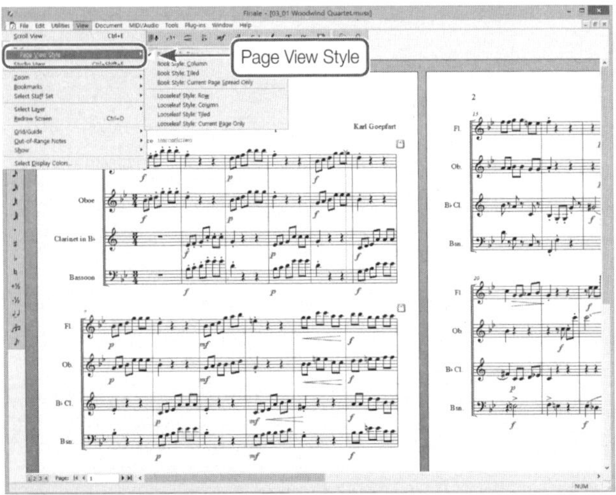

04 스튜디오 뷰 모드는 작업한 악보를 연주해볼 때 유용합니다. 화면 왼쪽에 보이는 트랙 창은 각 보표의 음색과 볼륨 등을 조정하는 역할을 하며, 맨 위의 TempoTap 트랙은 박자를 나타냅니다.

05 각 트랙에는 보표의 이름과 녹음(R), 솔로(S), 뮤트(M)의 3가지 버튼, 볼륨을 조정하는 슬라이드, 팬을 조정하는 노브로 구성되어 있습니다. 보표 이름을 클릭하면 악기를 변경할 수 있는 Edit in Score Manager 창을 열 수 있습니다. 팬은 사운드가 들리는 방향을 의미하는 것으로 L쪽으로 돌리면 왼쪽에서 들리고, R 쪽으로 돌리면 오른쪽에서 들립니다.

06 페이지 뷰는 스타일을 선택할 수 있는 Page View Style의 서브 메뉴를 가지고 있습니다. 크게 두 가지 타입을 제공하고 있는데, Book style은 페이지가 서로 마주보는 책 스타일이며, Looseleaf style 낱장 스타일입니다.

> 🎧 **가정교사**
>
> 각 페이지로의 이동은 Ctrl키를 누른 상태에서 PgUp 또는 PgDn키를 이용하거나 화면 아래쪽 Page 항목의 좌/우 버튼을 클릭합니다.

07 악보의 확대와 축소

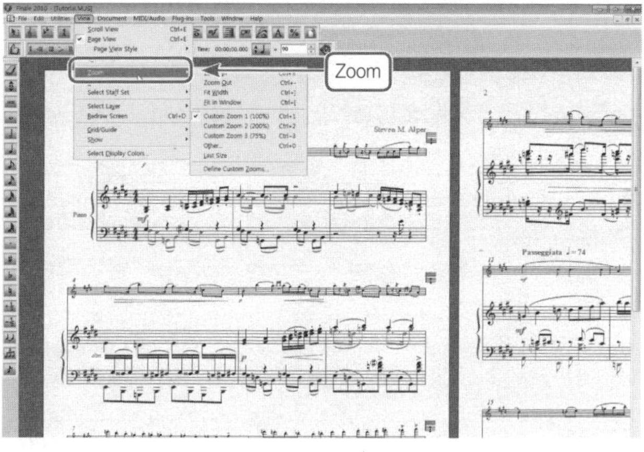

01 작업을 하다 보면, 악보를 확대하거나 축소해야 할 일이 많습니다. 피날레는 악보의 크기를 조정하는 메뉴와 Navigational Tool Palette를 제공하고 있지만, 단축키 사용에 익숙해져야 할 것입니다. 악보의 크기를 조정하는 단축 키는 View 메뉴의 Zoom에서 확인할 수 있습니다.

02 Ctrl 키를 누른 상태에서 + 또는 - 키를 눌러 화면을 확대/축소 시켜봅니다. Shift 키를 누른 상태에서 마우스 오른쪽 버튼을 클릭하면 확대할 수 있고, Ctrl + Shift 키를 누른 상태에서 클릭하면 축소됩니다.

03 Ctrl 키를 누른 상태에서 1 키를 누르면 가로 폭을 화면에 맞추는 Fit Width 역할을 합니다. 이때, Page View Style에서 Book Style을 선택한 경우에는 두 페이지를 기준으로 하며, Looseleaf Style은 한 페이지를 기준으로 합니다. Ctrl + 1 키는 세로 폭을 화면에 맞추는 Fit in Window 입니다.

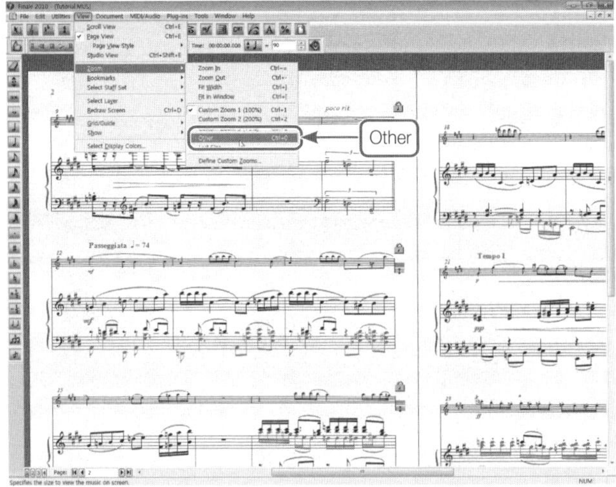

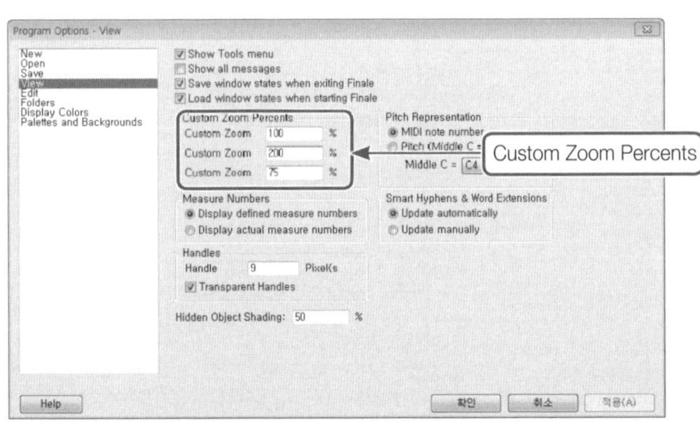

04 피날레의 기본 화면 크기는 실제로 출력되는 종이 크기를 의미하는 100%이며, Ctrl + 2 와 3 키를 눌러 2, 3배로 확대할 수 있는 Custom Zoom 메뉴를 가지고 있습니다. 그리고 Other에 해당하는 Ctrl + 0 키를 누르면 원하는 크기를 퍼센트 단위로 입력할 수 있고, Last Size는 크기를 조정하기 바로 전으로 되돌리는 메뉴입니다.

05 Zoom 메뉴의 마지막인 Define Custom Zooms을 선택하면 프로그램의 기본 옵션을 설정하는 창의 View 카테고리가 열리며, Custom Zoom Percents 항목에서 Ctrl + 1 , 2 , 3 , 키를 눌렀을 때의 크기를 사용자가 원하는 값으로 수정할 수 있습니다.

06 화면에 표시되는 위치를 이동시킬 때는 이동 스크롤 바를 이용해도 좋지만, 화면의 빈 공간에서 마우스 오른쪽 버튼을 클릭하면 Navigational Tools Palette의 핸드 툴 역할을 수행할 수 있다는 것을 기억해두는 것이 편리할 것입니다.

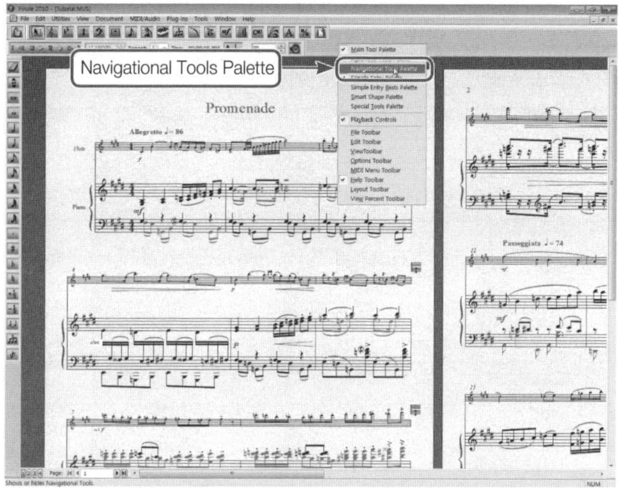

07 Navigational Tools Palette의 핸드 툴 과 돋보기 툴을 직접 이용하겠다면, 도 구 모음 줄의 빈 공간에서 마우스 오른쪽 버튼 을 클릭하여 단축 메뉴를 열고, Navigational Tools Palette를 선택합니다.

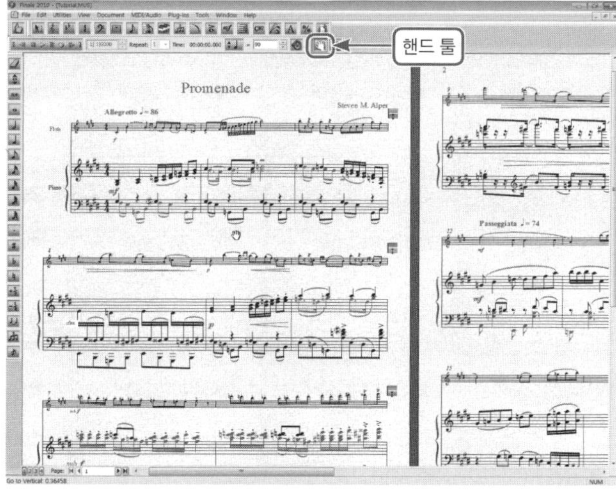

08 핸드 툴은 악보의 위치를 마우스 드래 그로 이동시킬 수 있습니다. 마우스 오 른쪽 버튼을 클릭하여 핸드 툴을 이용할 때는 악보의 빈 공간에서만 적용되지만, 핸드 툴은 위치에 상관없이 이용할 수 있다는 장점이 있습 니다.

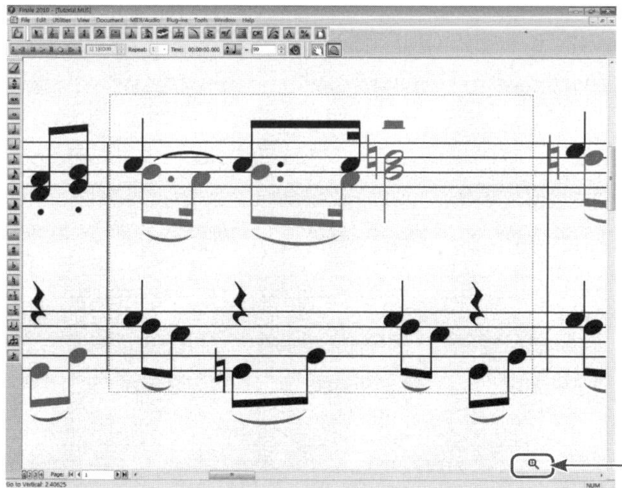

09 돋보기 툴로 화면을 클릭하여 확대하 거나 축소하는 일은 단축키를 이용하 는 것이 편리하기 때문에 별 의미가 없습니다. 그러나 사용자가 원하는 범위를 드래그하여 한 번 에 확대하고 싶을 때는 돋보기 툴이 유용합니다.

02

오선지 준비하기

피날레를 이용하여 악보를 만들 때, 가장 먼저 하는 작업이 오선지를 준비하는 것입니다.
피날레는 새로운 오선지를 만드는 기능으로 Setup Wizard와 Default Document의 두 가지를 제공합니다. Setup Wizard는 작업에 필요한 오선지를 단계별로 선택하여 준비하는 것으로 만들고자 하는 악보의 형식이 결정된 경우에 효과적이며, Default Document는 피날레의 기본 스타일로 지정되어 있는 Maestro font Default 오선지를 준비하는 것으로 만들고자 하는 악보의 형식이 결정되지 않은 상태에서 작업을 진행할 때 효과적입니다.

01 런치 창의 역할

피날레를 실행하면 열리는 것이 런치 창(Launch Windows)입니다. 크게 새로운 오선지를 만드는 Create New Music, 파일을 불러오는 Open Existing Music, 도움말을 볼 수 있는 Learning Center, 사용 팁을 표시하는 Tip of the Day로 구성되어 있습니다. 주로 사용되는 것은 새로운 오선지를 만드는 Setup wizard와 Default Document, 파일을 불러오는 Open과 Open Recent File 뿐이지만, 각 버튼의 역할을 잠깐 살펴보겠습니다.

1. Create New Music

악보 작업을 위한 새로운 오선지를 만듭니다.

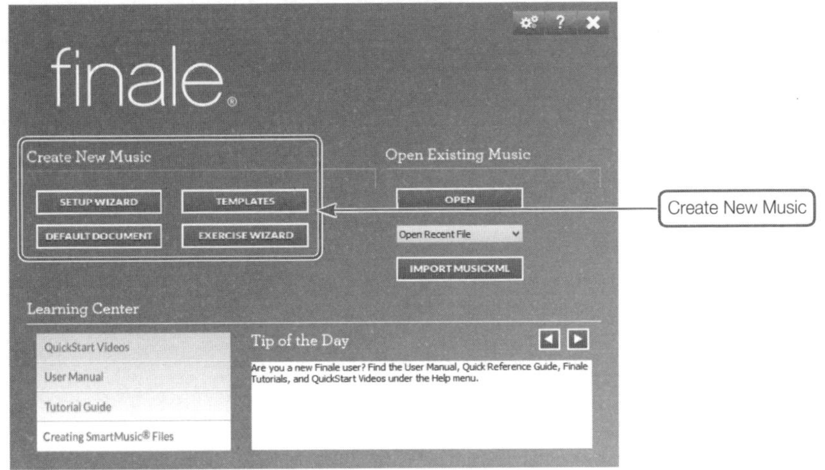

❶ Setup Wizard : 마법사 기능을 실행하여 오선지를 만듭니다.
런치 창을 닫은 경우에는 File 메뉴의 New에서 Document With Setup Wizard를 선택합니다.

❷ Default Document : 기본 스타일의 오선지를 만듭니다.
Default Document를 선택했을 때 열리는 기본 스타일은 사용자가 원하는 것으로 바꿀 수 있습니다.
런치 창을 닫은 경우에는 File 메뉴의 New에서 Default Document를 선택합니다.

❸ Templates : 피날레에서 제공하는 다양한 스타일의 오선지를 불러옵니다. 사용자가 만든 것도 템플릿으로 저장해둘 수 있습니다. 런치 창을 닫은 경우에는 File 메뉴의 New에서 Document From Template를 선택합니다.

❹ Exercise Wizard : 온라인 음악 교육 프로그램으로 유명한 Smart Music 파일 제작 마법사 기능을 실행합니다.
런치 창을 닫은 경우에는 File 메뉴의 New에서 Exercise Wizard를 선택합니다.

2. Open Existing Music

기존에 작업했던 피날레 파일을 불러옵니다.

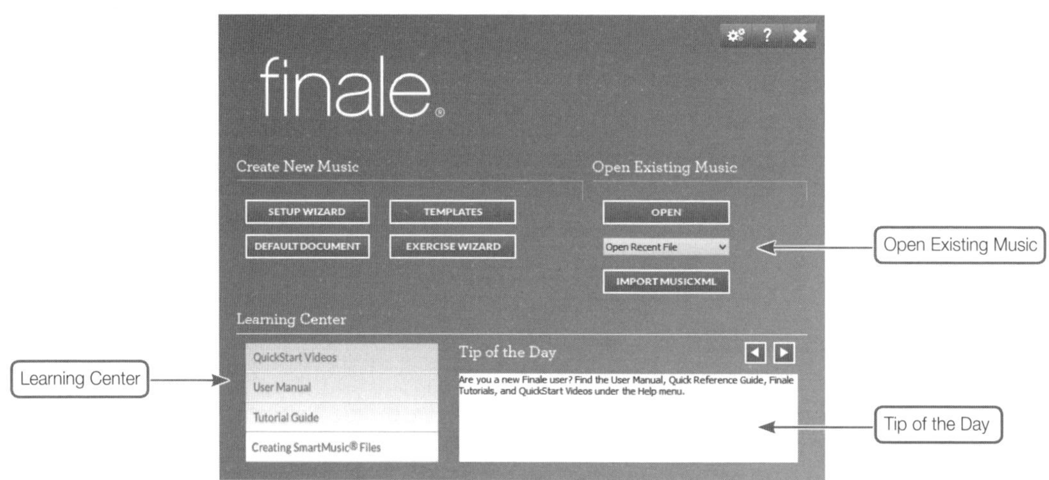

❶ **Open** : 피날레 파일을 불러옵니다. 런치 창을 닫은 경우에는 File 메뉴의 Open을 선택합니다.

❷ **Open Recent File** : 최근에 작업하던 파일을 선택하여 불러옵니다.

런치 창을 닫은 경우에는 File 메뉴의 Exit 아래쪽에 최근에 작업하던 파일 목록의 이름이 표시되며, 이것을 선택하여 불러올 수 있습니다.

❸ **Import MusicXML** : 온라인 재생 및 파일 호환 목적으로 사용하는 XML 파일을 불러옵니다.

런치 창을 닫은 경우에는 File 메뉴의 MujsicXML에서 Import를 선택합니다.

3. Learning Center

피날레의 다양한 도움말을 제공합니다.

❶ **Quick Start Videos** : 피날레의 동영상 강좌를 볼 수 있습니다.

❷ **User Manual** : 피날레의 사용 설명서를 볼 수 있습니다.

Tutorial Guide와 Crating SmartMusic Files 버튼도 동일한 설명서입니다.

4. Tip of the Day

런치 창을 열때마다 간단한 팁을 보여줍니다.

02 마법사 기능 이용하기

마법사 기능의 Setup Wizard는 리드 악보, 피아노 악보, 록 밴드 악보, 오케스트라 악보 등, 사용자가 원하는 악기 파트를 단계적으로 선택하는 방식으로 사용자가 필요로 하는 악기 파트가 미리 결정된 경우에 효과적입니다. 물론, 악보를 만들면서 악기 파트를 추가하거나 삭제할 수 있기 때문에 작업 도중에 계획이 달라졌다고 해서 당황할 필요는 없습니다.

01 Setup Wizard는 피날레를 실행할 때 열리는 Launch 창에서 선택할 수 있고, Launch 창을 닫은 경우에는 File 메뉴의 New에서 Document With Setup Wizard를 선택하거나 Ctrl + N 키를 눌러 실행할 수 있습니다.

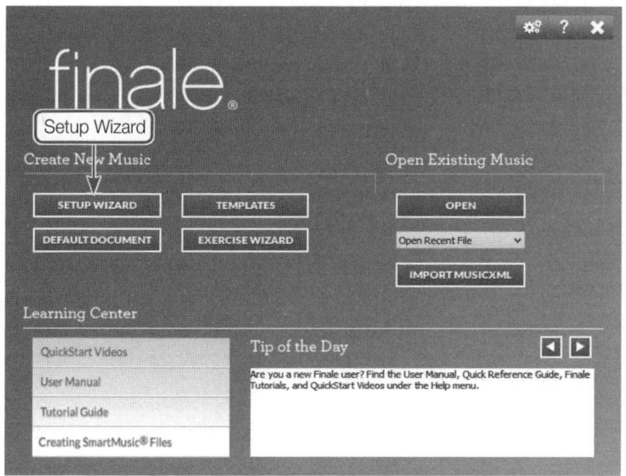

가정교사

Launch 창은 File 메뉴의 Launch Window를 선택하여 열 수 있습니다.

02 악기의 편성과 악보 스타일을 선택할 수 있는 Select an Ensemble and Document Style 창이 열립니다.
Select an 목록에서 합창(SATB), 스트링(String), 브라스(Brass), 오케스트라(Orchestra) 등의 악기 편성을 선택하고, Select a Document 목록에서 스타일을 선택합니다. 일반적으로 사용자가 원하는 악기 편성을 새롭게 구성할 수 있는 Create New Ensemble과 기본 스타일인 Engraved Style이 선택되어 있는 기본값을 그대로 사용합니다.

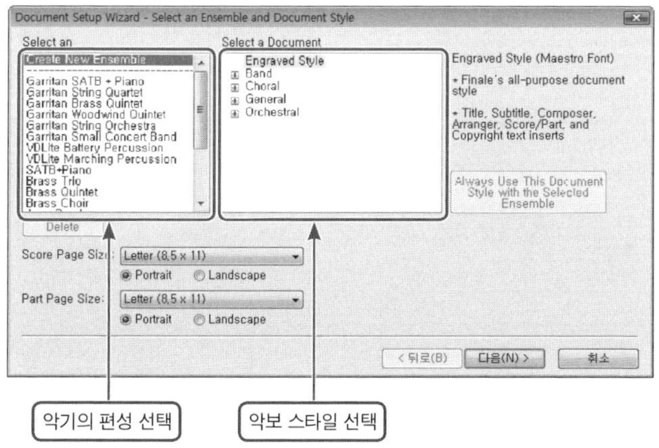

악기의 편성 선택   악보 스타일 선택

03 Create New Ensemble 이외에 피날레에서 제공하는 악기 편성을 선택한 경우에는 Delete 버튼과 Always Use This Document Style with the Selected Ensemble 버튼을 사용할 수 있습니다. Delete 버튼은 선택한 악기 편성을 Select an 목록에서 제거하며, Always Use This Document Style with the Selected Ensemble 버튼은 Select a Document 목록에서 선택한 스타일을 Select an 목록에서 선택한 악기 편성의 기본 스타일로 설정합니다. 즉, Select an 목록에서 악기 편성을 선택할 때, 자동으로 선택되는 스타일을 설정하는 것입니다.

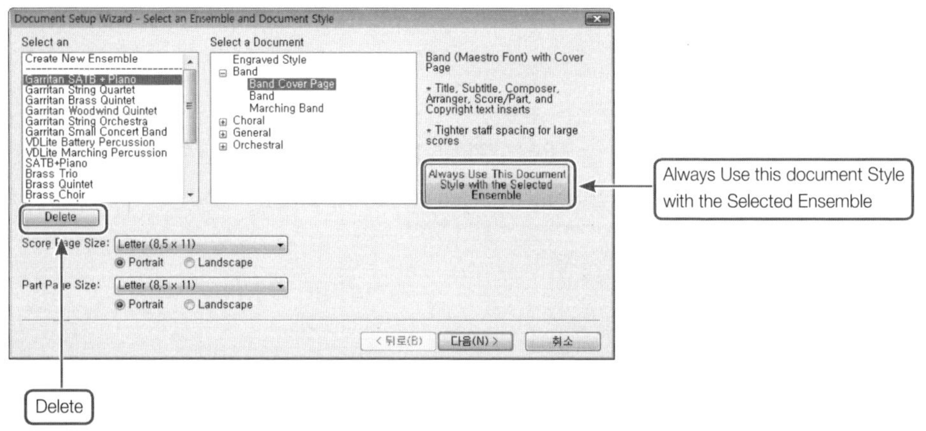

04 Score Page Size는 전체 악보의 크기, Part Page Size에서는 파트 악보의 크기를 선택하는 것이며, Portrait(세로)과 Landscape(가로)는 용지의 방향을 선택하는 옵션입니다. 일반적으로 세로 방향의 A4 용지를 많이 사용하므로, 각각 A4 용지를 선택하고, 다음 버튼을 클릭합니다.

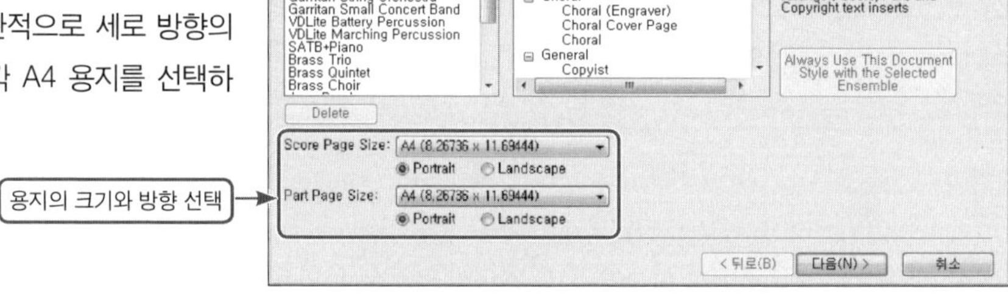

05 악기 구성을 추가/삭제 할 수 있는 Add or Delete Instruments 창이 열립니다. 왼쪽 목록은 추가할 악기를 선택하는 것이며, 오른쪽 목록은 만들어질 악기 파트를 표시합니다. 앞에서 Create New Ensemble를 선택한 경우에는 사용자가 원하는 악기를 구성할 수 있도록 오른쪽 목록이 비어있으며, Create New Ensemble 이외의 것을 선택한 경우에는 해당 악기의 구성 목록이 표시됩니다.

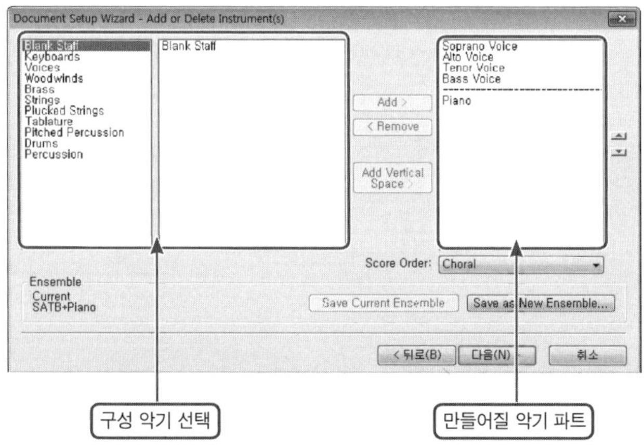

06 Keyboards 그룹의 Piano를 더블 클릭하거나 Add 버튼을 클릭하여 악기를 추가합니다. 그리고 Voices 그룹의 Vocals, Plucked Strings 그룹의 Guitar와 Bass, Percussion 그룹의 Drums Set도 각각 추가하여 Rock 밴드에서 많이 사용하는 5인조 편성을 구성합니다.

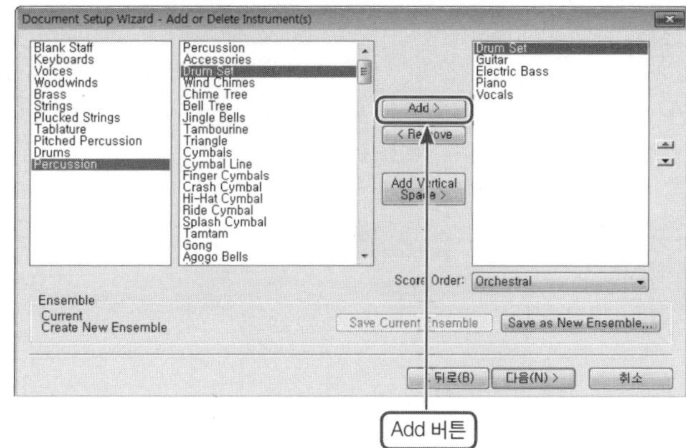

07 악보 편성의 순서는 위/아래 이동 버튼을 클릭하여 이동시킬 수 있고, Remove 버튼은 선택한 파트를 목록에서 제거합니다. 그림과 같이 Vocals, Guitar, Piano, Bass, Drum Set의 순서로 구성합니다.

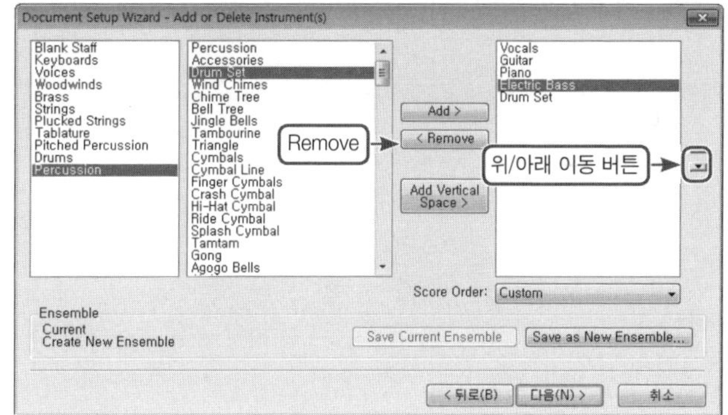

08 참고로 Add Vertical Space 버튼은 선택한 악기 위쪽으로 공백을 추가하는 역할을 하며, 실선으로 표시됩니다. 오케스트라 편성에서 리듬, 브라스, 스트링 등의 파트를 구분할 때 많이 이용합니다.

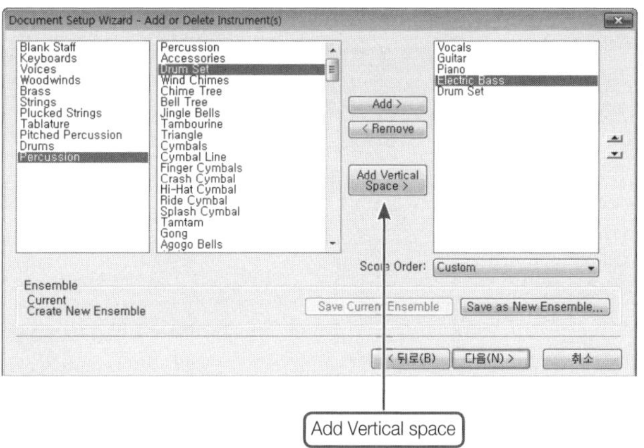

09 Score Order는 악기 순서를 자동으로 정렬하는 역할을 하지만, 수동으로 정렬했으므로, Custom으로 선택되어 있습니다. Save as New Ensemble 버튼은 현재 만들어 놓은 구성을 앞에서 살펴본 Select an Ensemble and Document Style 창의 Select an 목록에 저장하는 역할을 하며, Save Current Ensemble 버튼은 Create New Ensemble 이외의 스타일을 선택하여 구성을 변경한 경우에 사용할 수 있습니다. 다음 버튼을 클릭합니다.

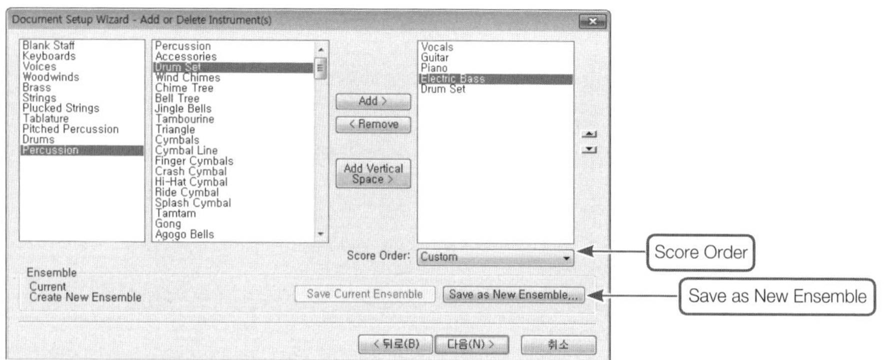

10 악보에 표시될 정보를 입력할 수 있는 Score Information 창이 열립니다. 필요한 정보를 입력하고, 다음 버튼을 클릭합니다. 비어있는 상태로 다음 버튼을 클릭하면, 나중에 수정할 수 있는 Title, , Subtitle, Composer 등의 기본 문자가 표시됩니다.

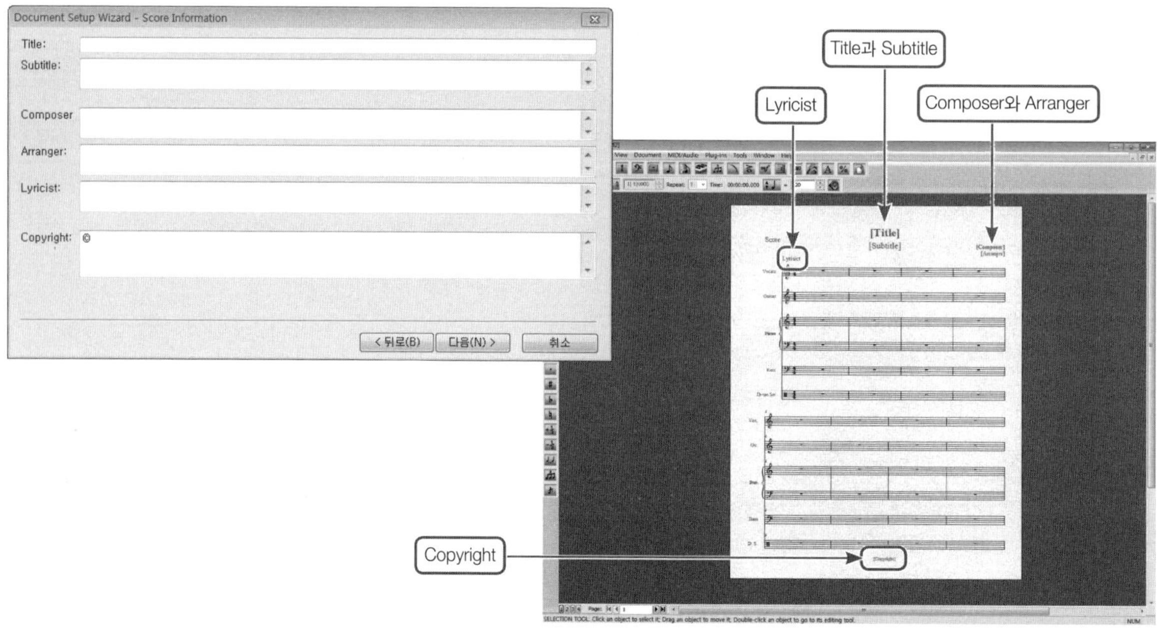

11 박자와 조표를 선택할 수 있는 Score Settings 창이 열립니다. 조표는 상/하행 버튼을 클릭하여 선택할 수 있으며, Specify Initial Tempo Marking 항목은 곡의 리듬 및 템포를 설정합니다. Specify Pickup Measure은 못 갖춘 마디를 사용할 때의 박자를 선택하는 것이며, Number of에서 마디 수를 설정합니다. 템포와 못 갖춘 마디를 표시하지 않을 경우에는 각각의 옵션을 해제합니다. A Major와 Slow Rock 문자를 입력하고 마침 버튼을 클릭합니다.

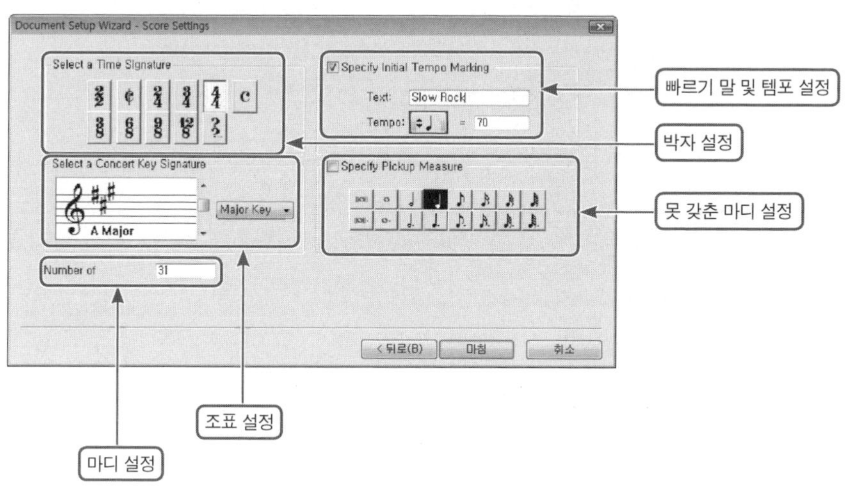

12 마법사 기능을 이용해서 5인조의 Rock 밴드용 악보를 만들어보았습니다. 각각의 설정은 작업을 하면서 언제든 수정할 수 있으므로, 앞의 과정에서 실수한 부분이 있어도 상관은 없습니다. 그림에서는 제목(Title)를 수정하고 있습니다.

03 기본 스타일 선택하기

Default Document는 기본 스타일(Maestro font Default)의 오선지를 만듭니다. 간단한 리드 스코어를 만들 때 편리하며, 사용자가 원하는 스타일로 변경할 수 있습니다. 악기 파트가 미리 결정되지 않은 경우에도 효과적입니다. 자세한 내용은 학습을 진행하면서 살펴보기로 하고, 여기서는 기본 스타일을 변경하는 방법을 살펴보겠습니다.

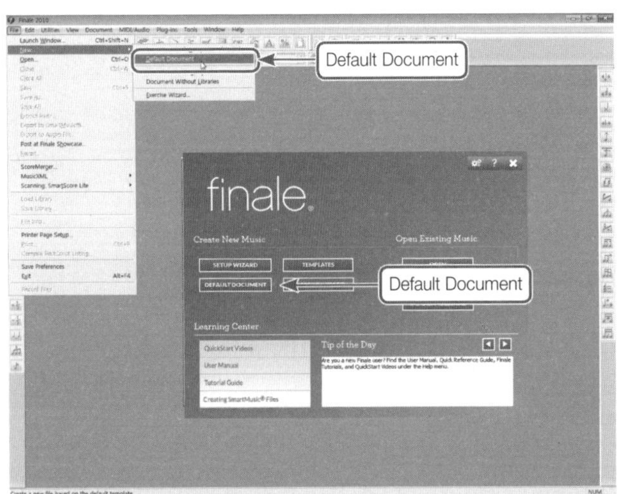

01 Launch 창이 열려 있다면, Default Document 버튼을 클릭하고, Launch 창이 열려있지 않다면, File 메뉴의 New에서 Default Document를 선택합니다.

02 31마디 길이의 악보가 만들어집니다. Default Document를 선택했을 때, 32 마디의 악보가 만들어지길 원한다면, 악보를 수정하고, Maestro font Default 템플릿으로 저장하면 됩니다. 마디 툴을 마우스 오른쪽 버튼으로 클릭하여 단축 메뉴를 열고, Add One Measure를 선택합니다.

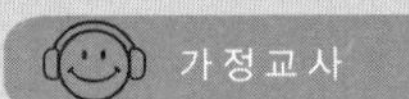
가정교사

마디 툴을 더블 클릭해도 한 마디가 추가됩니다.

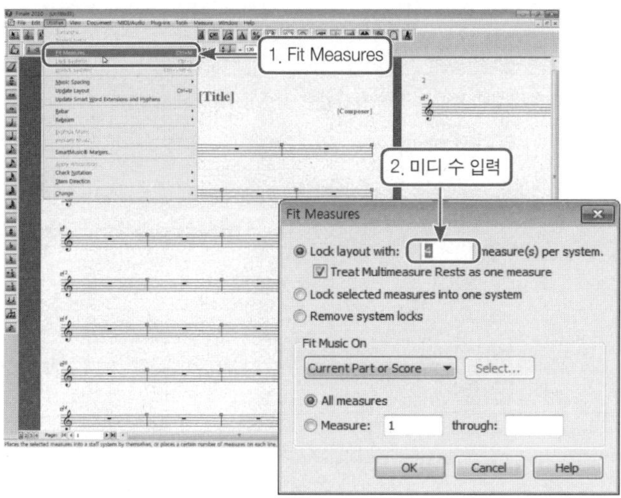

03 한 마디가 추가되면서 2 페이지의 악보가 만들어집니다. 이것을 한 페이지로 정리하기 위해서 4마디씩 표시되게 수정하겠습니다. Utilities 메뉴의 Fit Measures를 선택하여 창을 열고, Lock layout with 값을 4로 입력합니다. 그리고 OK 버튼을 클릭하여 창을 닫습니다.

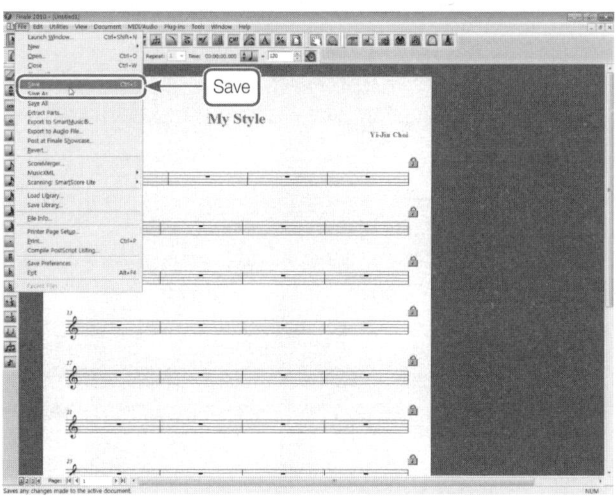

04 그 외, 보표를 추가하거나 스타일을 꾸미는 것은 차츰 공부를 하면서 익히길 바라며, 지금은 마디 수를 수정한 악보를 템플릿으로 저장하겠습니다. 기본 템플릿을 바꾸는 방법에는 Maestro Font Default 파일로 덮어씌우거나 새로운 스타일로 저장한 후에 환경을 변경하는 두 가지가 있습니다. File 메뉴의 Save를 선택합니다.

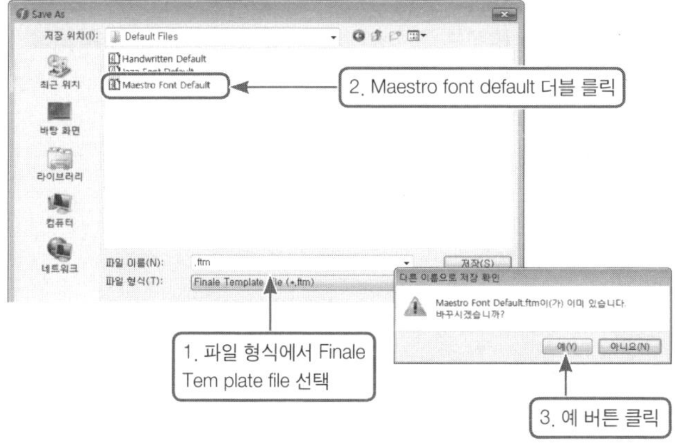

05 피날레의 기본 템플릿을 덮어 씌우겠다면, 파일 형식에서 Finale Template file (*.ftm)을 선택하고, C:₩Users₩사용자₩AppData₩Roaming₩MakeMusic₩Finale₩Music Files₩Default Files 폴더의 Maestro Font Default 파일을 더블 클릭하여 덮어씌웁니다. 이때 파일을 바꿀 것인지를 묻는 창에서 예 버튼을 클릭합니다.

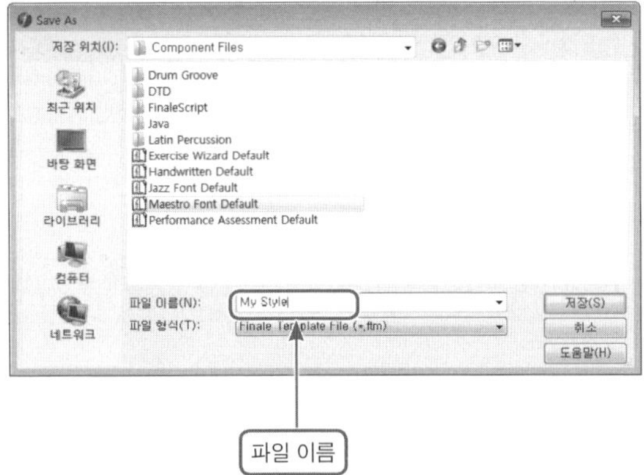

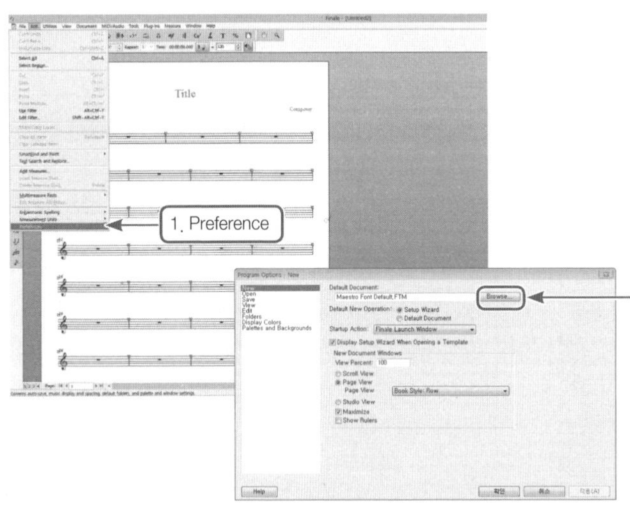

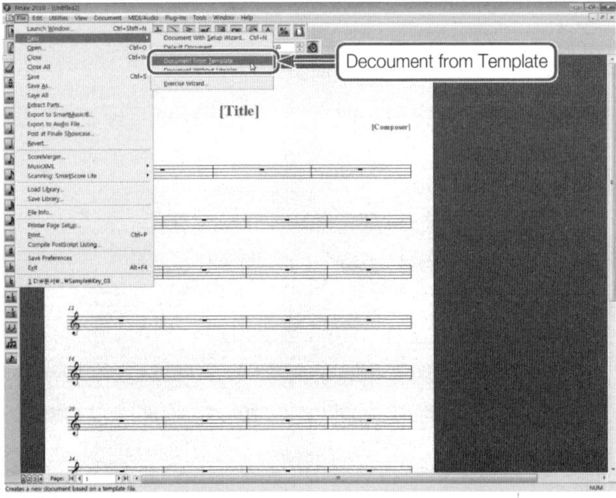

06 이렇게 Maestro Font Default 파일을 덮어씌우면, 다음부터 Default Document 메뉴를 실행했을 때, 사용자가 꾸민 오선지가 열립니다. 만일, 기본 스타일을 그대로 두고, 새로운 스타일로 환경을 변경하겠다면, 파일 이름에 구분하기 쉬운 이름을 입력하여 저장합니다.

07 Edit 메뉴의 Preference를 선택하여 창을 열고, New 목록의 Default Document에서 Browse 버튼을 클릭하여 창을 엽니다. 그리고 앞에서 저장한 스타일을 선택하면 됩니다.

08 기본 스타일 외에도 피날레에서 제공하는 템플릿 파일을 불러와 오선지를 준비할 수 있습니다. Launch 창이 열려있는 상태라면 Templates 버튼을 클릭하고, 그렇지 않다면, File 메뉴의 New에서 Document From Template를 선택합니다.

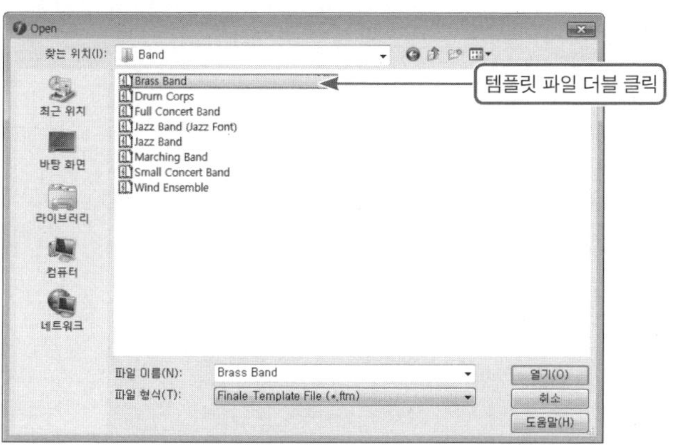

09 피날레가 설치되어 있는 Templates 폴더가 열립니다. Band, Choral 등, 자신이 만들고자 하는 악보 스타일의 폴더를 더블 클릭하여 열고, 파일을 더블 클릭합니다. 그림은 Band 폴더의 Brass Band 파일을 더블 클릭하고 있는 모습입니다.

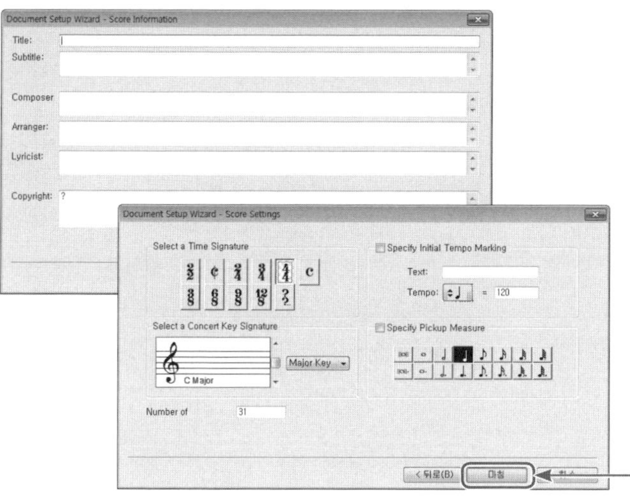

10 곡의 제목과 작곡가의 이름 등을 입력하는 Score Information과 박자와 조표를 설정하는 Score settings 창이 차례로 나옵니다. 필요한 정보를 입력하고 마침 버튼을 클릭합니다.

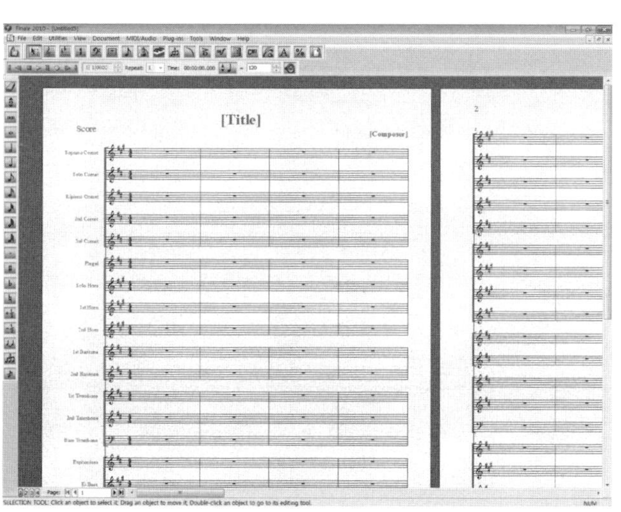

11 깔끔하게 정리된 악보를 손쉽게 만들 수 있으며, 사용자에게 필요한 스타일로 수정한 다음에 File 메뉴의 Save를 선택하여 사용자만의 템플릿으로 저장해둘 수 있습니다. 피날레에서 제공하는 템플릿 파일들을 불러와 어떤 악보를 만들 때 이용할 수 있는지를 확인해보는 시간을 가져보기 바랍니다.

04 보표의 추가와 삭제

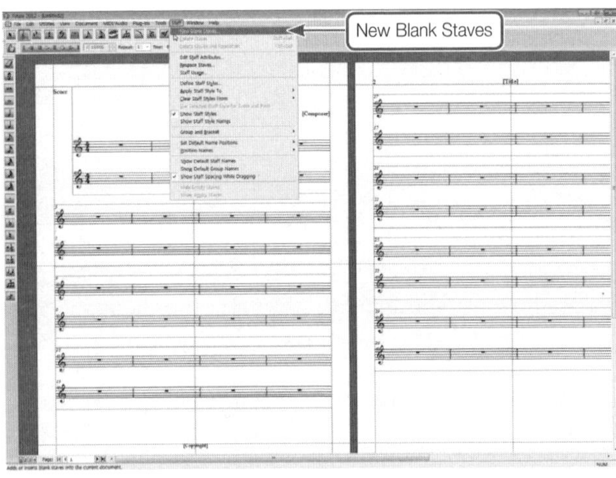

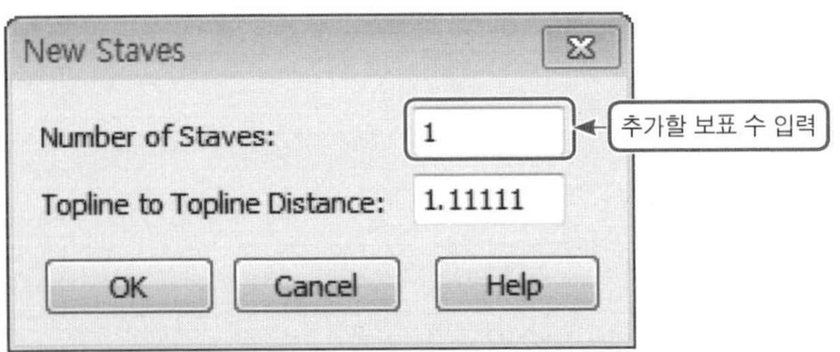

01 악보 스타일을 결정하지 않은 상태에서는 File 메뉴의 New에서 Default Documents를 선택하여 보표가 하나뿐인 기본 스타일을 이용합니다. 그리고 보표를 추가할 필요가 있을 때는 도구 모음 줄의 보표 툴(Staff Tool)을 더블 클릭합니다.

02 보표 툴을 더블 클릭하면 가장 아래쪽으로 추가됩니다. 만일, 보표를 중간에 추가하고 싶다면, 보표를 선택하고, Staff 메뉴의 New Blank Staves를 선택합니다.

03 몇 개의 보표를 추가할 것인지를 묻는 창이 열립니다. Number of staves 항목에 추가하고 싶은 보표 수를 입력하고, OK 버튼을 클릭하면 선택한 보표 위쪽으로 추가됩니다. New Blank Staves를 실행하기 전에 보표를 선택하지 않았다면, 아래쪽에 추가됩니다.

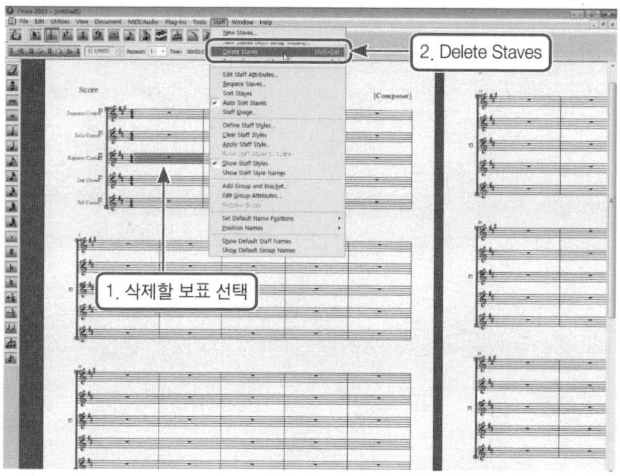

07 작업을 하면서 필요 없는 보표는 Staff 메뉴의 Delete Staves 또는 Delete Stave and Reposition을 선택하여 삭제할 수 있습니다. 삭제할 보표를 선택하고, Staff 메뉴의 Delete Staves를 선택합니다.

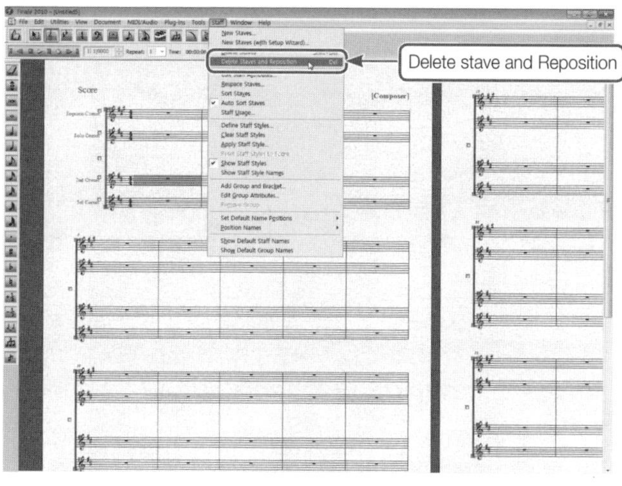

08 삭제된 자리가 빈 공간으로 남습니다. Ctrl+Z 키를 눌러 삭제한 보표를 취소하고, Staff 메뉴의 Delete stave and Reposition을 선택합니다. 삭제된 보표 아래쪽의 것들이 위로 올라오면서 빈 공간이 채워집니다. Delete Staves와 Delete stave and Reposition의 차이점을 기억해두기 바랍니다.

09 두 개 이상의 보표를 한 번에 삭제할 때는 음자리표 위쪽에 보이는 보표 핸들을 Shift 키를 누른 상태로 선택한 다음에 Staff 메뉴의 Delete Staves 또는 Delete stave and Reposition을 선택합니다.

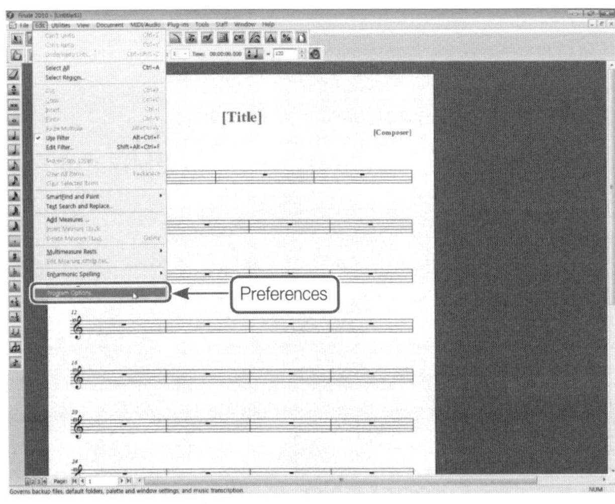

01 사용자 스타일에 따라서 피날레를 실행할 때나 Default Documents를 선택했을 때의 환경을 변경할 필요가 있다면, Edit 메뉴의 Preferences를 선택합니다.

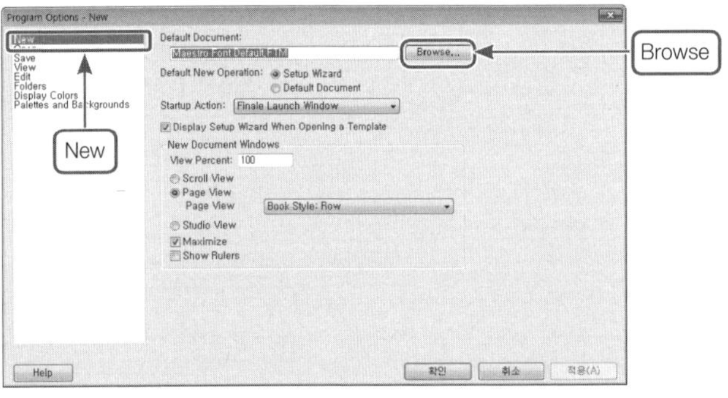

02 프로그램 환경을 설정할 수 있는 창이 열립니다. New 카테고리의 Default Document는 Browse 버튼을 클릭하여 File 메뉴의 New에서 Default Documents를 선택했을 때 열리게 할 템플릿을 선택합니다. 이미 앞에서 살펴본 내용입니다.

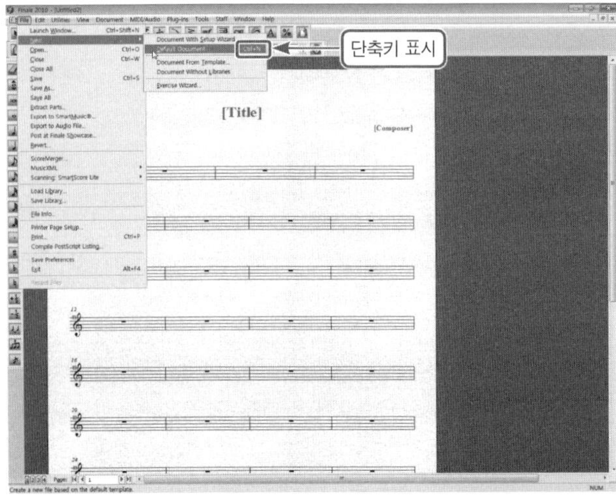

03 Default New Operation은 Ctrl + N 키를 눌렀을 때 실행할 메뉴를 선택합니다. 기본적으로 Setup Wizard가 선택되어 있기 때문에 마법사 기능이 실행되지만, Default Document으로 옵션을 바꾸고, File 메뉴의 New를 보면, Ctrl+N 문자가 Default Document로 이동되어 있는 것을 확인할 수 있습니다.

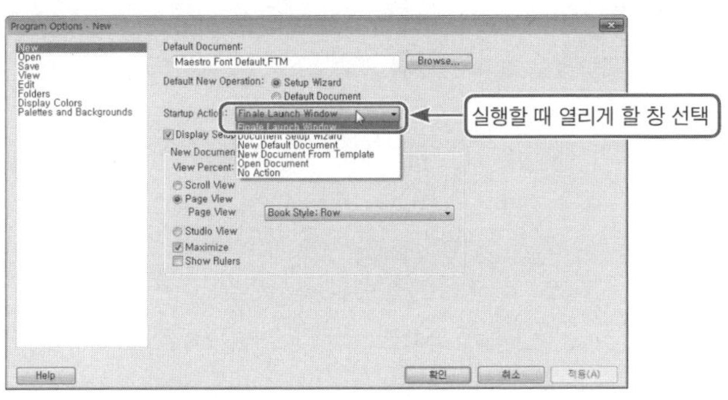

04 Startup Action은 피날레를 실행할 때 자동으로 열리는 창을 설정합니다. 기본적으로 Finale Launch window가 선택되어 있기 때문에 런치 창이 실행되었던 것입니다. 피날레를 실행했을 때 기본 스타일의 보표가 열리게 하고 싶다면, New Default Document를 선택합니다.

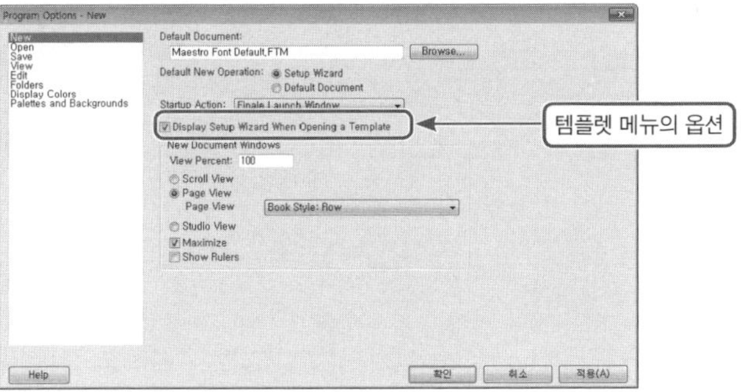

05 Display Setup Wizard When Opening a Template 옵션은 File 메뉴의 New 에서 Document from Template를 선택하여 템플릿 파일을 불러올 때, 곡의 제목과 조표 등을 설정할 수 있는 창이 차례로 열리게 합니다. 창이 열리지 않게 하려면, 옵션을 해제합니다.

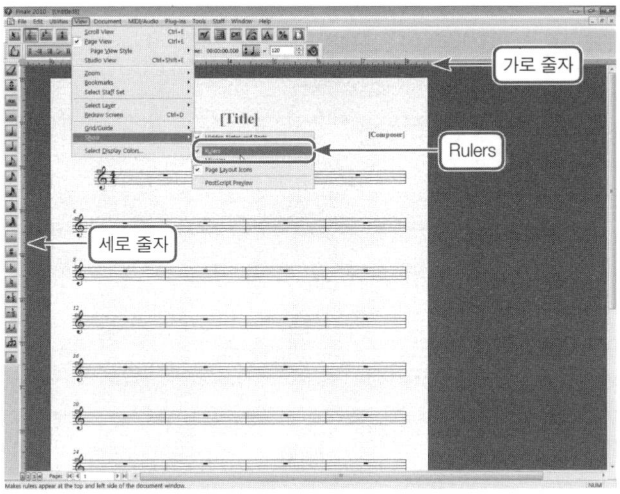

06 New Document Windows 항목은 새로운 오선지를 만들었을 때의 화면 모드와 크기를 설정합니다. Maxmize 옵션은 모니터 크기에 맞추어 최대한 크게 열고, Show rulers 옵션은 작업 창 위와 왼쪽에 줄자가 보이게 합니다. 줄자는 필요에 따라 View 메뉴의 Show에서 Rulers를 선택하여 표시하거나 감출 수 있습니다.

01 마법사 기능을 이용해서 오선지를 만들면 자동으로 해당 악기의 이름, 조표, 박자 등을 설정할 수 있지만, 기본 스타일을 이용해서 보표를 추가한 경우에는 사용자가 직접 설정해야 합니다. 보표 툴을 더블 클릭하여 3개의 보표를 추가해봅니다. 총 4개의 보표를 만든 것입니다.

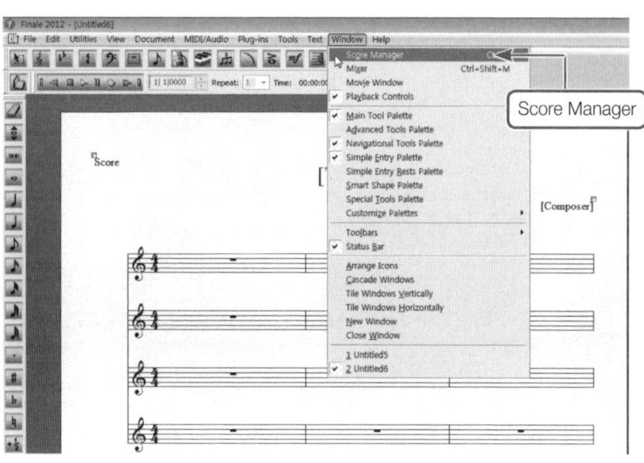

02 보표 스타일은 다양한 방법으로 결정할 수 있지만, 보표의 이름과 악기를 설정할 수 있는 매니저 창을 이용하겠습니다. Window 메뉴의 Score Manager를 선택하여 창을 엽니다.

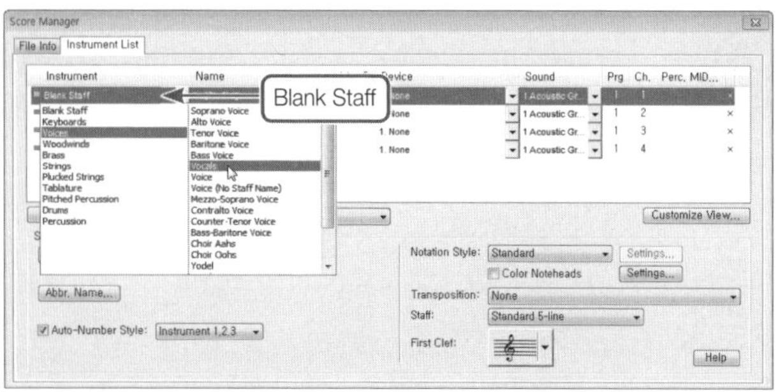

03 곡의 제목, 작곡자 등의 정보를 입력할 수 있는 File Info와 악기를 설정할 수 있는 Instrument List 탭으로 구성된 창이 열립니다. Instrument List 탭을 열고, 첫 번째 Blank Staff를 클릭하여 목록을 열고, Voices의 Vocals를 더블 클릭합니다.

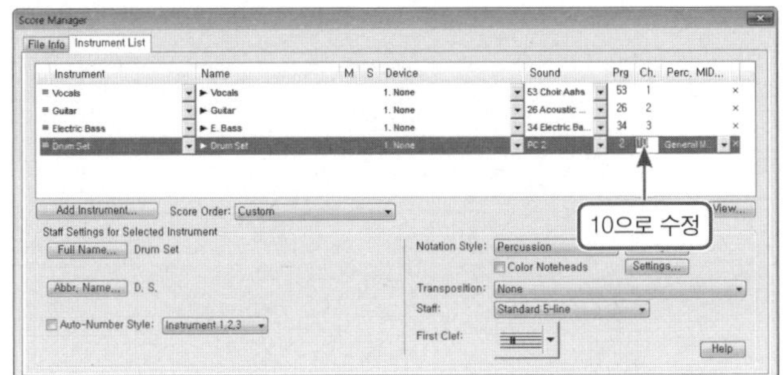

04 같은 방법으로 두 번째 Blank Staff는 Plucked Strings의 Guitar, 세 번째는 Electric Bass, 네 번째는 Percusson의 Drum Set을 선택합니다. 그리고 Drum Set 보표는 Ch 항목을 더블 클릭하여 10으로 수정합니다.

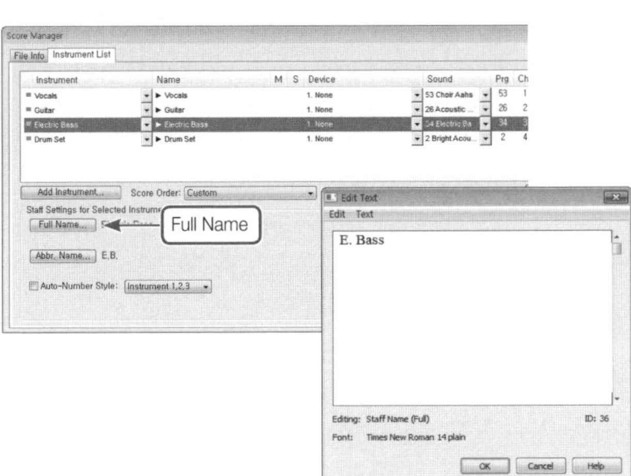

05 Full Name은 첫 번째 시스템에 표시되는 악기 이름이고, Abbr Name은 나머지 시스템에 표시되는 이름 입니다. Electric Bass의 Full Name 버튼을 클릭하여 창을 열고, E. Bass로 수정합니다.

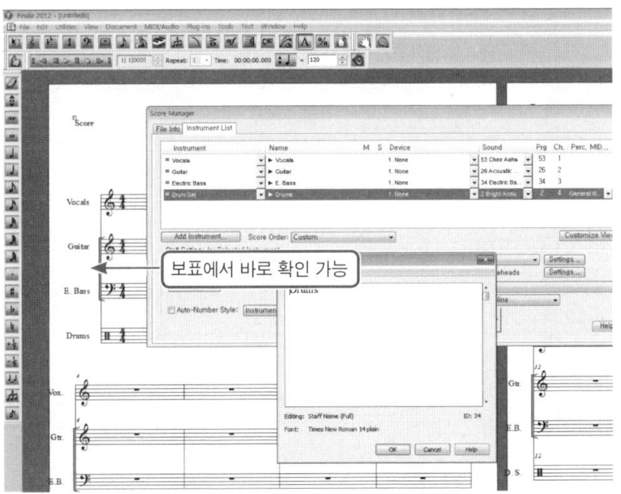

06 계속해서 Drum Set의 Fyll Name은 Drums로 변경합니다. 변경되는 이름은 오선에서 바로 확인할 수 있습니다.

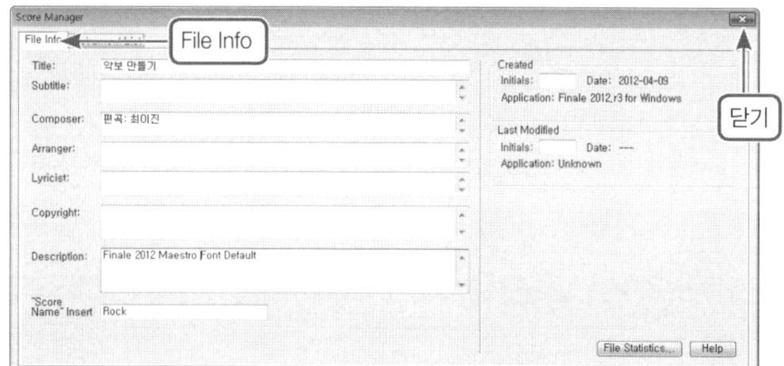

07 곡 제목, 작곡가 등의 정보가 결정되어 있는 경우라면, File Info 탭을 선택하여 열고, 필요한 정보를 입력합니다. 그리고 닫기 버튼을 클릭하여 창을 닫습니다.

08 File Info 창에서 입력한 글자들은 언제든 텍스트 툴을 선택하면 보이는 핸들을 더블 클릭하여 수정할 수 있습니다.

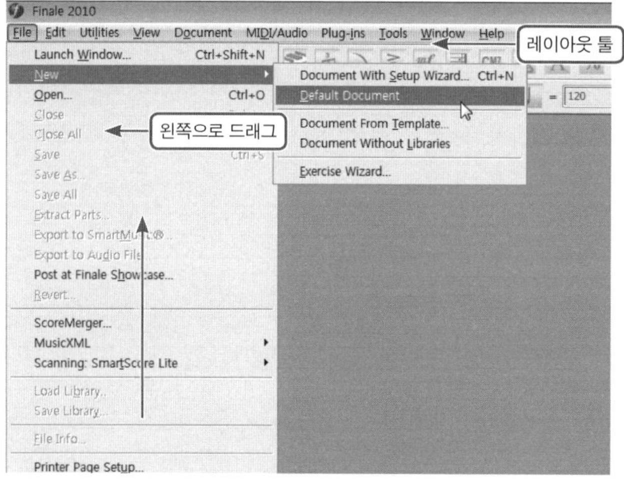

09 완성한 보표는 여백이 적어서 이름이 벗어나는 현상이 발생합니다. 레이아웃 버튼을 클릭하고, 첫 번째 시스템의 핸들을 왼쪽으로 드래그하여 여백 라인에 맞춥니다.

10 악보 왼쪽 상단에 보이는 마진 핸들을 오른쪽으로 드래그하여 보표 이름이 잘리지 않도록 공간을 확보합니다.

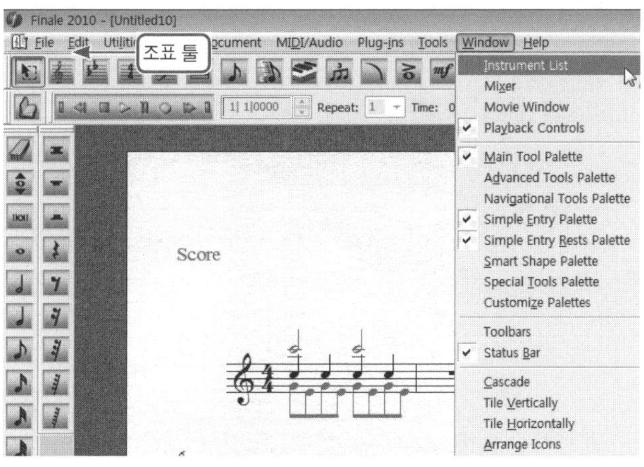

11 마지막으로 조표 툴을 선택하고, 보표 에서 마우스 오른쪽 버튼을 클릭하면 조표를 선택할 수 있는 메뉴가 열립니다. 만들 고자 하는 조표를 선택합니다.

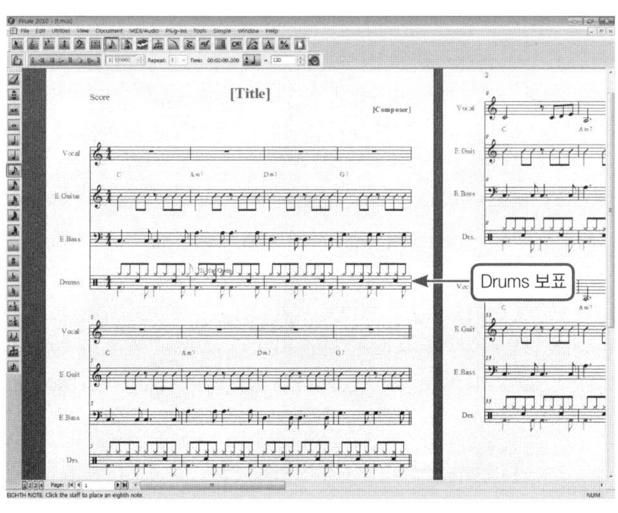

12 그 밖의 옵션은 학습을 진행하면서 살 펴볼 것이며, 여기서는 악기에 어울리 는 보표 준비를 위한 Score manager의 역활 만 기억해도 좋습니다. 음표를 입력해보면 보표 에 설정된 악기 소리가 연주되며, Drums 보표 는 악기 구성에 따라 음표 모양이 달라지는 것 을 확인할 수 있습니다.

03

악보의 재생과 미디 편집

피날레 25은 음표 외에 액센트, 도돌이표, 코드 등의 모든 기호가 실제로 연주됩니다. 이것은 그 어떤 프로그램에서도 지원하고 있지 않는 놀라운 기능입니다. 사용자가 만든 악보에서 잘못 표기한 곳은 없는지를 체크하는 용도로 이용하기에는 너무나 아까운 기능입니다. 만일, SONAR 또는 CUBASE와 같은 컴퓨터 음악 프로그램을 이용하여 음악을 제작하고 있다면, 리와이어 기능으로 한 층 업그레이드된 미디 작업이 가능해질 것입니다. 단, 미디 관한 지식에 관심이 없거나 이미 공부를 하고 있는 경우라면, 악보를 체크하는데 필요한 플레이 백 컨트롤 팔레트만 공부를 해도 좋습니다.

01 플레이 백 컨트롤 팔레트

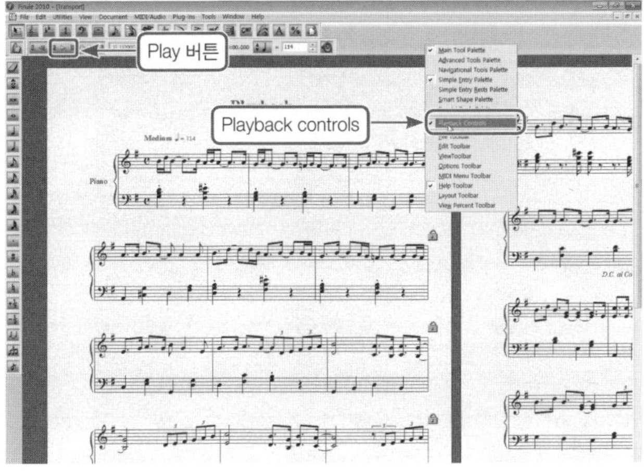

01 부록 CD의 Transport 파일을 불러와 Play 버튼을 클릭하여 곡을 재생해봅니다. 플레이 백 컨트롤이 보이지 않는다면, 도구 모음 줄의 빈 공간에서 마우스 오른쪽 버튼을 클릭하여 단축 메뉴를 열고, Playback Controls를 선택합니다.

02 플레이 백 컨트롤 팔레트의 트랜스포트 버튼들은 일반 오디오와 비슷하기 때문에 쉽게 사용할 수 있습니다. 그러나 기본 옵션은 연주 위치가 1마디로 설정되어 있기 때문에 이동 버튼들이 모두 1마디로 동작합니다. Playback Settings 버튼을 클릭합니다.

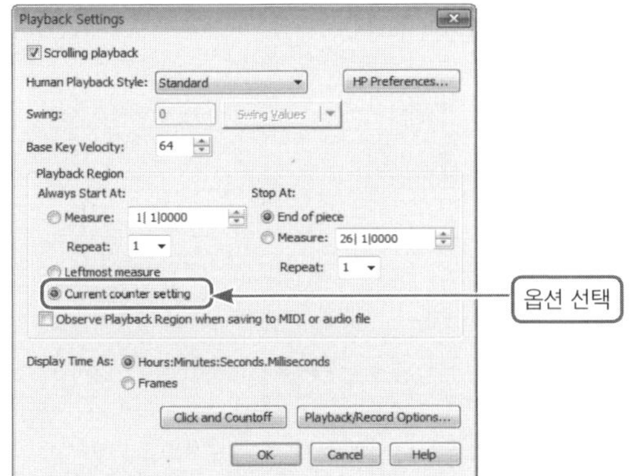

03 연주의 시작과 정지 위치를 설정하는 Playback Region에서 Current counter setting를 선택하여 플레이 백 컨트롤 팔레트의 카운트 항목이 활성화되게 합니다. 그리고 OK 버튼을 클릭하여 창을 닫습니다.

04 플레이 백 컨트롤 팔레트의 카운트 항목이 활성화됩니다. 단위는 마디, 박자, EDU이며, 위/아래 작은 삼각형 버튼을 클릭하거나 Rewind와 Fast Forward 버튼을 클릭하여 마디 단위로 이동할 수 있습니다. EDU는 Enigma Duration Units을 의미하며 한 박자를 1024로 세분화시킨 단위입니다.

05 곡을 모니터 하면서 각 버튼의 역할을 확인합니다. Space bar 키를 누른 상태에서 마디를 클릭하면, 해당 마디에서부터 연주할 수 있으며, 연주 중에는 화면의 아무 곳이나 클릭하여 정지시킬 수 있습니다.

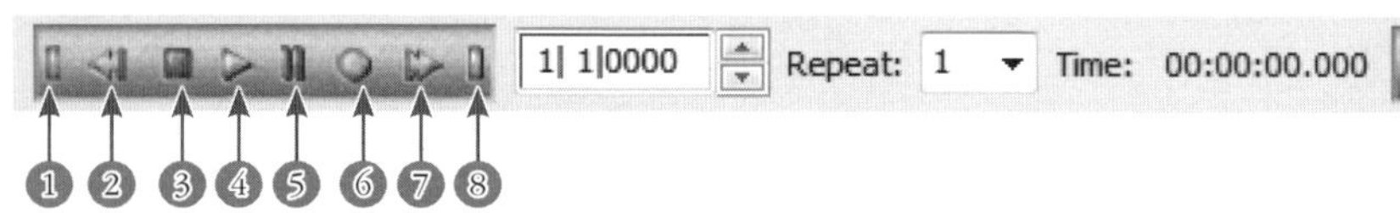

① Home : 곡의 시작 위치로 이동합니다.

② Rewind : 버튼을 누르고 있는 동안 이전 마디로 이동하며, 버튼을 놓으면 해당 위치에서부터 연주합니다.

③ Stop : 연주를 멈춥니다.

④ Play : 악보를 연주합니다.

⑤ Pause : 연주를 일시 정지합니다. 다시 연주할 때는 Play 버튼을 클릭합니다.

⑥ Record : 미디 건반 연주를 녹음합니다.

⑦ Fast Forward : 버튼을 누르고 있는 동안 다음 마디로 이동하며, 버튼을 놓으면 해당 위치에서부터 연주합니다.

⑧ End : 곡의 마지막 위치로 이동합니다.

06 [Ctrl] + [Space bar] 키를 누른 상태에서는 마우스가 있는 위치의 전체 연주, [Ctrl] + [Shift] + [Space bar] 키를 누른 상태에서는 마우스가 있는 위치의 음표를 모니터 할 수 있다는 것도 기억해두면 좋습니다.

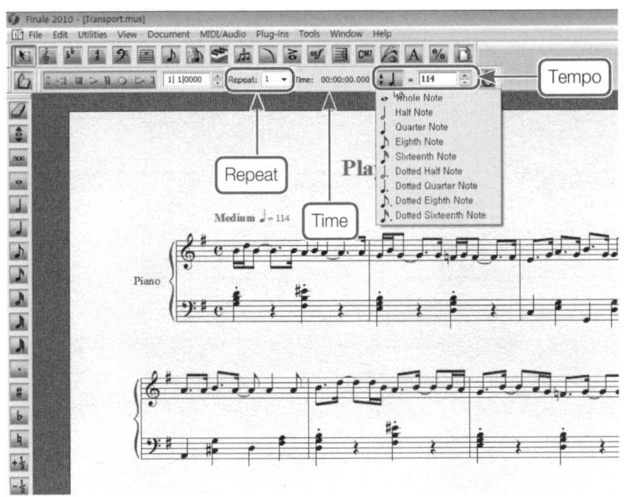

07 Repeat 항목은 반복 연주의 횟수를 지정하며, Time은 연주 위치를 시:분:초:ms 단위로 표시합니다. Tempo는 곡의 템포와 기본 박자를 선택합니다. ms는 1000분의 1초 단위를 의미합니다.

가정교사

Repeat는 Playback Settings 창의 Playback Region에서 설정된 범위이며, 기본 값은 악보 전체입니다.

Finale Tip | Playback Settings 창의 옵션

피날레에 입력된 음표와 기호의 연주 방법을 설정할 수 있는 Playback Settings 창의 옵션을 살펴보겠습니다. Playback Settings 창은 플레이 백 컨트롤 팔레트에서 스피커 모양을 하고 있는 아이콘을 클릭하여 열 수 있습니다.

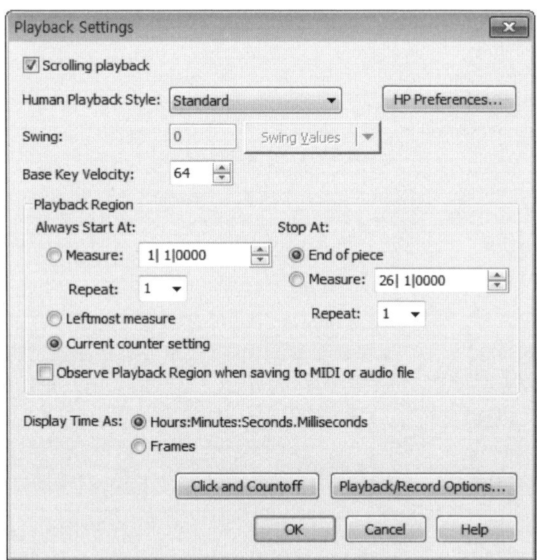

- Scrolling playback : 연주 위치를 표시하는 세로 라인을 화면에 표시합니다.
- Human Playback Styles : 피날레는 사람이 연주하는 듯한 효과를 연출할 수 있으며, 여기서 사용자가 원하는 음악 장르의 연주 스타일을 선택합니다.
- Swing : Human Playback Styles에서 휴머니즘을 적용하지 않는 None과 Jazz, Reggae, Rock, Samba 스타일을 선택한 경우에는 스윙 리듬을 변경할 수 있습니다. 스윙의 정도는 오른쪽 메뉴를 이용해서 선택하거나 값을 직접 입력합니다.
- Base Key Velocity : 익스프레션 기호가 없는 일반 음표의 연주 강도를 설정합니다. 범위는 0에서 127까지 이며, 기본값은 64 로 설정되어 있습니다.

- Playback Region : 악보의 연주 범위를 설정합니다. Always Start At에서 시작 위치를 설정하며, Stop At에서 끝 위치를 설 정합니다. 각각의 의미는 다음과 같습니다.
▶ Measure : Play 버튼을 눌렀을 때 연주가 시작되는 마디 위치를 설정합니다.
▶ Repeat : 연주가 반복되는 횟수를 설정합니다.
▶ Leftmost measure : 항상 마디의 시작 위치에서 연주합니다.
▶ Current Counter Setting : 카운트 항목에 표시된 위치에서 연주합니다.
▶ Stop at : 연주의 끝을 악보의 끝으로 탐색하는 End of piece와 사용자 설정이 가능한 Measure 항목으로 구성되어 있습니다.

- Observe Playback region when saving to MIDI or audio file : 미디나 오디오 파일로 저장할 때, Playback Region의 설정 이 적용되게 합니다.

- Display Time : 플레이 백 컨트롤 팔레트의 Time 항목에 표시될 단위를 선택합니다.

● Click and Count off 버튼 : 재생 및 녹음을 할 때 들리는 카운트 소리에 관한 설정을 할 수 있는 창을 엽니다.

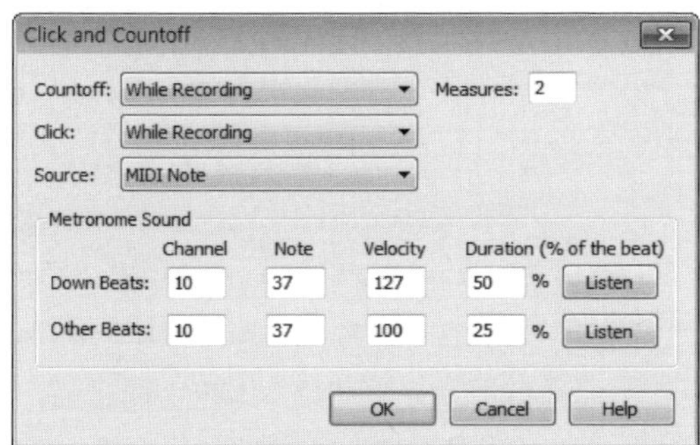

▶ Count Off: 카운트를 언제 사용할 것인지를 선택하며, Measures에서 마디 수를 지정합니다. 기본 값 While Recording의 Measures 2는 녹음을 할 때, 2마디 길이의 카운트를 들려주고, 녹음이 시작된다는 의미입니다.

▶ Click: 메트로놈 사운드를 언제 사용할 것인지를 선택합니다.

▶ Source: 카운트 및 메트로놈 사운드의 소스를 선택하며, 아래쪽의 Metronome Sound에서 각 비트의 채널(Channel), 음정(C4=60), 강약(Velocity), 길이(Duration)을 설정할 수 있습니다. Listen 버튼을 클릭하면, 미디 건반을 눌러 각 항목의 값을 설정할 수 있습니다.

● Playback/Record Options 버튼 : 연주에 관한 세부 옵션을 설정할 수 있는 창이 열립니다.

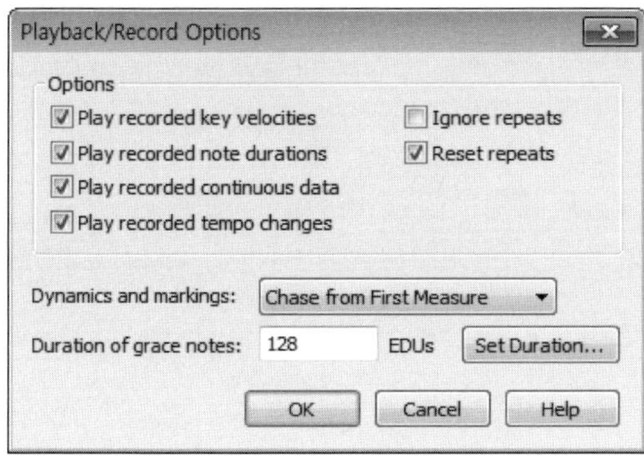

▶ Options : Play recorded 옵션은 리얼로 입력한 연주의 강약(Velocities), 길이(Durations), 페달 정보(Continuous data), 템포 정보(Tempo changes)를 그대로 연주되게 할 것인지를 선택합니다. Lgnore repeats는 반복 기호를 무시하고, Reset repeats는 반복 횟수를 초기화하는 옵션입니다.

▶ Dynamics and markings : 연주 기호의 세팅 값을 첫 마디에 따르게 할 것인지(Chase from first Measure), 초기화 할 것인지(Reset), 연주 위치의 값을 따르게 할 것인지(Use current Settings)을 선택합니다.

▶ Duration of grace notes : 꾸밈음의 연주 길이를 EDUs 단위로 설정할 수 있지만, Set Duration 버튼을 클릭하여 음표를 선택하는 것이 편리합니다.

02 악기 음색 설정하기

01 피날레는 GM 모드의 SmartMusic SoftSynth와 오케스트라 사운드로 유명한 Garritan사의 VST Instruments를 제공합니다. MIDI/Audio 메뉴를 열어보면, 미디 아웃으로 설정된 악기가 연주되도록 Play Finale through MIDI가 선택되어 있습니다.

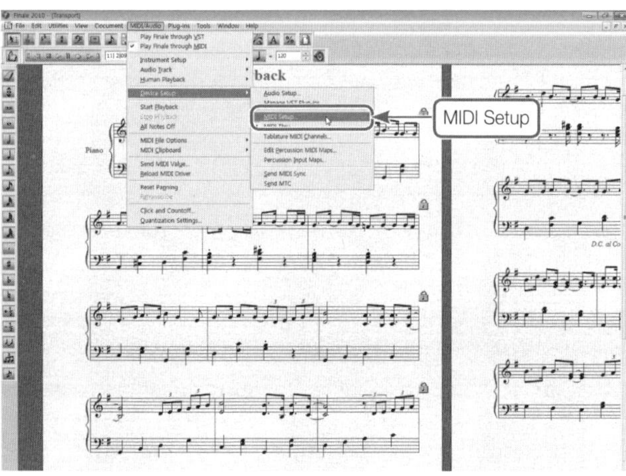

02 미디 아웃은 피날레를 설치하고 처음 실행할 때, SmarMusic SoftSynth를 선택했었으므로, 피날레에서 연주하는 악기 소리는 SmarMusic SoftSynth가 되는 것입니다. MIDI/Audio 메뉴의 Device setup에서 MIDI Setup을 선택합니다.

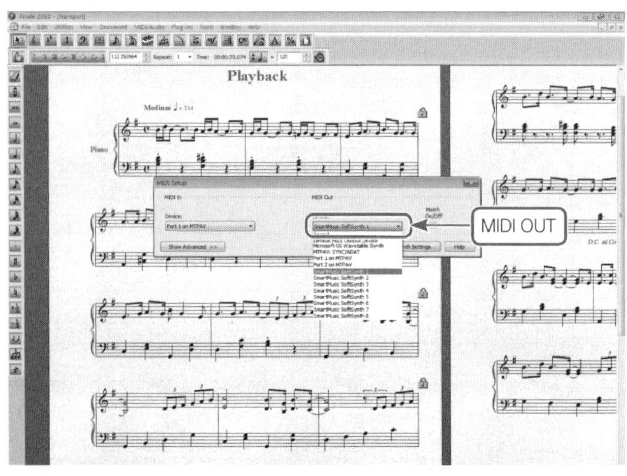

03 MIDI Setup 창의 MIDI OUT에 Smart Music SoftSynth가 선택되어 있는 것을 확인할 수 있습니다. 하드웨어 악기를 가지고 있는 사용자라면, MIDI OUT에서 하드웨어 악기가 연결되어 있는 포트를 선택하여 연주시킬 수 있습니다.

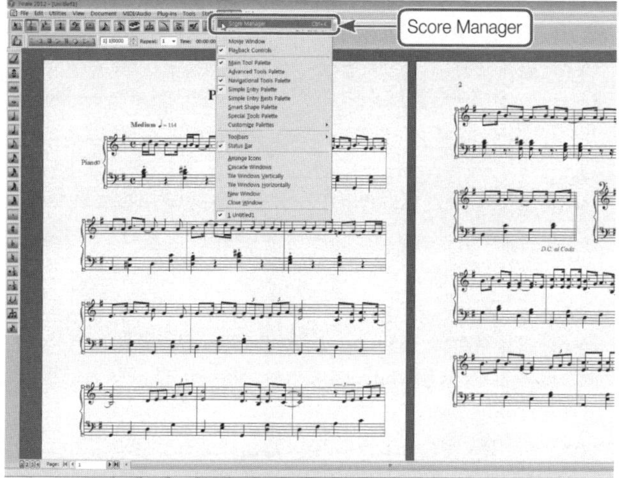

04 마법사 기능을 이용해서 보표를 만들면, 보표 마다 자동으로 악기 음색이 배치되지만, 기본 스타일에서 보표를 추가한 경우에는 사용자가 직접 악기 음색을 배치해야 합니다. Window 메뉴의 Score Manager를 선택하여 창을 엽니다.

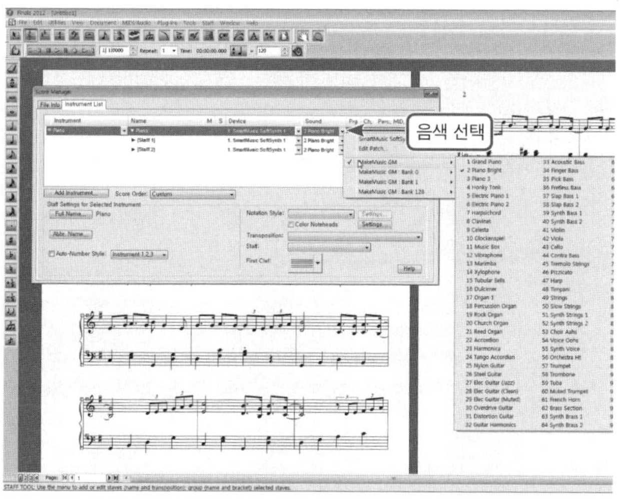

05 부록 CD의 Transport 파일은 2개의 보표를 사용하는 피아노 악보이므로, Name 칼럼의 Piano에서 작은 삼각형을 클릭하여 열어보면, 2개의 Staff로 구성되어 있다는 것을 확인할 수 있습니다. 악기 음색은 Sound 칼럼을 클릭하면 열리는 MakeMusic GM 리스트에서 선택합니다.

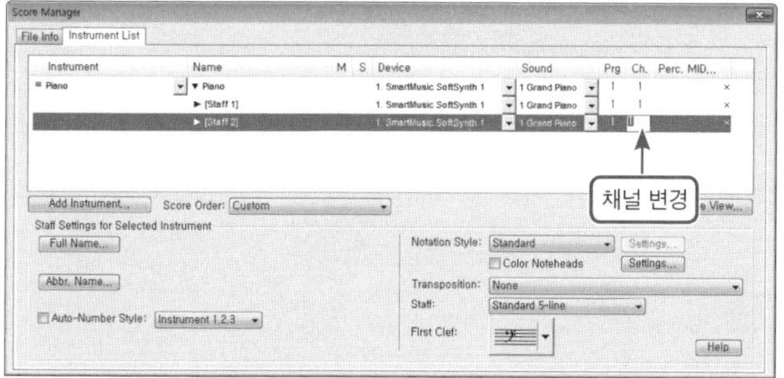

06 하지만, 미디 채널(Chan)이 모두 1번으로 설정되어 있기 때문에 모든 보표의 음색이 한 가지로 선택됩니다. 보표마다 서로 다른 음색을 배치하려면, 미디 채널이 서로 다른 악기를 만들어야 합니다. Staff 2 보표의 Ch 칼럼을 클릭하여 2로 변경합니다.

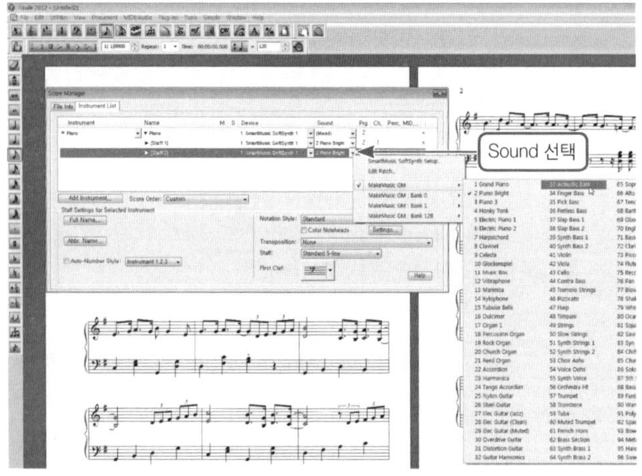

07 Staff 2 보표의 Sound 칼럼을 클릭하여 악기 리스트를 열고, MakeMUsic GM의 33 Acoutic Bass를 선택합니다. Staff 1 보표와 채널이 다르기 때문에 서로 다른 악기 음색을 설정할 수 있는 것입니다.

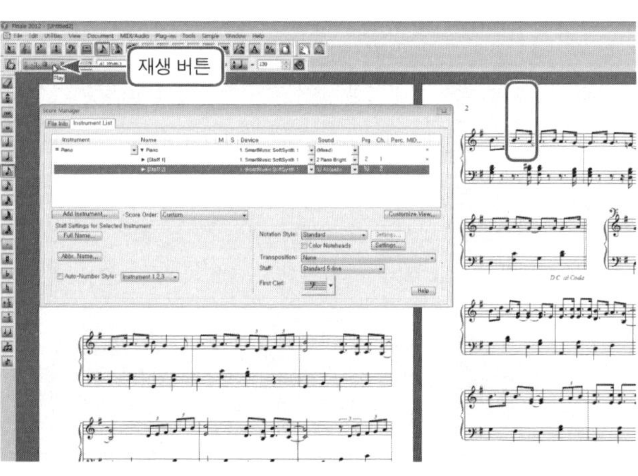

08 설정을 마치고, 플레이 백 컨트롤의 재생 버튼을 클릭하면, 보표 1은 피아노 음색, 보표 2는 베이스 음색으로 연주되는 것을 확인할 수 있습니다. Score Manager 창이 열려있는 상태에서도 연주 및 편집이 가능하며, 언제든 채널과 음색을 변경할 수 있습니다.

12 새로 만든 Instruments List의 환경을 다른 악보를 작업할 때도 이용하고 싶다면, 라이브러리로 저장을 해둬야 합니다. File 메뉴의 Save Library를 선택합니다.

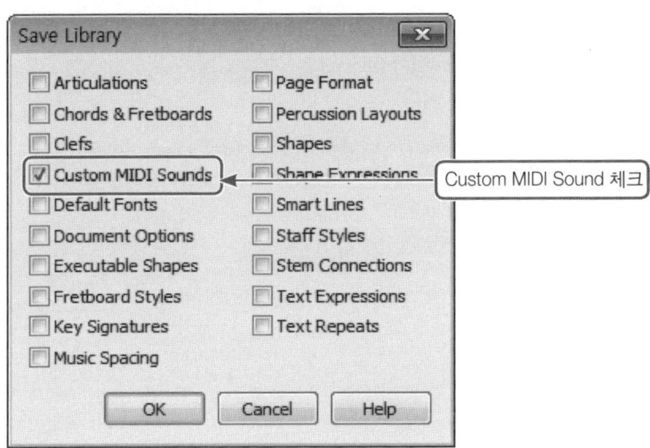

13 저장할 라이브러리의 종류를 선택할 수 있는 옵션 창이 열립니다. Custom MIDI Sounds 옵션을 체크하고, OK 버튼을 클릭합니다. 파일 이름 항목에 구분하기 쉬운 이름을 입력하고 저장합니다.

14 저장한 라이브러리는 새로운 악보 작업을 할 때, File 메뉴의 Load Library를 선택하여 불러옵니다. 그리고 Score Manager 창의 Sound 칼럼에서 각 보표에서 연주할 악기를 선택하면 됩니다. 물론, 채널과 음색은 언제든 변경 가능합니다.

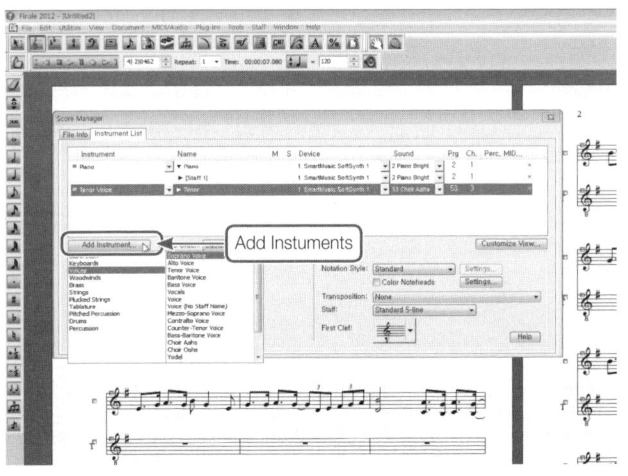

15 작업한 악보를 연주해보는 것은 잘못 입력한 곳이 없는지를 확인하는 목적으로 아주 좋습니다. 그러므로 보표를 추가할 때는 Score Manager 창의 Add Instrument를 이용하여 악기를 설정하는 것이 좋습니다.

Finale Tip — Score Manager 창의 칼럼

보표를 관리하는 Score Manager 창의 칼럼은 기본적으로 Instrument, Name, M와 S(Mute & Solo), Device, Sound, Prg(Program Change), Ch(Channel), Perc(Percussion MIDI Map), Delete가 표시되고 있으며, Customize View 버튼을 클릭하여 Record, Vol과 Pan(Mix), Start Meausre를 추가할 수 있습니다.

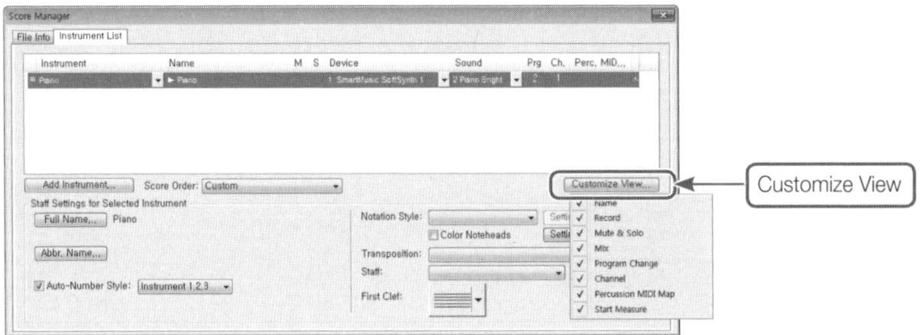

- Instrument : 보표의 스타일을 선택합니다. 칼럼에서 악기를 선택하면, 해당 악기에 사용되는 스타일로 자동 구성됩니다.
- Name : 보표의 이름을 표시합니다. 왼쪽의 작은 삼각형을 클릭하면 해당 보표의 레이어(Layer), 코드(Chords), 익스프레션 (Expressions) 정보를 볼 수 있습니다. 보표의 이름은 첫 시스템에 표시되는 Full Name과 나머지 시스템에 표시되는 Abbr Name으로 구분되며, 각각의 버튼을 클릭하여 수정할 수 있습니다.
- R : Multitrack Record 모드에서 사용자 연주를 녹음할 보표 및 레이어를 선택합니다.
- M : 선택을 하면 해당 보표의 사운드가 뮤트됩니다.
- S : 선택을 하면 해당 보표의 사운드만 솔로로 연주합니다.
- Vol : 해당 보표의 볼륨을 조정합니다. 범위는 0에서 127까지 입니다.
- Pan : 팬은 사운드의 연주 위치를 의미하며, 범위는 0에서 127까지 입니다. 기본 값 64는 사운드가 가운데서 연주되고, 0으로 하면 왼쪽, 127로 하면 오른쪽에서 연주됩니다.
- Device : 해당 보표를 연주할 악기를 선택합니다. 이 칼럼에 표시되는 악기의 종류는 MIDI Setup에 따라 달라집니다.
- Sound : 음색 리스트를 제공합니다. 외장 악기를 사용하는 경우에는 메뉴에서 Edit Patch를 선택하여 창을 열고, 뱅크와 프로그램 번호를 직접 입력합니다. GM 모드 이외의 악기들은 제조사 및 모델 마다 음색 순서가 다르기 때문에 피날레에서 제공하는 GM 모드의 음색 리스트 대신에 해당 악기의 음색 번호를 입력해야 하는 것입니다. 음색 번호 역시 악기마다 차이가 있으므로, 사용하고 있는 악기의 메뉴얼을 참조합니다. 피날레를 이용해서 미디 작업을 하는 것이 아니라면, 굳이 외장 악기를 이용할 필요는 없습니다. 가급적 피날레에서 제공하는 SmartMusic SoftSynth나 ARIA Player를 이용하길 권장합니다.

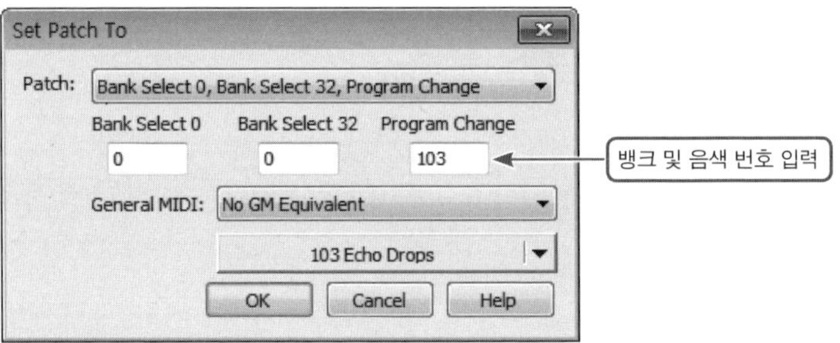

- Prg : Sound에서 선택한 악기 음색 번호를 표시하며, 수정 가능합니다. 미디는 악기의 이름을 번호로 표시하는데 이것을 패치(Patch) 또는 프로그램(Program)이라고 합니다.

● Ch : 보표의 채널 번호를 표시하며, 수정 가능합니다. 한 대의 미디 악기는 총 16 채널을 지원합니다. 즉, Deivce 에서 선택한 하나의 악기로 16개의 음색을 연주할 수 있다는 의미이며, 보표 마다 서로 다른 음색으로 연주되길 원한다면, 채널을 다르게 설정해야 합니다.

● Perc MIDI Map : Instrument Definition 창에서 선택한 드럼 맵을 표시하며, 변경가능 합니다. 드럼은 선택한 음색에 따라 C2 노트가 베이스 드럼일 수도 있고, 심벌일 수도 있습니다. 결국, 선택한 음색에 따라 악보를 수정해야 한다는 것인데, 생각만 해도 불편합니다. 그래서 선택한 음색에 따라 드럼의 구성이 자동으로 배치되도록 하는 것이 드럼 맵의 역할입니다. 맵을 새로 구성할 필요가 있다면, MIDI/Audio 메뉴의 Device Setup에서 Edit Percussion MIDI Maps를 선택하여 창을 열고, 각각의 노트 번호를 설정합니다. 미디 노트 번호는 C4가 60번입니다.

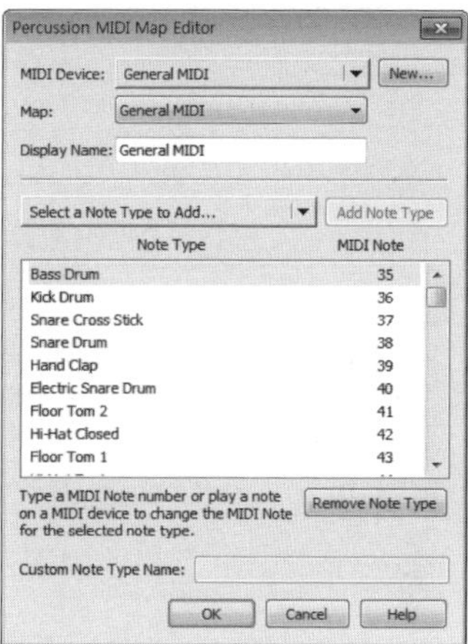

● Start Meausre : 보표의 시작 번호가 표시되며, 번호 스타일은 Auto-Number Style에서 선택합니다.

● Delete : Perc MIDI Map 오른쪽의 X 표시가 있는 칼럼은 해당 보표를 삭제하는 역할입니다.

● Natation Style : 악보 스타일을 선택합니다. 기본 보표의 Standard 외에 타악기 악보를 위한 Percussion과 기타 및 베이스 악보를 위한 Tablature을 제공하며, 각각의 스타일을 선택하면 세부 설정이 가능항 Settings 창이 열립니다.

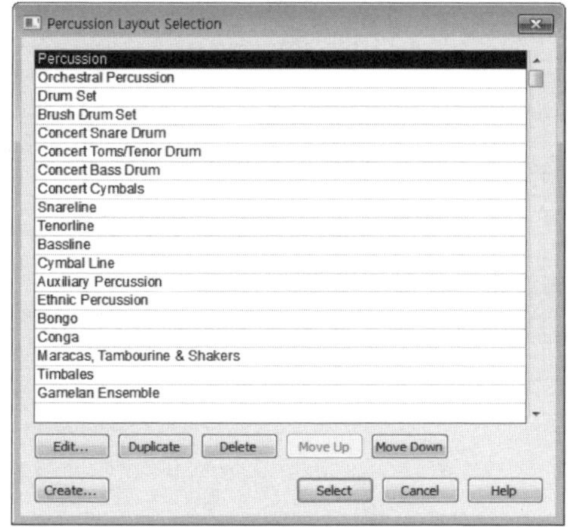

▲ Percussion : 타악기를 선택할 수 있는 창

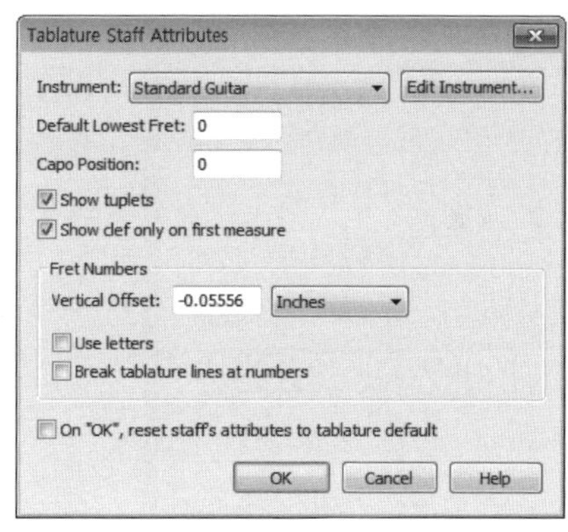

▲ Tablature : 타브 악보의 세부 옵션을 선택할 수 있는 창

● Color Noteheads : 음표의 머리를 컬러로 표시할 수 있게 합니다. Settings 버튼을 클릭하면 색상을 설정할 수 있는 Document Options 창이 열립니다.

● Transposition : 악보의 음정을 변경합니다. 실제 연주되는 음정이 아니라 이조 악기를 위한 표시 상태를 바꾸는 것입니다.

● Staff : 일반적인 오선 외에 라틴 퍼커션에 유용한 1라인 보표를 만들거나 Orther를 선택하여 사용자만의 특수 오선을 만들 수 있습니다.

● First Clef : 음자리표를 선택합니다.

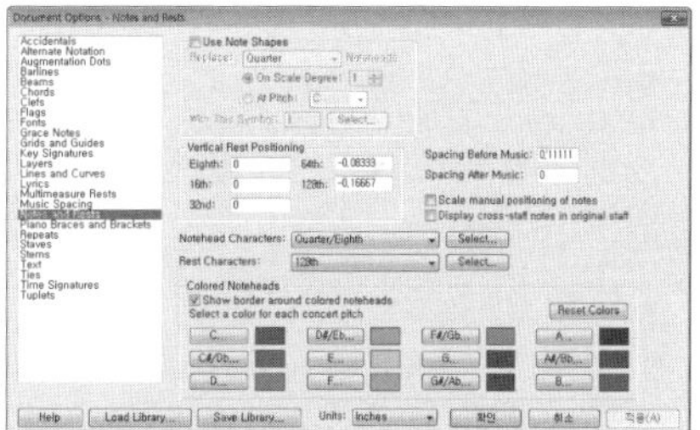

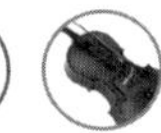

03 VST Instruments 사용하기

01 피날레는 SmartMusic 외에 Garritan Instruments를 제공한다고 했습니다. 작업한 악보를 Garritan Instruments로 연주하기 위해서는 MIDI/Audio 메뉴에서 Play Finale through VST를 선택합니다.

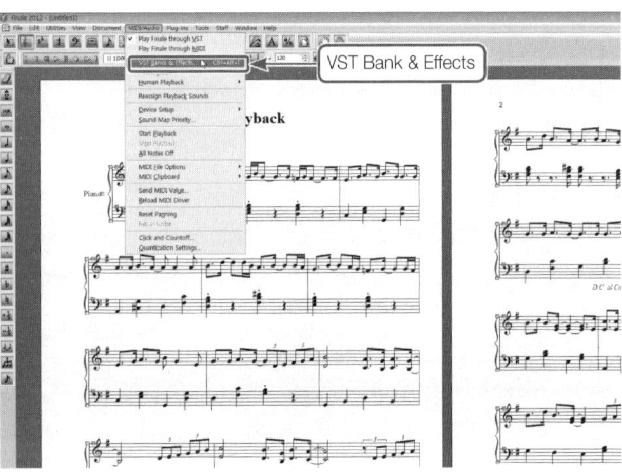

02 계속해서 어떤 VST Instruments를 사용할 것인지를 설정해둬야 합니다. MIDI/Audio 메뉴의 VST Bank & Effects를 선택합니다.

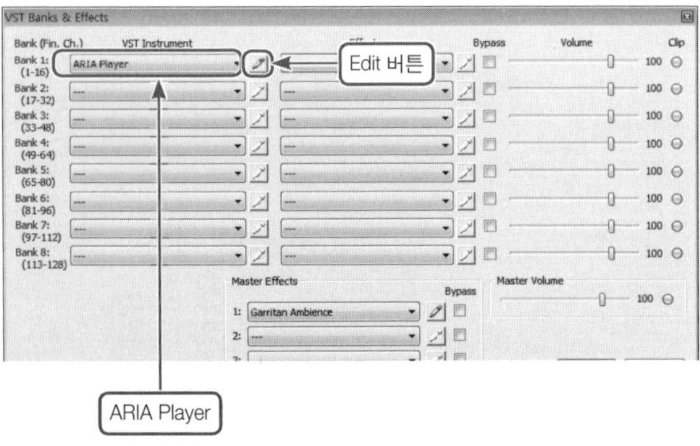

03 1-128 채널까지 8대의 VST Instrument를 연결할 수 있는 창이 열립니다. 1-16 채널 항목을 클릭하여 ARIA Player를 선택합니다. 그리고 연필 모양으로 되어 있는 Edit 버튼을 클릭합니다.

04 16채널을 지원하는 Garritan Instruments 패널이 열립니다. empty라고 표시된 슬롯을 클릭하여 악기 리스트를 열고, 음색을 선택합니다. 슬롯에 장착한 악기의 음색은 건반을 클릭하여 모니터 할 수 있습니다.

05 각 채널에는 이펙트의 양을 조정할 수 있는 Send와 팬을 조정할 수 있는 Pan 노브, 그리고 볼륨을 조정할 수 있는 슬라이더가 있습니다. 팬은 악기가 연주되는 위치를 조정하는 것이며, Garritan은 오케스트라 구성에 맞추어 자동 설정됩니다.

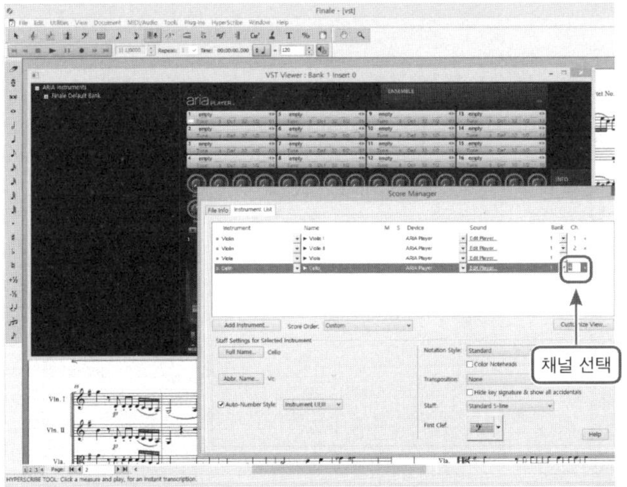

06 Window 메뉴의 Score Manager를 열어 Ch 칼럼을 바꿔보면, Garritan에서 설정한 채널의 음색으로 연주되는 것을 확인할 수 있습니다. 즉, GM 칼럼의 음색 이름은 의미 없는 것입니다.

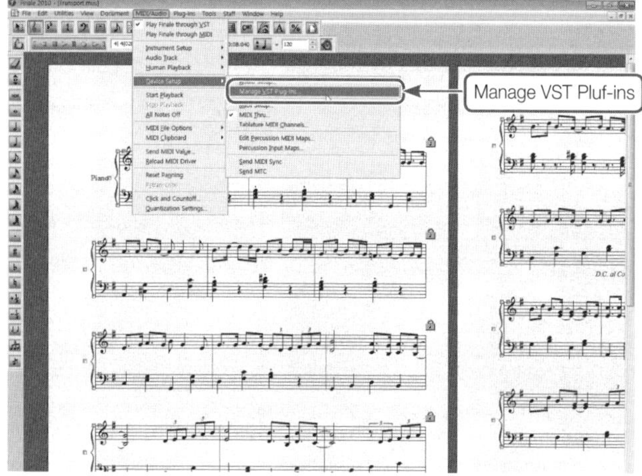

07 음악 제작에 관심이 있는 사용자는 다양한 VST Instruments가 설치되어 있을 것입니다. 이것들을 피날레에서 이용하는 과정을 살펴보겠습니다. MIDI/Audio 메뉴의 Device Setup에서 Manage VST Plug-ins를 선택합니다.

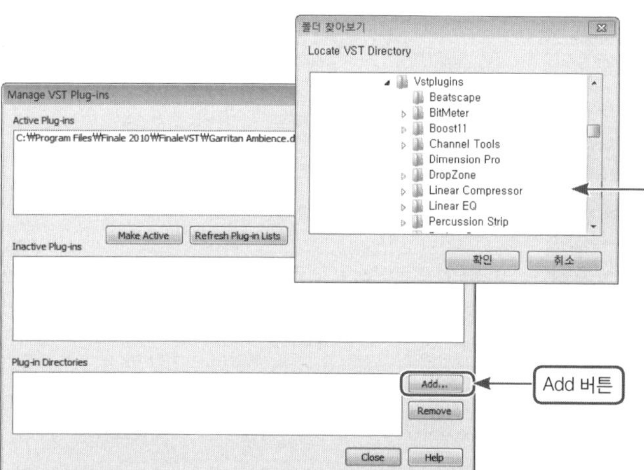

08 VST Instrument를 관리하는 창이 열립니다. Add 버튼을 클릭하여 창을 열고, VST가 설치되어 있는 폴더를 찾아 선택합니다.

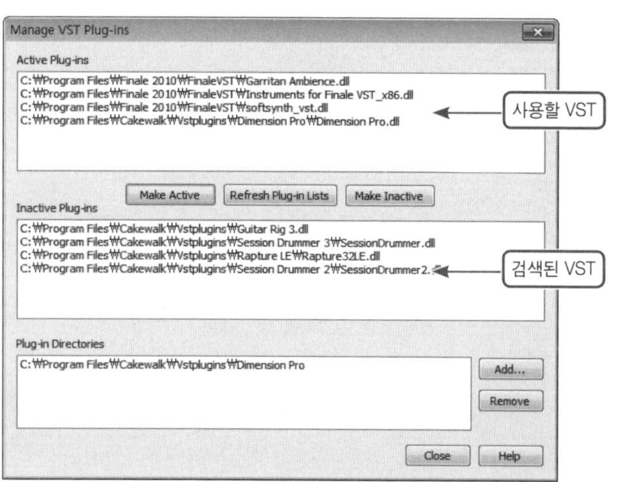

09 Refresh Plug-in Lists 버튼을 클릭하여 선택한 폴더의 VST를 검색합니다. 검색된 VST는 Active Plug-ins 목록에 등록되어 피날레에서 사용할 수 있게 됩니다. 사용하지 않을 VST는 Make Inactive 버튼을 클릭하여 제외시킬 수 있고, Make Active 버튼은 제외된 Inactive Plug-ins을 다시 등록시키는 역할을 합니다.

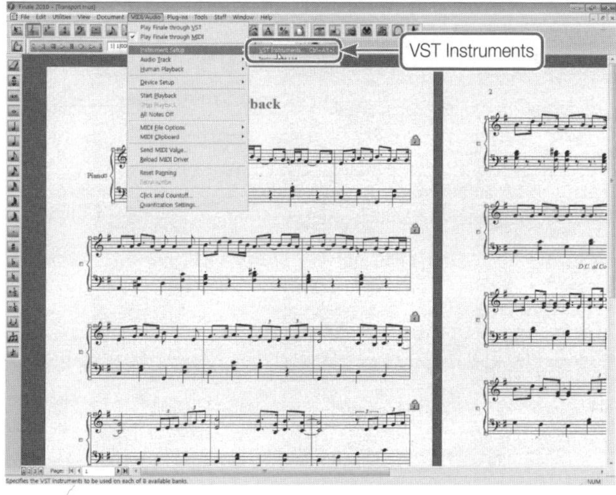

10 Manage VST Plug-ins 창에서 등록한 VST는 앞의 과정을 반복하여 사용하는 것입니다. MIDI/Audio 메뉴의 VST Banks & Effects를 선택합니다.

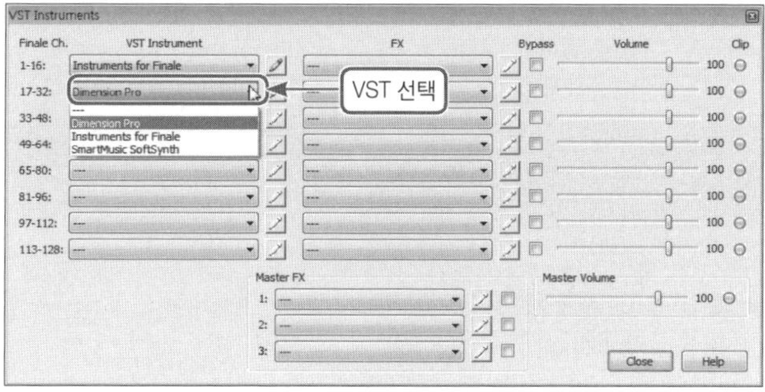

11 17-32 채널에서 사용할 VST Instruments 를 선택합니다. 8가지의 VST Instruments 를 동시에 사용할 수 있는 것입니다.

12 Edit 버튼을 클릭하여 열리는 악기 패널은 VST Instruments 마다 다르며, 사용법도 다릅니다. 이에 관한 것은 해당 악기의 설명서나 관련 서적을 참조하기 바라며, 여기서는 두 번째 슬롯에 배치된 악기는 17-32 채널이 할당되어 있고, 세 번째는 33-48 채널이 할당되어 있다는 것에 주의합니다.

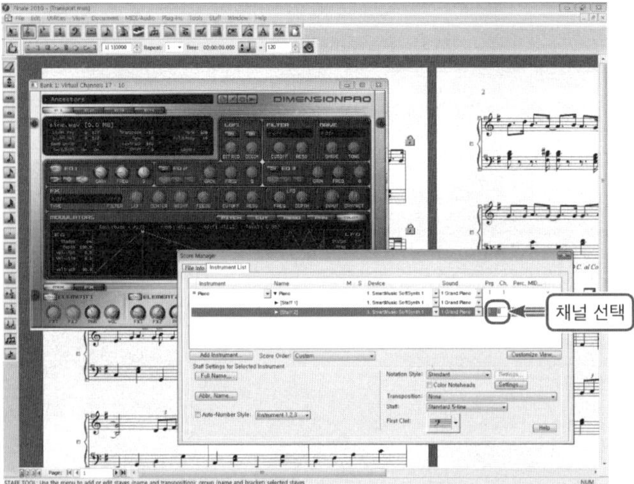

13 즉, 17-32번까지로 설정되어 있는 두 번째 슬롯의 악기를 사용하겠다면, Window 메뉴의 Score Manager를 선택하여 창을 열고, Ch 항목을 17-32 범위로 설정해야 합니다.

Finale Tip — VST Instrument FX

VST Banks & Effects 창의 FX 슬롯에서 Garrtan Ambience를 선택하면, 해당 채널의 악기에 리버브 효과가 적용되며, 연필 모양의 Edit 버튼을 클릭하면, 사용자가 원하는 타입으로 편집할 수 있는 Ambience 창이 열립니다.

콘서트 홀에서 연주하는 피아노 소리와 클럽에서 연주하는 피아노 소리는 분명히 느낌이 다릅니다. 그 이유는 연주 공간의 울림을 의미하는 잔향이 다르기 때문인데, 이것을 인위적으로 만드는 장치가 리버브입니다. 즉, 피날레에서 연주되는 악기를 콘서트 홀이나 클럽에서 연주하는 것처럼 들리게 하는 것이며, 악기 패널의 Send 노브로 양을 조정합니다.

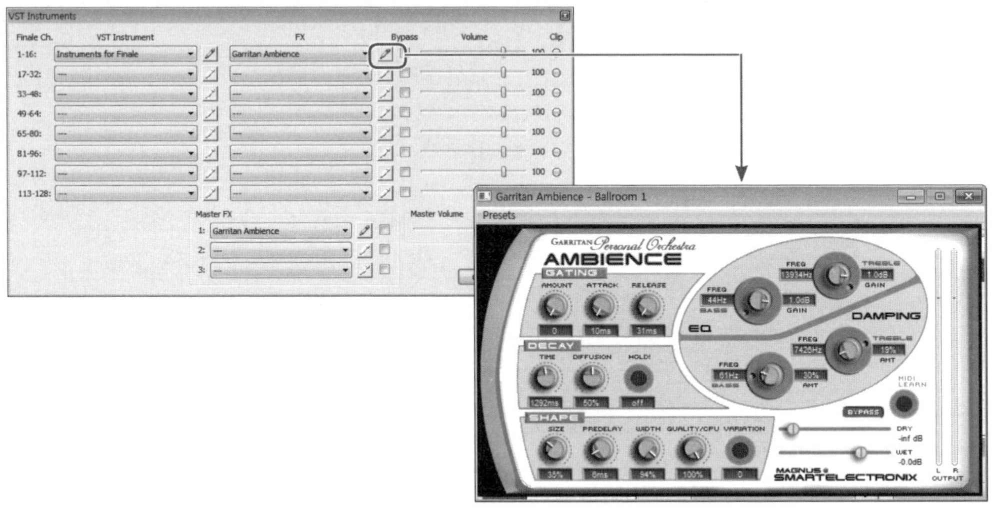

1. Preset

입문자가 잔향 효과를 쉽게 연출하는 방법은 피날레에서 제공하는 값을 선택하는 것입니다. 이것이 Preset이며, 각각의 메뉴를 선택하면, Ambience에 제공하는 각각의 노브들이 자동으로 조정됩니다.

2. Gating

Amount에서 잔향의 양을 조정합니다. Attack은 잔향이 시작되는 타임을 조정하며, Release는 잔향이 사라지는 타임을 조정합니다. 각각의 타임은 1000분의 1초를 의미하는 ms 단위입니다.

3. Decay

Time에서 잔향음이 소멸되는 시간을 조정하며, Diffusion에서 그 양을 조정합니다. Hold 버튼을 On으로 하면, 잔향이 계속 유지됩니다.

4. Shape

Size에서 공간의 크기, Predelay에서 초기 반사음, Width에서 넓이를 조정하여 잔향음의 사운드를 디자인합니다. 이때 컴퓨터 시스템의 할당량은 Quality/CPU에서 조정하며, Variation에서 공간의 형태에 따라 달라지는 잔향의 연출합니다.

5. EQ

잔향의 주파수를 조정합니다. 고음역을 조정하는 Treble과 저음역을 조정하는 Bass가 있으며, 노트의 바깥쪽이 주파수 대역을 설정하는 FREQ이며, 안쪽이 값을 설정하는 Gain 입니다.

6. Damping

잔향은 공간 벽면의 재질에 따라 고음역 및 저음역이 감소될 수 있는데, 이것을 연출하는 것이 Damping입니다. EQ와 마찬가지로 Treble과 Bass로 구성되어 있습니다.

7. Dry/Wet

Dry는 원음의 사운드 레벨을 조정하며, Wet는 잔향의 레벨을 조정합니다. 슬라이드 상단에 위치한 Bypass 버튼은 잔향 효과를 일시적으로 제거하여 적용 전/후의 사운드를 비교할 때 사용합니다.

04 곡 중간에 음색 바꾸기

01 관악기나 브라스 등의 주자는 연주 도중에 악기를 바꾸는 경우가 있는데, 피날레에서는 이것을 실제로 구현할 수 있습니다. 익스프레션 툴(Expression Tool)을 선택하고 악기를 바꾸고자 하는 위치에서 더블 클릭합니다.

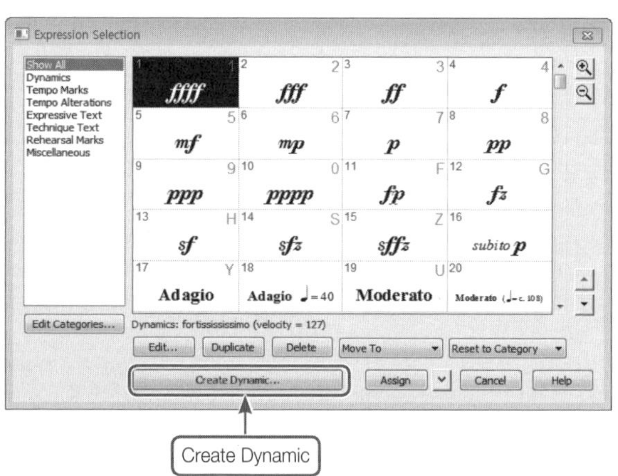

02 다양한 익스프레션 기호를 입력할 수 있는 창이 열립니다. 음색을 바꾸는 프로그램 체인지 정보는 기본적으로 제공하고 있지 않으므로, 새로 만들어야 합니다. Create Dynamic 버튼을 클릭합니다.

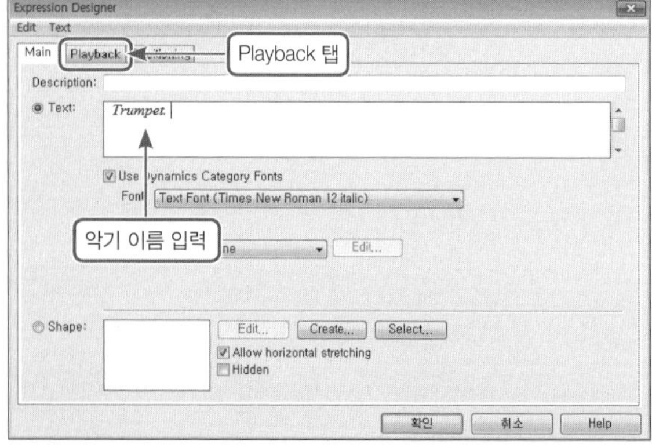

03 Expression Designer 창의 Main 탭이 열립니다. Text 항목에 악기 이름을 입력하고, Playback 탭을 클릭하여 페이지를 엽니다.

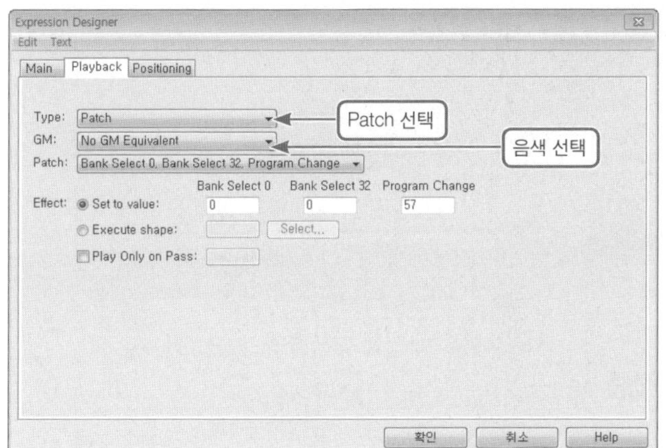

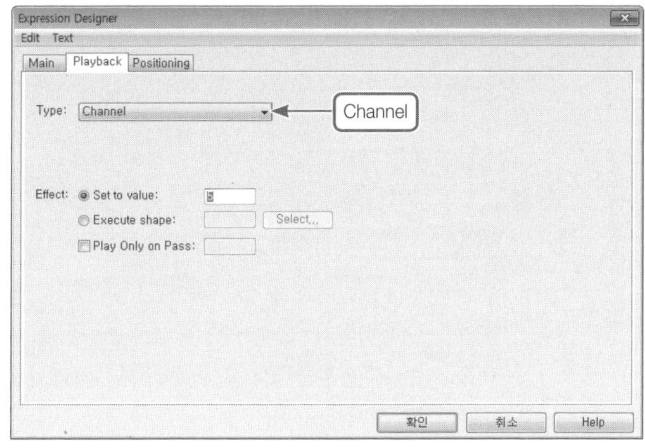

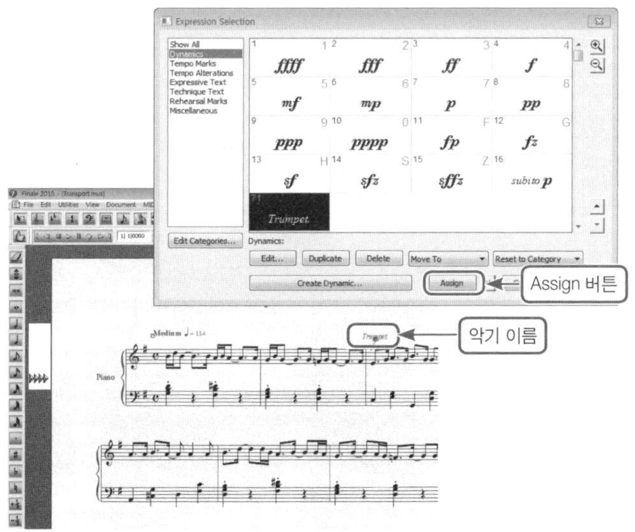

04 SmartMusic SoftSynth는 프로그램 체인지 정보로 음색을 바꿀 수 있으므로, Type에서 Patch를 선택하고, GM 목록에서 음색을 선택합니다. 하드웨어 악기를 사용하고 있다면, Patch 목록에서 Bank Select 0 또는 Bank select 32 등을 선택하고, 뱅크와 프로그램 번호를 입력합니다.

05 Garritan VST Instruments와 같이 채널마다 악기를 배치하여 사용하는 경우에는 Type에서 Channel을 선택하고, Set to value 항목에 채널 번호를 입력합니다.

06 확인 버튼을 클릭하여 창을 닫고, Expression Selection 창의 Assign 버튼을 클릭합니다. 마우스를 더블 클릭했던 위치에 사용자가 만든 악기 이름이 표시되며, 연주를 해보면 해당 위치에서 음색이 바뀌는 것을 확인할 수 있습니다.

가정교사

음색과 악보 스타일을 함께 바꾸고 싶다면, Utilities 메뉴의 Change Instrument를 선택합니다.

05 휴머니즘 연출하기

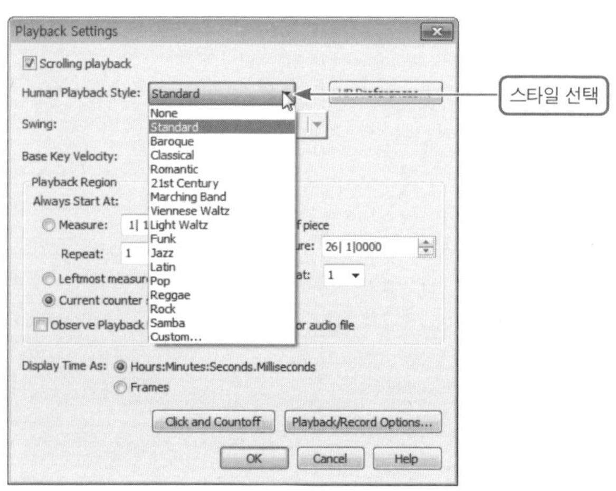

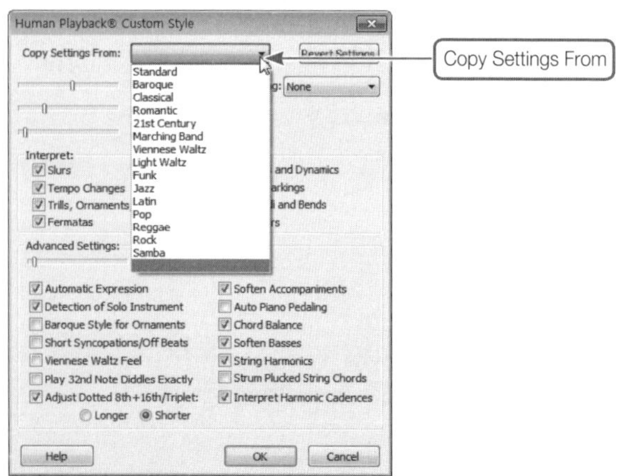

01 똑 같은 악보라도 연주자에 따라 곡의 느낌이 다릅니다. 피날레는 이러한 휴머니즘을 연출할 수 있습니다. 플레이 백 컨트롤 팔레트의 Playback Settings 버튼을 클릭하여 연주 옵션을 설정할 수 있는 창을 엽니다.

02 Hyman Playback Style에서 사용자가 원하는 스타일의 음악 장르를 선택하면, 마치 해당 장르의 연주자가 곡을 연주하는 듯한 느낌으로 얻을 수 있습니다. 음악 장르에 따라 Swing 옵션을 이용할 수 있는 것들이 있으며, 사용자만의 스타일을 만들겠다면, Custom을 선택합니다.

03 Custom에서 완전히 새로운 스타일을 만드는 것 보다는 피날레에서 제공하는 스타일을 자신의 취향에 맞게 조금씩 변경하는 방법이 좋습니다. Copy Settings From에서 변경할 스타일을 선택합니다. 그리고 각각의 옵션을 변경합니다.

- Revert Settings 버튼 : 선택된 옵션은 해제하고, 선택되지 않은 옵션은 체크 합니다. 설정을 반대로 바꾸는 것입니다.

- Rhythmic Feel : 연주 리듬의 변화 값을 퍼센트 단위로 설정합니다.

- Rhythmic Accents : 연주 강도의 변화를 퍼센트 단위로 설정합니다.

- Rubato : 템포 변화에 대한 범위를 퍼센트 단위로 설정합니다.

- Swing : 스윙의 정도를 선택합니다. Rhythmic Feel 값에 따라 실제 연주에 다양한 변화를 추구할 수 있습니다.

- Interpret: 휴머니즘 연주에 반영할 것들을 선택합니다. 슬러(Slurs), 템포 변화(Tempo Changes), 트릴, 꾸밈음, 트레몰로(Trills, Ornaments, Tremoloes), 페르마타(Fermatas), 클레센토, 포르테 등의 다이내믹 기호와 문자(Hairpins and Dynamics), 페달 마크(Pedal Markings), 글리산도 와 밴드(Glissandi and Bends), 마지막 마디(Final Bars) 입니다.

- Advanced Settings : 연주에 다양한 효과를 줄 수 있는 옵션을 제공하며, 변화 범위는 Mood 값으로 조정합니다.

  ▷ Automatic Expresssion : 익스프레션을 자동으로 부여합니다.

  ▷ Detection of Solo Instrument : 솔로 연주 파트에 변화를 줍니다.

  ▷ Baroque Style for Ornaments : 꾸밈음을 바로크 스타일로 연주합니다.

  ▷ Short Syncopations/Off Beasts : 싱코페이션 업 비트를 짧게 연주합니다.

  ▷ Viennese Waltz Feel : 비엔나 왈츠 느낌을 부여합니다.

  ▷ Play 32nd Note diddles Exactly : 32비트 노트를 정확히 연주합니다.

  ▷ Adjust Dotted 8 th+16th/Triplet : 8비트와 16비트의 잇단음 연주의 길이를 길게(Longer), 짧게(Shorter) 처리합니다.

  ▷ Soften Accompaniments : 반주를 부드럽게 연주합니다.

  ▷ Auto Piano Pedaling : 피아노 페달 연주를 자동으로 부여합니다.

  ▷ Chord Balance : 코드의 구성을 레벨을 균일하게 조정합니다.

  ▷ Soften Basses : 베이스를 부드럽게 연주합니다.

  ▷ String Harmonics : 현악기의 하모닉스 연주를 표현합니다.

  ▷ Strum Plucked string chords : 코드로 구성된 Guitar를 스트리밍 주법으로 연주합니다.

  ▷ Interpret Harmonic Cadences : 종지 코드를 분석하여 템포를 감소시킵니다.

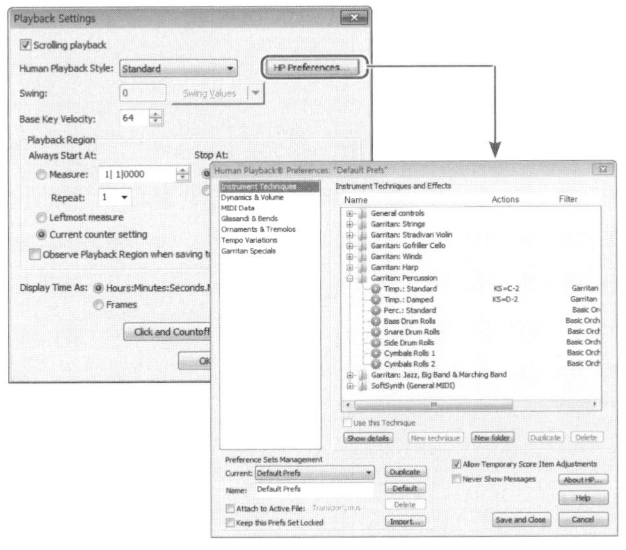

04 좀 더 세부적이 휴머니즘 설정이 필요한 경우에는 Playback Settings 창의 HP Preferences 버튼을 클릭하여 창을 엽니다. Instrument Techniques, dynamics & Volume, MIDI Data, Glissandi & Bends 등, 7가지의 카테고리로 구성된 Hyman Playback Preferences 창을 볼 수 있습니다.

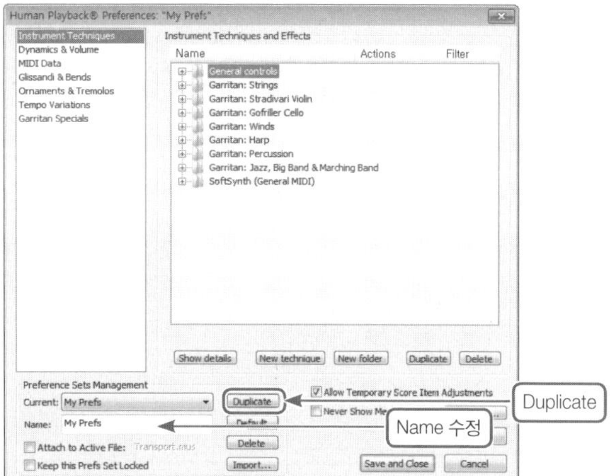

05 설정 값을 변경하기 전에 원본을 보존해놓는 것이 좋습니다. Duplicate 버튼을 클릭하여 Default Prefs를 복사합니다. Default Prefs-copy라는 이름으로 복사된 Name을 구분하기 쉽게 변경합니다.

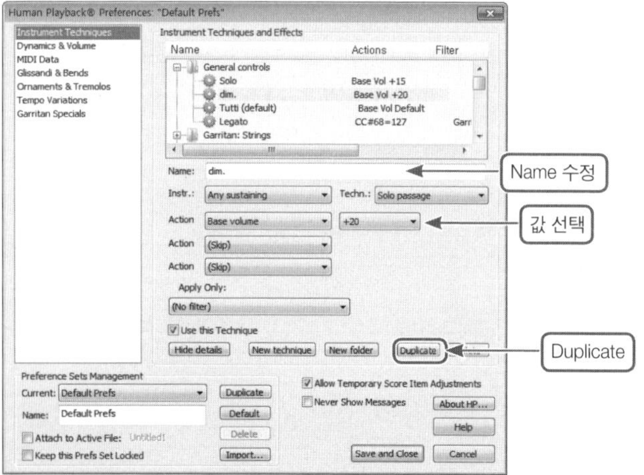

06 악기 연주에 관련된 Instrument Techniques 카테고리의 General controls 폴더에서 Solo 항목을 선택하고, Show details 버튼을 클릭하여 설정 값을 확인해봅니다. 볼륨이 +15로 증가되게 설정되어 있음을 알 수 있습니다.

07 Solo 설정을 기준으로 디미누엔도(dim)를 만들어보겠습니다. Duplicate를 클릭하여 Solo를 복사하고, dim으로 수정합니다. 그리고 값을 +20으로 설정합니다. 특히 세게 연주하라는 의미의 디미누엔도 주법을 만든 것입니다.

08 Save and Close 버튼을 클릭하여 창을 닫고, 익스프레션 툴을 선택합니다. 그리고 익스프레션 기호를 입력할 위치를 더블 클릭하여 Expression Selection 창을 엽니다.

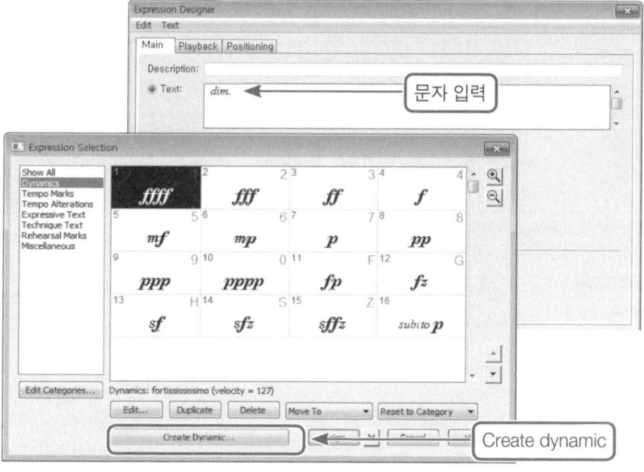

09 dim 문자는 기본적으로 제공하고 있지 않습니다. Create Dynamic 버튼을 클릭하여 창을 열고, Text 항목에 dim을 입력합니다. 피날레에서 제공하지 않고 있는 dim 주법을 설정하고, 문자를 추가하는 것입니다.

10 Assign 버튼을 클릭하여 dim 문자를 삽입하고, Play 버튼을 클릭하여 곡을 재생해보면, 해당 음이 세계 연주되는 것을 확인할 수 있습니다.

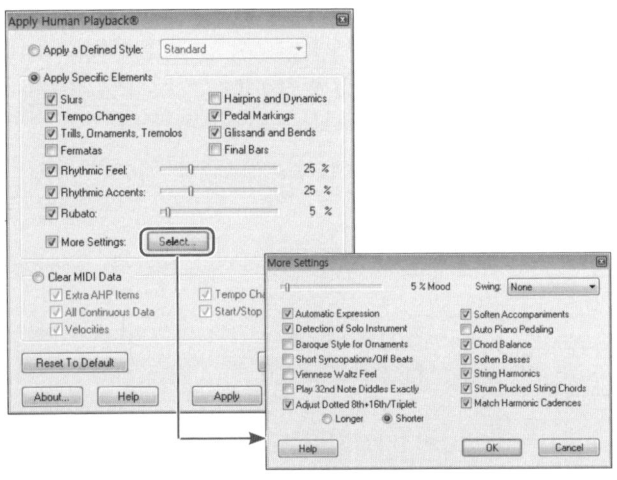

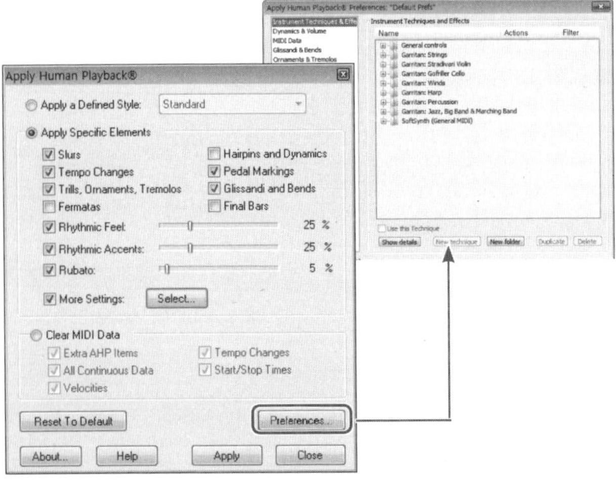

11 피날레에서 제공되는 휴머니즘 옵션들은 미디 파일로 저장되지 않습니다. 하지만, 플러그-인 기능을 이용해서 실제 데이터로 바꾸면 됩니다. Plug-ins 메뉴의 Playback에서 Apply Human Playback를 선택합니다.

사용자가 원하는 범위를 선택하고, Apply Human Playback을 적용할 수 있습니다.

12 적용 옵션을 선택할 수 있는 창이 열립니다. Apply a Defined Style에서 원하는 스타일을 선택하거나 Apply Specific Elements에서 필요한 옵션만 선택합니다. Clear MIDI Data는 제외 시킬 데이터를 선택합니다. 각 옵션의 역할은 앞에서 살펴본 Playback Settings과 동일합니다.

13 Rest To Default 버튼은 기본 값으로 복구하는 것이며, Preferences 버튼은 HP Preferences 창을 엽니다. 피날레를 큐베이스나 소나와 같은 프로그램과 병행해서 사용할 때, 매우 유용한 기능이 될 것입니다.

06 믹서 사용하기

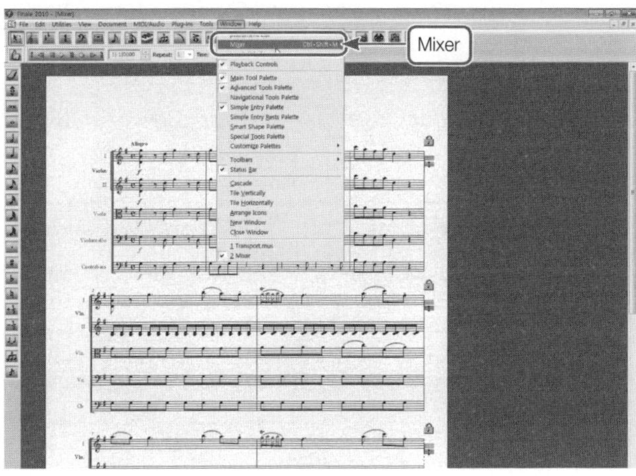

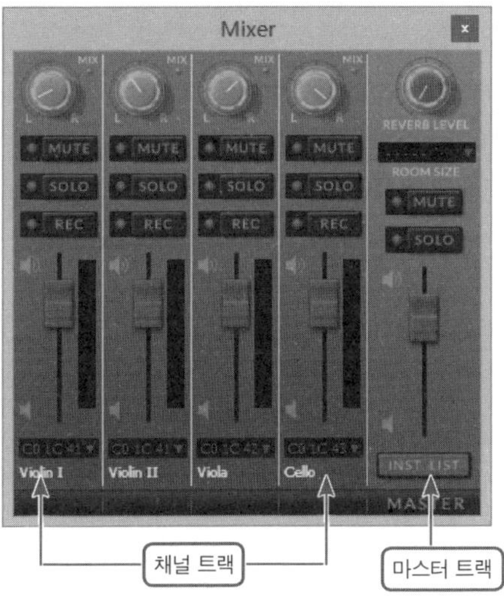

채널 트랙 ─── 마스터 트랙

01 피날레는 각 보표에서 연주되는 악기의 볼륨이나 팬을 하나의 패널에서 컨트롤할 수 있는 믹서를 제공합니다. 부록 CD의 Mixer 파일을 열고, Window 메뉴의 Mixer를 선택합니다.

02 채널 트랙과 마스터 트랙으로 구성된 믹서 창이 열립니다. 채널 트랙은 작업하고 있는 악보의 보표를 의미하는 것이므로, 샘플 파일의 경우에는 5개가 보입니다. 마스터 트랙은 전체 사운드를 의미합니다. 보표의 이름은 각 채널 아래쪽에서 확인할 수 있습니다.

03 각 채널 상단에 있는 노브는 팬을 조정합니다. 노브를 왼쪽으로 돌리면, 해당 보표의 사운드가 왼쪽 스피커에서 들리고, 오른쪽으로 돌리면, 오른쪽에서 들리는 것을 확인할 수 있습니다. 팬을 조정할 때는 무대 위의 연주자 위치를 생각하면서 조정합니다.

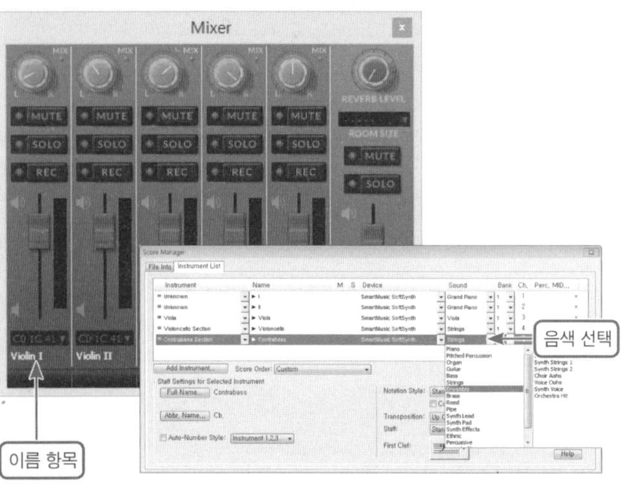

04 Mute는 해당 채널의 사운드를 뮤트시키며, Solo는 해당 채널의 사운드를 솔로로 들려줍니다. 그리고 Rec은 해당 보표에 미디 건반 연주를 녹음할 수 있게 합니다. 각각의 버튼을 On/Off시켜보면서 확인을 해보기 바랍니다.

05 볼륨 슬라이드는 해당 보표의 볼륨을 조정하며, 마스터 트랙의 볼륨 슬라이드는 전체 사운드의 볼륨을 조정합니다.

06 볼륨 슬라이드 아래쪽 이름 항목을 클릭하고, Edit in Score Manger를 선택하면, 음색을 설정할 수 있는 Instruments List 탭이 열립니다. 악기 음색은 Sound 칼럼에서 선택합니다.

07 마스터 채널 위쪽에 보이는 노브는 공간감을 만드는 리버브의 레벨을 조정하는 것이며, 리버브의 종류는 아래쪽의 메뉴에서 선택합니다.

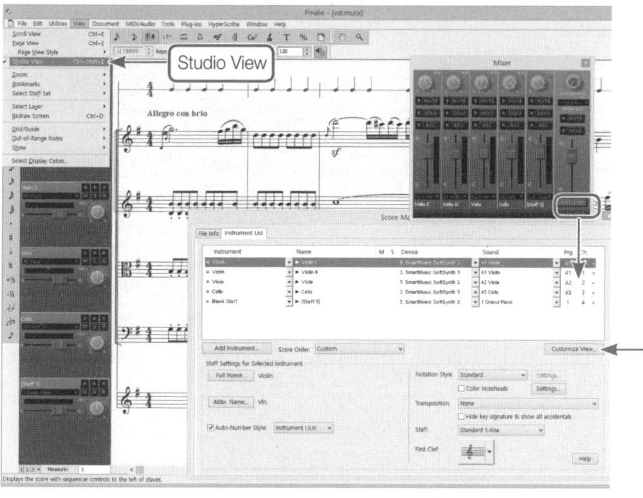

08 마스터 채널 아래쪽에 보이는 Inst List 버튼을 클릭하여 Score Manager 창을 열고, Customize View 버튼에서 Mix를 체크 합니다. 그리고 View 메뉴의 Studio View를 선택하여 스튜디오 모드로 합니다.

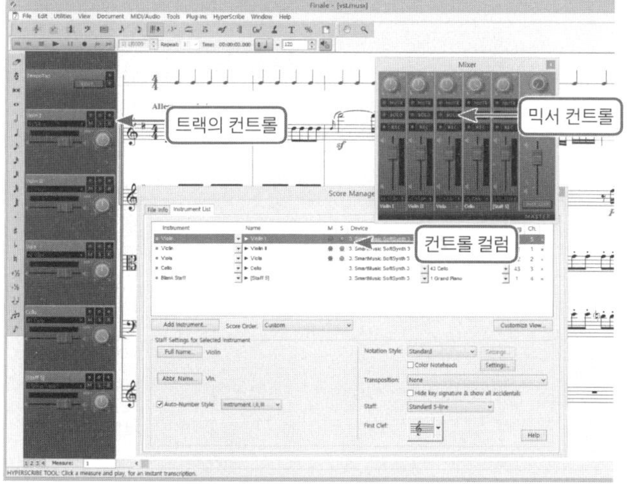

09 믹서의 볼륨이나 팬 등의 컨트롤러를 조정해보면, 스튜디오 뷰의 트랙이나 Score Manager의 값들이 동시에 조정되는 것을 확인할 수 있습니다. 즉, 어떤 것이든 자신에게 익숙한 것을 이용하면 됩니다.

07 미디 편집 기능

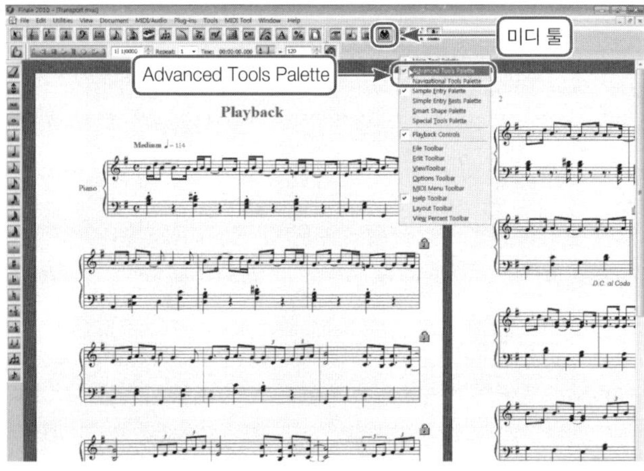

01 큐베이스나 소나와 같은 전문 프로그램과는 비교할 수 없지만, 피날레에서도 간단한 미디 편집이 가능합니다. 도구 모음 줄에서 마우스 오른쪽 버튼을 클릭하여 단축 메뉴를 열고, Advanced Tools Palette를 선택합니다. 그리고 미디 툴을 선택합니다.

02 편집할 음표를 마우스 드래그로 선택하고, MIDI Tool 메뉴를 열어봅니다. 벨로시티(Edit Key velocities), 노트 길이(Edit Note Durations), 컨트롤 정보(Edit continuous Data), 템포 체인지(Edit Tempo)의 4가지 편집이 가능하다는 것을 알 수 있습니다.

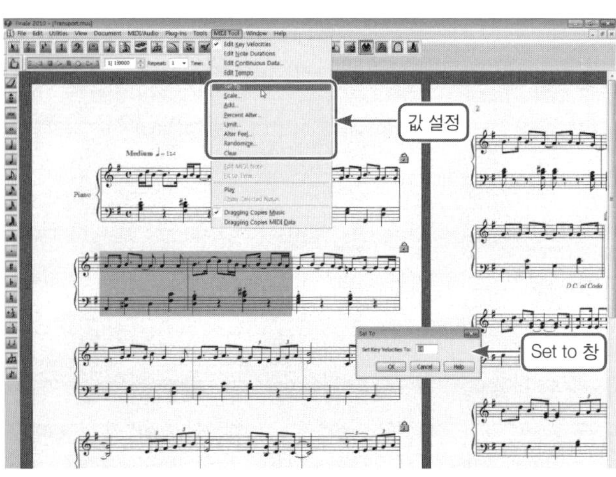

03 값은 set to에서부터 Randomize 까지의 메뉴를 이용해서 수정합니다. 예를 들어 Edit Key Velocities가 선택되어 있는 상태에서 Set to를 선택하면, 선택한 음표들의 벨로시티 값을 변경할 수 있는 것입니다. Clear은 변경 값을 취소합니다.

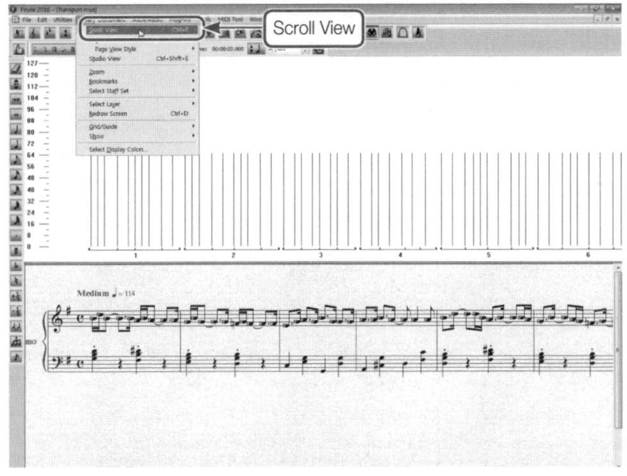

04 Scroll View 모드에서는 미디 데이터의 값을 그래프로 확인할 수 있습니다. View 메뉴의 Scroll View를 선택하여 모드를 바꾸고, 보표를 더블 클릭합니다.

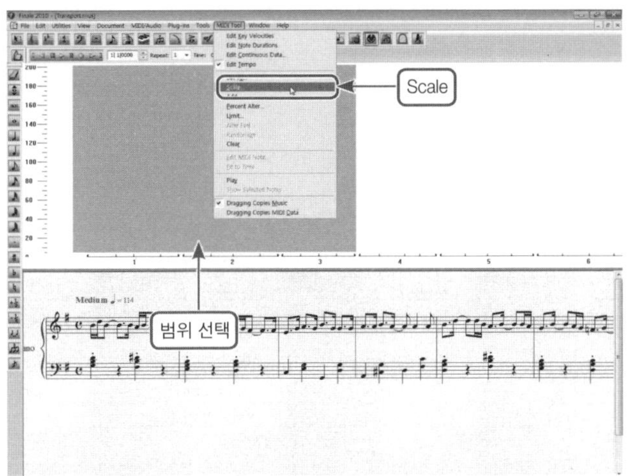

05 디스플레이 창에서 마우스 드래그로 구간을 선택하고, MIDI Tool 메뉴에서 편집할 데이터를 선택합니다. 그림에서는 Edit Tempo를 선택하고, 변화 값을 설정할 수 있는 Scale을 선택하고 있습니다.

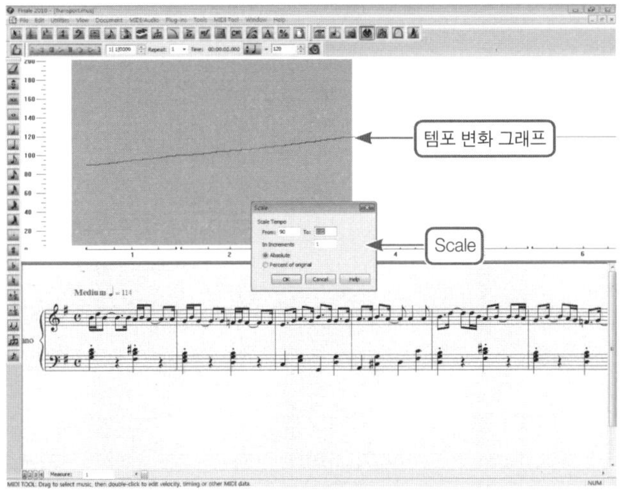

06 From에 90, To에 120을 입력하여 템포가 90에서 120으로 변하는 템포 체인지 정보를 삽입해보고 있습니다. 본서에서 미디에 관한 세부적인 학습은 어렵지만, 미디 지식을 갖추고 있다면, 충분히 활용 가능할 것입니다.

😊 가 정 교 사

미디 학습에 욕심이 있는 독자는 CUBASE 및 SONAR 서적을 참고하기 바랍니다.

Music begins with **Finale 25**

음표 입력하기

04

심플 도구를 이용한 음표의 입력과 편집

피날레에서 제공하는 3가지 음표 입력 도구 중에서 가장 기본적으로 사용되는 심플 툴(Simple Entry Tool)을 살펴보겠습니다. 심플 툴은 마우스, 키보드, 미디 건반의 3가지 장치를 모두 이용할 수 있으며, 키보드와 마우스를 단독으로 사용하거나 키보드와 마우스 또는 키보드와 미디 건반의 조합으로 사용할 수 있습니다. 각각의 방법을 모두 익히고, 자신에게 적합한 것을 찾을 수 있기를 바랍니다.

01 마우스 사용하기

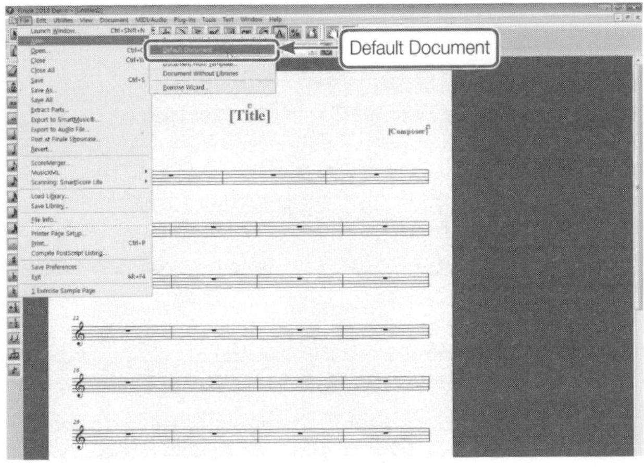

01 피날레 학습의 시작이라고 볼 수 있는 마우스 입력 방법을 살펴보겠습니다. Launch 창이 열려 있는 상태라면 Default Document 버튼을 클릭하고, Launch 창을 닫아 놓은 상태라면 File 메뉴의 New에서 Default Document를 선택하여 기본 보표를 만듭니다.

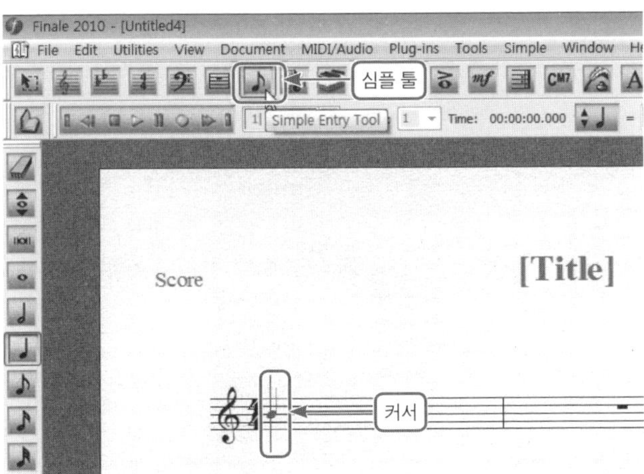

02 심플 툴(Simple Entry Tool)을 선택하면, 왼쪽의 심플 팔레트(Simple Entry Palette)가 활성화 되고, 첫 번째 마디 〈시〉음에 세로 라인이 표시된 음표가 나타납니다. 세로 라인은 키보드로 음표를 입력할 때의 위치를 나타내는 커서입니다.

03 마우스를 이용해서 음표를 입력할 때는 심플 팔레트에서 음표의 길이를 선택하고, 오선에서 입력할 음정의 위치를 클릭하면 됩니다. 그림의 첫 번째 마디는 심플 팔레트에서 8분 음표를 선택하고, 〈미, 미, 미, 레, 미, 미, 솔, 솔〉의 음정을 차례로 클릭하여 입력하는 모습입니다.

04 두 번째 마디는 4분 음표 길이를 선택하고, 〈미, 라〉 음정을 입력한 다음에, 2분 음표 길이를 선택하고, 〈라〉음을 입력합니다.

05 그림에서와 같이 2분 음표를 4분 음표의 길이로 수정해야 한다면, 팔레트에서 4분 음표를 선택하고, 오선에 입력되어 있는 2분 음표 머리를 클릭합니다. 계속되는 〈라, 도, 미〉 화음도 입력을 해봅니다.

06 음정을 수정할 때는 Ctrl 키를 누른 상태에서 음표의 머리를 드래그합니다. Ctrl 키를 누르지 않으면, 음의 길이가 수정되므로, 팔레트에서 수정할 음표의 길이와 동일한 것을 선택해야 합니다.

07 음정을 수정할 때는 키보드의 방향키를 이용하는 경우도 많습니다. ←/→ 방향키를 이용해서 수정할 음표를 선택하고, ↑/↓ 방향키로 음정을 수정합니다. 선택된 음표는 빨간색으로 표시됩니다.

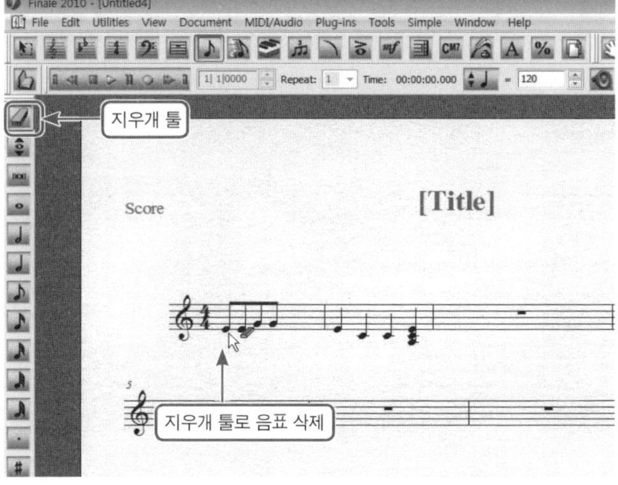

08 음표를 삭제할 때는 팔레트의 지우개로 음표의 머리를 클릭합니다. 첫 마디의 음표를 차례로 클릭하여 지워보면 알겠지만, 음표가 삭제되면서 오른쪽의 음표들이 왼쪽으로 이동됩니다.

09 삭제 작업을 취소하겠다면, Ctrl 키를 누른 상태에서 취소하고 싶은 만큼 Z 키를 누릅니다. 첫 마디의 8개 음표를 모두 삭제하고, 이것을 복구하겠다면, Ctrl 키를 누른 상태에서 Z 키를 8번 누르는 것입니다.

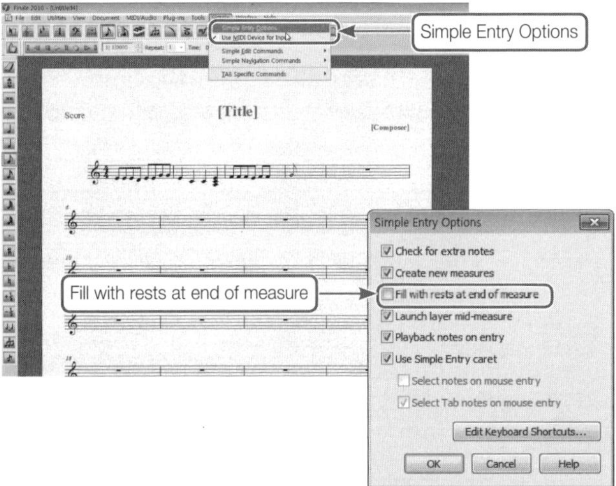

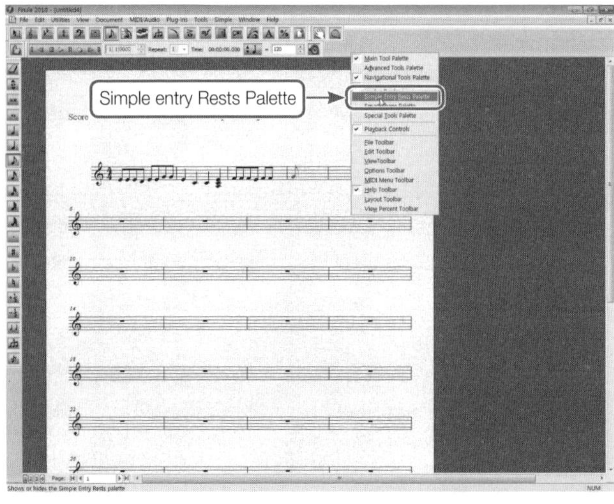

10 그림과 같이 세 번째 마디를 모두 채우지 않고, 네 번째 마디에 음표를 입력하면, 입력하지 않은 공백만큼 쉼표로 채워집니다. 즉, 마디 마지막의 쉼표는 입력하지 않아도 됩니다.

11 만일, 자동으로 채워지는 쉼표를 원하지 않는다면, Simple 메뉴 Simple Entry Options을 선택하여 창을 열고, Fill with rests at end of measure 옵션을 해제합니다.

🎧 가 정 교 사

쉼표를 표시하고 싶지 않은 마디나 레이어가 필요한 경우에 Fill with rests at end of measure 옵션을 일시적으로 해제했다가 쉼표를 표시할 위치에서 체크하는 방식으로 이용하는 것이 요령입니다.

12 쉼표는 음표를 입력하고, R 키를 눌러 바꾸는 것이 일반적이기 때문에 기본 화면에는 쉼표 팔레트가 열려있지 않습니다. 도구 모음 줄에서 마우스 오른쪽 버튼을 클릭하여 단축 메뉴를 열고, Simple Entry Rests Palette를 선택하여 쉼표 팔레트를 엽니다.

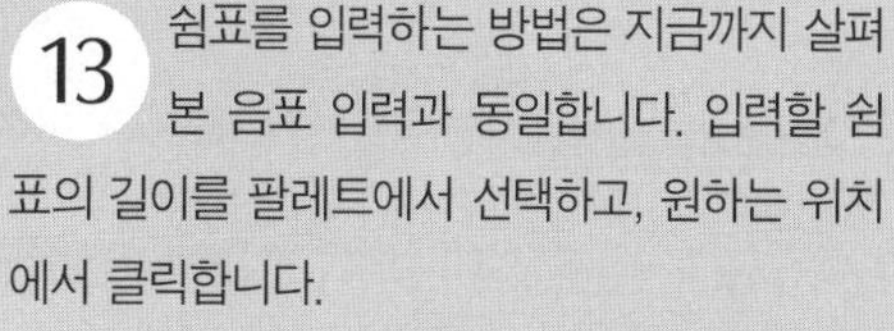

13 쉼표를 입력하는 방법은 지금까지 살펴본 음표 입력과 동일합니다. 입력할 쉼표의 길이를 팔레트에서 선택하고, 원하는 위치에서 클릭합니다.

14 입력되어 있는 음표를 쉼표로 바꿀 때는 Ctrl 키를 누른 상태로 음표를 선택하고, R 키를 누릅니다. 반대로 쉼표를 선택하고 R 키를 누르면, 음표로 바뀝니다.

Simple 메뉴의 Simple Entry Options을 선택하면 열리는 창의 옵션을 살펴봅니다.

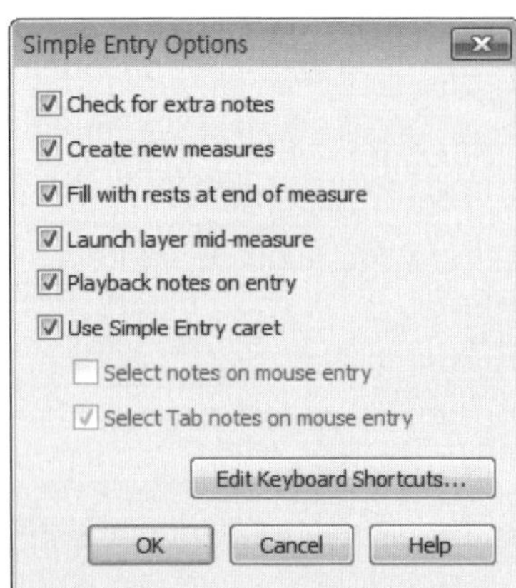

- Check for extra notes : 마디에 박자 수 이상의 음표를 입력할 수 없게 합니다.
- Create new measures : 마지막 마디를 채웠을 때, 자동으로 새로운 마디를 추가합니다.
- Fill with rests at end of measure : 마디 마지막에 비어있는 공간을 쉼표로 채웁니다.
- Launch layer mid-measure : 레이어를 바꿀 때, 이전 레이어에서 선택한 음표 위치와 동일한 위치에 음표를 입력할 수 있게 합니다. 단, 키보드로 입력합니다.
- Playback notes on entry : 입력하는 음표를 모니터 할 수 있게 합니다.
- Use Simple Entry caret : 심플 툴을 선택했을 때, 음표 입력 위치를 나타내는 커서를 표시합니다. 옵션을 해제하면, 마우스로 음표를 선택하는 Select notes on mouse entry와 타브 악보의 음표를 선택하는 Select Tab notes on mouse entry 옵션을 개별적으로 선택할 수 있습니다.

- Edit Keyboard Shortcuts : 심플 툴의 단축키를 편집할 수 있는 창을 엽니다.

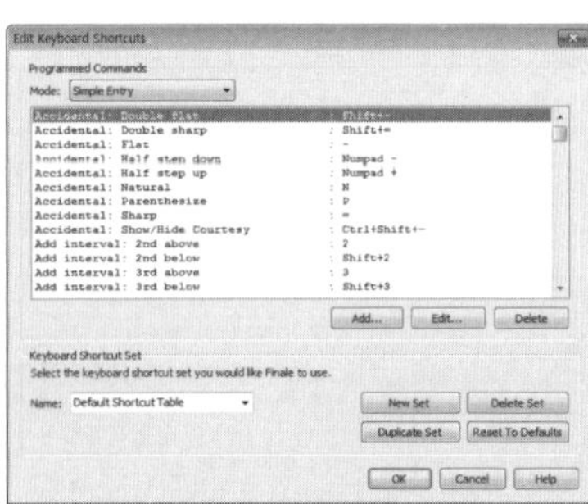

▶ Mode : 기본 보표(Simple Entry)와 타브 보표(Simple entry tablature)에서 사용할 단축키의 목록을 선택합니다.
▶ List : 명령어에 설정되어 있는 단축키의 목록입니다.
▶ Add : 새로운 단축키를 설정할 수 있는 창을 엽니다.
▶ Edit : 목록에서 선택한 명령의 단축키를 편집할 수 있는 창을 엽니다.
▶ Delete : 목록에서 선택한 명령을 삭제합니다.
▶ Keyboard Shortcut Set : 기본 프리셋의 Default Shortcut Table과 노트북 사용자를 위한 Laptop Shortcut Table를 제공하며, 추가 삭제가 가능합니다.
▶ New Set : Name 항목에 이름을 입력하여 새로운 세트를 만듭니다.
▶ Delete Set : Name에서 선택한 세트를 삭제합니다.
▶ Duplicate Set : Name에서 선택한 세트를 복사합니다.
▶ Reset to Defaults: Name에서 선택한 세트를 초기값으로 복구합니다.

- Define Keyboard Shortcut : Add 및 Edit 버튼을 클릭했을 때 열리는 창입니다.

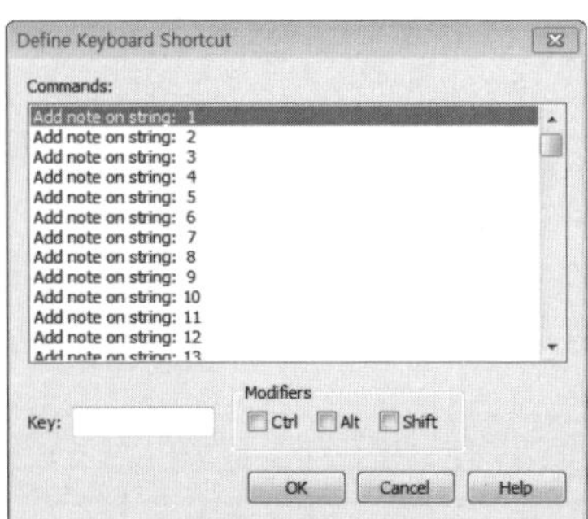

▶ Commands : 단축키를 설정할 명령어를 선택합니다.
▶ Key : 선택한 명령어를 실행할 단축키를 입력합니다.
▶ Modifiers : Key에서 입력한 것과 동시에 사용할 키를 선택합니다.

02 마우스와 키보드의 조합

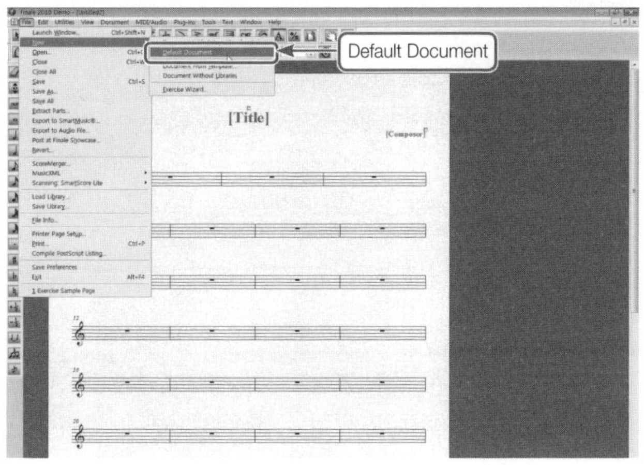

01 심플 툴을 이용해서 악보를 만들 때 가장 많이 사용하는 마우스와 키보드의 조합 방법을 살펴보겠습니다. Launch 창이 열려 있는 상태라면 Default Document 버튼을 클릭하고, Launch 창을 닫아 놓은 상태라면 File 메뉴의 New에서 Default Document를 선택하여 기본 보표를 만듭니다.

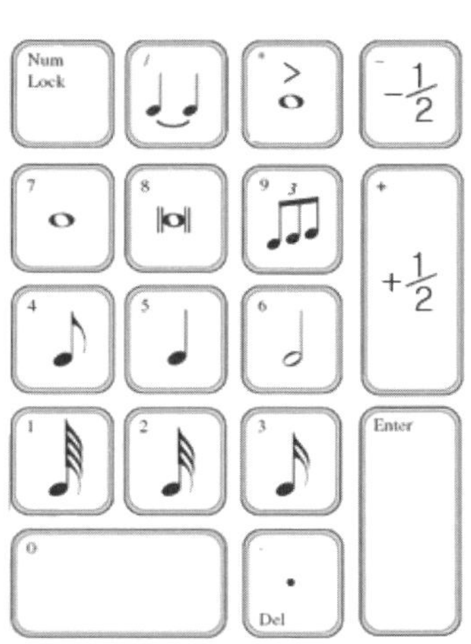

02 마우스와 키보드를 조합하여 입력할 때는 음표의 길이를 키보드 숫자 열에서 선택한다는 차이점만 이해하면 됩니다. 그림은 숫자 열로 선택할 수 있는 음표의 길이를 나타낸 것이며, 키를 눌러 선택한 음표의 길이는 심플 팔레트에서 확인할 수 있습니다. 즉, 심플 팔레트의 단축키 입니다.

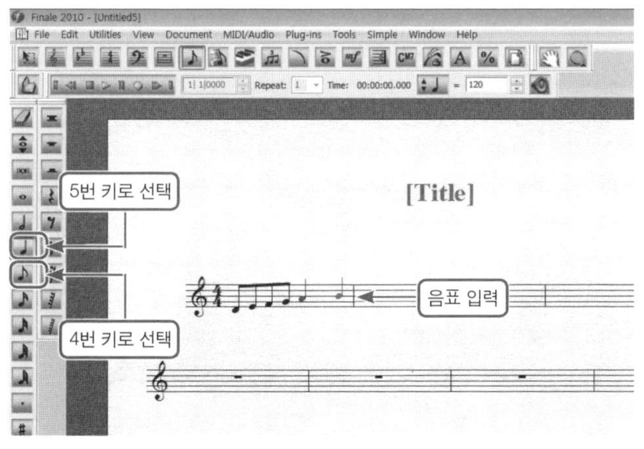

03 첫 마디는 4 키를 눌러 8분 음표를 선택하고, 마우스로 〈레, 미, 파, 솔〉을 입력한 다음에 5 키를 눌러 4분 음표를 선택하고, 〈라, 시〉를 입력합니다.

04 계속해서 두 번째 마디의 〈도, 시〉를 입력하고, 점 음표는 〈라〉를 입력한 다음에 키보드 숫자열의 ⋅ 키를 눌러 만듭니다.

05 계속해서 4 키를 눌러 8분 음표의 〈라〉 음을 입력하고, 세 번째 마디의 〈시, 라〉도 같은 과정으로 입력합니다. 세 번째 마디의 〈솔#〉은 8분 음표를 입력한 다음에 + 키를 눌러 만듭니다. + 키를 두 번 누르면 더블 샵(X)이 됩니다.

06 계속되는 〈파b〉 음은 - 키를 눌러 만들고, 제자리 표는 플랫된 〈파〉음을 올리는 것이므로, + 키를 눌러 만듭니다. - 키를 두 번 누르면 더블 플랫(bb)이 됩니다.

07 네 번째 마디의 제자리 표는 P 키를 눌러 만듭니다. 6 키를 눌러 2분 음표를 선택하고, 〈솔〉음을 입력한 다음에 • 키를 눌러 점을 붙이고, P 키를 눌러 제자리 표를 붙이는 것입니다. P 키를 한 번 누르면 괄호가 붙고, 한 번 더 누르면 괄호가 없는 임시표가 되며, 플랫과 샵에서도 괄호를 붙이고 싶은 경우에는 P 키를 이용합니다.

08 다섯 마디와 일곱 마디의 붙임줄은 / 키를 눌러 만듭니다. 6 키를 눌러 2분 음표를 선택하여 〈솔〉을 입력한 다음에 / 키를 눌러 붙임줄을 붙이고, 연결되는 음표를 입력하는 것입니다.

09 열 마디의 3잇단음표는 9 키를 이용하여 만듭니다. 4 키를 눌러 8분 음표를 입력한 다음에 9 키를 눌러 쉼표가 포함된 8분 음표 3잇단음표를 만듭니다. 그리고 쉼표 위치에 8분 음표를 입력하면 됩니다.

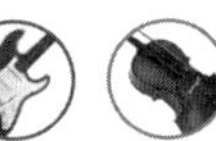

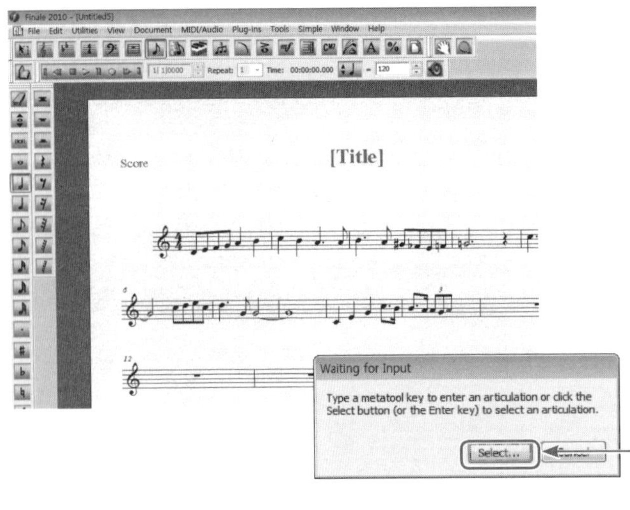

10 아티큘레이션을 입력해보면서 마우스와 키보드의 조합 학습을 마무리 하겠습니다. 3잇단음표를 완성하고, [/] 키를 눌러 붙임줄을 연결한 다음에 [6] 키를 눌러 2분 음표를 입력합니다. 그리고 [*] 키를 눌러 창을 열고, Select 버튼을 클릭합니다.

* 키를 눌러 연다

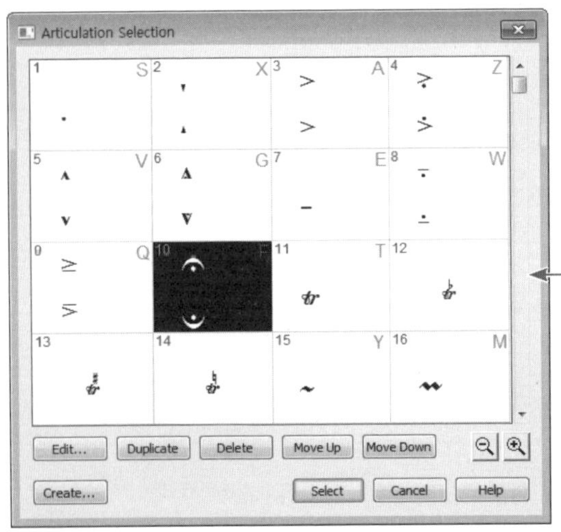

11 스타카토, 액센트 등의 아티큘레이션을 선택할 수 있는 Articulation Selection 창이 열립니다. 마침표를 더블 클릭합니다.

아티큘레이션 기호 디블 클릭

12 2분 음표에 마침표가 붙는 것을 확인할 수 있습니다. 다른 음표들도 [Ctrl] 키를 누른 상태로 선택하여 다양한 아티큘레이션을 입력해보기 바랍니다.

마침표

03 키보드 사용하기

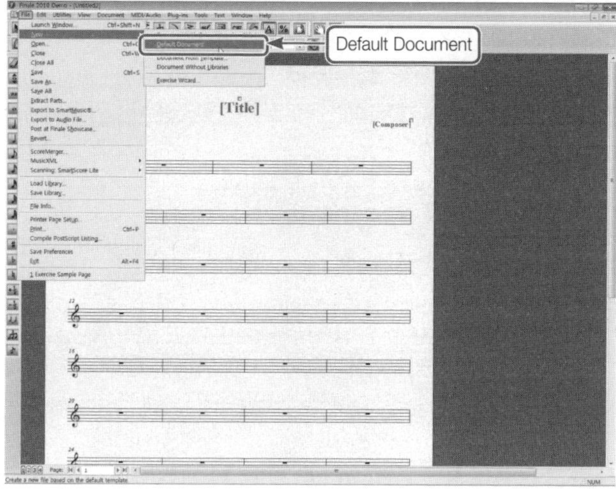

01 키보드에 익숙한 사용자를 위한 키보드 입력 방법을 살펴보겠습니다. Launch 창이 열려 있는 상태라면 Default Document 버튼을 클릭하고, Launch 창을 닫아 놓은 상태라면 File 메뉴의 New에서 Default Document를 선택하여 기본 보표를 만듭니다.

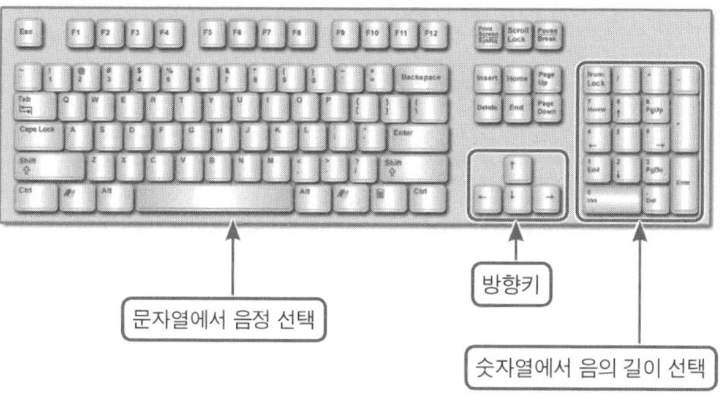

02 키보드만을 이용해서 음표를 입력할 때는 숫자 열에서 음표의 길이를 선택하고, 문자 열 또는 방향 키를 이용하여 음정을 입력합니다. 숫자 열이 없는 노트북 사용자는 Alt 키를 누른 상태에서 문자 열의 숫자를 이용하여 음표의 길이를 선택합니다.

03 방향키를 이용할 때는 숫자 열 키로 음의 길이를 선택하고, ↑/O/← 키를 이용해서 음정을 선택합니다. 그리고 Enter 키를 눌러 음표를 입력하는 것입니다.

4번 키를 눌러 8분음표를 선택하고 방향키로 입력

04 문자 열의 키를 이용할 때는 숫자 열 키로 음의 길이를 선택하고, 음 이름에 해당하는 문자를 입력합니다. 그림의 두 번째 마디는 A, B, C, D, E, F, G, A 키를 이용하여 입력하는 것입니다.

가 정 교 사

문자열의 키를 누를 때, 음표가 입력되지 않는다면, 키보드가 한글 모드인지를 확인합니다. 영문 모드인 경우에만 음표가 입력됩니다.

05 셋째 마디와 같이 옥타브 위/아래로 이동할 때는 Shift 키를 누른 상태에서 ↑/← 키를 이용합니다. Shift + ← 키를 눌러 커서를 옥타브 아래로 내리고, A 키를 누른 다음에 Shift + ↑ 키를 눌러 옥타브 위로 올리고, A 키를 누르는 동작을 반복하는 것입니다.

06 음정을 수정할 때는 ←/→ 키를 눌러 음표를 선택하고, ↑/↓ 키를 이용하여 조정합니다. Ctrl 키를 누른 상태에서 ←/→ 키를 누르면 마디 단위로 이동시킬 수 있습니다. 그 밖에 커서 이동에 관한 단축키는 Simple 메뉴의 Simple Navigation commands에서 확인할 수 있습니다.

- Clear caret/Selection : 커서 및 선택한 음표를 해제합니다.
- Caret Up Step : 커서 및 선택한 음표를 위쪽으로 이동시킵니다.
- Caret down Step : 커서 및 선택한 음표를 아래쪽으로 이동시킵니다.
- Caret up Octave : 커서 및 선택한 음표를 한 옥타브 위로 이동시킵니다.
- Caret Down Octave : 커서 및 선택한 음표를 한 옥타브 아래로 이동시킵니다.
- Selection Left One Entry : 커서 왼쪽의 음표를 선택합니다.
- Selection right One Entry : 커서 오른쪽의 음표를 선택합니다.
- Selection Left One Measure : 커서 왼쪽 마디를 선택합니다.
- Selection Right One Measure : 커서 오른쪽 마디를 선택합니다.
- Selection Up : 화음을 선택한 경우에 위쪽 음정을 선택합니다.
- Selection Down : 화음을 선택한 경우에 아래쪽 음정을 선택합니다.
- Select All Notes in Chord : 화음을 선택한 경우에 해당 화음을 모두 선택합니다.

04 키보드와 미디 건반의 조합

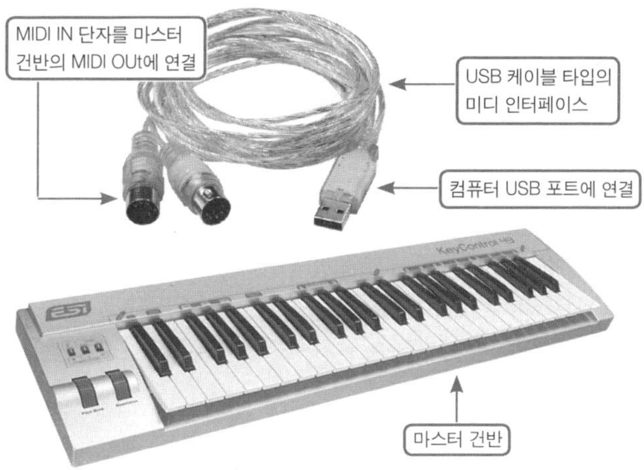

01 뮤지션들이 많이 사용하는 미디 건반과 키보드의 조합 방법을 살펴보겠습니다. 미디 건반을 이용해서 음표를 입력하기 위해서는 컴퓨터 USB 포트에 미디 건반을 연결해야 하며, 디지털 피아노와 같이 USB를 지원하지 않는 경우에는 별도의 미디 인터페이스를 이용하여 연결합니다.

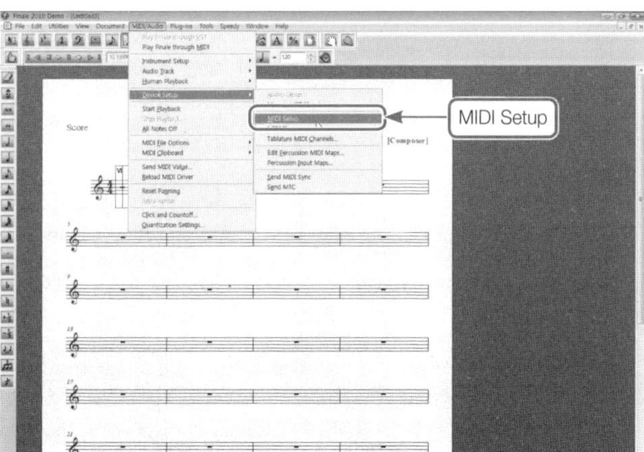

02 미디 건반을 사용하고 있는 독자는 피날레를 설치하고, 프로그램을 처음 실행할 때, 미디와 오디오 설정을 했겠지만, 다시 한 번 확인을 하겠습니다. MIDI/Audio 메뉴의 Device Setup에서 MIDI Setup을 선택하여 창을 엽니다.

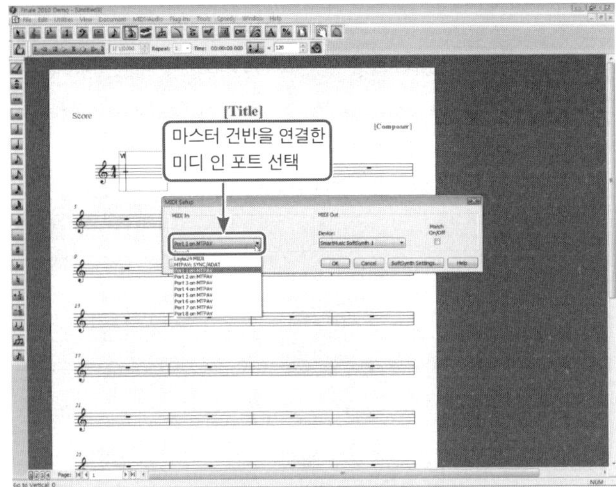

03 MIDI In의 Device 메뉴를 클릭하여 목록을 열고, 마스터 건반이 연결되어 있는 미디 인 포트를 선택합니다. 디바이스 목록은 사용자 컴퓨터에 장착되어 있는 미디 인터페이스의 목록이므로, 그림과 다를 것입니다.

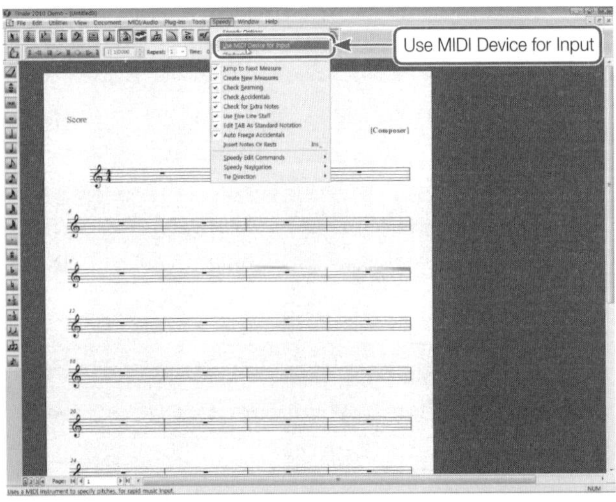

04 Launch Window에서 Default Document 버튼을 클릭하거나 File 메뉴의 New에서 Default Document를 선택하여 기본 보표를 만듭니다. 그리고 Simple 메뉴의 Use MIDI Device for Input 메뉴를 선택하여 체크 표시를 합니다.

05 미디 건반을 이용해서 음표를 입력하는 것은 음정을 미디 건반으로 선택한다는 것 외에는 키보드 입력 방법과 동일합니다. 즉, 키보드 숫자 열에서 입력할 음의 길이를 선택하고, 미디 건반을 눌러 음정을 입력합니다.

06 셋째 마디의 쉼표는 음표를 입력하고, R 키를 눌러 바꿔도 좋지만, 미디 건반을 이용할 때는 키보드 숫자 열의 0 키를 눌러 입력할 수 있습니다. 0 키를 눌러 쉼표를 입력할 때는 선택되어 있는 음의 길이와 동일한 쉼표가 입력됩니다.

07 음정을 수정할 때는 ←/→ 키를 이용하여 선택하고, 건반에서 수정할 음정을 누릅니다. 키보드 숫자 열에서 음표의 길이를 선택하고 건반을 누르면, 음표의 길이도 함께 수정할 수 있습니다. 음표의 길이만 수정할 때는 같은 음정을 누릅니다.

05 빔, 붙임줄, 임시표 다루기

01 보기 좋은 악보를 만들기 위해서 빔이 나 붙임줄, 임시표 등을 수정해야 하는 경우가 있는데, 이것들에 관해서 살펴보겠습니다. 심플 툴을 이용해서 예제 악보를 입력하거나 부록 CD의 Ties 파일을 불러옵니다.

02 그룹으로 연결된 빔을 분리하여 독립 음표를 만드는 방법입니다. [Ctrl] 키를 누른 상태에서 분리할 음표를 선택하고, 키보드 문자열의 [/] 키를 누르면 그룹으로 연결된 음표를 분리할 수 있습니다. 분리한 음표를 선택하고 [/] 키를 누르면 다시 연결됩니다.

03 기울어져 있는 빔을 수평으로 정렬하는 방법입니다. [Ctrl] 키를 누른 상태에서 빔으로 연결된 음표 중 하나를 선택하고, [Alt] 키를 누른 상태에서 [/] 키를 누르면, 빔이 수평으로 정렬됩니다. 또 다시 [Alt]+[/] 키를 누르면 기울어집니다.

04 빔의 방향을 바꾸는 방법입니다. Ctrl 키를 누른 상태에서 빔으로 연결된 음표 중 하나를 선택하고, L 키를 누르면, 빔의 방향을 반대로 바꿀 수 있습니다.

05 붙임 줄을 만드는 방법입니다. Ctrl 키를 누른 상태로 음표를 선택하고, T 키 또는 숫자열의 / 키를 누르면, 오른쪽 음표와 붙임 줄로 연결됩니다. Shift 키를 누른 상태에서 T 키를 누르면, 왼쪽 음표와 연결할 수 있습니다.

06 붙임줄의 방향을 바꾸는 방법입니다. Ctrl 키른 누른 상태에서 붙임줄로 연결된 음표를 선택하고, Ctrl+F 키를 누르면 붙임줄의 방향이 반대로 바뀝니다.

07 임시표를 붙이는 방법입니다. [Ctrl] 키를 누른 상태에서 음표를 선택하고, 숫자열의 [+] 키를 눌러 샵(#)을 붙일 수 있고, [-] 키를 눌러 플랫(b)을 붙일 수 있습니다. 해당 키를 반복해서 누르면 더블 샵 또는 더블 플랫을 만들 수 있습니다.

08 임시표를 바꾸는 방법입니다. [+] 키와 [-] 키를 이용하면, 샵과 플랫을 순차적으로 바꿀 수 있지만, [₩] 키를 이용하면 바로 바뀝니다.

09 제자리표는 [P] 키를 눌러 붙입니다. [P] 키를 반복해서 누르면 괄호가 없는 임시표가 되며, [Ctrl]+[Shift] 키를 누른 상태에서 문자열의 [-] 키를 눌러 감출 수 있습니다.

06 음정과 박자 수정하기

01 음정과 음표의 길이를 수정하는 방법을 살펴보겠습니다. 심플 툴을 이용해서 예제 악보를 입력하거나 부록 CD의 Pitch 파일을 불러옵니다.

02 마우스를 이용해서 음정을 수정할 때는 Ctrl 키를 누른 상태에서 음표를 선택하고, 위/아래로 드래그 하거나 Repitch Tool을 이용해서 수정할 수 있습니다.

03 키보드를 이용할 때는 Ctrl 키를 누른 상태에서 음표를 선택하거나 ←/→ 키를 이용하여 음표를 선택하고, ↑/↓ 키를 이용해서 음정을 조정합니다.

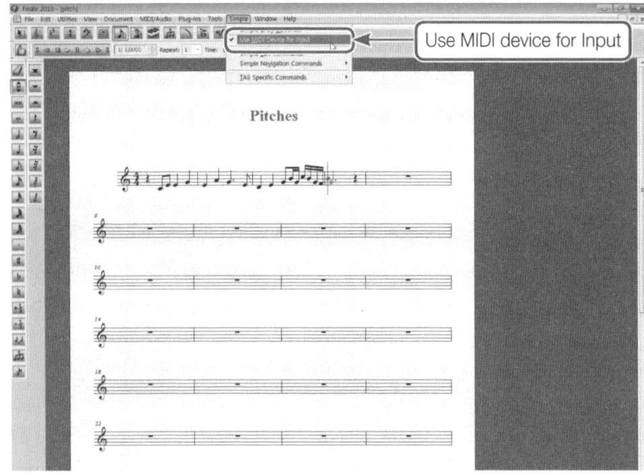

04 미디 건반을 이용할 때는 [Ctrl] 키를 누른 상태에서 음표를 선택하고, 건반을 누릅니다. 음정이 수정된 후에는 자동으로 다음 음표가 선택되며, 계속해서 건반을 눌러 수정할 수 있습니다. 수정할 음정이 많은 경우에는 가장 편리한 방법입니다. 미디 건반을 이용할 때는 Simple 메뉴의 Use MIDI Device for Input이 선택되어 있어야 합니다.

05 마우스를 이용해서 음의 길이를 수정할 때는 음표 팔레트에서 필요한 음의 길이를 선택하고, 입력되어 있는 음표의 머리를 클릭합니다.

06 키보드를 이용해서 음의 길이를 수정할 때는 [←]/[→] 키를 이용해서 수정할 음표를 선택하고, [Alt] 키를 누른 상태에서 키보드 숫자열의 박자를 누릅니다.

07 음의 길이를 수정할 때, 마디가 넘어가는 박자로는 바뀌지 않습니다. 만일, 길이를 수정해야 할 필요가 있다면, 지우개 툴 및 Delete 키를 이용해서 음표를 지우고, 새로운 박자를 입력합니다.

07 화음의 입력과 편집

01 화음을 입력하는 방법은 마우스를 이용하든 미디 건반을 이용하든 기본 입력 방법과 동일합니다. 단, 화음을 동시에 연주하여 입력할 수 있는 미디 건반이 조금은 편리합니다.

02 키보드를 이용할 때는 입력한 음표가 선택되어 있는 상태에서 키보드 문자열의 숫자를 이용하여 화음을 입력합니다. 예를 들어 C음을 선택하고, 3도 위의 E음을 입력하겠다면, 문자열의 3 키를 누르는 것입니다.

03 아래쪽으로 화음을 넣을 때는 Shift 키를 이용합니다. 예를 들어 C음을 선택하고, Shift 키를 누른 상태에서 3 키를 누르면, 3도 아래의 A 음이 입력되는 것입니다.

Shift+3키로 3도 아래음 입력

04 화음의 구성 음을 수정할 때는 Ctrl 키를 누른 상태에서 음표를 선택하고, 위/아래로 드래그하거나 ↑/↓ 키를 누릅니다.

위/아래 방향키를 눌러 수정

05 화음 전체를 수정할 때는 Ctrl + A 키를 누른 상태에서 화음을 선택합니다. 그리고 위/아래로 드래그하거나 ↑/↓ 키를 누릅니다.

Ctrl+A키를 누른 상태에서 화음 선택

06 화음의 구성 음 중에서 2개 이상을 동시에 수정하고 싶은 경우에는 Ctrl +Shift 키를 이용해서 수정할 음표들을 선택합니다. 그리고 위/아래로 드래그하거나 ↑/↓ 키를 누릅니다.

08 아티큘레이션 입력하기

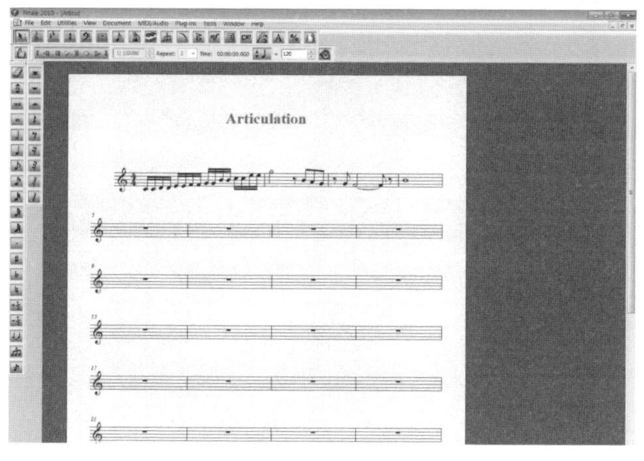

01 아티큘레이션이나 익스프레션 기호은 해당 툴을 이용해서 입력하지만, 이것에 관해서는 뒤에서 살펴보기로 하고, 여기서는 심플 툴에서의 입력 방법을 살펴보겠습니다. 예제 악보를 입력하거나 부록 CD의 Articu 파일을 불러옵니다.

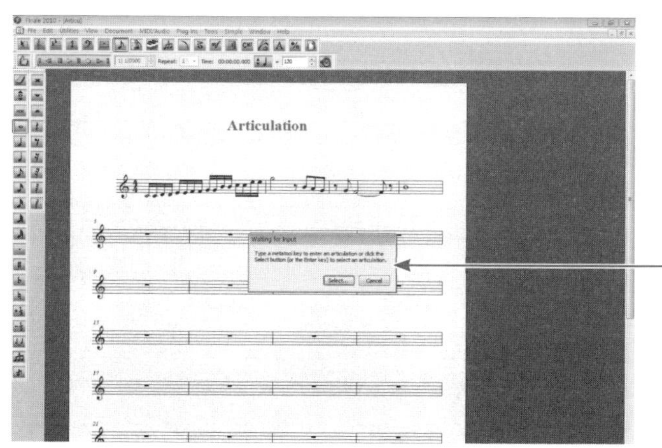

02 아티큘레이션을 입력할 음표를 Ctrl 키를 누른 상태로 선택하고, 키보드 숫자열의 * 키를 눌러 창을 엽니다. 그리고 Select 버튼을 클릭합니다.

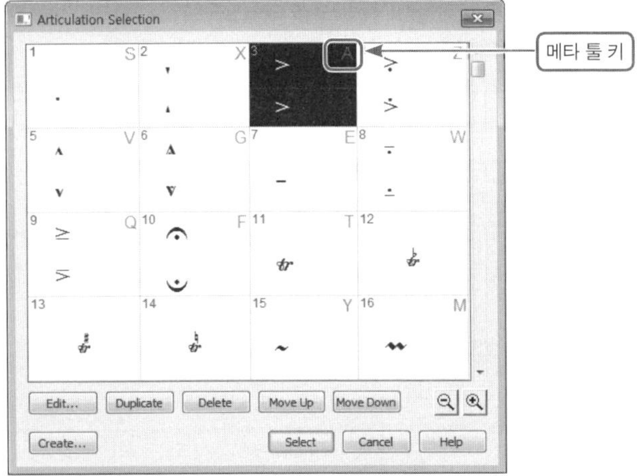

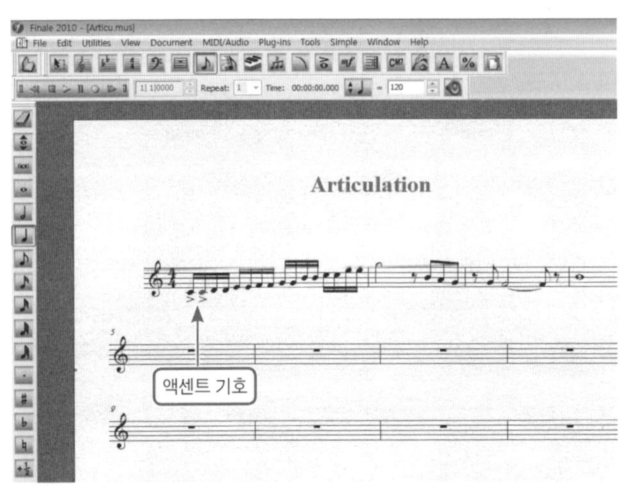

03 Articulation Selection 창이 열립니다. 여기서 입력할 기호를 더블 클릭합니다. 참고로 자주 사용하는 기호는 오른쪽 상단에 보이는 메타 툴 키를 외워두는 것이 좋습니다. 액센트의 메타 툴은 A 입니다.

04 메타 툴을 기억하고 있다면, 키보드 숫자열의 * 키를 눌러 창이 열렸을 때, 해당 키를 눌러 입력할 수 있습니다. 예를 들어 앞에서 보았던 A 키를 누르면, 액센트 기호가 바로 입력되는 것입니다.

05 음표를 입력할 때 아티큘레이션을 미리 설정할 때는 Ctrl 키를 누른 상태에서 * 키를 눌러 창을 열고, 입력할 기호를 선택합니다. 그리고 음표를 입력하면 해당 기호가 함께 입력됩니다. 아티큘레이션을 해제할 때는 다시 Ctrl + * 키를 누릅니다.

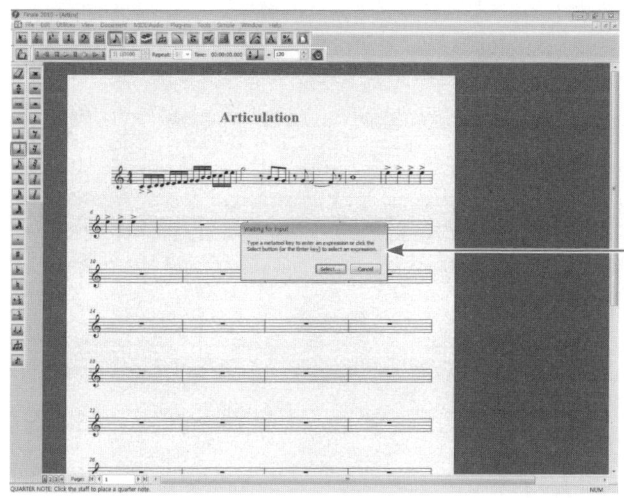

06 익스프레션 기호를 입력하는 방법도 비슷합니다. 기호를 삽입할 음표를 Ctrl 키를 누른 상태로 선택하고, X 키를 눌러 창을 엽니다. 그리고 Select 버튼을 클릭합니다.

X 키를 눌러 창을 연다

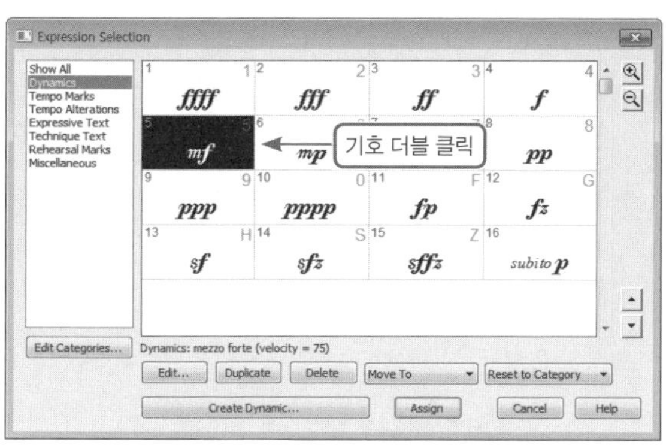

07 기호가 카테고리로 구분되어 있는 Expression Selection 창이 열립니다. 모든 기호를 볼 수 있는 Show All 카테고리에서 입력할 기호를 더블 클릭합니다.

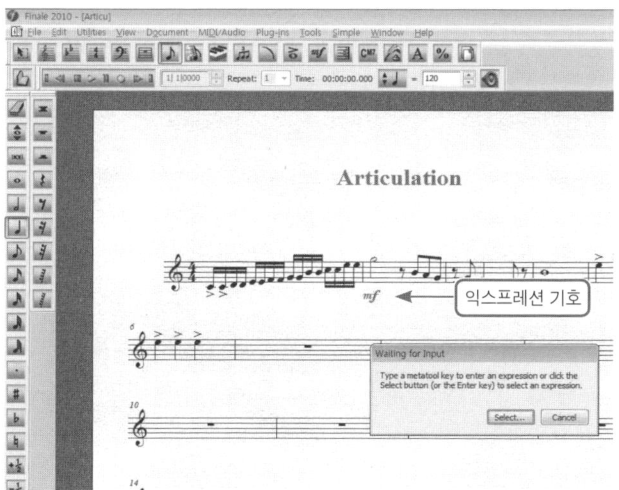

08 선택한 음표에 익스프레션 기호가 삽입됩니다. X 키를 눌러 Select 창을 열고, 단축 키를 이용해서 기호를 삽입하는 메타 툴 기능은 아티큘레이션과 같습니다.

09 성부 입력하기

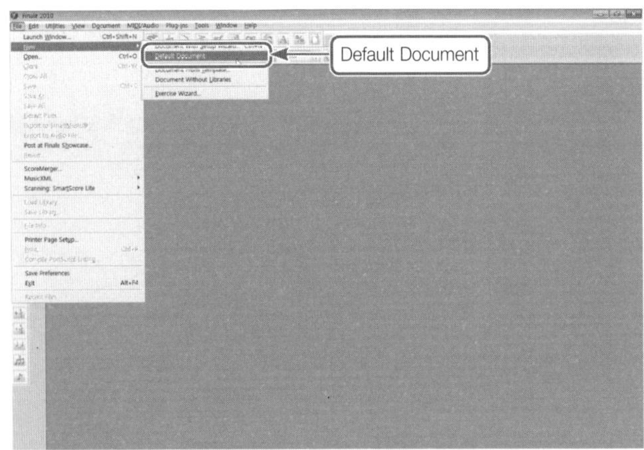

01 피날레는 4개의 레이어를 제공하고 있는데, 이에 관해서 정확히 알고 있어야 자유로운 성부를 만들 수 있습니다. File 메뉴의 New에서 Default Document를 선택하여 새로운 보표를 만듭니다.

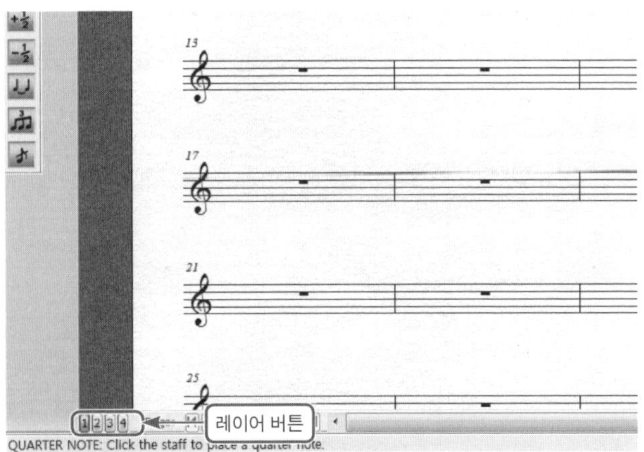

02 화면 아래쪽에 보면, 1~4까지의 레이어 버튼이 있으며, 1번이 선택되어 있는 상태입니다. 즉, 이 상태에서 입력되는 음표는 레이어 1번에 입력되는 것입니다.

03 레이어 2번을 클릭하여 선택하고, 레이어 1번을 입력한 마디에 음표를 입력해 봅니다. 빨간색으로 2번 레이어 음표를 구분할 수 있으며, 1번 레이어와 별개로 자유로운 성부를 입력할 수 있습니다.

04 3번 레이어는 녹색, 4번 레이어는 파란색으로 표시되지만, 실제 인쇄를 할 때는 모두 검정색으로 출력됩니다. 참고로 음표의 방향은 L 키를 눌러 바꿀 수 있습니다.

가 정 교 사

Print 창의 Display colors 옵션을 체크하여 화면에 보이는 컬러를 그대로 인쇄할 수 있습니다.

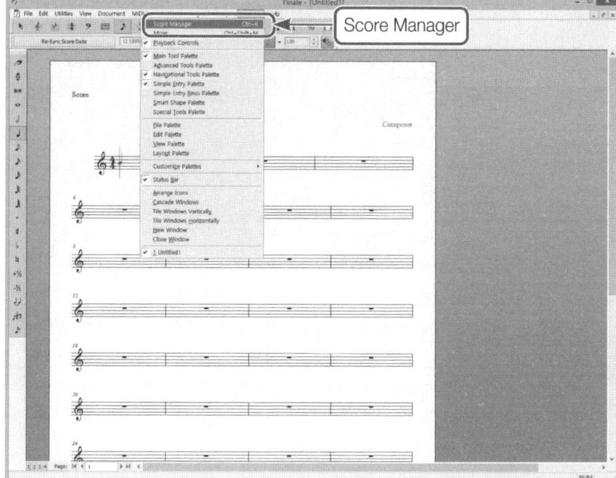
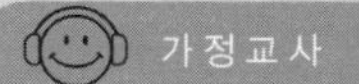

05 피날레는 각 레이어에 마다 음색을 별도로 지정하여 연주할 수 있습니다. Window 메뉴의 Score Manager를 선택하여 창을 엽니다.

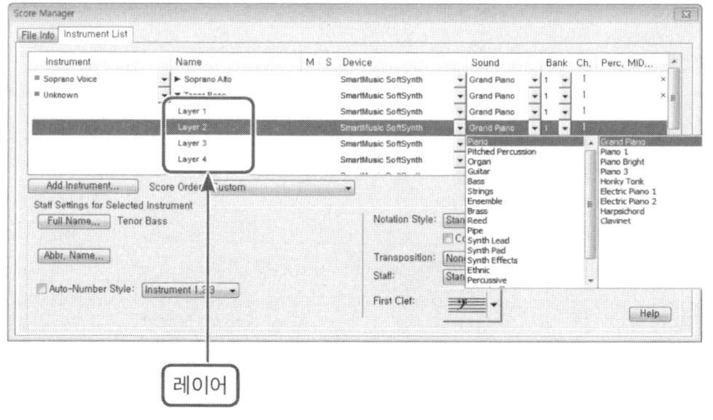

06 Name 칼럼의 작은 삼각형을 클릭하면, 해당 보표의 레이어를 확인할 수 있으며, Sound 칼럼에서 해당 레이어에서 사용할 악기 음색을 선택합니다.

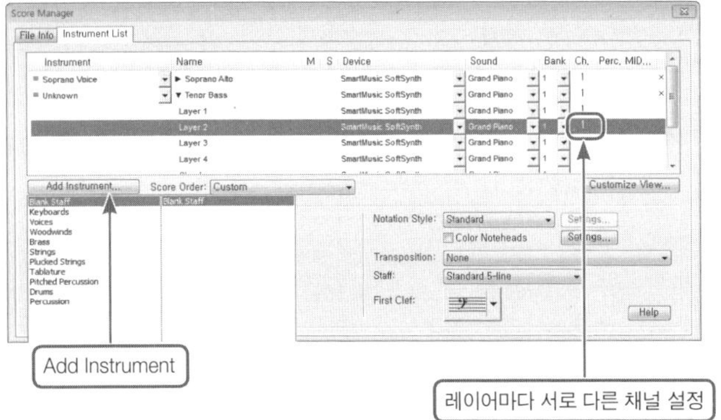

07 새로운 음색을 추가할 때는 목록에서 Add Instrument 버튼을 클릭하여 악기를 선택합니다. 이때 주의할 점은 각 레이어 마다 서로 다른 음색을 사용하기 위해서는 Channel을 다르게 설정해야 한다는 것입니다. 자세한 내용은 이미 살펴보았습니다.

08 성부를 유니즌으로 입력할 때도 레이어를 이용하지만, 악보 출력이 목적이라면, 스페셜 툴을 이용하는 것도 요령입니다. 도구 모음 줄에서 마우스 오른쪽 버튼을 클릭하여 단축 메뉴를 열고, Special Tools Palette를 선택합니다.

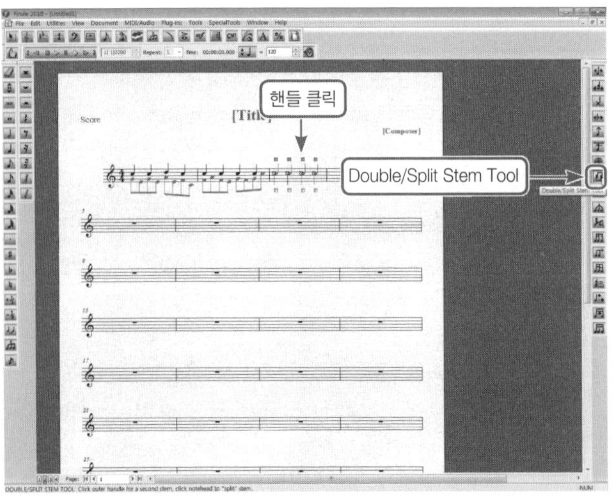

09 화면 오른쪽에 열린 스페셜 팔레트에서 Double/Split Stem Tool을 선택하고, 유니즌 성부를 만들고 싶은 마디를 선택합니다. 그리고 화면에 보이는 핸들을 클릭하여 음표의 기를 더블로 표시하면, 음표를 추가로 입력하지 않아도 유니즌 성부를 만들 수 있습니다.

10 잇단음표 입력하기

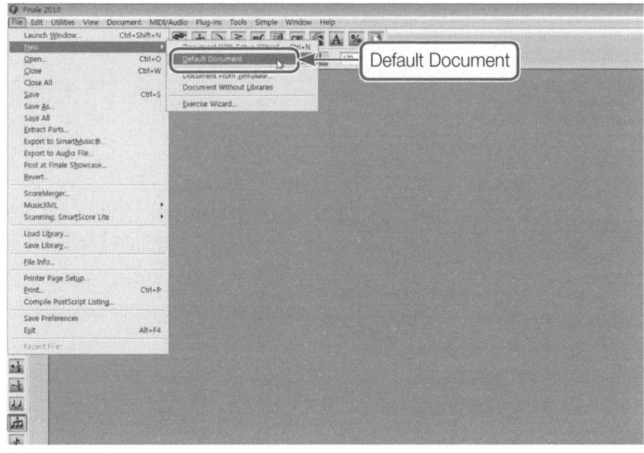

01 잇단음표의 입력 방법을 살펴보겠습니다. File 메뉴의 New에서 Default Document를 선택하여 새로운 보표를 만듭니다.

02 마우스를 이용할 때는 입력할 음표의 길이와 3 잇단 음 버튼을 함께 선택하고, 키보드를 이용할 때는 입력할 음표의 길이를 먼저 입력하고, 9 키를 눌러 잇단 음을 표시한 다음에 나머지 음표를 입력합니다.

03 이미 입력되어 있는 음표는 잇단음 버튼으로 음표를 클릭하거나 키보드 숫자 열의 9 키를 눌러 3잇단음표로 바꿀 수 있습니다.

04 3잇단음표 이상의 잇단음을 입력할 때는 입력할 음표의 길이와 잇단음 버튼을 선택하고, Shift 키를 누른 상태에서 마디를 클릭합니다.

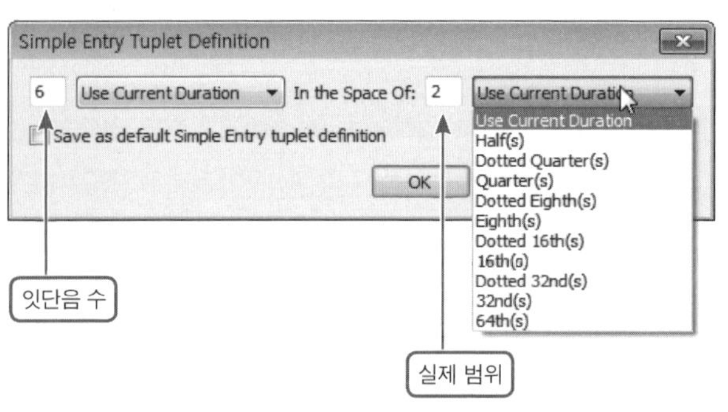

05 잇단음을 설정할 수 있는 Simple entry Tuplet Definition 창이 열립니다. 왼쪽이 화면에 표시할 잇단음 수를 설정하는 것이고, 오른쪽이 실제 범위입니다. 왼쪽을 6, 오른쪽을 2로 입력하고, 메뉴는 Use Current Duration을 선택합니다.

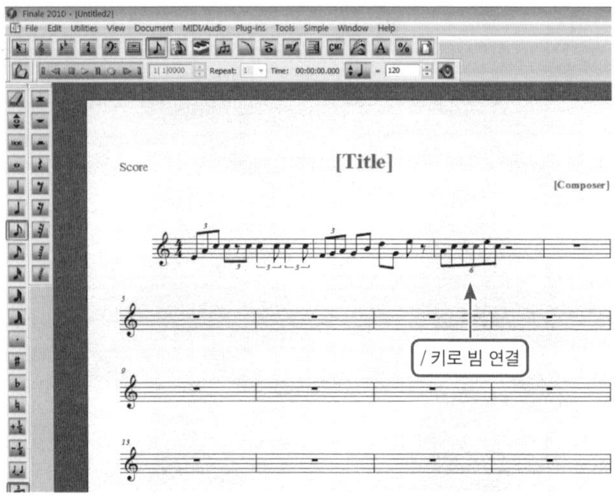

06 8분 음표를 선택한 상태에서 Simple Entry Tuplet Definition 창을 열고, Use Current Duration을 선택했으므로, 8분 음표 6잇단 음을 입력할 수 있는 상태가 됩니다. 나머지 음표를 입력하고, 문자열의 / 키를 눌러 빔을 연결합니다.

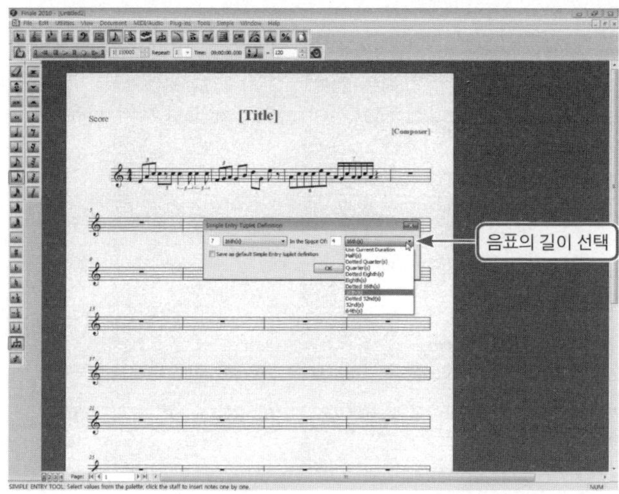

07 선택한 음표에 상관없이 사용하고 싶다면, 메뉴에서 해당 음표의 길이를 선택합니다. 즉, 16분 음표의 7잇단음표를 입력하겠다면, 메뉴에서 16th을 선택하고, 왼쪽은 표시할 수인 7, 오른쪽은 실제 범위인 4를 입력하는 것입니다.

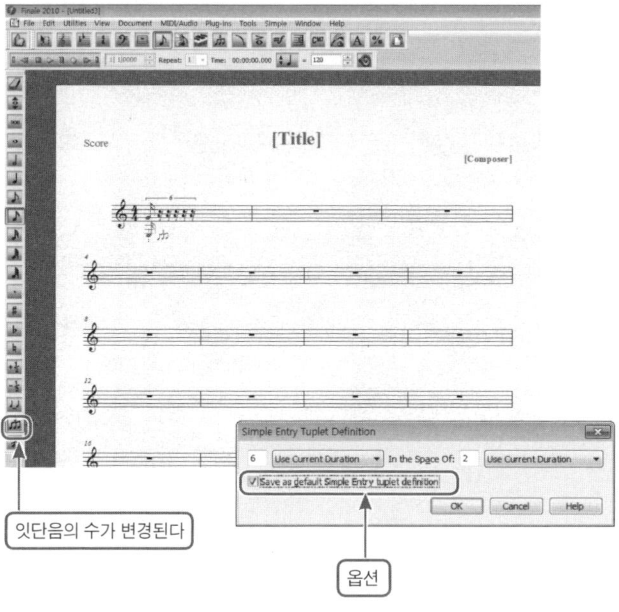

08 Save as default Simple entry tuplet definition 옵션을 체크하면, 사용자가 설정한 값을 음표 팔레트의 잇단 음 버튼으로 입력할 수 있습니다.

05

스피디 도구를 이용한 음표의 입력과 편집

스피디 툴(Speedy Entry Tool)은 이름 그대로 음표를 빠르게 입력할 수 있는 도구로 출판사의 편집자들이 많이 사용하는 방법이며, 빠른 입력을 위해 키 배열이 조금 다르다는 것 외에는 앞에서 살펴본 심플 툴과 비슷합니다. 스피디 툴은 마우스를 제외한 컴퓨터 키보드와 미디 건반을 이용할 수 있으며, 음표의 길이를 먼저 선택하는 심플 툴과 반대로 음정을 먼저 선택한다는 차이점이 있습니다. 스피디 툴을 이용한 음표의 입력과 편집 방법을 살펴보겠습니다.

01 키보드 사용하기

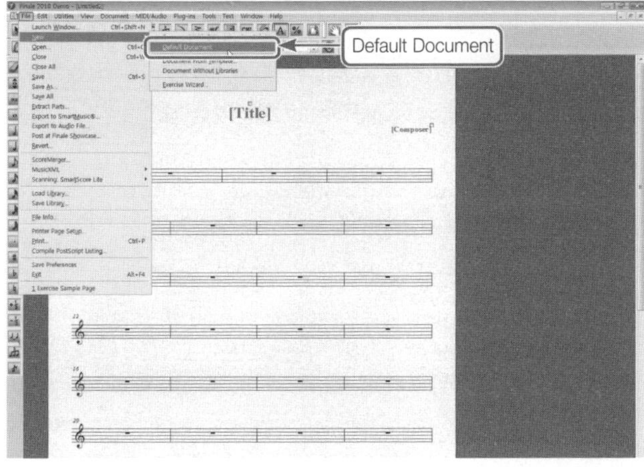

01 워드 문서에 글자를 입력하듯이 키보드를 이용하여 음표를 빠르게 입력할 수 있는 스피디 툴에 관해서 살펴봅니다. Launch 창이 열려 있는 상태라면 Default Document 버튼을 클릭하고, Launch 창을 닫아 놓은 상태라면 File 메뉴의 New에서 Default Document를 선택하여 기본 보표를 만듭니다.

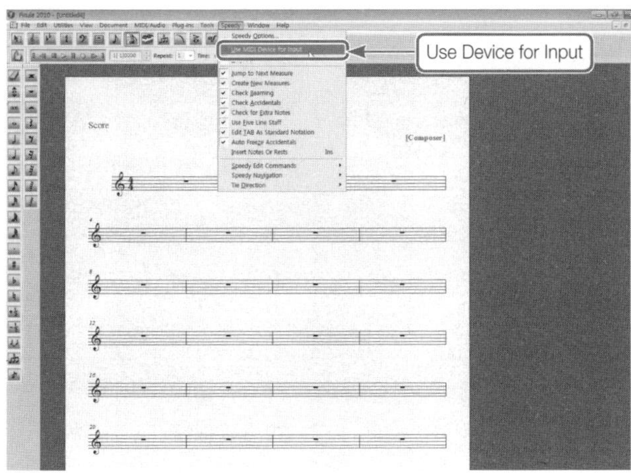

02 도구 모음 줄의 스피디 툴(Speedy Entry Tool)을 선택합니다. 스피디 툴의 기본 값은 미디 건반을 이용하게 되어있습니다. 키보드를 이용할 것이므로, Speedy 메뉴의 Use MIDI Device for Input을 선택하여 체크 표시를 해제합니다.

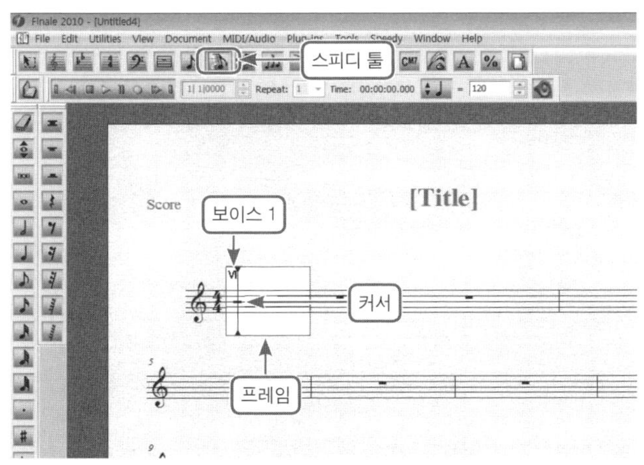

03 스피디 툴을 선택하면 마디에 사각 형의 프레임과 보이스(Voice) 1이라는 의미의 V1 문자가 표시됩니다. 프레임 안쪽에는 세로 라인과 B음에 쉼표 모양의 커서가 있습니다. ↑/↓ 키를 눌러 입력할 음정에 해당하는 위치로 커서를 가져다 놓습니다.

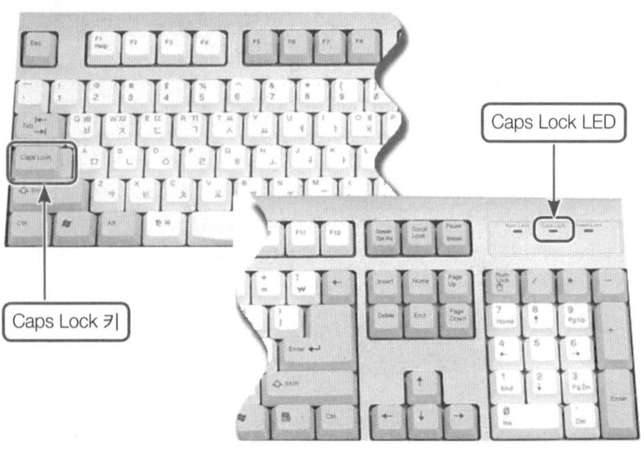

04 키보드 숫자 열에서 음 길이 키를 누르면, 커서 위치에 음표가 입력됩니다. 숫자열의 키 배열은 심플 툴에서 살펴본 것과 동일합니다. 즉, ↑/↓ 키를 이용하여 커서를 C음에 놓고, 4분 음표에 해당하는 5 키를 누르면, 바로 C음에 4분 음표가 입력되는 것입니다.

05 계속해서 ↑/↓ 키를 이용하여 음정을 선택하고, 키보드 숫자 열을 이용하여 예제 악보를 입력해봅니다. 쉼표는 음표를 입력하고, R 키를 눌러 바꾸는 방법을 이용합니다. 익숙해진다면, 음표를 빠르게 입력할 수 있는 방법입니다.

06 ↑/↓ 키를 이용해서 음정을 선택하는 것이 불편하다면, 키보드 문자열에서 음정을 선택할 수 있습니다. Caps Lock 키를 눌러 On으로 합니다. 그러면 키보드의 문자열이 미디 건반과 같은 음 배열을 갖게 됩니다. Caps Lock 키의 On/Off 상태는 키보드 숫자 열 위쪽의 Caps Lock LED로 확인할 수 있습니다.

07 Caps Lock 키를 On으로 하면, 키보드의 문자열은 음정을 선택할 수 있는 기능을 하며, 각 키의 음정은 다음 그림과 같은 순서로 배열됩니다. 각각의 알파벳은 무시하고, A 열을 중심으로 Q 열이 한 옥타브 위, Z 열이 한 옥타브 아래 건반이라고 이해합니다.

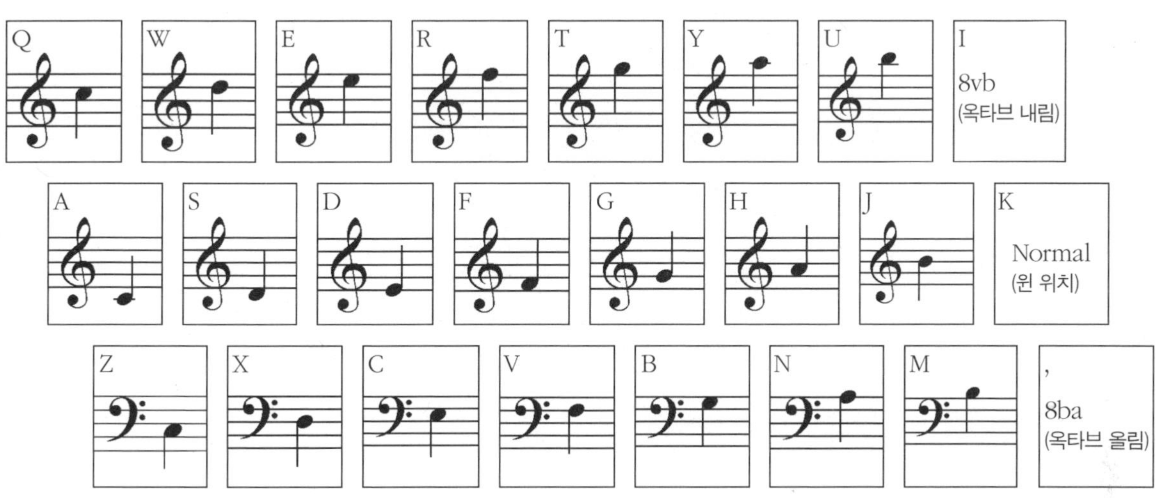

08 세 번째 마디는 Q 키를 누르고 5 키를 두 번, J 키를 누르고 4 키, Q 키를 누르고 4 키, W 키를 누르고 5 키를 눌러 입력하는 것입니다. 이때 음의 길이는 문자열의 숫자를 이용해도 좋기 때문에 키보드에 익숙한 사용자는 워드에 글자를 입력하듯 음표를 입력할 수 있게 되는 것입니다.

09 Caps Lock이 On인 경우에는 R 키를 이용할 수 없으므로, Backspace 키를 이용하여 음표를 쉼표로 바꿉니다. Ctrl + Shift 키를 누른 상태에서 문자열의 숫자를 눌러 쉼표를 입력할 수 있다는 것도 기억해둡니다.

10 다섯 번째 마디의 옥타브 변화는 I 키를 눌러 한 옥타브 내린 다음에 Z 키를 누르고 6 키로 입력하고, , 키를 눌러 한 옥타브 올린 다음에 U 키를 누르고 6 키를 눌러 입력하는 하는 것입니다. 옥타브 변화를 원래 위치로 복구할 때는 K 키를 누릅니다.

02 키보드와 미디 건반의 조합

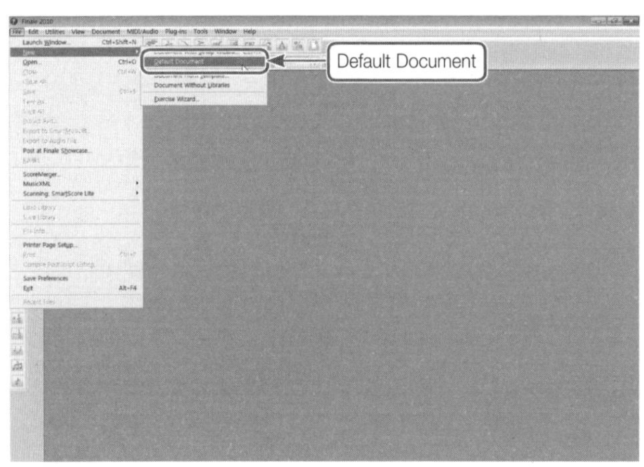

01 뮤지션에게 익숙한 미디 건반을 이용한 입력 방법을 살펴보겠습니다. File 메뉴의 New에서 Default Document를 선택하여 기본 보표를 만듭니다.

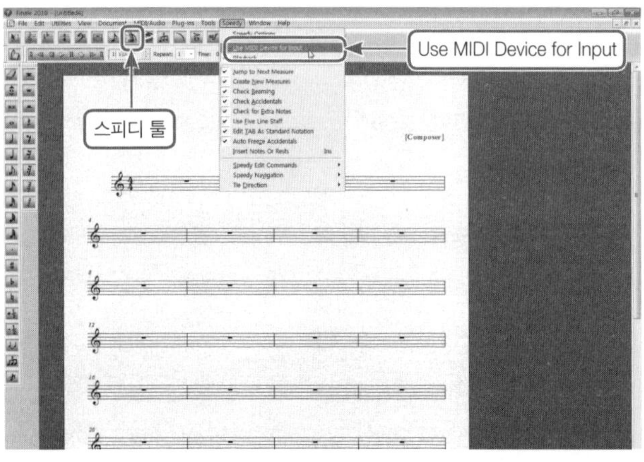

02 도구 모음 줄의 스피디 툴(Speedy entry Tool)을 선택하고, Speedy 메뉴의 Use MIDI Device for Input을 선택하여 체크 표시를 합니다. 그리고 컴퓨터 키보드의 Caps Lock 키를 Off로 합니다.

03 컴퓨터 키보드 대신에 미디 건반으로 음정을 선택한다는 것 외에는 모두 동일합니다. 미디 건반에서 음정을 누르고, 컴퓨터 키보드의 숫자 열에서 길이를 선택하는 것입니다. 자유롭게 입력을 해봅니다. 쉼표는 건반을 누르지 않고, 숫자열의 음 길이만 누르면 됩니다.

04 Caps Lock 키를 On으로 하면, 같은 리듬이 반복되는 아르페지오 음표를 빠르게 입력할 수 있습니다. Caps Lock 키의 On/Off 여부는 작업 표시줄의 CAP 문자로도 확인할 수 있습니다.

05 Caps Lock 키를 On으로 한 경우에는 음의 길이를 먼저 선택합니다. 선택한 음 길이에 해당하는 키 숫자는 프레임 왼쪽 하단에 표시됩니다. 그림은 8분 음표를 입력하기 위한 4 키를 누른 경우입니다.

06 이제 미디 건반을 누르면 음의 길이를 바꾸기 전까지 같은 박자가 계속 입력되어 아르페지오를 만들 때 편리합니다. 미디 건반을 이용할 때는 Caps Lock 키의 On/Off에 따라 차이가 있다는 것을 기억하기 바라며, 16분 음표에 해당하는 3 키도 실습을 해봅니다. 쉼표는 R 키 또는 Backspace 키를 모두 이용할 수 있습니다.

03 음표 삽입하기

01 입력 도중에 이전으로 돌아가 음표를 삽입하는 방법을 살펴보겠습니다. File 메뉴의 New에서 Default Document를 선택하여 새로운 보표를 만들고, 키보드와 건반 중에서 자신에게 익숙한 방법을 이용하여 예제 악보를 입력해봅니다.

02 두 번째 박자에 음표를 삽입해야 한다고 가정합니다. ← 키를 4번 눌러 두 번째 박자에 커서를 위치시킵니다. 그리고 Insert 키를 누릅니다. 세로 라인 위/아래에 작은 삼각형이 표시됩니다.

03 이제 키보드 및 미디 건반을 이용해서 음표를 입력하면, 커서가 있는 위치에 음표가 삽입되는 것을 확인할 수 있습니다. 삽입이 끝난 후에는 Insert 키를 눌러 Off시키고, → 키를 4번 눌러 음표를 입력할 위치로 커서를 이동시킵니다.

04 키보드를 이용해서 음표를 입력하는 도중에 쉼표를 삽입하겠다면, Ctrl + Shift 키를 누른 상태에서 문자열의 숫자를 누릅니다. 키보드 숫자 열이 아니라는 것에 주의하기 바랍니다.

05 미디 건반을 이용해서 음표를 입력하는 도중에 쉼표를 삽입할 때는 키보드 숫자 열에서 삽입할 쉼표 길이와 동일한 음표 키를 누르면 됩니다. 즉, 건반을 누르지 않으면, 쉼표가 입력되는 것입니다.

01 보기 좋은 악보를 만들기 위해서 음표의 빔을 그룹으로 연결하거나 분리할 필요가 있다면, ←/→ 키를 이용하여 커서를 이동시킵니다. 그리고 키보드 숫자열의 / 키를 눌러 빔을 연결하거나 해제시킬 수 있습니다.

02 그룹으로 연결된 빔은 음 높이에 따라서 자동으로 기울어집니다. 이것을 수평으로 표시하는 싶은 경우에는 ←/→ 키를 이용하여 커서를 위치시키고, ₩ 키를 누릅니다.

03 그룹으로 연결된 빔의 방향은 음 높이에 따라 자동으로 결정됩니다. 이것을 임의로 바꾸고 싶은 경우에는 ←/→ 키를 이용하여 커서를 위치시키고, L 키를 누릅니다.

04 입력하는 음표를 붙임줄로 연결하는 방법은 음표를 입력하고, = 키를 눌러 붙임줄을 만듭니다. 그리고 다음 음표를 입력합니다. 음표를 입력한 후에도 원하는 위치에 커서를 가져다 놓고, = 키를 이용하여 붙임줄을 만들 수 있습니다.

05 붙임줄의 방향은 Ctrl + F 키를 눌러 바꿀 수 있습니다. 입력 도중에는 연결되는 음표를 입력하기 전에 Ctrl + F 키를 눌러 방향을 바꾸고, 입력한 후에는 커서를 음표에 위치시키고, Ctrl + F 키를 눌러 바꿉니다.

06 미디 건반을 이용해서 음표를 입력할 때는 자동으로 임시표가 붙기 때문에 별다른 작업이 필요 없습니다. 다만, 검은 건반을 눌러 입력한 임시표의 플랫과 샵을 바꾸는 9 키를 기억해두면 좋습니다.

07 키보드를 이용해서 음표를 입력할 때는 [+] 키로 샵을 만들고, [−] 키로 플랫을 만듭니다. 제자리 표는 [P] 키를 눌러 만들며, [P] 키를 한 번 더 누르면 괄호가 없는 임시표를 만들 수 있습니다. 임시표의 표시 여부는 숫자열의 [*] 키로 결정합니다.

05 음정과 박자 수정하기

01 음의 길이를 수정할 때는 [←]/[→] 키를 이용하여 커서를 가져다 놓고, 키보드 숫자 열의 키를 누릅니다. 예를 들어 앞의 실습에서 입력한 첫 마디를 16분 음표로 바꾸겠다면 [←]/[→] 키를 이용하여 첫 박자에 커서를 가져다 놓고, 키보드 숫자열의 [3] 키를 누르는 것입니다.

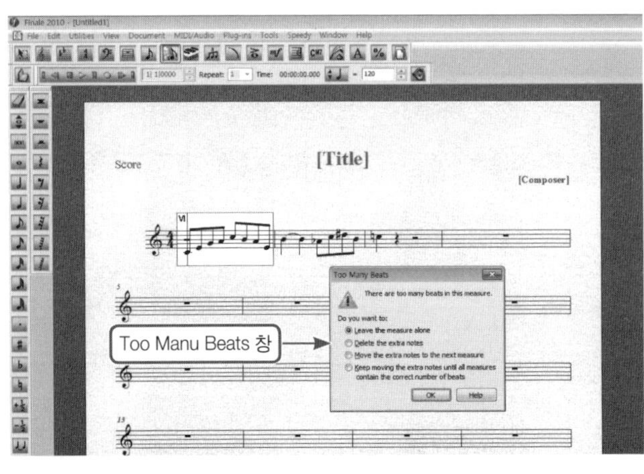

02 음표의 길이를 수정하다 보면, 길이가 마디를 넘는 경우가 있을 수 있습니다. 이때는 경고음과 함께 마디를 넘는 박자를 어떻게 처리할 것인지를 묻는 창이 열립니다. 앞의 실습에서 입력한 첫 마디를 스윙 리듬으로 바꾸기 위해서 키보드 숫자열의 [.] 키를 누르면, 박자가 넘어가므로, Too Many Beats 창이 열립니다.

03 Leave the measure alone 옵션이 선택되어 있는 상태에서 OK 버튼을 클릭하여 그냥 입력을 합니다. 그리고 뒷 박자에 커서를 가져다 놓고, 3 키를 눌러 수정합니다. 한 마디를 바꾸려면 4번을 반복해야 하기 때문에 다소 불편할 수 있습니다. 그러므로 길이를 조정할 것이 많다면, Delete 키로 음표를 삭제하여 공간을 확보한 다음에 새로 입력하는 것이 좋습니다.

04 음정을 조정할 때는 ←/→ 키를 눌러 커서를 위치시키고, 미디 건반에서 수정할 음정을 누릅니다. 그리고 키보드의 Enter 키를 누릅니다.

05 스피디 툴에서 음정을 조정할 때는 마우스가 편리할 수 있습니다. 음표의 머리를 위/아래로 드래그하기만 하면 됩니다. ← /→ 키로 드래그하여 음표의 간격을 조정할 수도 있습니다. Shift 키를 누른 상태에서 드래그하면 음정만 조정됩니다.

마디를 넘는 박자가 입력되었을 때의 처리 방법을 묻는 Too Many Beats 창의 옵션은 다음과 같습니다.

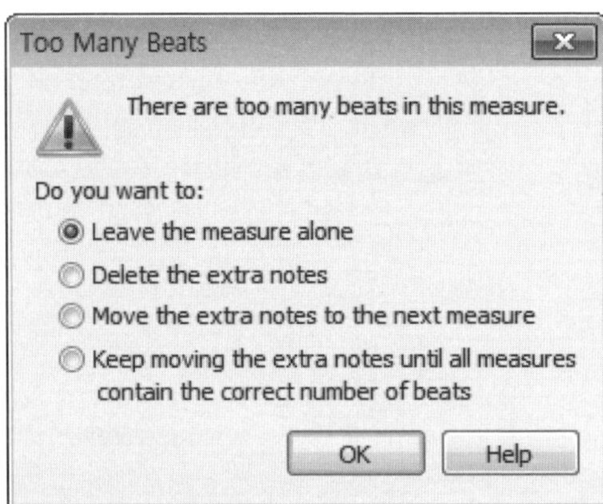

- Leave the measure alone
  넘치는 박자를 그대로 입력합니다.

- Delete the extra notes
  넘치는 박자만큼을 삭제합니다.

- Move the extra notes to the next measure
  넘치는 박자를 다음 마디로 이동시킵니다. 다음 마디에 음표가 채워져 있는 상태라면 계속해서 처리 여부는 묻게 됩니다.

- Keep moving the extra notes until all measures contain the current number of beats
  넘치는 박자를 다음 마디로 이동시킵니다. 다음 마디에 있는 음표들도 그 만큼 이동시킵니다.

06 멀티 쉼표 입력하기

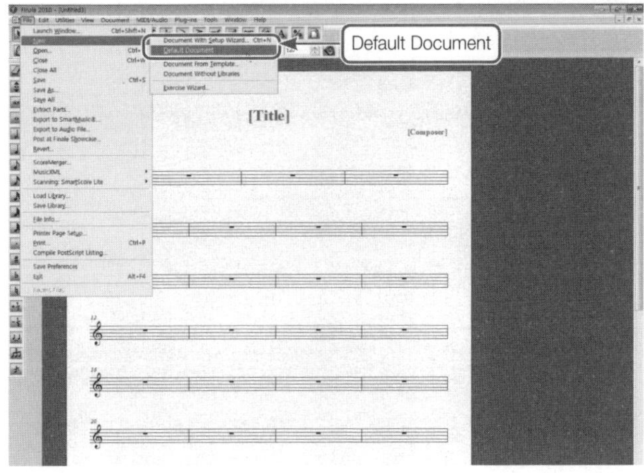

01 두 마디 이상을 쉬는 멀티 쉼표 입력 방법을 살펴보겠습니다. File 메뉴의 New에서 Default Document를 선택하여 새로운 보표를 만듭니다.

02 도구 모음 줄에서 화살표 모양의 실렉션 툴(Selection Tool)을 선택하고, 첫 마디를 선택합니다. 그리고 Shift 키를 누른 상태에서 셋째 마디를 클릭합니다. 1~3마디를 모두 선택하는 방법입니다.

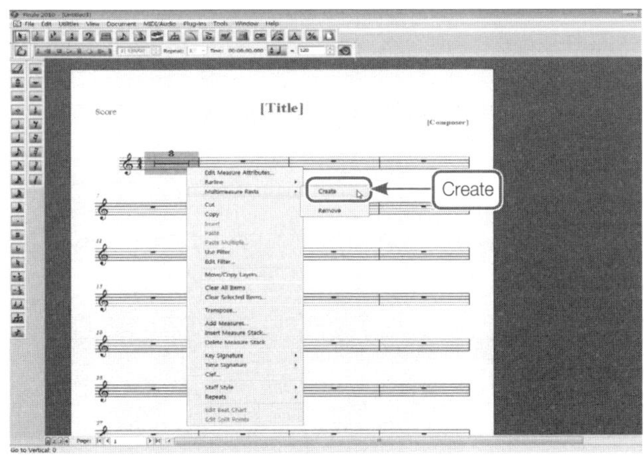

03 선택한 곳에서 마우스 오른쪽 버튼을 클릭하여 단축 메뉴를 열고, Multimeasure Rests의 Create를 선택합니다. 선택한 3마디가 멀티 쉼표로 만들어집니다. 단축 메뉴의 Edit는 위치를 조정할 수 있는 편집 창을 열며, Remove는 멀티 쉼표를 삭제합니다.

07 화음의 입력과 편집

01 미디 건반을 이용해서 화음을 입력하는 방법은 단음을 입력하는 것과 같습니다. 건반에서 화음을 누르고, 키보드 숫자 열에서 음 길이를 결정합니다.

02 단음으로 입력한 음표를 화음으로 바꿀 때는 ←/→ 키를 이용해서 커서를 이동시키고, 미디 건반에서 화음을 누릅니다. 그리고 키보드의 Enter 키를 눌러 바꿀 수 있습니다.

03 키보드를 이용해서 화음을 만들 때는 단음을 입력하고, ←/→ 키를 눌러 커서를 가져다 놓습니다. 그리고 ↑/↓ 키를 이용하여 추가할 음정을 선택한 다음에 Enter 키를 누릅니다. 3화음을 만들기 위해서는 음정 선택과 Enter 키를 한 번 더 반복 합니다.

04 키보드를 이용해서 화음을 만들 때는 마우스를 이용하는 것이 편리할 수 있습니다. 화음을 추가할 음에서 마우스를 더블 클릭하기만 하면 됩니다. 이때 더블 클릭한 위치의 음정이 추가된다는 것에만 주의합니다.

05 화음의 구성 음은 마우스 드래그로 수정할 수 있으며, Backspace 키로 선택한 음을 삭제할 수 있습니다. Delete 키를 누르면 화음 전체가 삭제됩니다.

08 성부 입력하기

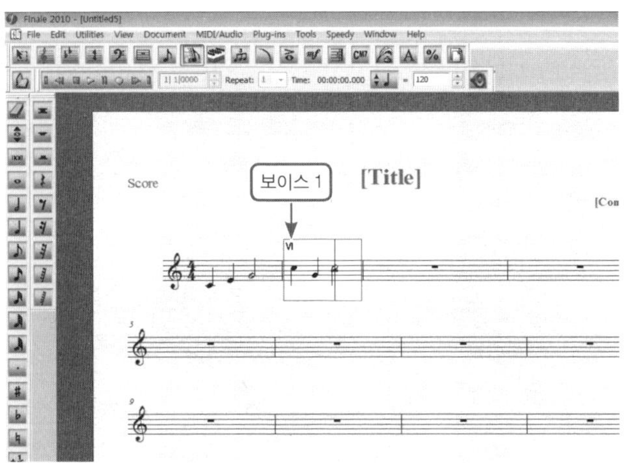

01 피날레는 4개의 레이어를 제공하고 있으며, 각 레이어마다 2 개의 보이스를 제공합니다. 즉, 8개의 성부를 자유롭게 입력할 수 있다는 의미입니다. 스피디 툴을 이용해서 음표를 입력할 때는 기본적으로 보이스 1(V1)에 입력됩니다.

02 ─/─ 키를 눌러 보이스 2를 입력할 위치에 커서를 가져다 놓습니다. 그리고 키보드 Enter 키 왼쪽에 있는 · 키를 누릅니다. 프레임에 표시된 V1이 V2로 변경되는 것을 확인할 수 있습니다.

03 V2 상태에서 입력되는 것은 보이스 2에 입력되는 것으로 개별적인 편집이 가능합니다. ㄴ 키를 눌러 빔의 방향을 바꿔가면서 예제 악보를 만들어 봅니다.

09 잇단음표 입력하기

01 스피디 툴에서의 잇단음표 입력 방법을 살펴보겠습니다. Ctrl 키를 누른 상태에서 입력할 잇단음표의 수에 해당하는 키를 누릅니다. 프레임 오른쪽 상단에 사용자가 누른 숫자가 표시됩니다.

02 그리고 음표를 입력하면 사용자가 설정한 잇단음표로 입력되는 것을 확인할 수 있습니다. 간단한 방법이므로, 다양한 잇단음표를 입력해보면서 익숙해지기 바랍니다.

10 미디 건반으로 음 길이 선택하기

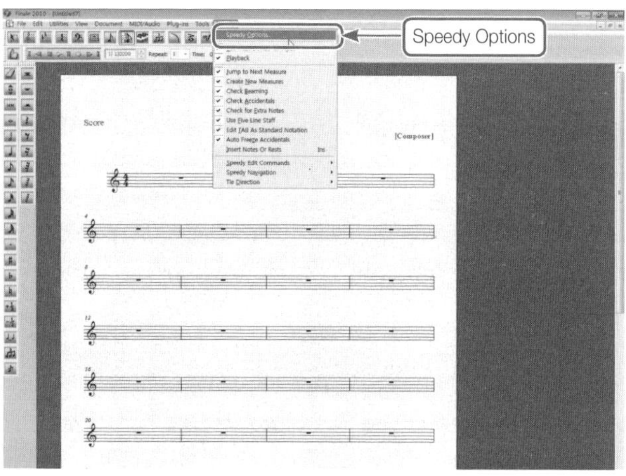

01 미디 건반을 이용해서 음표를 입력할 때, 음의 길이를 미디 건반으로 선택하면 좋겠다는 생각을 했을지도 모릅니다. 가능합니다. Speedy 메뉴에서 Speedy Options을 선택합니다.

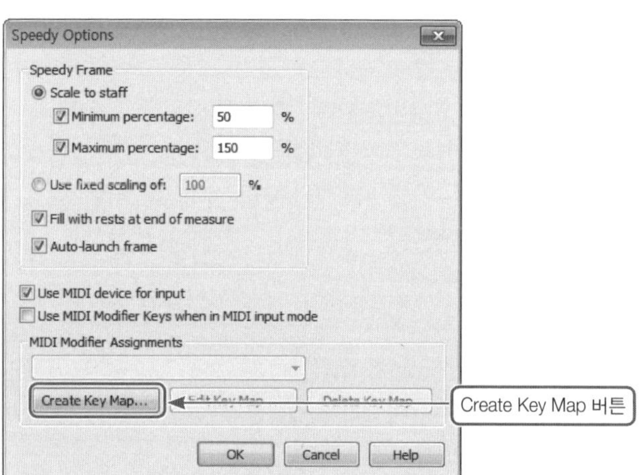

Create Key Map 버튼

02 스피디 툴을 이용할 때의 옵션을 설정할 수 있는 창이 열립니다. 새로운 맵을 만들기 위한 Create Key Map 버튼을 클릭합니다.

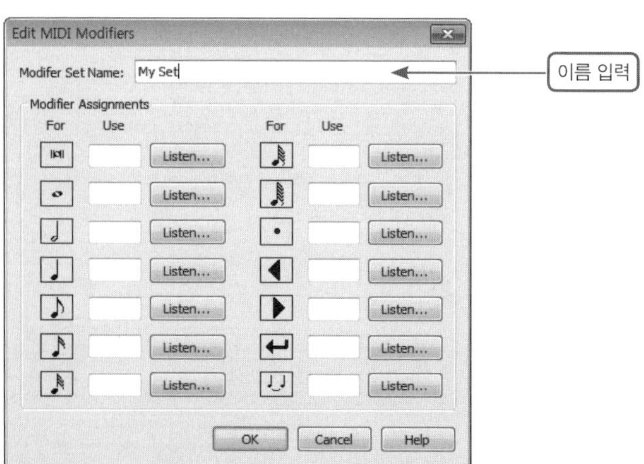

이름 입력

03 미디 건반에 음표를 할당할 수 있는 Edit MIDI Modifiers 창이 열립니다. Modifer Set Name에 구분하기 쉬운 이름을 입력합니다.

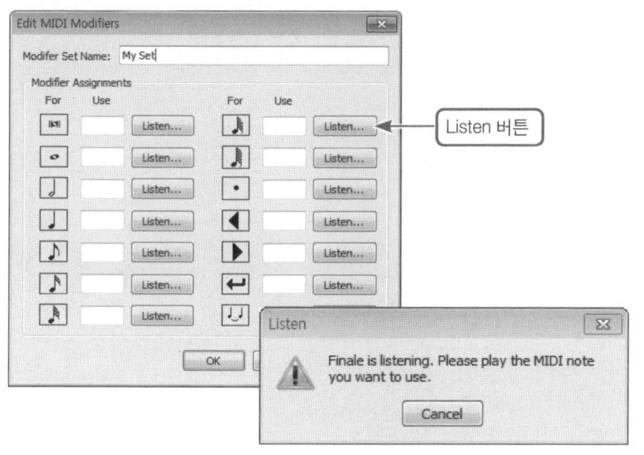

04 건반을 할당할 음표의 Listen 버튼을 클릭합니다. 미디 신호를 기다리는 창이 열립니다. 이때 건반에서 가장 아래쪽의 한 옥타브 중에서 원하는 음정을 누릅니다. 자주 연주하지 않는 건반을 할당하는 것입니다.

05 앞의 과정을 반복하여 각각의 음 길이는 물론이고, 좌/우 이동 키, 붙임줄 등의 기호에도 건반을 할당합니다. 기억하기 좋게 음 길이는 C1~B1까지의 흰 건반에 할당하고, 기호는 C#1~A#1까지의 검은 건반에 할당하는 것도 요령입니다.

06 OK 버튼을 클릭하여 창을 닫고, 사용자가 만든 Key Map을 사용하기 위한 Use MIDI Modifier Keys when in MIDI input mode 옵션을 체크합니다. 그러면 미디 건반을 이용해서 음의 길이를 선택할 수 있게 되는 것입니다. Key Map을 변경하고 싶은 때는 Edit Key map 버튼을 이용하고, 삭제하고 싶은 경우에는 Delete Key map 버튼을 이용합니다.

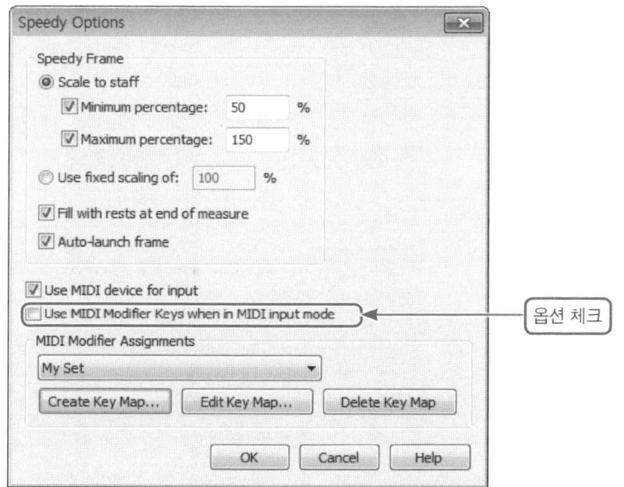

Finale Tip Speedy 메뉴의 역할

스피디 툴을 선택했을 때 보이는 Speedy 메뉴의 역할을 정리하겠습니다. 미디 건반으로 음표를 입력하는 옵션과 같이 유용한 기능들이 많습니다.

● Speedy Options : 스피디 툴을 이용할 때의 옵션을 설정할 수 있는 창을 엽니다.

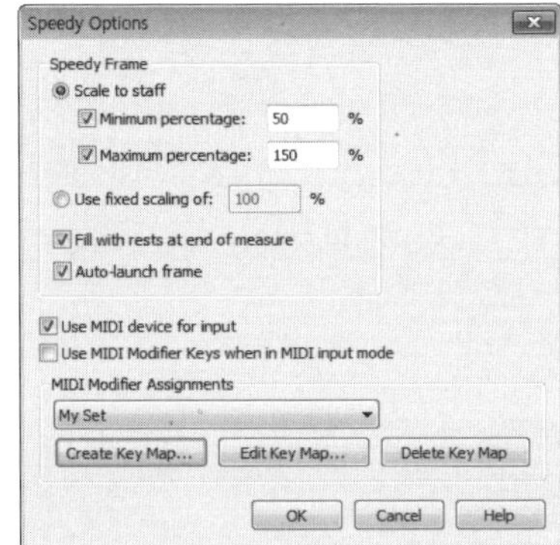

▶ Speedy Frame : 음표가 입력되는 마디를 표시하는 사각 프레임에 관한 설정 항목입니다.

▶ Scale to staff: 사각 프레임이 있는 마디의 크기를 보표 크기에 따라 Minimum percentage(최소), (Maximum percentage(최대)) 범위로 설정합니다. 보표의 크기는 Ctrl키를 누른 상태에서 + 키를 눌러 확대하거나 - 키를 눌러 축소할 수 있습니다. 보표 크기에 상관없이 프레임 크기를 고정할 때는 Use fixed scaling of 옵션을 선택하고, 값을 입력합니다.

▶ Fill with rests at end of measure : 마디에 음표를 채우지 않고 이동할 때, 나머지 공간을 쉼표로 채웁니다.

▶ Auto-launch frame : 스피디 툴을 선택할 때 프레임이 표시되게 합니다. 프레임은 숫자열의 0번 키를 이용해서 선택하거나 해제할 수 있습니다. 물론, 마우스로 마디를 선택해도 됩니다.

▶ Use MIDI Device for Input : 미디 건반의 사용 유무를 선택하는 Speedy 메뉴의 Use MIDI Device for Input와 연동되어 있는 옵션입니다. 결국, 이 기능을 이용하기 위해서 옵션 창을 열 필요는 없습니다.

▶ Use MIDI Modifier Keys when in MIDI input mode : 미디 건반으로 음의 길이를 선택할 수 있게 합니다. 단, Key Map을 미리 설정해둬야 하는데, 이것에 관해서는 앞에서 살펴보았습니다.

● Use MIDI Device for Input : 미디 건반의 사용 여부를 선택하는 On/Off 메뉴입니다. 체크 표시가 되어 있으면, 미디 건반을 이용해서 음표를 입력할 수 있고, 해제되어 있으면, 컴퓨터 키보드를 이용해서 입력합니다.

● Playback : 음표를 편집할 때, 사운드를 모니터 할 것인지의 유무를 선택합니다.

● Jump to Next Measure : 마디에 박자를 채우면, 자동으로 다음 마디로 프레임이 이동되게 합니다.

● Create New Measures : 마지막 마디에 음표를 채우면 자동으로 새로운 마디를 추가합니다.

● Check Beaming : 음표의 빔을 자동으로 연결합니다. 특별한 경우에 음표를 독립시킬 때는 키보드 숫자열의 /키를 이용하면 되기 때문에 굳이 체크 표시를 해제할 이유는 없습니다.

● Check Accidentals : 동일한 음정에 임시표가 붙은 경우에는 반복해서 임시표를 표시하지 않게 합니다. 당연한 얘기이므로, 체크 표시를 해제할 이유는 없습니다.

● Check for Extra Notes : 마디를 넘는 음표가 입력되었을 때의 처리 방법을 묻는 Too Many beats 창을 엽니다.

▶ Leave the measure alone: 경고를 무시하고 박자를 그대로 입력합니다. 가장 많이 사용하는 옵션입니다.

▶ Delete the extra notes: 넘치는 박자를 삭제합니다.

▶ Move the extra notes to the next measure: 넘치는 박자를 다음 마디로 이동시킵니다.

▶ Keep moving the extra notes until all measures contain the current number of beats: 넘치는 박자를 다음 마디로 이동시킵니다. 단, 다음 마디의 음표도 그 만큼 이동시킵니다.

● Use five Line staff : 타악기 입력을 위해 라인이 하나뿐인 보표를 준비한 경우라도 프레임이 있는 마디는 오선으로 표시되게 합니다.

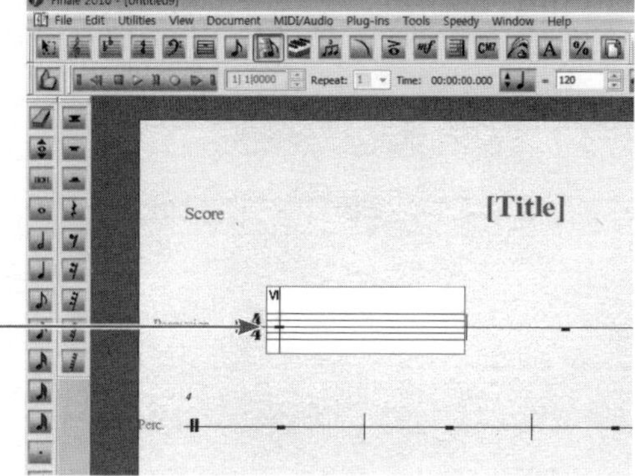

● Edit TAB As standard Notation : Guitar나 Bass 파트의 타브 악보를 준비한 경우에도 프레임이 있는 마디는 오선으로 표시게 합니다.

● Auto freeze Accidentals : 임시표는 숫자열의 * 키를 눌러 감출 수 있는데, 이 경우에 프레임 오른쪽 하단에 * 표시를 하게합니다. 제자리 표를 붙일 때, P 키 대신에 * 키를 이용해도 좋습니다.

● Insert Notes Or Rests : Insert 키를 눌러 On/Off하며, 음표를 삽입할 수 있게 합니다. On 상태에서는 커서의 세로선 위/아래에 작은 삼각형이 표시됩니다.

● Speedy Edit Commands : 음표를 추가하거나 삭제하는 등의 명령을 실행할 수 있는 서브 메뉴를 가지고 있습니다. 지금까지의 실습으로 모두 살펴본 것들입니다. 메뉴를 이용하기 보다는 단축키가 기억나지 않을 때, 확인하는 용도로 이용하는 것이 좋습니다.

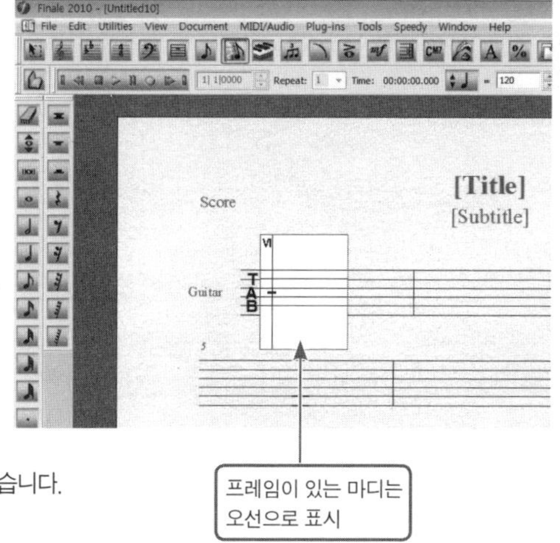

● Speedy navigation : 프레임을 이동시키는 명령의 서브 메뉴를 가지고 있습니다. 이것 역시 모두 살펴본 내용이며, 단축키가 기억나지 않을 때, 확인하는 용도로 이용합니다.

● Tie Direction : 붙임 줄의 방향을 조정하는 서브 메뉴를 가지고 있습니다. 방향을 바꾸는 Ctrl+F 키만 기억해도 좋습니다.

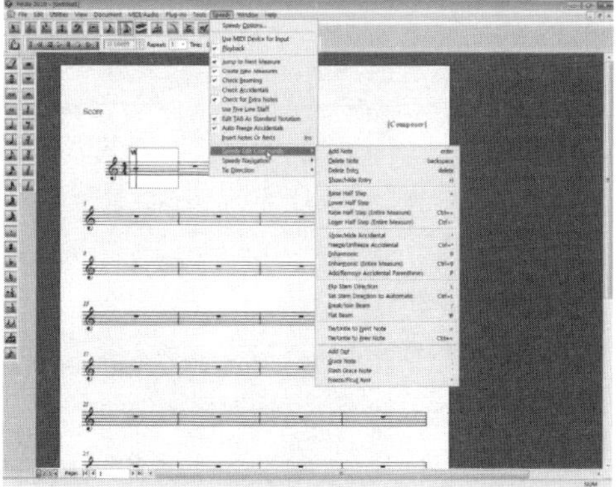

06

하이퍼 도구를 이용한 음표의 입력과 편집

하이퍼 툴(Hyper Entry Tool)은 미디 건반을 이용해서 음표를 실시간으로 입력할 수 있는 도구 입니다. 결국, 어느 정도의 건반 연주는 가능해야 한다는 조건이 필요합니다. 다만, 피날레는 서툰 연주를 보정할 수 있는 다양한 옵션을 제공하고 있으므로, 자신의 연주 실력이 조금 서툴다고 해서 하이퍼 툴에 대한 거부감을 가질 필요는 없습니다. 미디 건반을 가지고 있고, 어느 정도 연주가 가능한 독자라면 하이퍼 툴을 이용한 음표 입력 방법을 익혀두기 바랍니다.

01 메트로놈 설정하기

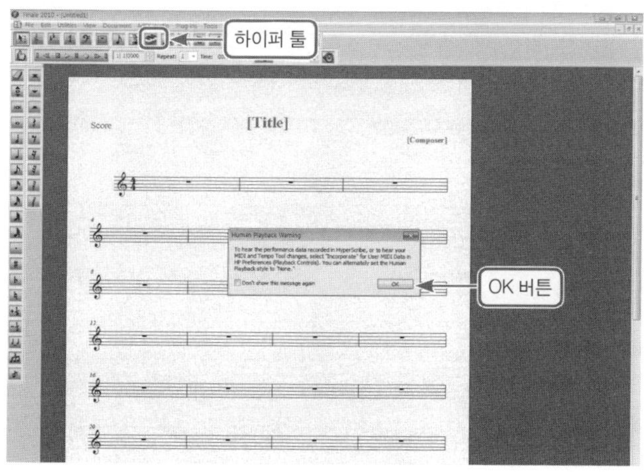

01 도구 모음 줄에서 하이퍼 툴(Hyper Scribe Tool)을 선택합니다. 연주를 정상적으로 듣고 싶다면, 휴머니즘 옵션을 None으로 설정하라는 내용의 안내문이 열립니다. 다음부터 이 창을 보고 싶지 않다면, Don't show this message again 옵션을 체크하고 OK 버튼을 클릭하여 닫습니다.

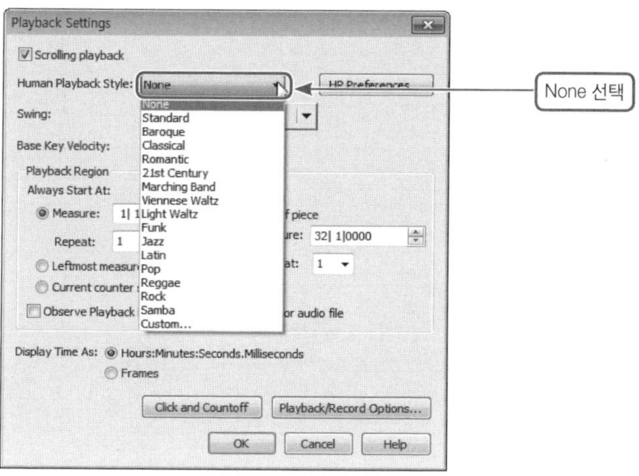

02 플레이 백 컨트롤 팔레트에서 스피커 모양을 하고 있는 Playback settings 버튼을 클릭하여 창을 엽니다. 앞의 안내에 따라 Human Playback Style을 None으로 선택하고, OK 버튼을 클릭하여 닫습니다.

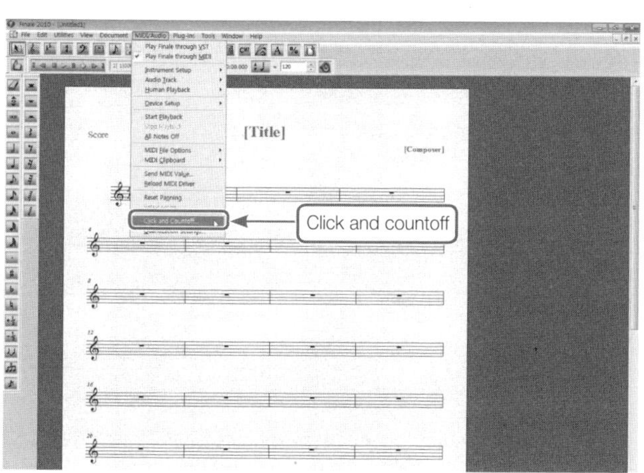

03 연주를 녹음하기 전에 템포 가이드로 이용할 메트로놈을 설정하겠습니다. MIDI/Audio 메뉴의 Click and Countoff를 선택하여 창을 엽니다.

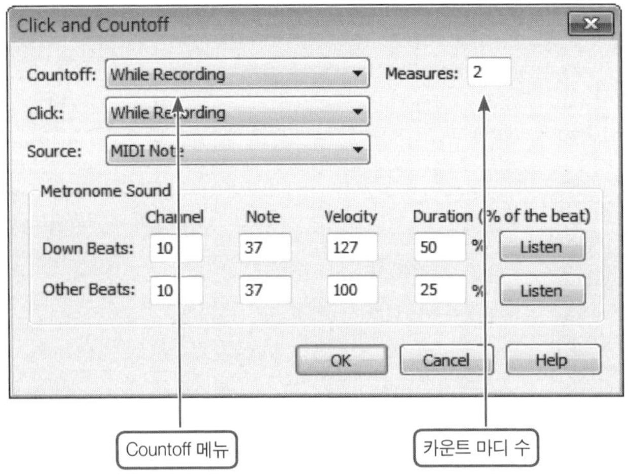

Countoff 메뉴   카운트 마디 수

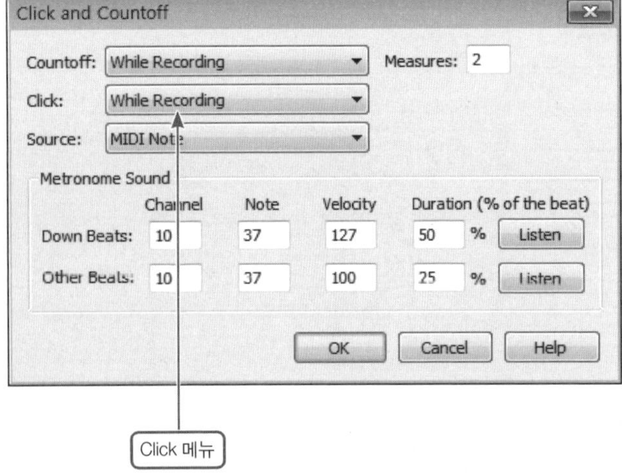

Click 메뉴

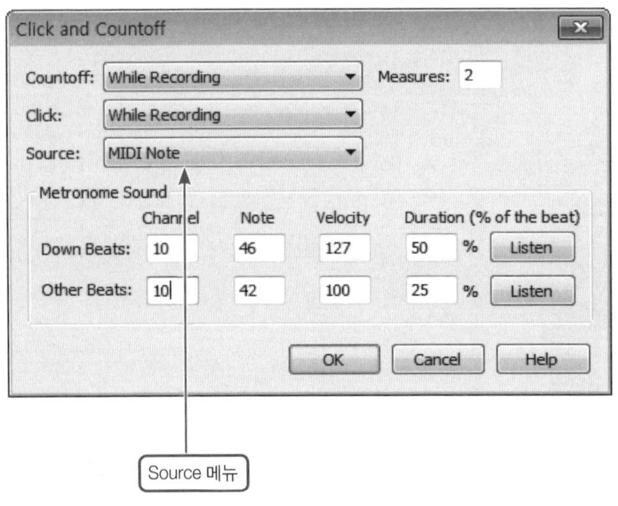

Source 메뉴

04 Countoff 항목에서 녹음을 시작할 때 카운트 기능을 사용할 것인지의 여부를 설정합니다. While Recording를 선택하고, Measures는 2로 설정합니다. 녹음을 할 때, 2 마디 길이의 카운트를 듣고, 시작하겠다는 의미입니다.

05 Click 항목에서 메트로놈을 언제 사용할 것인지를 설정합니다. 녹음을 할 때 메트로놈 소리는 꼭 필요하므로, 기본값으로 설정되어 있는 While recording을 바꾸지 않겠습니다.

06 Source 항목에서 카운트 및 메트로놈 소리로 이용할 소스를 선택합니다. 16진수의 미디 데이터 편집에 익숙한 사용자라면 MIDI Data를 선택해도 좋지만, 일반적으로 MIDI Note를 사용합니다.

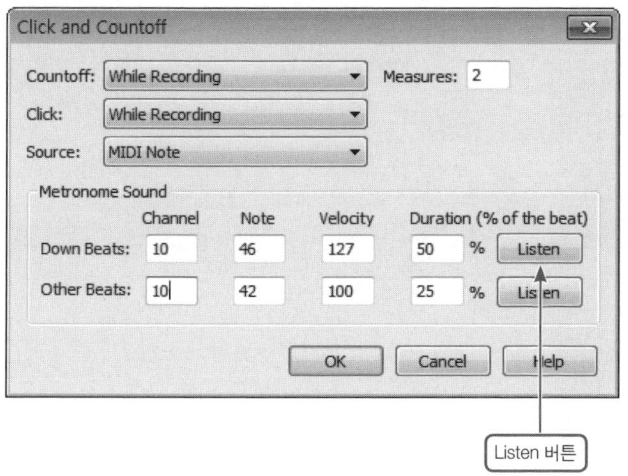

07 Metronome Sound에서 마디 첫 박의 Down Beats와 나머지 박의 Other Beats로 사용할 미디 노트를 선택합니다. 기본적으로 C#2(37)의 메트로놈 소리로 설정되어 있습니다. 다른 소리를 이용하겠다면 Listen 버튼을 클릭합니다.

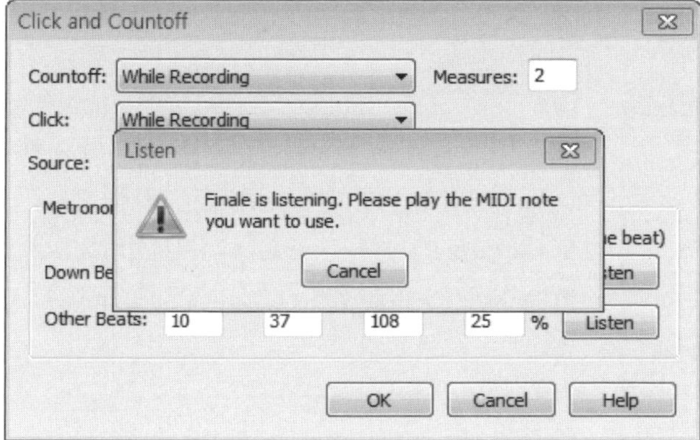

08 사용자 연주를 기다리는 창이 열립니다. Down Beats는 오픈 하이해트의 A#2노트를 누르고, Other Beats는 클로스 하이해트의 F#2를 눌러보겠습니다.

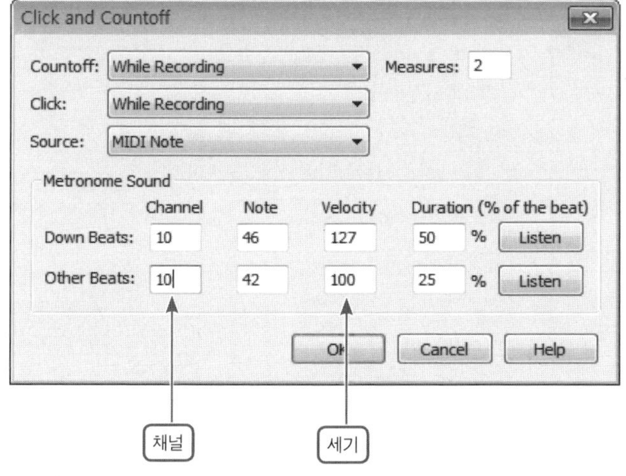

09 GM 모드의 드럼 채널은 10번이므로, Channel 항목을 10으로 바꾸고, Down Beats와 Other Beats의 강약을 결정하는 Velocity를 127과 100으로 설정합니다. 그리고 OK 버튼을 클릭하여 창을 닫습니다.

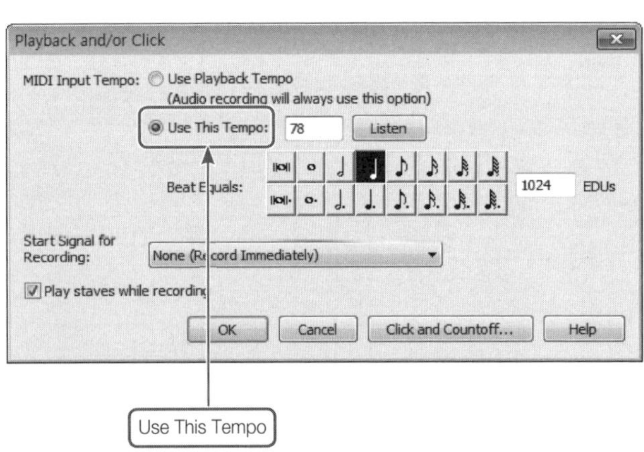

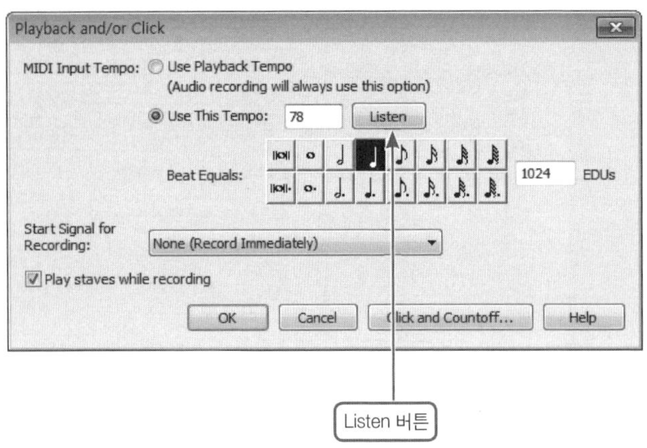

10 피날레는 연주 템포와 녹음 템포를 별도로 설정할 수 있습니다. 녹음을 할 때는 느리게 하는 것이 효과적이기 때문에 별도로 설정해놓는 것이 좋습니다. Hyperscribe 메뉴의 Beat Source에서 Playback and/or click를 선택합니다.

11 MIDI Input Tempo는 Use Playback Tempo로 선택되어 있습니다. 플레이백 컨트롤의 연주 템포를 이용하겠다는 의미입니다. Use This Tempo옵션을 선택합니다. 녹음 템포를 별도로 사용하겠다는 의미입니다.

12 아래쪽의 Beat equals은 메트로놈 사운드의 비트를 선택합니다. 일반적으로 한 박자를 사용하기 때문에 변경할 이유는 없습니다. Listen 버튼을 클릭해봅니다.

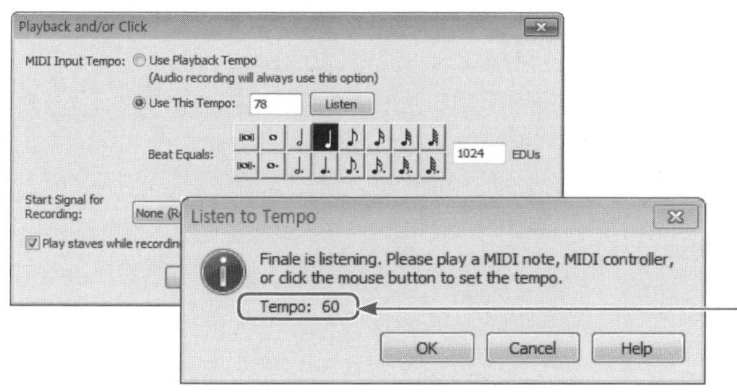

13 손뼉을 치듯이 건반을 두들겨가며 녹음하기 편한 템포를 찾습니다. 건반이 눌리는 간격을 자동으로 계산하여 템포가 측정됩니다. OK 버튼을 클릭하여 닫습니다.

14 Start Signal for Recording 옵션은 녹음을 어떻게 시작할 것인지를 선택합니다. 기본값 None 마디를 선택하면 바로 녹음이 시작되는 것입니다. 특정 건반을 눌렀을 때 시작되도록 하겠습니다. Other를 선택합니다.

가정교사

Any MIDI Data는 미디 건반을 눌렀을 때, Standard Sustain Pedal과 Nonstandard Sustain Pedal은 서스테인 페달을 밟았을 때, Current Metronome Sound은 탭 소스에서 설정한 이벤트를 전송했을 때 시작합니다.

15 탭 소스를 지정할 수 있는 MIDI Event 창이 열립니다. Listen 버튼을 클릭하면 미디 신호를 기다리는 창이 열립니다. 자주 사용하지 않는 미디 건반을 누르고, OK 버튼을 클릭하여 MIDI Event 창을 닫습니다. C1 노트를 눌렀다고 가정하겠습니다.

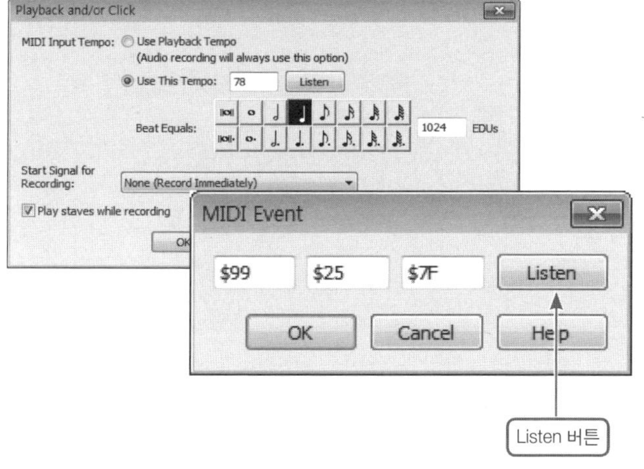

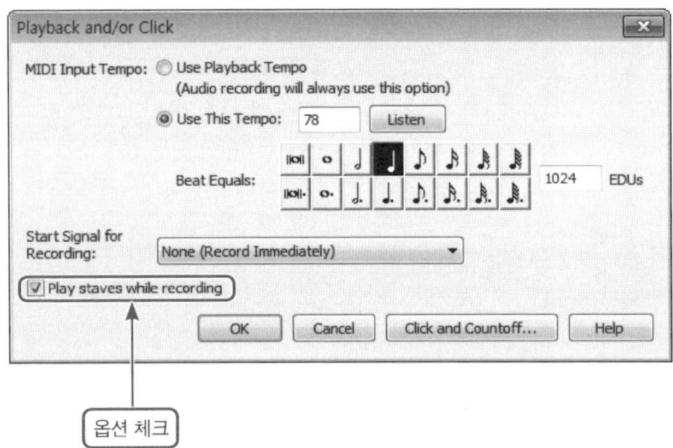

16 Play staves while recording 옵션은 녹음을 하면서 입력되어 있는 연주를 들을 수 있게 할 것인지의 여부를 결정합니다. OK 버튼을 클릭하여 Playback and/or click 창을 닫습니다.

02 퀀타이즈 설정하기

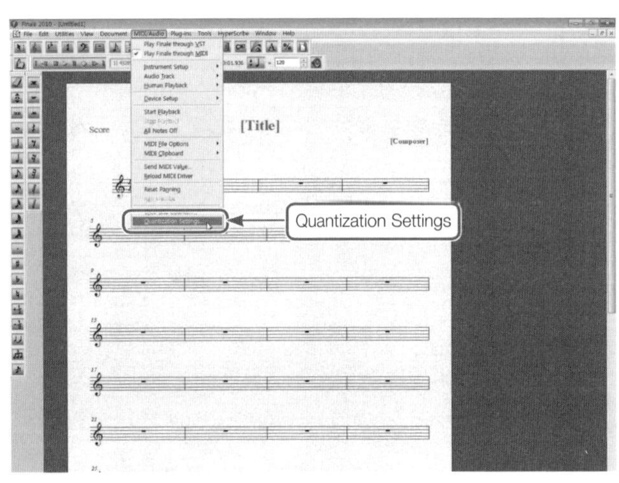

01 사용자 연주를 정확한 타임으로 교정하여 깨끗한 악보를 만드는 퀀타이즈 기능을 살펴보겠습니다. MIDI/Audio 메뉴의 Quantization Settings를 선택합니다.

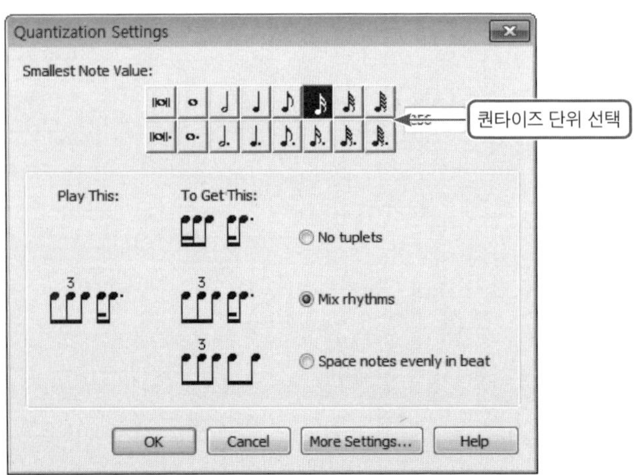

02 Smallest Note value에서 퀀타이즈 단위를 선택합니다. 일반적으로 자신이 연주할 곡에서 가장 짧은 음표에 해당하는 것을 선택하지만, 16비트 이하는 피하는 것이 좋습니다.

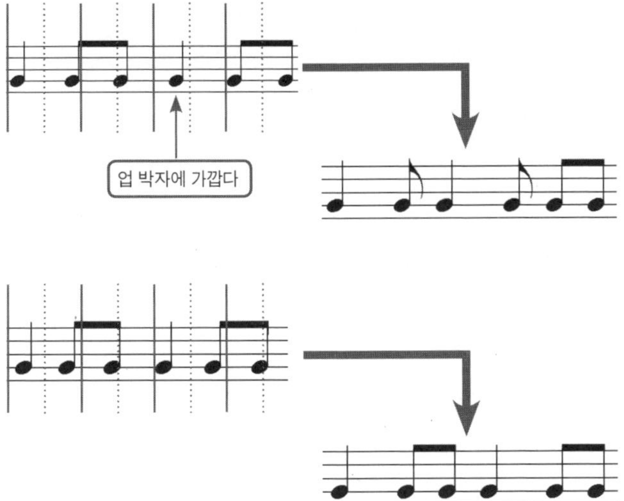

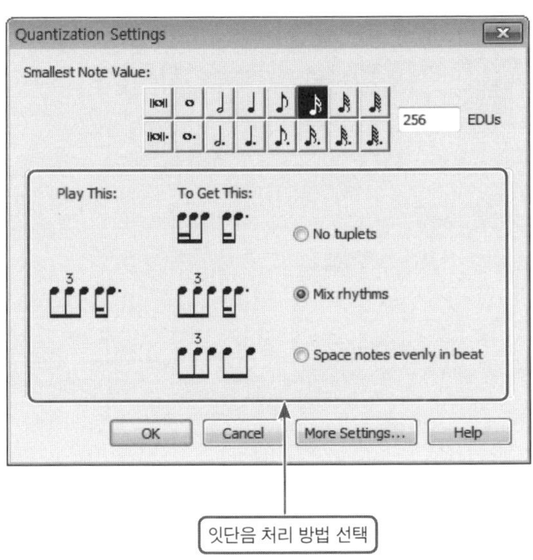

03 8분 음표를 선택했다고 가정하면, 눈에 는 보이지 않지만, 한 마디를 8분 음표 로 나누는 라인이 생성됩니다. 그리고 사용자가 연주하는 음표를 자석처럼 끌어다가 맞춥니다. 이때, 라인에서 가까운 음표를 끌어오기 때문에 연주가 서툰 경우에는 엉뚱한 악보가 될 수 있 습니다. 그래서 16비트 이하는 피하는 것입니다.

04 Play this는 잇단 음으로 연주되는 음 표를 어떻게 만들 것인지를 선택합니 다. No tuplets, Mix rhythmes, Space notes evenly in beat의 3가지 타입이 있으며, 그림으 로 쉽게 짐작할 수 있습니다. 필요한 설정을 마 치고 OK 버튼을 클릭하여 닫습니다.

Quantization Settings 창의 More Settings 버튼을 클릭하면, 좀 더 세부적인 설정이 가능한 창이 열리며, 각 옵션의 역할은 다음과 같습니다.

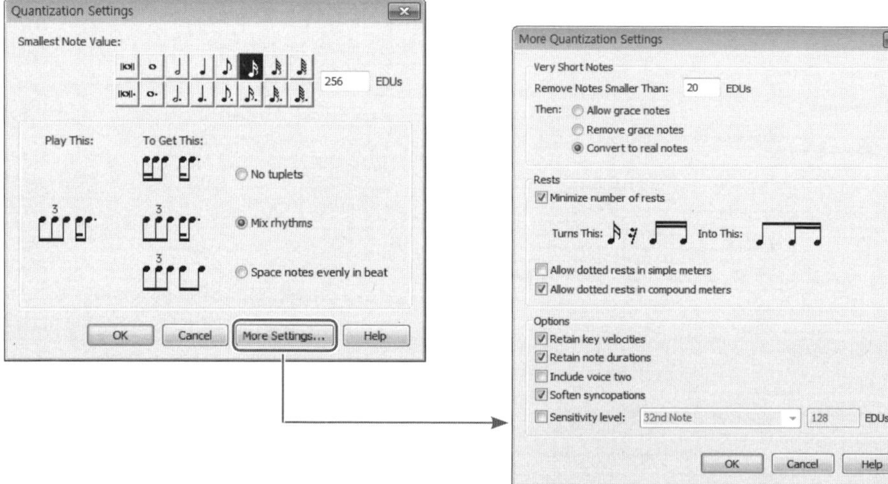

● Very Short Notes

   짧게 연주한 노트를 어떻게 처리할 것인지를 설정합니다.

▶ Remove Notes Smaller Than : 설정 대상이 되는 연주 길이를 입력합니다. 1박자는 1024입니다.

▶ Allow grace notes : 꾸밈음으로 표시합니다.

▶ Remove grace notes : 악보로 표시하지 않습니다.

▶ Convert to real notes : 실제 연주된 노트 길이를 악보로 표시합니다.

● Rests

   짧게 연주한 노트를 쉼표로 처리할 때의 옵션을 선택합니다.

▶ Minimize number of rests : 그림을 보면 알 수 있듯이 음표로 처리합니다.

▶ Allow dotted rests in simple meters : 점 쉼표까지 표시합니다.

▶ Allow dotted rests in compound meters : 더블 점 쉼표까지 표시합니다.

● Options

   미디 정보의 다양한 옵션을 선택합니다.

▶ Retain key velocities : 건반을 누르는 강약의 정보를 기록합니다.

▶ Retain note durations : 건반을 누르고 있는 길이 정보를 기록합니다.

▶ Include voice two : 화음은 Voice2로 분리하여 기록합니다.

▶ Soften syncopations : 싱코페이션을 분석하여 음표로 표시합니다.

▶ Sensitivity level : 음표로 기록할 최소 길이를 제한합니다.

03 음표 입력하기

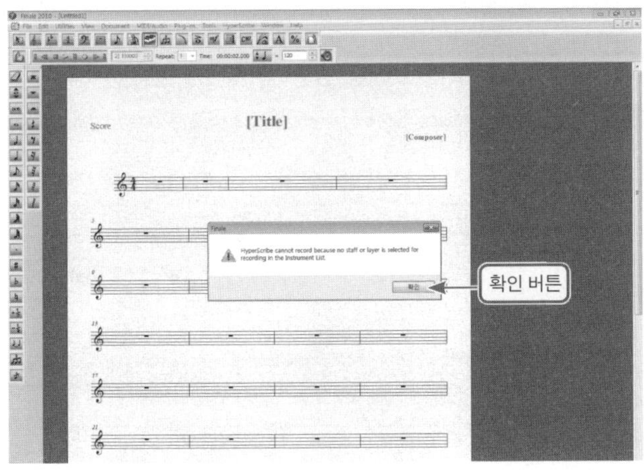

01 녹음 모드가 멀티 트랙으로 설정되어 있는 경우에는 보표를 선택할 때, 녹음할 보표를 체크해야 한다는 경고 창이 열립니다. 확인 버튼을 클릭하여 창을 닫습니다

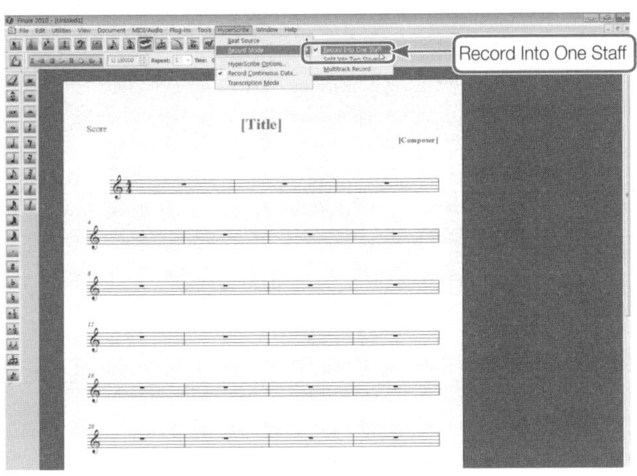

02 멀티 녹음에 관해서는 뒤에서 살펴보기로 하고, 여기서는 HyperScribe 메뉴의 Record Mode에서 Record Into One Staff를 선택하여 녹음 모드를 싱글로 바꾸겠습니다.

03 앞에서 카운트를 2마디로 설정하고, 시작 방식으로 C1 음정으로 설정했었습니다. 마디를 선택하고, 미디 건반의 C1을 누르면, 2마디의 카운트 소리가 들리고, 녹음이 시작됩니다.

04 연주가 가능하다면, 음표를 가장 빠르게 입력할 수 있다는 것을 알 수 있습니다. 수정하고 싶은 마디는 선택을 하고, 녹음을 다시 하면 됩니다.

Finale Tip 하이퍼 옵션

녹음을 할 때 적용할 수 있는 하이퍼 옵션을 살펴보겠습니다. 옵션 창은 Hyper Scribe 메뉴의 Hyper Scribe Options을 선택하여 열 수 있습니다.

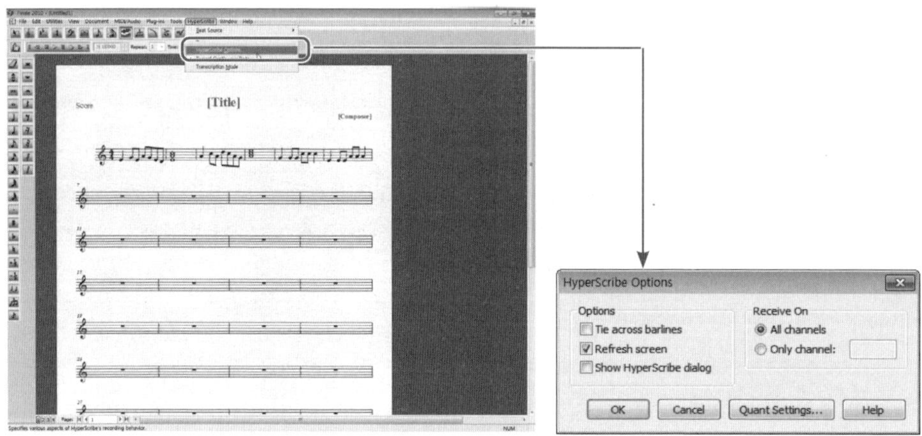

● Tie across barlines : 마디를 넘어가는 음표는 자동으로 붙임줄을 만듭니다.

● Refresh screen : 녹음하는 음표를 마디 단위로 화면에 표시합니다. 단, 컴퓨터 성능이 낮은 경우에는 녹음되는 음표가 조금씩 지연되는 현상이 발생할 수 있으므로, 옵션을 해제하는 것이 좋습니다. 옵션을 해제하면, 녹음이 끝난 후에 표시됩니다.

● Show HyperScribe dialog : 녹음을 할 때 미디 신호가 정상적으로 전송되고 있는지의 여부를 모니터 할 수 있는 HyperScribe 창을 엽니다.

● Receive On : 미디 신호를 전송 받을 채널을 선택합니다. 기본적으로 채널에 상관없이 입력 받을 수 있는 All Channels이 선택되어 있습니다. 특정 채널만 이용하겠다면 Only Channel을 선택하고, 채널 번호를 입력합니다.

04 탭 소스 이용하기

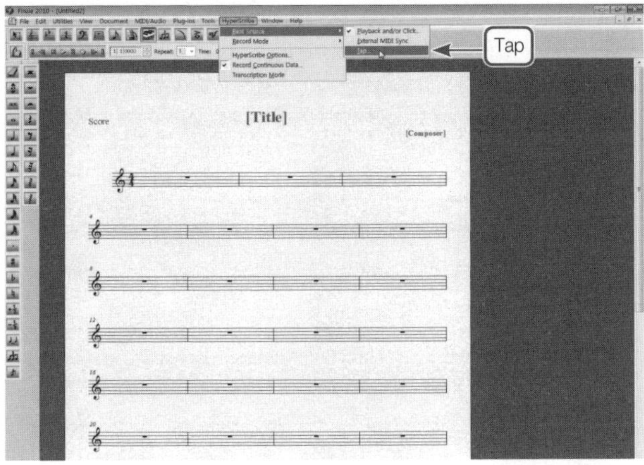

01 프리 템포의 곡을 녹음할 때나 연주가 서툰 사용자에게 유리한 탭 소스 이용 방법을 살펴보겠습니다. HyperScibe 메뉴의 Beat source에서 Tap을 선택합니다.

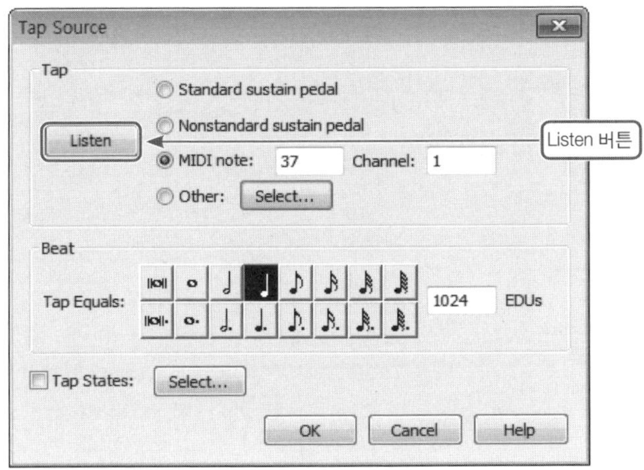

02 탭 소스는 사용자가 메트로놈을 컨트롤하면서 녹음할 수 있는 기능입니다. Tab에서 박자를 셀 때 이용할 미디 정보를 선택합니다. 일반적인 서스테인 페달를 의미하는 Standard sustain pedal, 야마하 제품과 같이 극성이 반대로 되어 있는 페달을 의미하는 Nonstandard sustain pedal를 비롯하여 건반 번호와 채널을 이용할 수 있는 MIDI note가 있습니다. Listen 버튼을 클릭합니다.

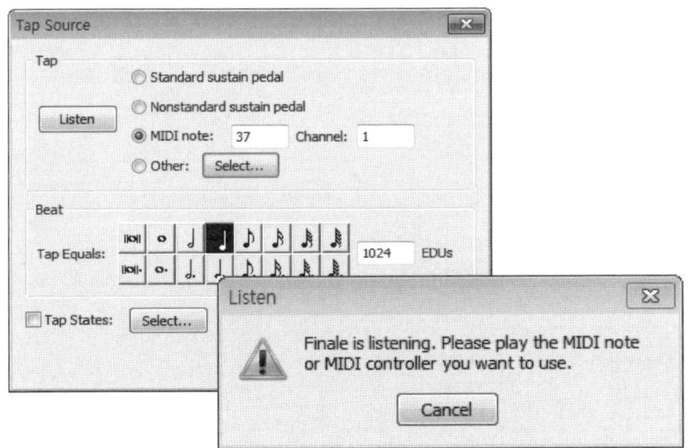

03 미디 신호를 기다리는 창이 열립니다. 서스테인 페달이든, 미디 건반이든 잘 사용하지 않는 것을 누릅니다. 실습에서는 C#1 건반을 누르겠습니다. 이것은 하나의 예제 일 뿐이므로, 사용자에게 편리한 건반을 선택합니다.

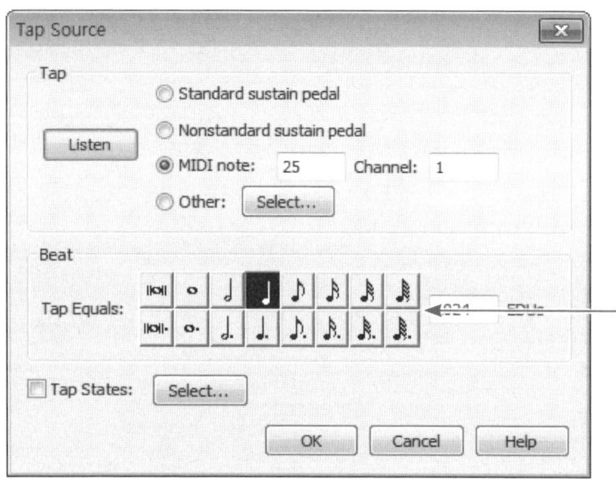

비트 선택

04 Beat 항목에서 메트로놈 비트로 사용할 박자를 선택합니다. 기본값으로 선택되어 있는 4분 음표를 그대로 이용하기로 하고, OK 버튼을 클릭하여 닫습니다.

05 마디를 선택하고, 왼손은 앞에서 설정한 C#1 노트로 박자를 세면서 오른손으로 멜로디를 연주하여 녹음합니다. 왼손의 C#1은 한 박자씩 녹음을 하면서 누르면 되기 때문에, 연주가 서툰 사용자도 완벽한 녹음이 가능합니다.

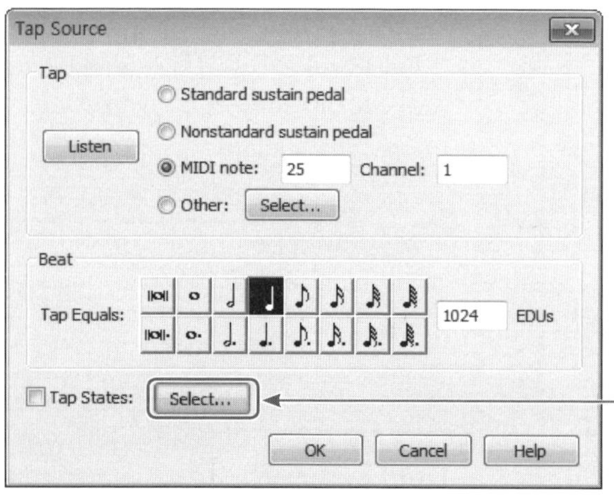

Select 버튼

06 탭 소스는 3가지의 비트를 설정하여 사용할 수 있습니다. HyperScibe 메뉴의 Beat Source에서 Tap을 선택하여 창을 열고, Tap States의 Select 버튼을 클릭합니다.

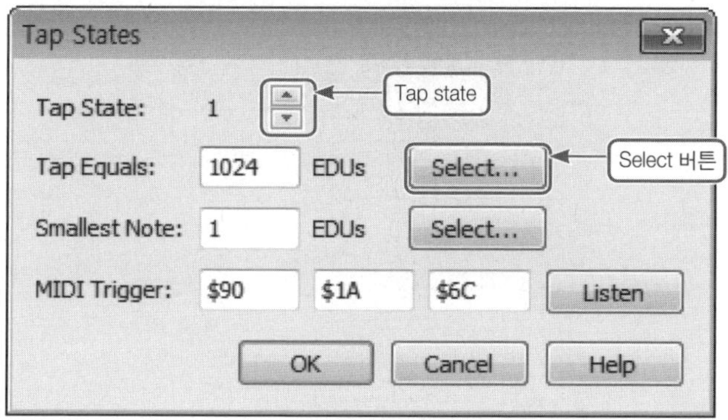

07 Tap State의 위/아래 삼각형을 눌러보면, 최대 값이 3이라는 것을 확인할 수 있습니다. 즉, 최대 3가지 설정만 가능합니다. 1번을 선택하고, Tap equals의 Select 버튼을 클릭합니다.

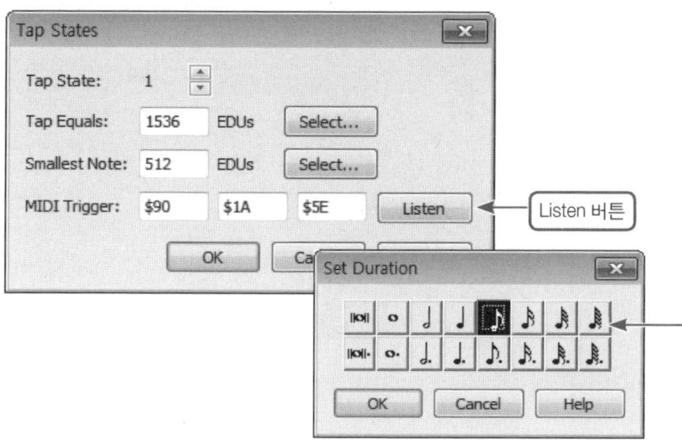

08 메트로놈 비트로 사용할 박자를 선택합니다. Smallest Note 에서는 박자를 인식하는 최소 값을 설정합니다. 8분 음표로 선택하겠습니다. 그리고 MIDI Trigger의 Listen 버튼을 클릭합니다

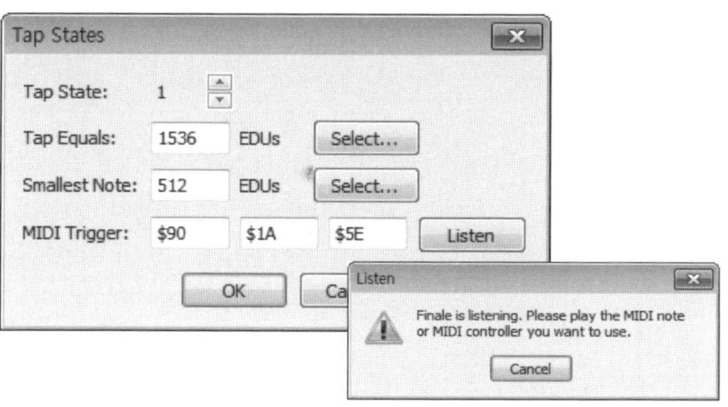

09 미디 신호를 기다리는 창이 열립니다. 실습에서는 D1 건반을 누르겠습니다. 즉, D1 건반을 눌러서 Tap states 1번을 동작시키는 것입니다.

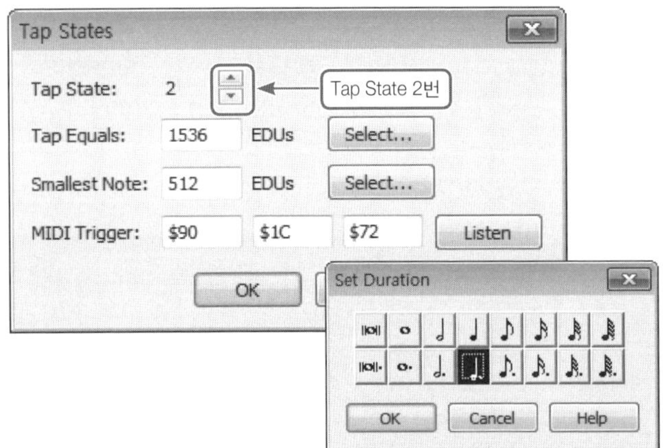

10 Tap State을 2번으로 변경하고, Tap Equals는 점 4분 음표, MIDI Trigger는 E1 노트로 설정합니다. 두 가지의 탭 소스를 설정하였습니다. OK 버튼을 클릭하여 창을 닫습니다.

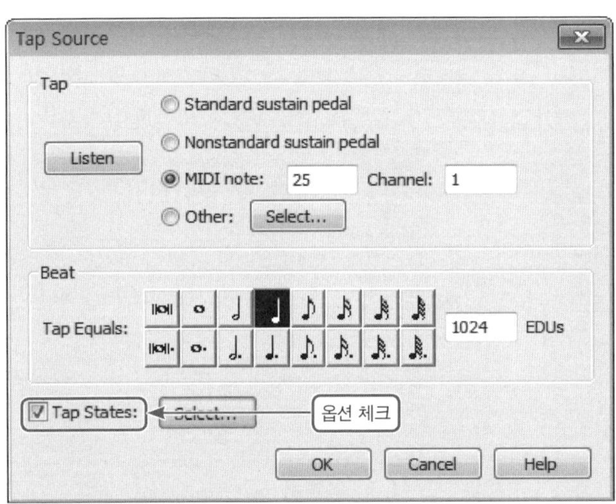

11 D1에는 4분 음표의 비트를 설정하였고, E1에는 점 4분 음표를 설정한 Tap states 를 이용하기 위해 옵션을 체크하고, OK 버튼을 클릭하여 창을 닫습니다.

12 마디를 선택하고, D1 건반을 누릅니다. 4분 음표의 비트를 이용하겠다는 의미입니다. C#1 건반을 눌러 녹음하다가 E1 건반을 눌러 점 4분 음표로 바꿉니다. 두 개의 비트가 혼합된 연주를 녹음하는 것입니다.

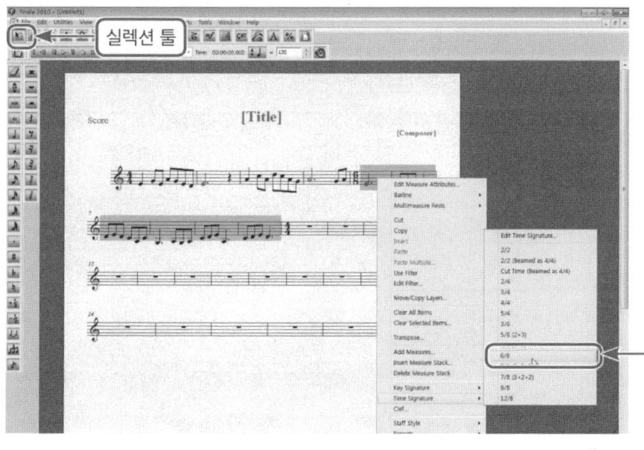

13 녹음이 끝나면 점 4분 음표 소스로 녹음한 범위를 실렉션 툴로 선택합니다. 그리고 선택 범위에서 마우스 오른쪽 버튼을 클릭하여 단축 메뉴를 열고, Time Signature의 6/8을 선택합니다. Tap States 기능을 이용하면, 최대 3가지의 리듬 변화가 가능한 녹음을 할 수 있는 것입니다.

05 다이내믹 기호 넣기

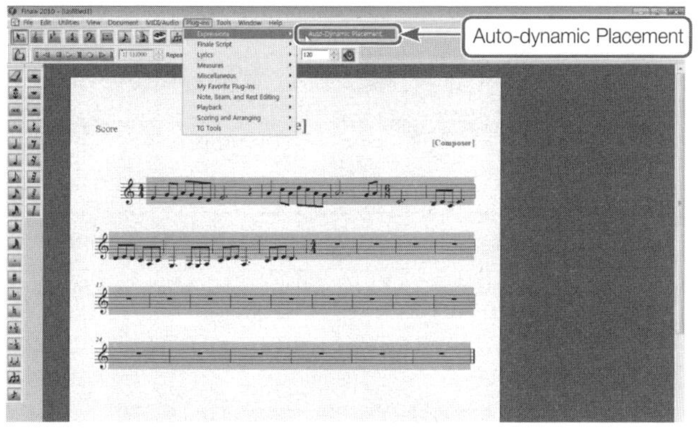

01 사용자 연주의 강약을 자동으로 검색하여 다이내믹 기호를 붙일 수 있습니다. 녹음이 끝나면 Ctrl+A 키를 눌러 모든 음표를 선택합니다. 그리고 Plug-ins 메뉴의 Expressions에서 Auto-dynamic Placement를 선택합니다.

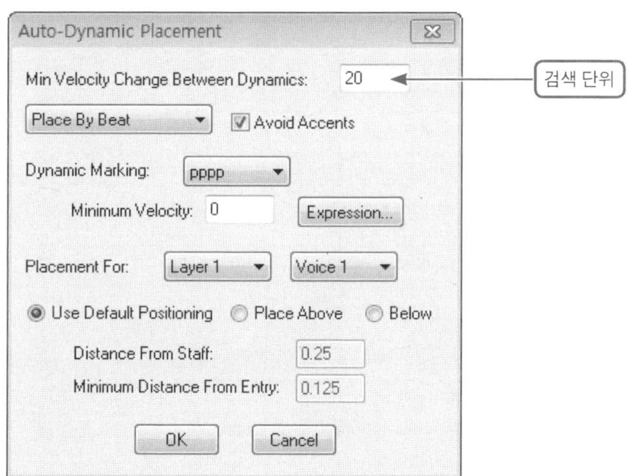

02 검색 옵션을 설정할 수 있는 창이 열립니다. Min Velocity change Between Dynamics은 사용자가 연주한 벨로시티의 검색 단계를 설정합니다. 기본값은 20 이상의 벨로시티 변화를 검색을 하는 것입니다.

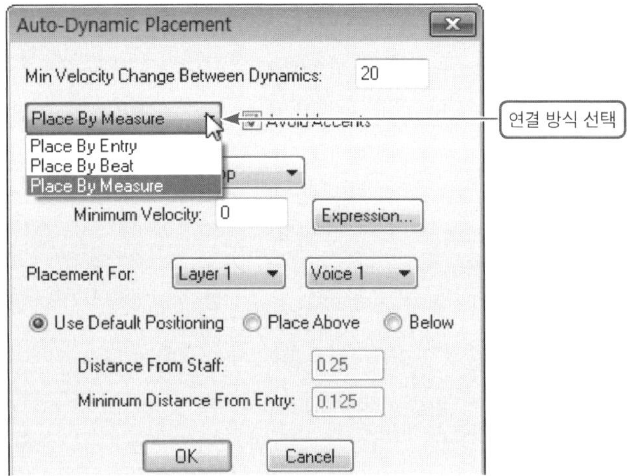

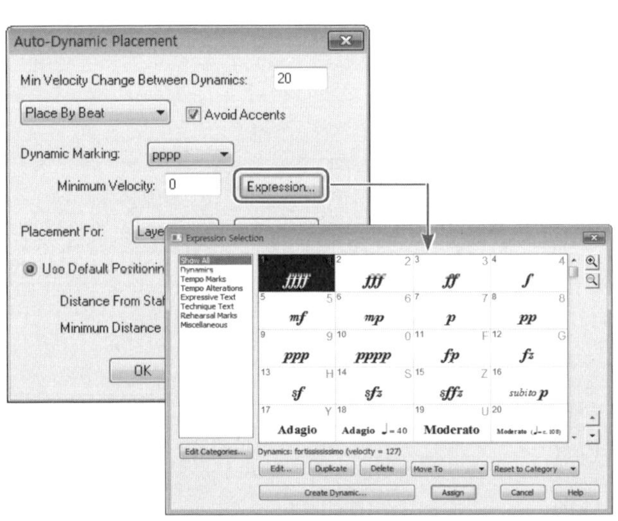

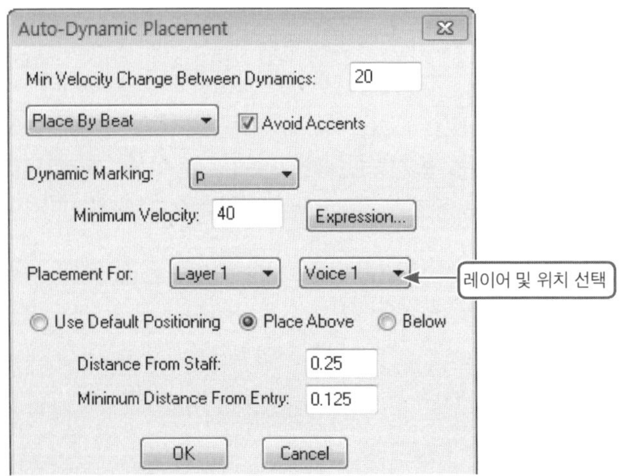

03 아래쪽의 메뉴는 다이내믹 기호를 연결할 개체를 Place by Beat(박자), Place by Entry(음표), Place by Measure(마디) 중에서 선택하는 것인데, 실습에서는 Place by Beat를 선택하여 박자로 연결하겠습니다. Avoid Accents는 액센트 기호를 사용하지 않는 것입니다.

04 Minimum Velocity는 Dynamic Marking에서 선택한 기호의 최소 값을 설정하며, Expression 버튼을 클릭하여 익스프레션 기호를 연결할 수 있습니다. Expression Selection 창을 열어보았다면 Cancel 버튼을 클릭하여 닫습니다.

05 Placement for는 기호를 붙일 레이어와 보이스를 선택하며, 기호가 붙은 위치는 Use Default Positioning(기본값), Place Above(위로), Below(아래로) 중에서 선택합니다. Above 및 Below를 선택한 경우라면, 거리를 인치 단위로 설정할 수 있는 Distance From Staff(보표), Minimum Distance from Entry(음표) 옵션을 이용할 수 있습니다.

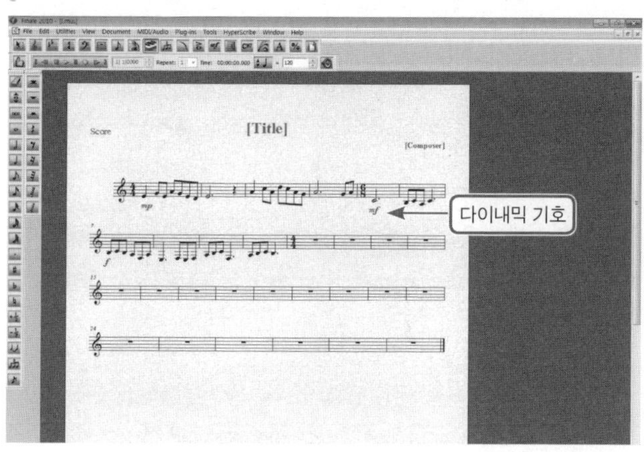

06 각 옵션의 역할을 살펴보았습니다. 실습에서는 Use Default Positioning이 선택되어 있는 기본값 그대로 OK 버튼을 클릭하고 녹음을 해보면, 벨로시티 변화가 20 이상인 위치에 다이내믹 기호가 붙는 것을 확인할 수 있습니다.

06 피아노 악보 만들기

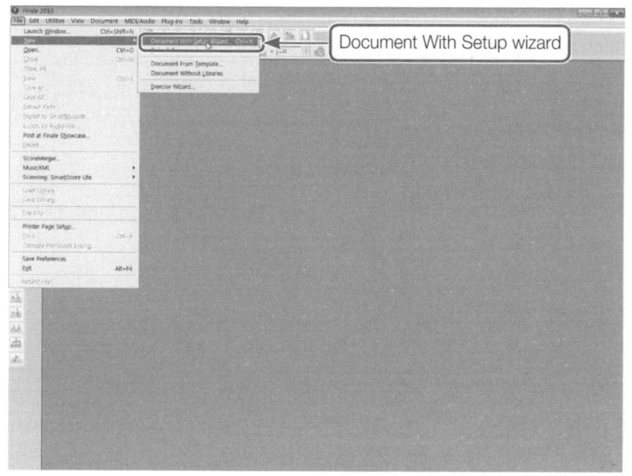

01 양손으로 연주할 때, 왼손과 오른손 연주를 자동으로 분리하여 배치하는 기능을 살펴보겠습니다. File 메뉴의 New에서 Document With Setup Wizard를 선택하거나 Ctrl + N 키를 누릅니다.

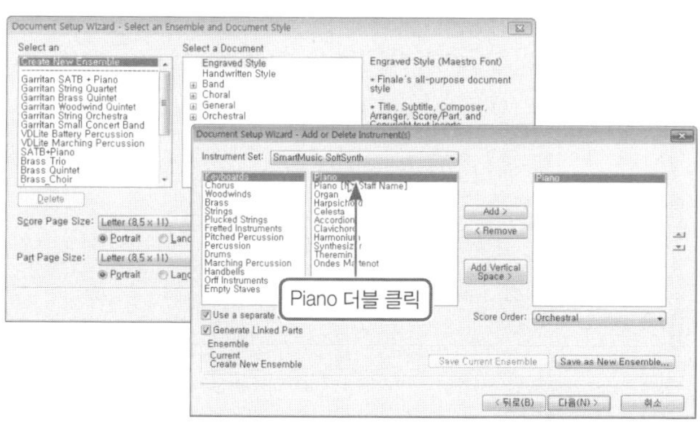

02 마법사 기능이 실행됩니다. Create New Ensemble이 선택되어 있는 상태에서 다음 버튼을 클릭하고, Keyboards의 Piano를 더블 클릭하여 피아노 보표를 만듭니다. 이것에 관해서는 이미 살펴보았으므로, 이후의 과정은 생략합니다.

03 어떤 음을 기준으로 분리할 것인지를 설정해야 합니다. HyperScribe 메뉴의 Record Mode에서 Split Into Two Staves를 선택합니다.

04 기본값은 가운데 도(C4)를 의미하는 60입니다. 왼손과 오른손을 분리할 경계 음이 C4가 아니라면, Listen 버튼을 클릭하여 창을 열고, 미디 건반에서 원하는 경계 음을 눌러 인식시킵니다. 실습에서는 C#4(61)로 설정하겠습니다.

05 녹음을 해보면, Split Into Two staves에서 설정한 C#4이상의 음들은 높은 음자리표에 기록이 되고, C#4 미만의 음들은 낮은 음자리표에 기록되는 것을 확인할 수 있습니다. 일시적으로 벗어나는 음들은 연주를 하지 않고, 입력 후에 추가하는 것이 요령입니다.

07 멀티 녹음

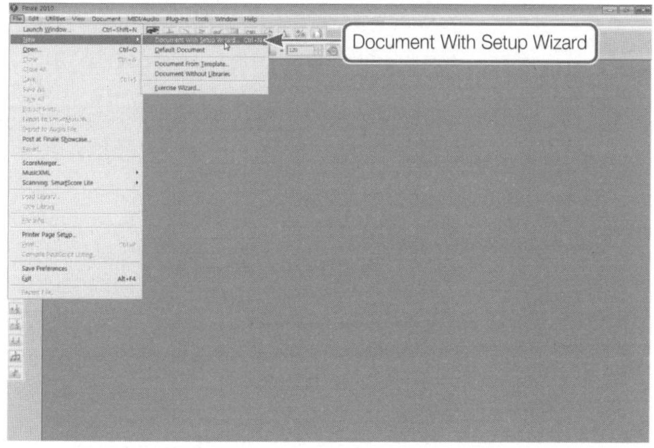

01 모든 파트가 유니즌으로 연주되는 경우라면 멀티 모드로 녹음하는 것도 요령입니다. File 메뉴의 New에서 Document With setup Wizard를 선택하거나 Ctrl + N 키를 눌러 마법사 기능을 실행합니다.

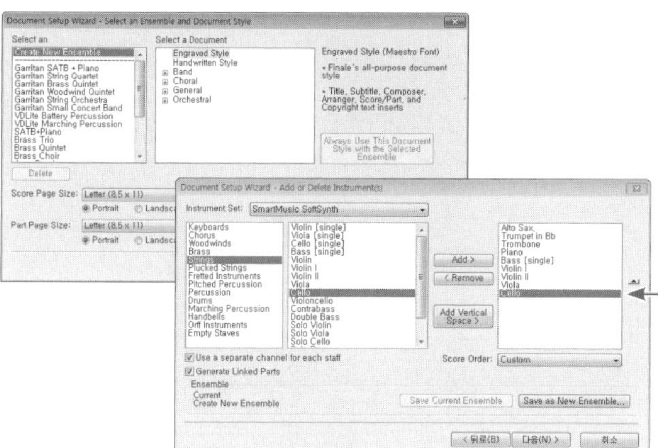

02 Create New Ensemble이 선택되어 있는 상태에서 다음 버튼을 클릭하고, Trumpet in Bb과 Alto Sax와 같은 이조 악기를 포함하여 다양한 파트를 추가합니다. 이후의 과정은 생략하겠습니다.

03 스트링 세션의 악기가 유니즌으로 연주된다고 가정하고, 동시에 입력하는 과정을 살펴보겠습니다. Hyperscribe 메뉴의 Record Mode에서 Multitrack record를 선택하여 멀티 모드로 변경합니다.

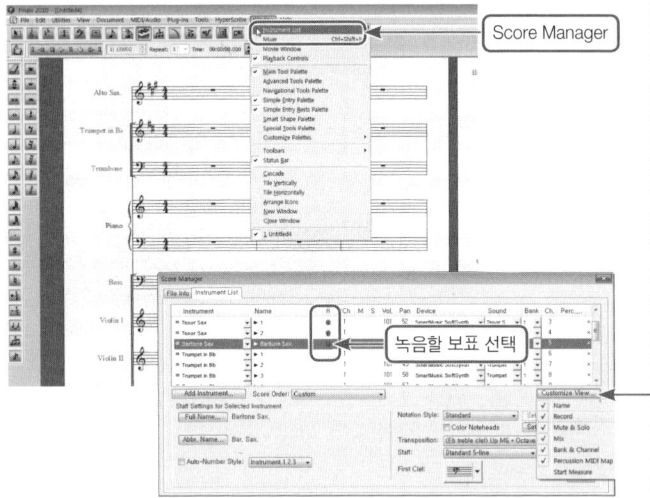

04 멀티 모드에서는 동시에 녹음할 파트를 미리 선택해줘야 합니다. Window 메뉴의 Score Manager를 선택하여 창을 열고, R 칼럼에서 동시에 녹음할 스트링 세션의 파트를 선택합니다. R 칼럼은 Customize View 버튼에서 Record가 선택되어 있어야 볼 수 있습니다.

05 Instrument List에서 선택한 4개의 스트링 파트에 녹음이 되는 것을 확인할 수 있습니다. 동시 녹음이 필요한 파트가 있다면, Instrument List 창을 열어 선택 사항을 바꿔가면서 진행합니다. 잘못된 마디를 수정할 때도 동시에 적용됩니다.

06 동시 녹음을 할 수 없는 나머지 파트는 HyperScribe 메뉴에서 Record Mode의 Record Into One Staff를 선택하여 개별적으로 녹음을 합니다. 이조 악기 파트는 자동으로 변조가 되기 때문에 악기에 대한 상식이 없어도 완벽한 풀 스코어 악보를 만들 수 있게 될 것입니다.

Finale Tip 영상 음악 작업

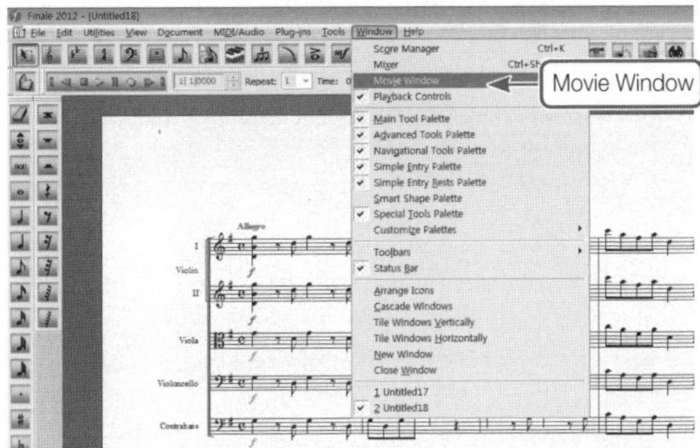

피날레 25는 영상과 악보를 동시에 컨트롤 할 수 있는 Movie Sync 기능이 추가되었습니다. 영상 재생을 위한 플레이어는 Window 메뉴의 Movie Window를 선택하여 엽니다.

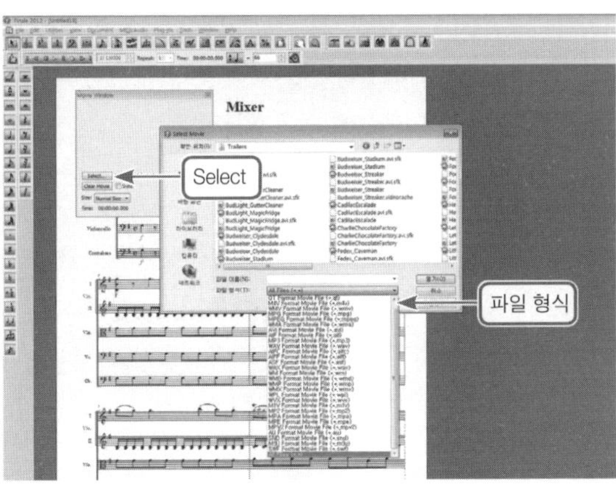

영상은 Movie Window의 Select 버튼을 클릭하여 불러옵니다. MOV 포맷 외에 것들은 파일 형식에서 All Files을 선택하여 불러올 수 있습니다. 피날레는 맥과 윈도우에서 재생되는 대부분의 영상 포맷을 지원합니다.

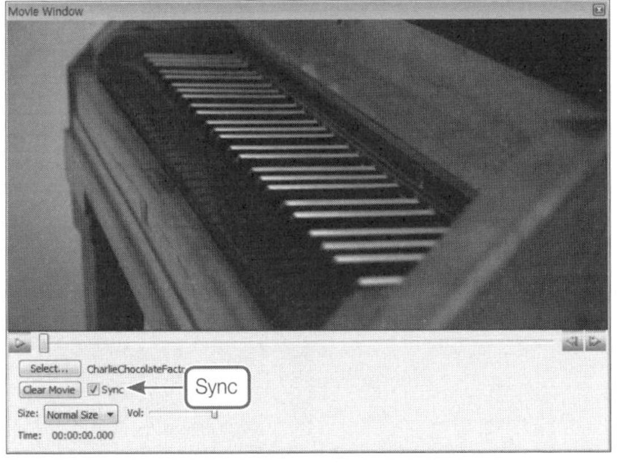

불러온 영상을 제거하는 역할의 Clear Movie 버튼 오른쪽에 Sync 옵션은 피날레의 악보와 동기 시킬 것인지의 여부를 결정합니다. 옵션이 체크되어 있으면, Moive Window의 재생 버튼 또는 피날레의 재생 버튼을 클릭하여 같은 타임으로 연주되게 할 수 있습니다. 그 외, Size는 Moive Window 창의 크기를 선택하며, Vol 은 비디오에 포함되어 있는 오디오 볼륨을 조정합니다.

Make Music Finale **Version 25**

피날레 25의
주요 기능 익히기

07

아이템 및 마디의 편집

피날레 메인 도구의 첫 번째는 Selection Tool입니다. 단어의 의미는 선택 툴이지만, 용어의 혼동을 피하기 위해서 발음 그대로 실렉션 툴이라고 부르겠습니다. 실렉션 툴은 아이템 및 마디 등, 편집할 대상을 선택하는 기본 역할 외에도 키, 박자, 마디 툴 등의 역할도 수행합니다. 그 만큼, 피날레에서 제공하는 툴 중에서 가장 많이 사용하게 될 것이므로, 기본 기능에서부터 확실히 익혀두기 바랍니다.

01 다양한 선택 방법

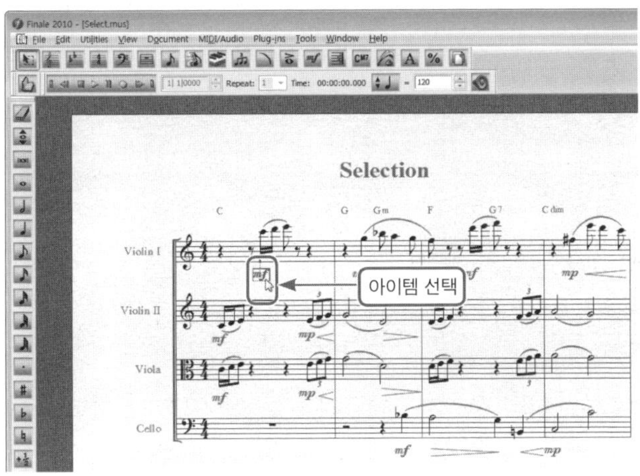

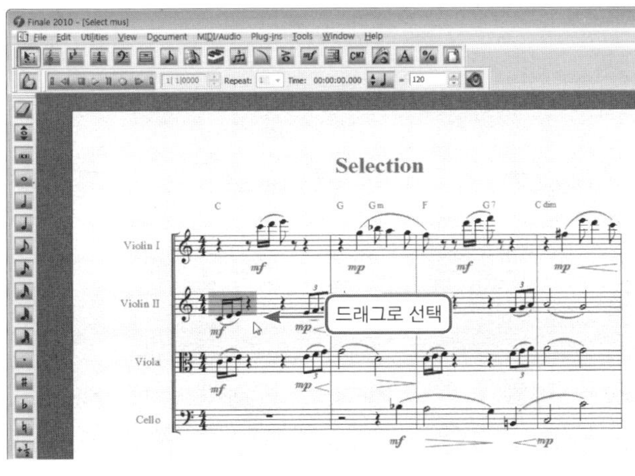

01 부록 CD의 Select 파일을 불러오고, 도구 모음 줄의 실렉션 툴(Selection Tool)을 선택합니다. 실렉션 툴은 악보 편집 작업에서 가장 많이 사용하게 될 것이므로, ESC 키를 눌러 선택할 수 있다는 것도 기억해두면 좋습니다.

02 음표, 문자, 아티큘레이션 등 악보를 구성하고 있는 모든 것을 아이템이라고 하며, 실렉션 툴을 이용하여 선택할 수 있습니다. 아이템을 더블 클릭하면 해당 아이템을 편집할 수 있는 툴로 바뀐다는 것도 기억해두면 좋습니다.

😊 가 정 교 사

음표는 마우스 드래그로 선택합니다. 단, 드래그하는 범위에 따라 박자가 결정된다는 것에 주의하기 바랍니다.

03 두 개 이상의 아이템은 마우스 드래그로 선택합니다. 아이템을 선택한 후에는 Shift 키를 누른 상태에서 ←/→ 키를 눌러 선택 범위를 아이템 단위로 확대/축소할 수 있고, ↑/↓ 키를 눌러 보표를 선택/해제할 수 있습니다.

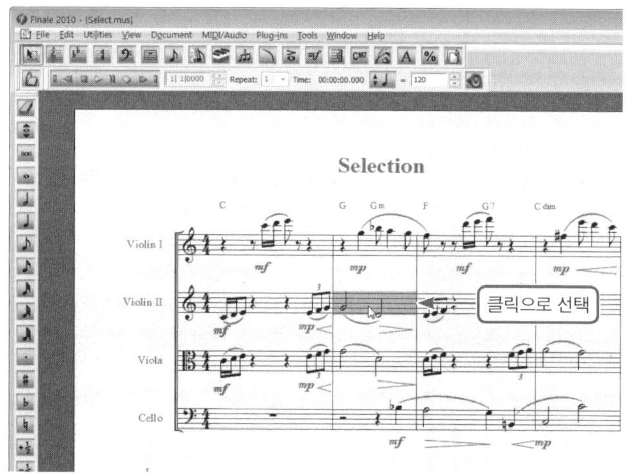

04 마디를 클릭하면 해당 마디에 포함된 모든 아이템을 선택할 수 있습니다. 마디를 선택한 후에는 Ctrl+Shift 키를 누른 상태에서 ←/→ 키를 눌러 선택 범위를 마디 단위로 확대/축소할 수 있고, ↑/↓ 키를 눌러 보표를 선택/해제할 수 있습니다.

가정교사

아이템 및 마디의 선택을 해제할 때는 악보의 빈 곳을 클릭합니다.

05 일정 구간의 아이템 및 마디를 선택할 때는 Shift 키를 이용합니다. 예를 들어 1마디를 선택하고 Shift 키를 누른 상태에서 4마디를 선택하면, 1에서 4마디까지의 구간을 선택할 수 있는 것입니다.

06 마디를 더블 클릭하면 해당 마디의 보표가 모두 선택됩니다. 보표를 선택하고 Shift (아이템 단위) 키 또는 Ctrl+Shift (마디 단위) 키를 이용하여 선택 범위를 확대/축소 때는 보표 단위로 적용됩니다.

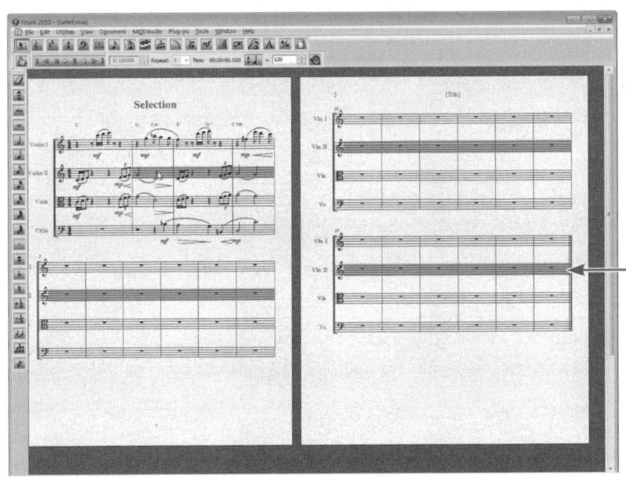

07 마디를 선택하고 [Shift] 키를 누른 상태에서 [Home] 키를 누르면, 선택 범위가 곡의 시작 마디까지 확대되고, [End] 키를 누르면 곡의 끝 마디까지 확대됩니다.

08 마디를 선택하고 [Shift] 키를 누른 상태에서 [Pageup] 키를 누르면, 선택 범위가 가장 위쪽의 보표까지 확대되고, [Page Down] 키를 누르면, 가장 아래쪽 보표까지 확대됩니다.

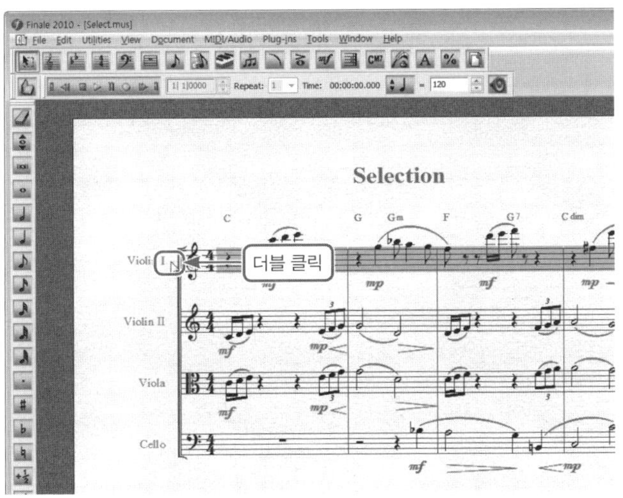

09 보표 왼쪽의 공간을 클릭하면 해당 보표가 선택되며, 두 개 이상의 보표를 선택할 때는 [Shift] 키를 이용합니다. 예를 들어 Violin I을 선택하고, [Shift] 키를 누른 상태에서 Viola를 선택하면, Violin I에서 Viola까지의 모든 보표가 선택되는 것입니다. 전체를 선택할 때는 보표 왼쪽의 공간을 더블 클릭하거나 [Ctrl] +[A] 키를 누릅니다.

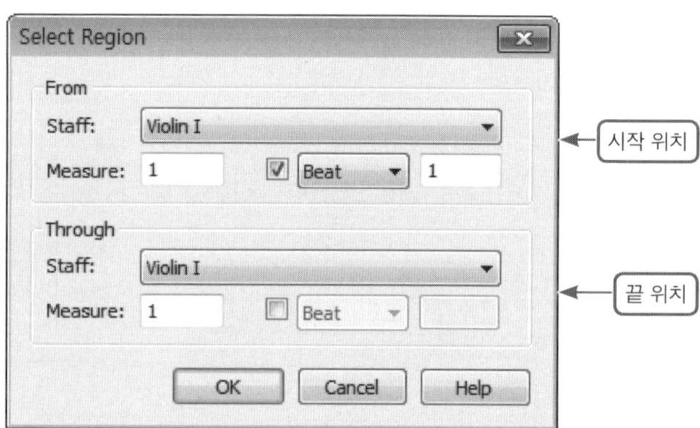

시작 위치

끝 위치

10 한 화면에 보이지 않는 넓은 범위를 선택할 때는 보표와 마디를 지정해서 선택할 수 있는 Select Region 창을 이용합니다. Edit 메뉴의 Select Region을 선택하여 창을 엽니다.

11 From 항목에서 시작 위치의 보표(Staff)와 마디(Measure)를 입력하고, Through 항목에서 끝 위치의 보표와 마디를 입력합니다. 옵션을 체크하면, 박자 단위의 Beat나 한 박자를 1024로 세분화하는 EDU 단위로 선택할 수 있습니다.

Finale Tip 필터 옵션

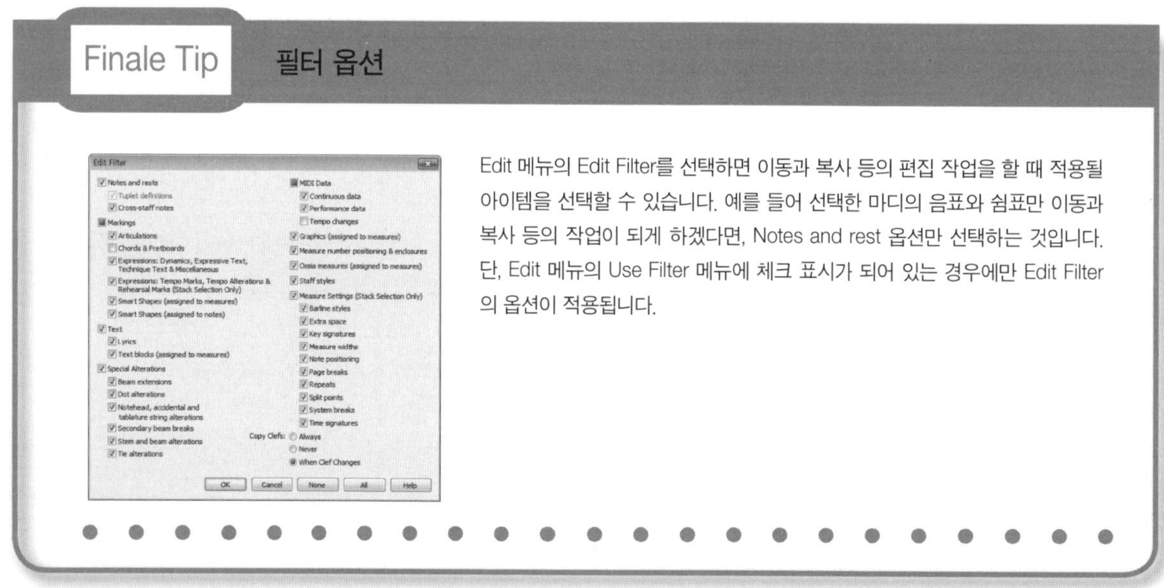

Edit 메뉴의 Edit Filter를 선택하면 이동과 복사 등의 편집 작업을 할 때 적용될 아이템을 선택할 수 있습니다. 예를 들어 선택한 마디의 음표와 쉼표만 이동과 복사 등의 작업이 되게 하겠다면, Notes and rest 옵션만 선택하는 것입니다. 단, Edit 메뉴의 Use Filter 메뉴에 체크 표시가 되어 있는 경우에만 Edit Filter 의 옵션이 적용됩니다.

02 이동과 복사

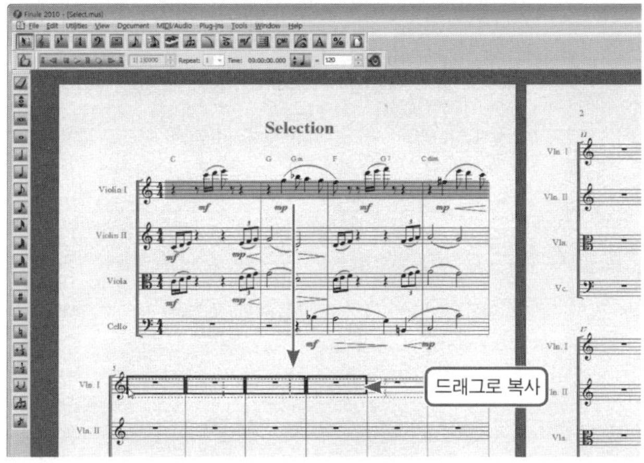

01 선택한 아이템과 마디는 마우스 드래그 및 단축키로 이동, 복사, 삭제 등의 편집을 할 수 있습니다. Violin I 보표의 4마디를 마우스 드래그로 선택하고, 5마디 위치로 드래그하면, 선택한 마디가 복사됩니다.

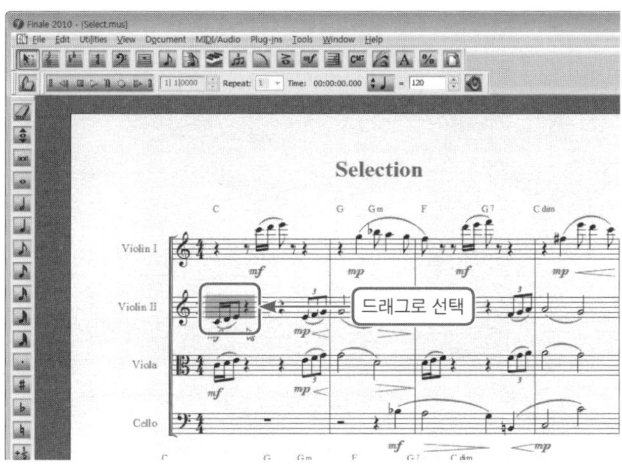

02 한 화면에 보이지 않는 위치로 복사할 때는 마우스 드래그보다 단축키가 편리합니다. Violin II 보표에서 1마디의 첫 번째 박자를 마우스 드래그로 선택하고, Ctrl + C 키를 눌러 복사합니다.

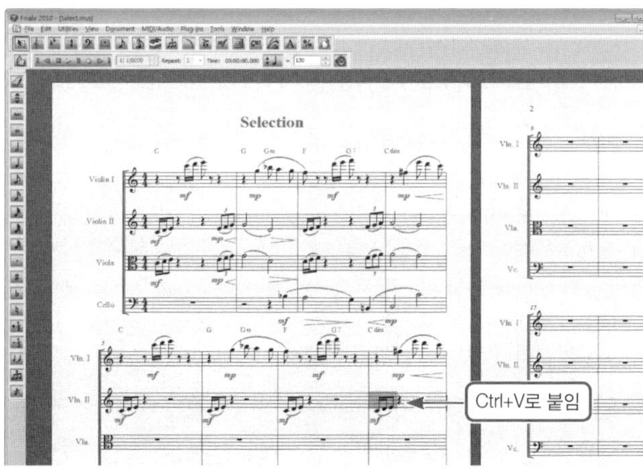

03 Vln. II보표의 5마디를 선택하고, Ctrl + V 키를 눌러 앞에서 복사한 음표를 붙입니다. 한 번 복사한 내용은 다른 것을 복사하기 전까지 기억을 하고 있습니다. 그래서 원하는 위치에 반복 사용이 가능합니다. 6 마디, 7 마디, 8마디에서도 Ctrl + V 키를 눌러 붙여 봅니다.

04 선택한 아이템 및 마디를 이동시키는 방법은 잘라내어 붙이는 것입니다. Vln. II 보표의 5마디를 클릭하여 선택하고, [Shift] 키를 누른 상태에서 8마디를 클릭합니다. 그리고 [Ctrl]+[X] 키를 눌러 선택한 4마디의 아이템을 잘라냅니다.

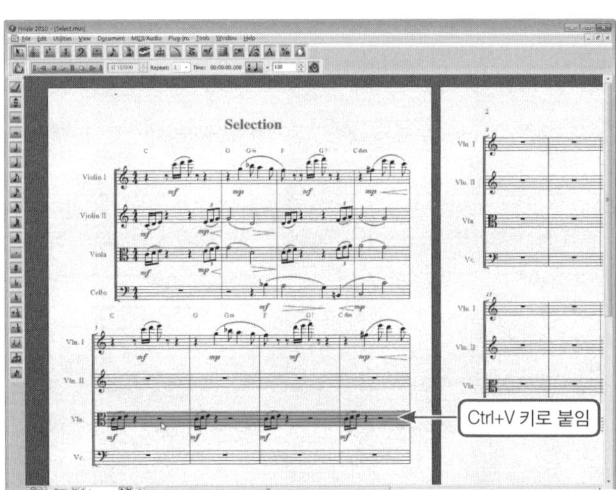

05 잘라낸 것을 붙이는 단축키는 복사와 동일합니다. Vla 보표의 5마디를 선택하고, [Ctrl]+[V] 키를 눌러 붙입니다. 이동은 [Ctrl]+[X] 키를 눌러 잘라낸 것을 [Ctrl]+[V] 키로 붙이는 것이고, 복사는 [Ctrl]+[C] 키를 눌러 복사한 것을 [Ctrl]+[V] 키로 붙이는 것입니다.

06 잘라낸 것이나 복사한 것을 특정 위치에 삽입할 수 있습니다. 마우스를 이용할 때는 [Alt] 키를 누른 상태로 드래그하면 되고, 단축키를 이용할 때는 [Ctrl]+[I] 키를 누릅니다.

07 잘라낸 것이나 복사한 것을 반복해서 붙일 수 있습니다. Violin I 보표의 1마디를 Ctrl + C 키로 복사하고, 9마디를 선택합니다. 그리고 Edit 메뉴의 Paste Multiple을 선택하거나 Alt + Ctrl + V 키를 누릅니다.

Paste Multiple

Paste Horizontally:	●	2	Times
	○	To the end of the score	
Paste Vertically:	●	2	Times
	○	To the bottom of the score	

OK   Cancel   Help

반복 횟수 입력

08 반복 횟수를 설정할 수 있는 Paste Multiple 창이 열립니다. Paste Horizontally은 오른쪽으로 반복되는 횟수를 입력하며, Paste Vertically은 세로 보표로 반복되는 횟수를 입력합니다. 각각의 값을 2로 설정하고, OK 버튼을 클릭해봅니다.

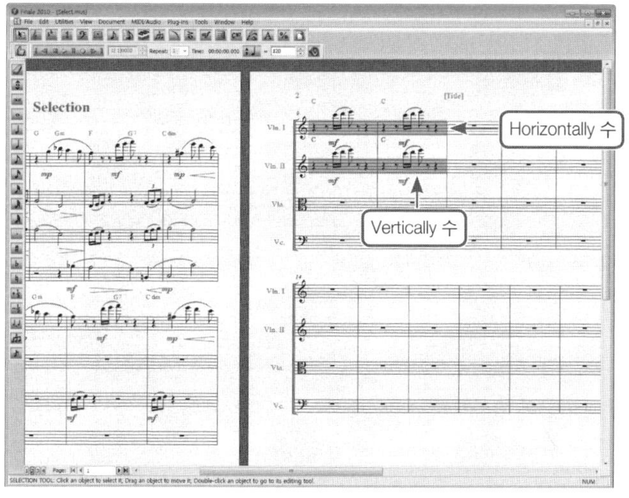

09 가로와 세로로 두 번씩 반복된 것을 확인할 수 있습니다. Paste Multiple 창의 To the end of the score 옵션은 가로로 곡의 끝까지 반복되게 하는 것이고, To the bottom of the score은 세로로 가장 아래쪽 보표까지 반복되게 하는 옵션입니다.

03 레이어 복사

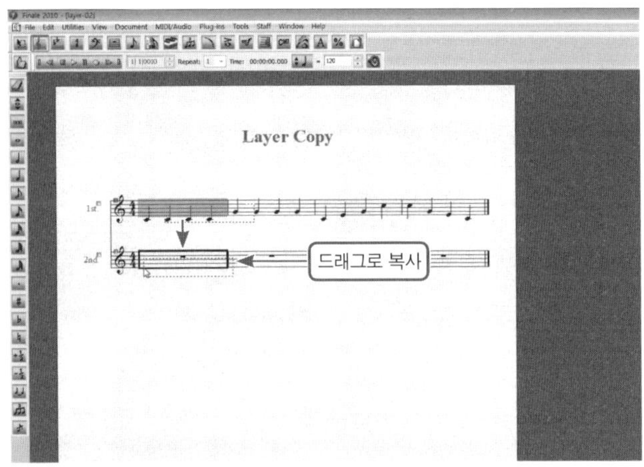

01 이동과 복사는 레이어 사이에서도 가능합니다. 부록 CD의 Layer-02 파일을 불러오고, 1st보표의 1번 마디를 2nd 보표로 드래그하여 복사합니다.

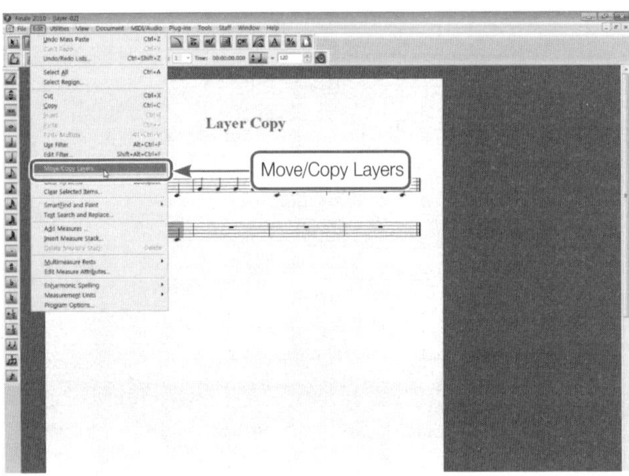

02 복사한 2nd 보표의 1 마디를 레이어 2로 이동시키겠습니다. 2nd 보표의 1 마디를 마우스 드래그 선택하고, Edit 메뉴의 Move/Copy Layers를 선택합니다.

03 마디가 정확히 선택되지 않은 경우에는 마디 단위로 선택된다는 안내 창이 열릴 수 있습니다. Continue 버튼을 클릭하여 진행합니다. 이 창이 다음부터 열리지 않게 하려면 Don't show this message again 옵션을 체크합니다.

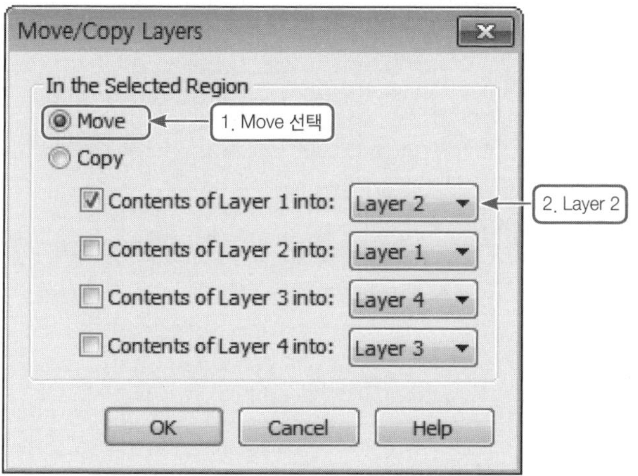

04 선택 범위를 몇 번 레이어로 이동 (Move) 또는 복사(Copy)할 것인지를 선택할 수 있는 창이 열립니다. Move 옵션과 Contents of Layer 1 into Layer 2 옵션을 체크합니다. 선택한 범위를 1번 레이어에서 2번 레이어로 이동시키겠다는 것입니다.

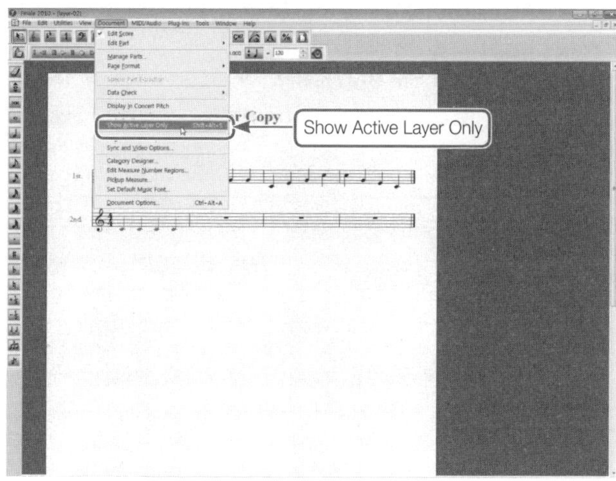

05 2번 레이어로 이동된 아이템은 빨간색으로 표시됩니다. 좀 더 확실한 구분을 위해서 2번 레이어를 선택하고, Document 메뉴의 Show Active Layer Only를 선택합니다. 화면에는 2번 레이어만 표시됩니다.

06 다시 Document 메뉴의 Show Active Layer Only를 선택하여 전체 레이어를 볼 수 있게 합니다. 그리고 2nd 보표의 1 마디를 1st 보표의 2마디로 드래그하여 복사합니다.

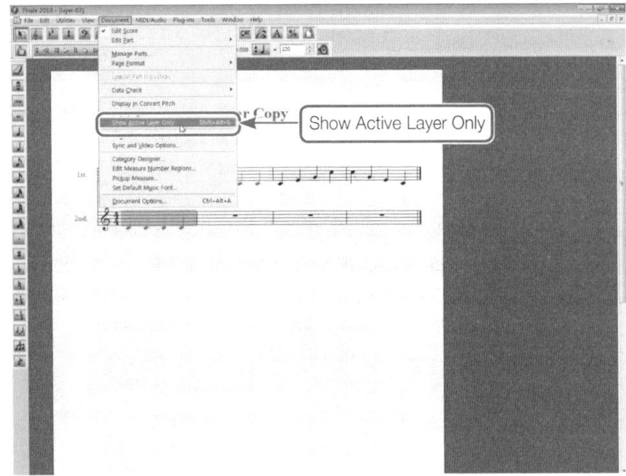

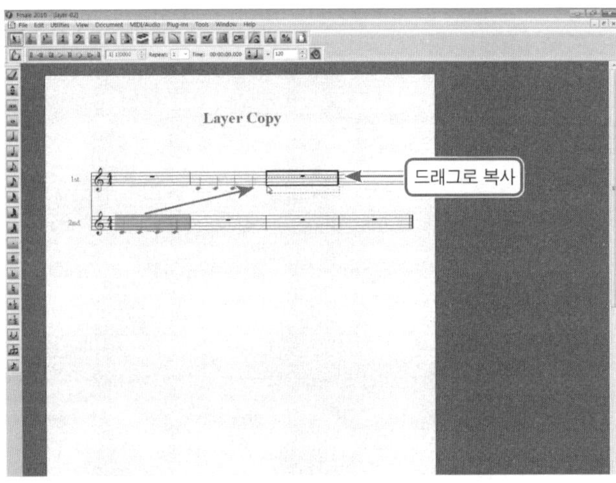

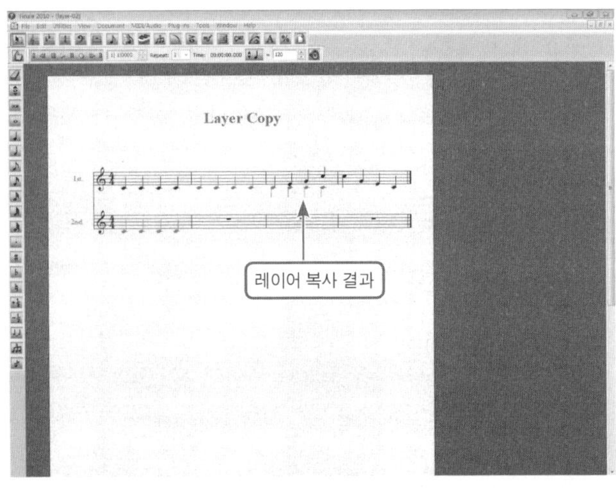

07 2번 레이가 복사되면서 1번 레이어의 음표들이 삭제되었습니다. 레이어가 삭제되지 않게 하려면, Document 메뉴의 Show Active Layer Only를 선택하여 2번 레이어만 표시되게 해야 합니다.

08 2번 레이어만 표시된 상태에서 2nd 보표의 1마디를 1st 보표의 3마디로 드래그하여 복사합니다. 그리고 Document 메뉴의 Show Active Layer Only를 선택하여 전체 레이어를 표시합니다.

09 1번 레이어가 보존된 상태에서 2번 레이어가 복사된 것을 확인할 수 있습니다. Document 메뉴의 Show Active Layer Only은 레이어를 확인하거나 복사할 때, 매우 중요한 옵션입니다. 레이어를 복사할 일이 많아지게 될 것이므로, 기억을 해두기 바랍니다.

04 마디의 추가와 삭제

01 마디를 추가하거나 삭제할 때는 실렉션 툴을 이용해도 좋지만, 여기서는 마디 툴(Measure Tool)을 이용하겠습니다. 마디 툴을 더블 클릭하면 보표 맨 끝에 한 마디가 추가됩니다.

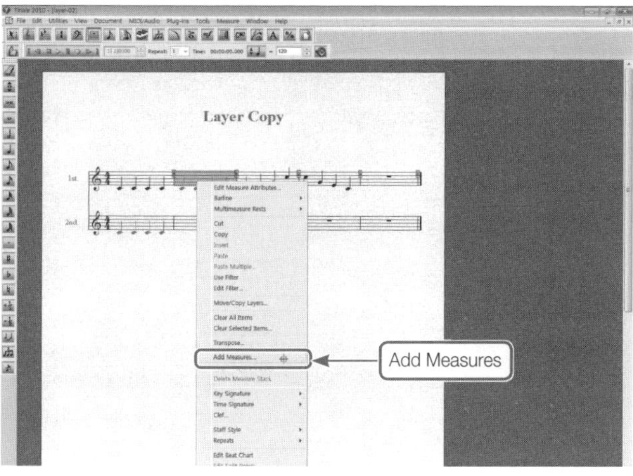

02 두 마디 이상의 마디를 한 번에 추가할 때는 Ctrl 키를 누른 상태에서 마디 툴을 클릭하거나 마디를 마우스 오른쪽 버튼으로 클릭하여 단축 메뉴를 열고, Add Measures를 선택합니다.

가정교사

마디 툴을 마우스 오른쪽 버튼으로 클릭하여 단축 메뉴를 열고, Add Measures를 선택해도 좋습니다.

03 사용자가 원하는 마디 수를 추가할 수 있는 Add measures 창이 열립니다. How many measures 항목에 원하는 마디 수를 입력하고, OK 버튼을 클릭하면 보표 맨 끝에 추가됩니다.

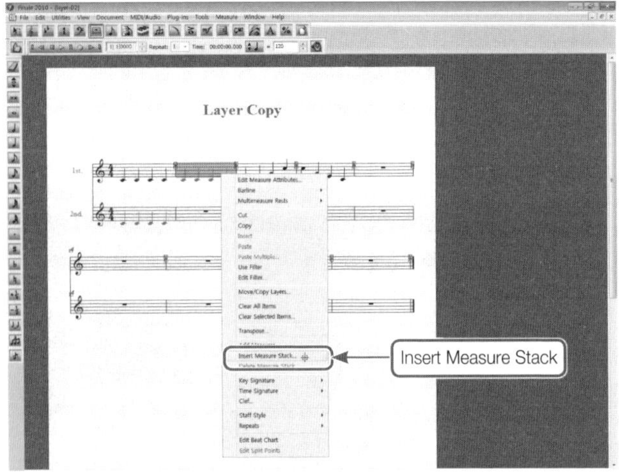

04 선택한 마디 왼쪽에 마디를 추가하는 방법은 Edit 메뉴 또는 단축 메뉴의 Insert Measure Stack를 선택하여 창을 열고, 마디 수를 입력하면 됩니다.

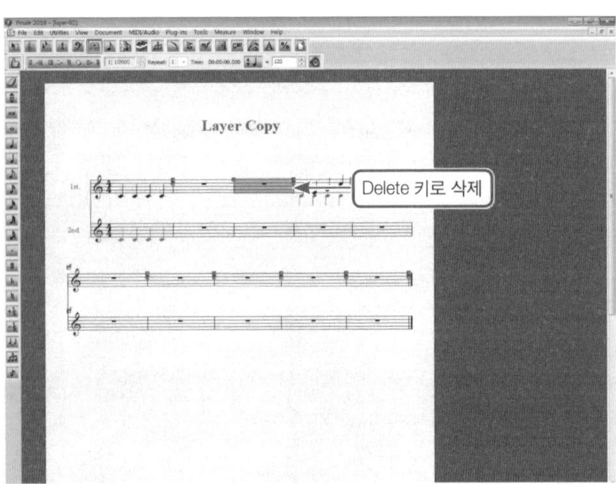

05 보표가 하나뿐인 악보에서는 마디를 선택하고, Backspace 키를 눌러 아이템을 삭제할 수 있고, Delete 키를 눌러 마디를 삭제할 수 있습니다.

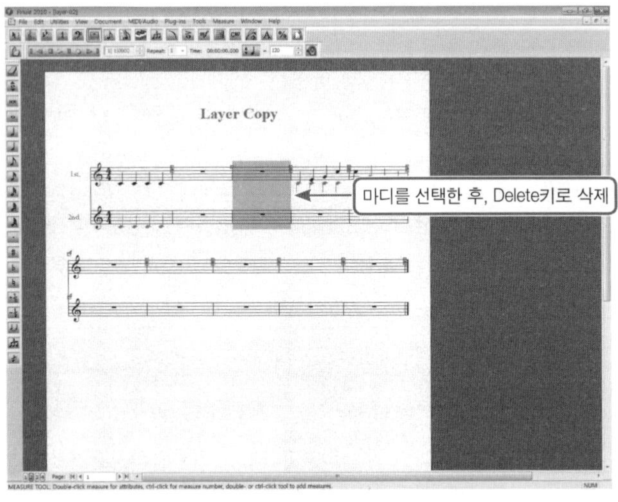

06 하지만, 보표가 두 개 이상인 악보에서는 Backspace 키와 Delete 키 모두 아이템만 삭제됩니다. 마디를 삭제하고 싶다면, 해당 마디의 보표를 모두 선택하고 Delete 키를 누릅니다. 이때는 마디 툴 보다 실렉션 툴이 편리할 것입니다.

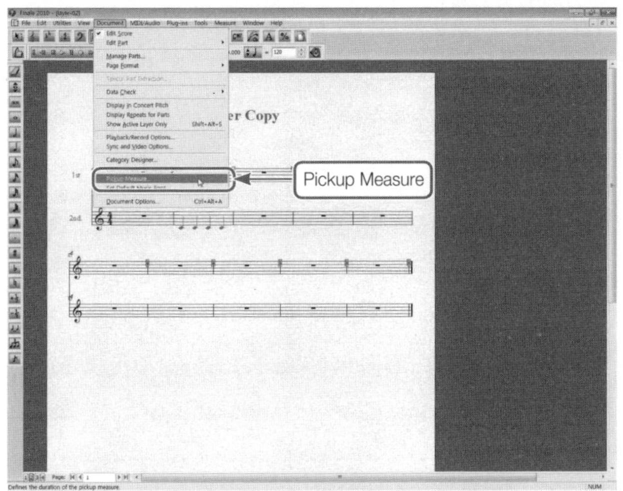

07 곡의 시작 위치에 못 갖춘 마디를 추가하고 싶은 경우에는 단축 메뉴의 Insert Measure Stack 메뉴를 이용하여 시작 위치에 마디를 추가하고, Document 메뉴의 Pickup Measure을 선택합니다.

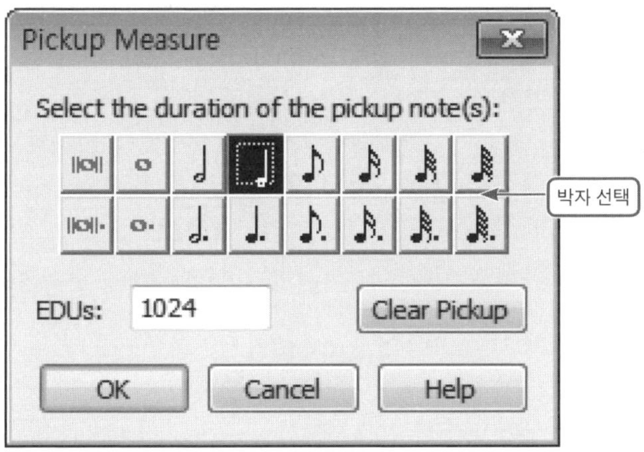

08 몇 박자를 할당할 것인지를 선택할 수 있는 Pickup Measure 창이 열립니다. 필요로 하는 박자의 음표를 선택하고, OK 버튼을 클릭합니다. 그림에서는 한 박자 음표를 선택하고 있습니다.

09 새로 만든 첫 마디가 한 박자 길이의 음표만 입력할 수 있는 못 갖춘 마디가 됩니다. 못 갖춘 마디의 악보를 만들 때 필요한 기능이므로, 꼭 기억해두기 바랍니다.

05 마디 라인의 변경

01 마디의 라인 타입이나 넓이 등을 조정하는 역할의 Measure Attributes 옵션을 살펴보겠습니다. 부록 CD의 Meas 파일을 불러오고, 도구 모음 줄의 마디 툴(Measure Tool)을 선택합니다.

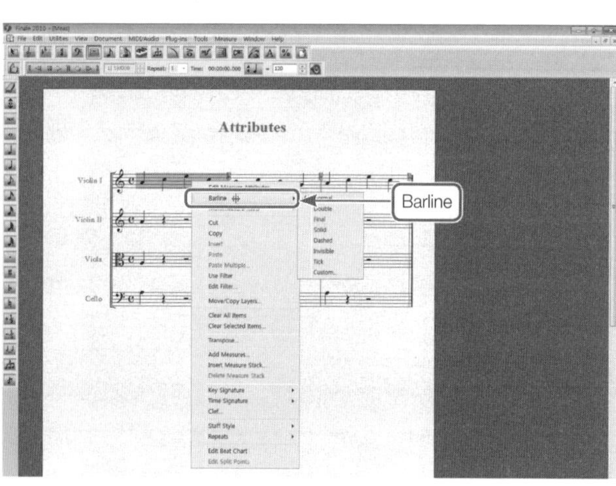

02 라인 타입을 변경할 마디를 마우스 오른쪽 버튼으로 클릭하여 단축 메뉴를 열고, Barline에서 원하는 타입을 선택합니다. 선택한 마디의 오른쪽 라인이 바뀝니다.

03 단축 메뉴의 Barline을 이용한 라인 변경은 간편하고 빠르지만, 마디의 오른쪽 라인만 변경할 수 있습니다. 왼쪽 또는 양쪽 라인을 변경하고 싶다면, 마디를 더블 클릭합니다.

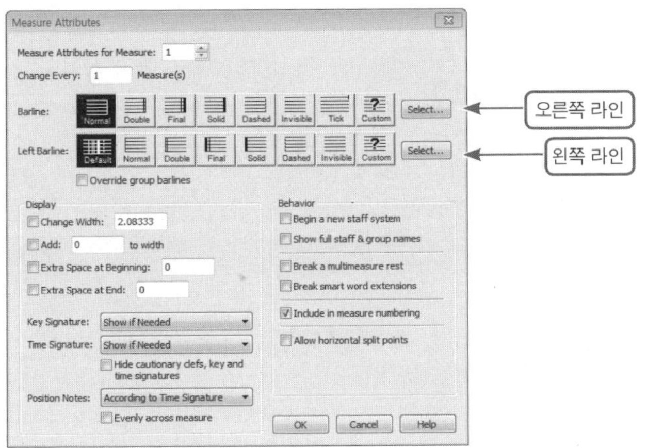

04 마디의 속성을 설정할 수 있는 Measure Attributes 창이 열립니다. 여기서 Barline은 선택한 마디의 오른쪽 라인 타입을 결정하는 것이고, Left Berline이 왼쪽 라인 타입을 결정하는 것입니다.

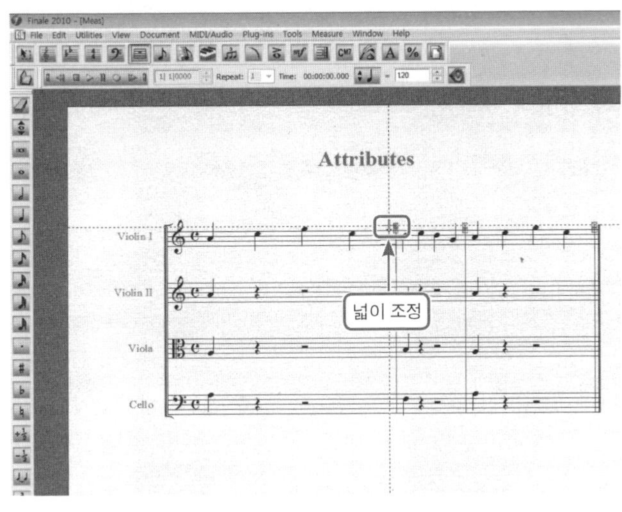

05 마디 라인을 보면 두 개의 핸들이 표시되어 있는데, 위쪽의 핸들은 마우스 드래그 또는 ←/→ 키로 넓이를 조정하는 것이며, 아래쪽의 핸들은 음표의 간격을 조정합니다.

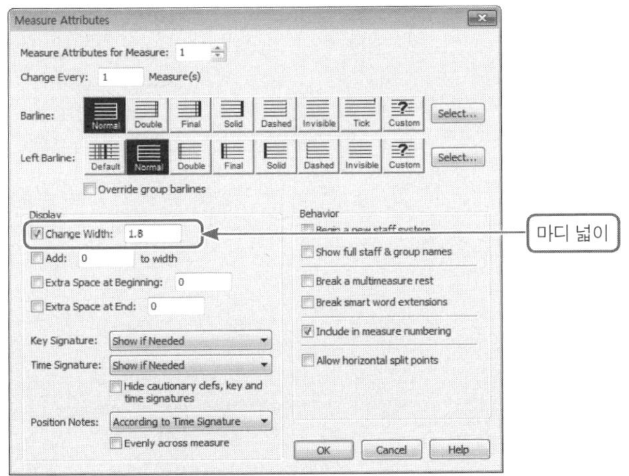

06 마디의 넓이를 정확한 수치로 조정하고 싶다면, 마우스 더블 클릭으로 Measure Attributes 창을 열고, Change Width 에서 인치(Inch) 단위로 입력합니다.

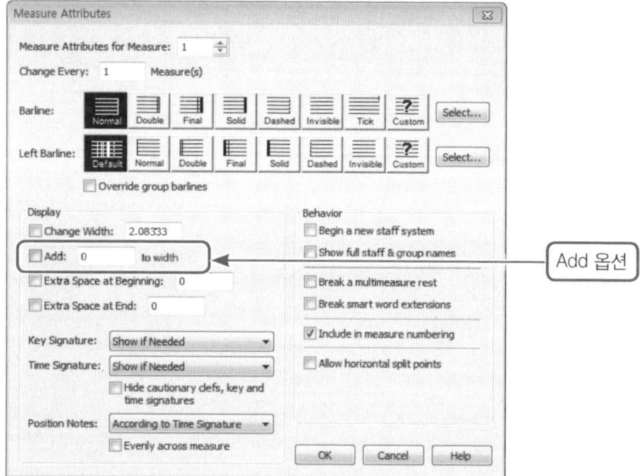

07 Add 옵션은 현재 마디의 추가 넓이를 입력하는 것입니다. 예를 들어 선택한 마디의 넓이가 1.8Inch일 경우에, 0.2를 입력하면, 2Inch의 마디 넓이가 되는 것입니다.

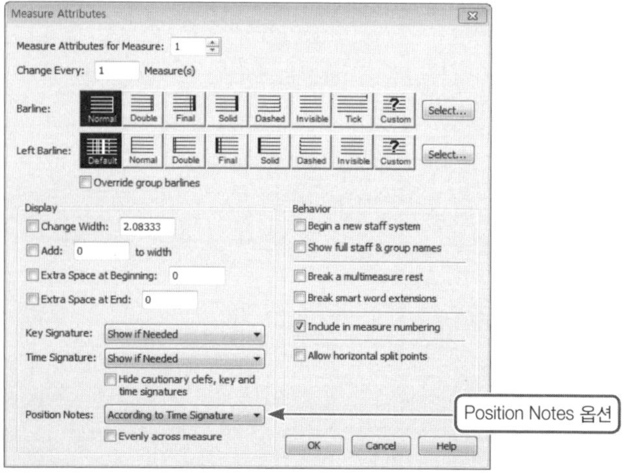

08 Extra Space at Beginning는 왼쪽 마디 라인에서 첫 번째 음표까지의 거리를 설정하는 옵션이고, Extra space at End는 마디의 마지막 음표와 오른쪽 마디 라인과의 거리를 설정하는 옵션입니다.

09 마디 라인에 음표의 간격을 조정하는 핸들이 보이지 않는다면, 마디를 더블 클릭하여 Measure Attributes 창을 열고, Position Notes 옵션이 Using Beat-Char Spacing으로 선택되어 있는지 확인합니다.

10 음표의 간격을 조정하는 핸들을 선택하면 각 음표 위쪽으로 간격을 조정할 수 있는 핸들이 보입니다. 위쪽의 핸들이 기본 위치를 나타내며, 아래쪽의 핸들을 드래그하여 음표의 간격을 조정할 수 있습니다.

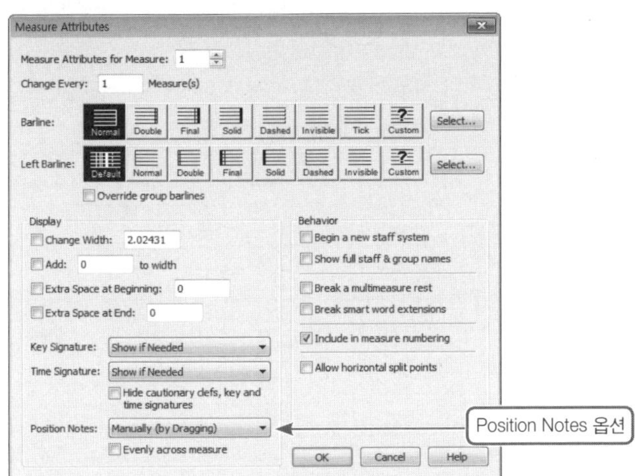

11 Position Notes 옵션에서 According to time signature을 선택하면, 음표의 간격이 박자에 따라 자동으로 조정되며, Manually(by Dragging)를 선택하면 음표가 모두 왼쪽으로 몰리며, 마우스 드래그로 조정할 수 있게 합니다.

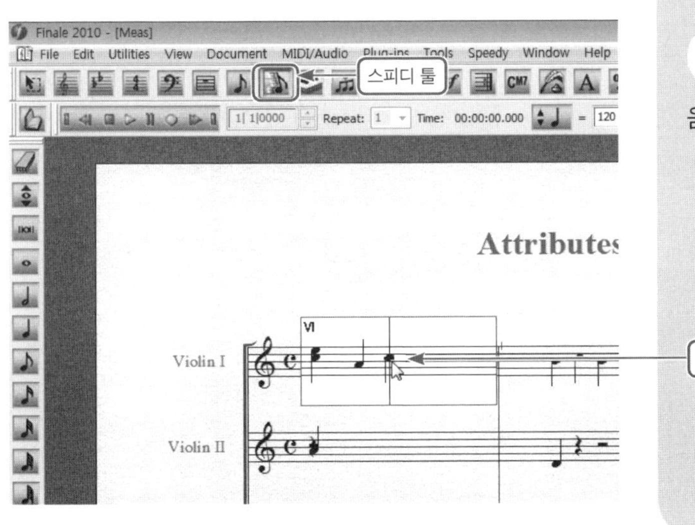

12 Manually(by Dragging)를 선택한 경우라면, 스피디 툴(Speedy Entry Tool)로 음표의 간격을 일일이 조정해야 합니다.

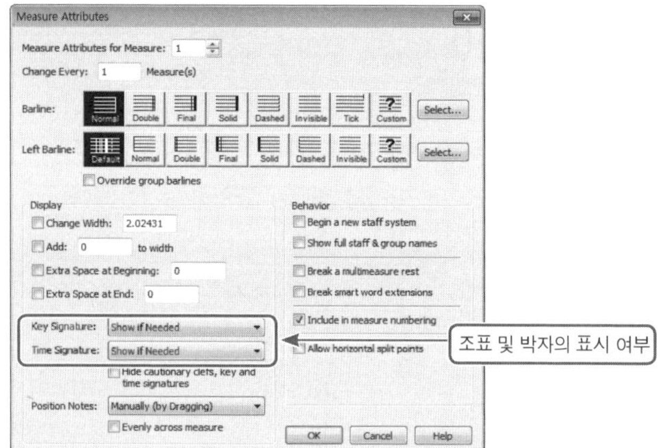

13 그 밖의 Key Signature와 Time Signatue는 선택한 마디에 조표와 박자 표를 표시할 것인지의 여부를 선택합니다. 3/4박자로 바뀌는 4마디를 선택하여 테스트 해 봅니다. 기본적으로 필요한 경우에 표시하는 Show if Needed로 선택되어 있습니다.

14 조표가 바뀌는 부분의 마디에는 자동으로 더블 라인을 만들 수 있습니다. Plug-ins 메뉴의 Measures에서 Automatic Barlines을 선택합니다.

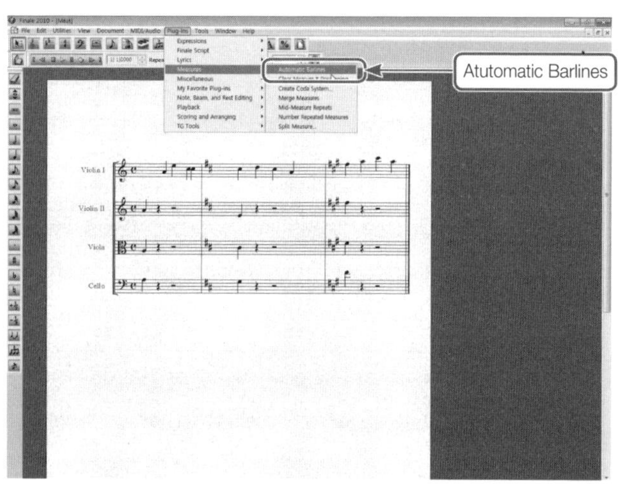

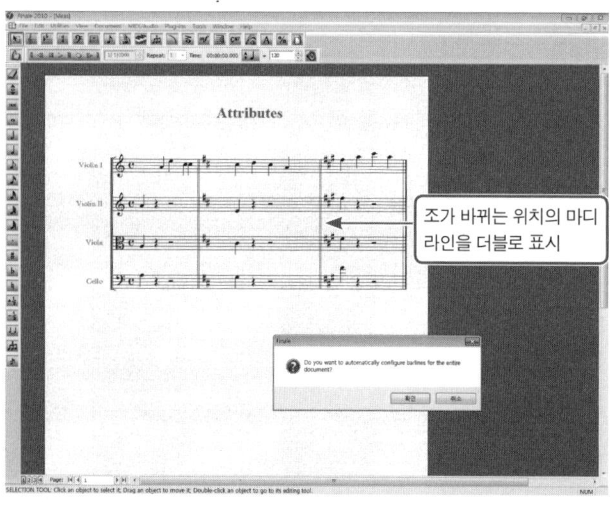

15 선택한 마디가 없는 경우에는 전체에 적용된다는 내용의 메시지 창이 열립니다. 확인 버튼을 클릭하면 조표가 바뀌는 4마디와 7마디에 더블 라인이 만들진 것을 확인 할 수 있습니다.

Finale Tip — Measure Attributes 창의 옵션

마디 툴(Measure Tool)로 마디를 더블 클릭하면 열리는 Measure Attributes 창의 옵션을 정리합니다.

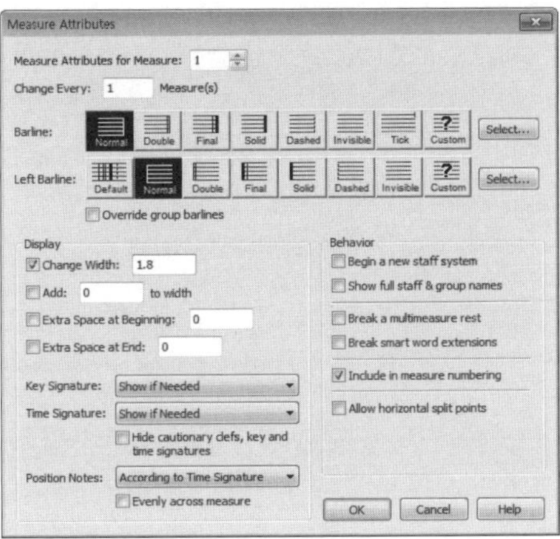

● Measure Attributes for measure

선택한 마디 번호가 표시되며, 변경 가능합니다. Shift 키를 이용하여 두 마디 이상을 선택한 경우에는 Through 항목도 함께 표시됩니다.

● Change Every

선택한 마디의 길이가 표시되며, 옵션이 적용될 마디를 의미합니다. 값은 수정 가능합니다.

● Barline

선택한 마디의 오른쪽 라인 타입을 선택합니다. Custom이나 Select 버튼을 클릭하면 독특한 타입의 라인을 선택할 수 있는 Shape Selection 창이 열리며, Shape Selection 창의 Create 버튼을 클릭하면 윈도우의 그림판을 이용하듯이 사용자가 원하는 그림을 그릴 수 있는 Shape Designer 창을 열어 추가할 수 있습니다.

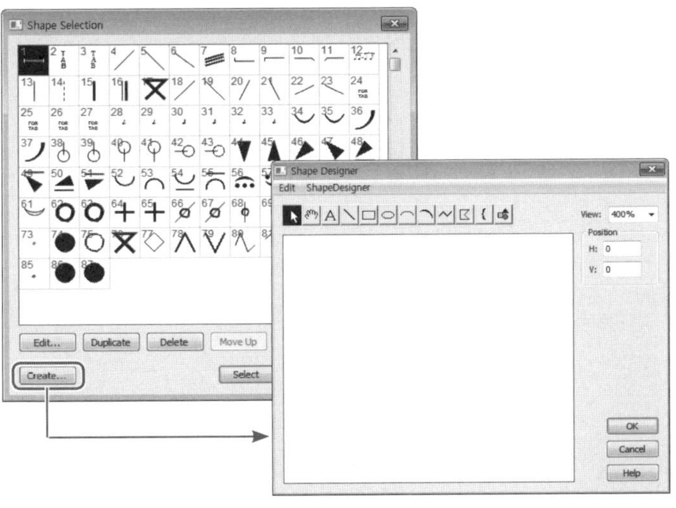

● Left Barline

선택한 마디의 왼쪽 라인 타입을 선택합니다. 사용법은 Barline과 동일합니다.

▶ Override Group Barlines

보표 툴을 선택했을 때 보이는 Staff 메뉴에서 Edit Group attributes를 선택하여 창을 열고, Barlines의 Use alternate 옵션을 체크하면, 그룹 라인을 사용자가 원하는 타입으로 변경할 수 있습니다. 이때, Override Group Barlines 옵션이 체크된 마디는 Use alternate 옵션이 무시됩니다.

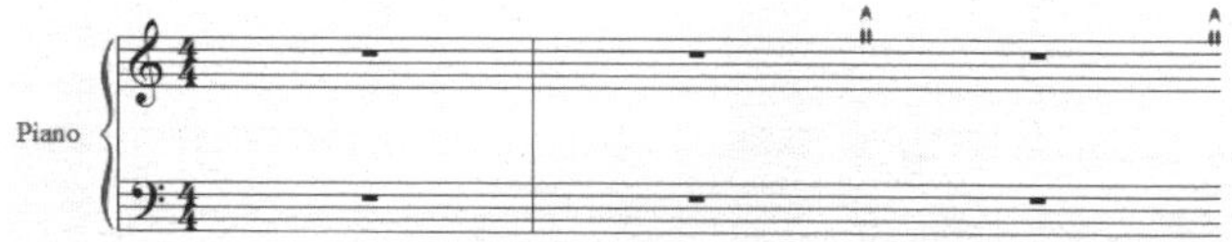

● Change Width

마디의 넓이를 조정할 수 있습니다. 기본 단위는 인치(Inches)이며, Edit 메뉴의 Measurement에서 변경할 수 있습니다. 마디의 넓이는 마디 줄에 표시되는 핸들을 드래그하여 조정할 수 있으므로, 정확한 넓이를 설정할 필요가 있을 때 사용합니다.

● Add

선택한 마디의 추가 넓이를 조정합니다. 즉, Change Width가 1.8인치로 설정되어 있고, 여기서 0.2 인치를 입력하면, 마디의 넓이는 2인치가 되는 것입니다.

● Extra Space at Beginning / Extra Space at End

Extra Space at Beginning은 왼쪽 라인과 음표와의 거리, Extra Space at End는 오른쪽 라인과 음표와의 거리를 조정합니다.

● Key Signature

조표를 필요한 경우에 보이게 하는 Show if Needed, 항상 보이게 하는 Always Show, 보이지 않게 하는 Always Hide의 선택 메뉴를 가지고 있습니다.

● Time Signature

박자 표를 보이게 할 것인지의 여부를 선택하는 옵션으로 key Signature와 동일합니다.

▶ Hide cautionary Clefs, Key and time Signatures

줄이 바뀌면서 음자리표, 박자표, 조표가 바뀌면, 이전 줄 마지막 마디에도 표시가 되는데, 이것을 표시되지 않게 합니다.

● Position Notes

음표의 간격을 조정할 수 있는 3가지 메뉴를 제공합니다.

▶ According to time signature : 음표의 간격이 박자에 따라 조정되게 합니다.

▶ Manually(by Dragging) : 음표를 모두 왼쪽으로 몰아서 마우스 드래그로 조정할 수 있게 합니다.

▶ Using Beat-Chart spacing : 기본 값으로 선택되어 있는 옵션으로 마디 간격을 조정할 수 있는 핸들 아래쪽에 음표의 간격을 조정할 수 있는 핸들을 표시합니다. 음표의 간격을 조정할 수 있는 핸들을 선택하면 두 개의 핸들로 구성된 비트 차트라는 것이 열리며, 아래쪽 핸들을 드래그하여 음표의 간격을 조정할 수 있습니다.

● Evenly across measure : 음표의 간격을 균등하게 조정합니다.

● Behavior

선택한 마디에 적용된 옵션을 체크 표시 여부로 선택합니다.

▶ Begin a New Staff System : 선택한 마디를 다음 줄의 첫 마디로 이동시킵니다.

▶ Show full staff & group names : 보표의 풀 네임과 그룹 네임을 표시합니다.

▶ Break a Multimeasure Rest : 멀티 쉼표를 원래의 쉼표로 표시합니다.

▶ Break Smart Word Extensions : 가사가 없는 음표에 표시되는 줄을 해당 마디의 길이까지만 표시되게 합니다. 마디의 마지막 음표라면, 다음 마디로 연결되는 줄을 감출 수 있습니다.

▶ Include in Measure Numbering : 마디 번호를 감춥니다.

▶ Allow Horizontal Split points

음표의 간격을 조정할 수 있는 핸들 아래쪽에 마디를 나눌 수 있는 핸들을 표시합니다. 핸들을 선택하면 사각 막대가 표시되며, 사각 막대를 더블 클릭하여 마디가 분리될 위치를 설정할 수 있습니다. 분리 위치는 마우스 드래그로 수정할 수 있으며, Delete 키로 삭제하여 취소할 수 있습니다.

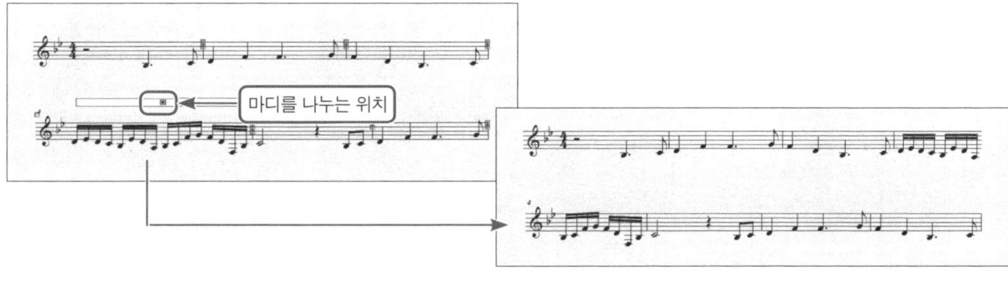

08

조표, 박자, 음자리표의 입력과 편집

악보를 만들 때, 가장 먼저 결정하게 되는 것이 조표와 박자, 그리고 악기 파트에 사용되는 음자리표 입니다. 여기서는 이러한 것들을 입력하거나 편집하는 역할의 도구들을 살펴보겠습니다. 이것들은 앞에서 살펴본 실레션 툴의 단축 메뉴를 이용해도 좋지만, 각각의 툴을 이용할 때만 구현 가능한 기능도 있으므로, 한 번쯤은 살펴보는 것이 좋습니다.

01 조표의 입력과 편집

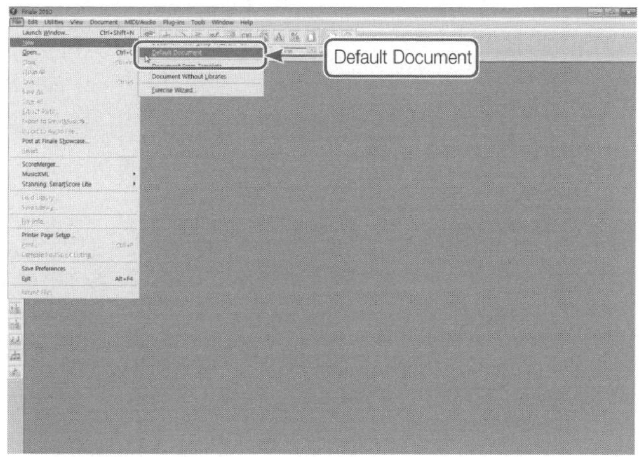

01 조표를 입력하거나 편집하는데 사용하는 키 툴(Key Signature Tool)에 관해서 살펴보겠습니다. File 메뉴의 New에서 Default Document를 선택하거나 Launch window의 Default Document 버튼을 클릭하여 기본 보표를 만듭니다.

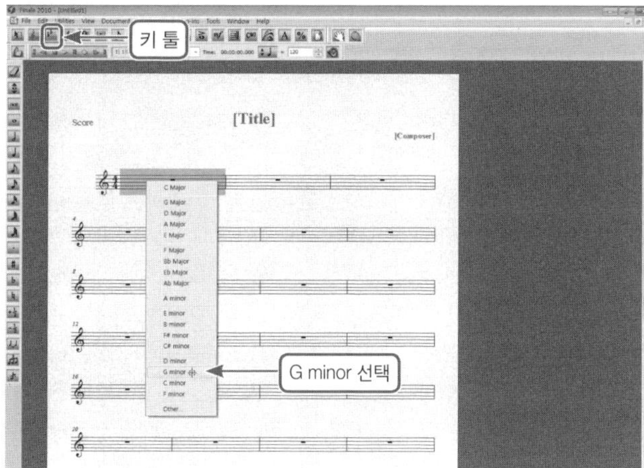

02 키 툴(Key Signature Tool)을 선택하고, 첫 번째 마디에서 마우스 오른쪽 버튼을 클릭하면, 악보의 키를 결정할 수 있는 키 네임 메뉴가 열립니다. G minor를 선택해봅니다.

> **가정교사**
>
> 실렉션 툴의 단축 메뉴에서 Key Signatue를 이용해도 좋습니다.

03 Gm 악보를 만들기 위한 키가 결정된 것이며, 단축 메뉴를 이용하여 변경 가능합니다. 조표 변화를 위한 Key Signatures 창을 살펴보겠습니다. 음표를 직접 입력하거나 부록 CD의 Key-01 파일을 불러옵니다.

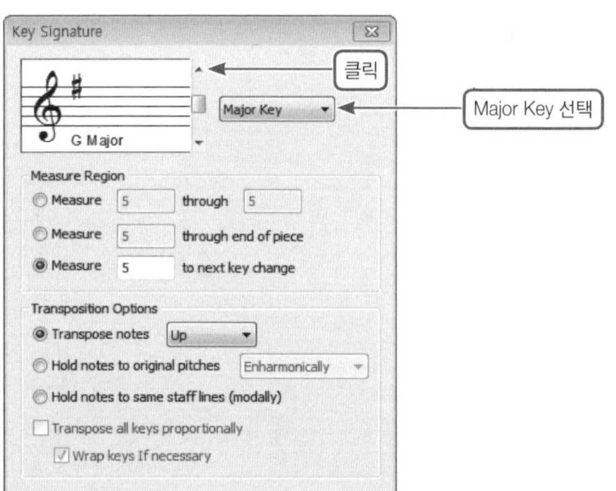

04 5마디에서 G키로 바꾸겠습니다. 앞에서와 같이 단축 메뉴를 이용해도 좋지만, Key Signature 창을 이용하겠습니다. 키 툴 (Key Signature Tool)을 선택하고, 5마디를 더블 클릭합니다.

05 키를 설정할 수 있는 Key Signature 창이 열립니다. 메뉴에서 Major Key를 선택하고, 위쪽 버튼을 3번 클릭하여 G Major로 설정합니다.

가정교사

실렉션 툴의 단축 메뉴에서 Key Signature의 Edit Key Signature를 선택해도 좋습니다

06 마디 범위를 선택하는 Measure Region 옵션은 5마디 위치에서 더블 클릭하여 창을 열었기 때문에 Measure 5 to next key change로 설정되어 있습니다. 즉, 5마디 위치에서부터 키를 변경하는 것입니다.

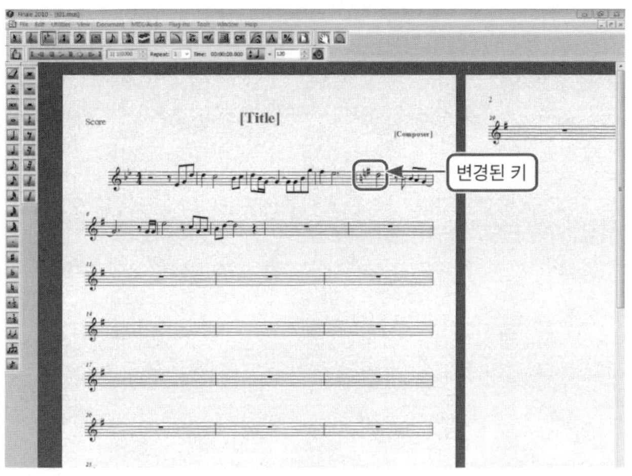

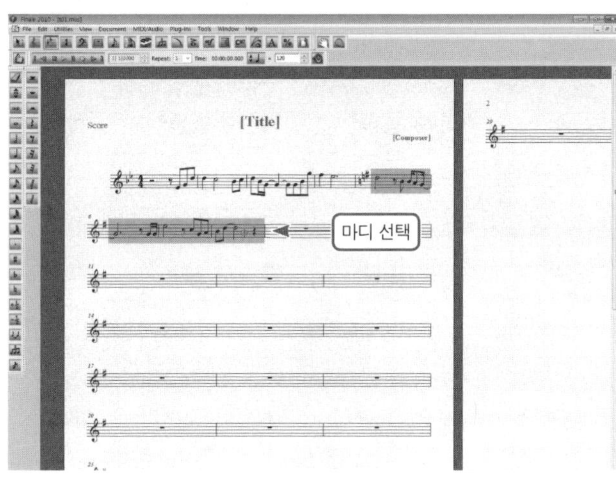

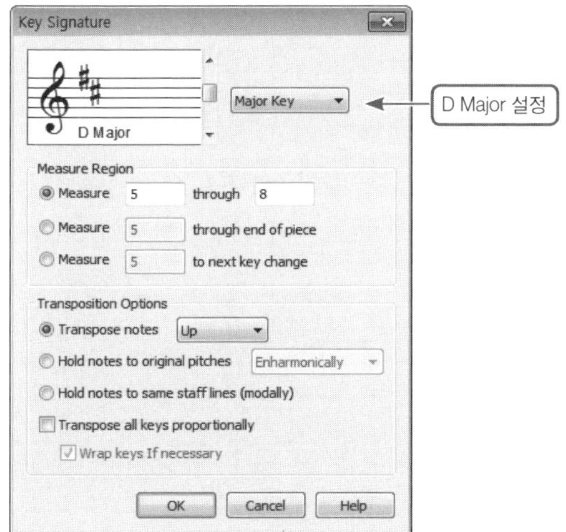

07 OK 버튼을 클릭하여 창을 닫으면, 5마디 위치의 조표가 G키로 변경되는 것을 확인할 수 있습니다. 계속해서 나머지 음표를 입력하거나 부록 CD의 Key-02 파일을 불러옵니다.

08 입력되어 있는 조표를 변경하겠습니다. 키 버튼으로 5마디를 선택합니다. 그리고 Shift 키를 누른 상태로 8마디를 클릭하여 선택합니다.

09 선택한 구간을 더블 클릭하여 key Signature 창을 엽니다. 그리고 위쪽 버튼을 클릭하여 D Major로 변경합니다.

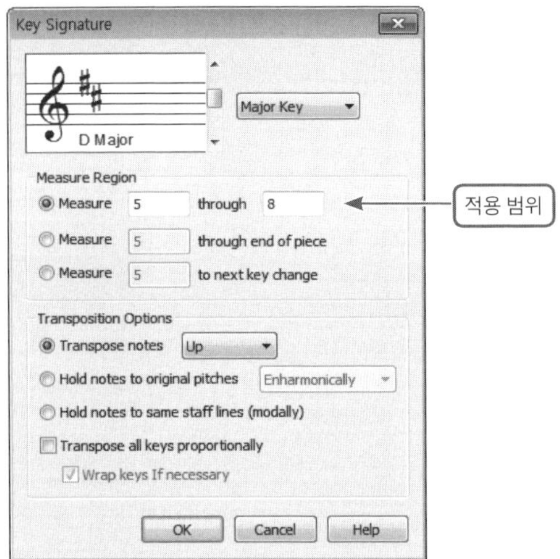

10 범위를 설정하는 Measure region 옵션은 앞에서 선택했던 범위인 Measure 5 through 8로 설정되어 있습니다. 즉, 5마디에서 8마디 사이의 조표를 변경하겠다는 의미입니다.

11 OK 버튼을 클릭하여 창을 닫으면, 5마디에서 8마디까지의 범위가 D키로 변경되는 것을 확인할 수 있습니다. 조표의 입력과 변경 방법을 살펴보았습니다.

Finale Tip   Key Signature 창의 옵션

키 툴(Key Signature Tool)로 마디를 더블 클릭하면 열리는 key Signature 창의 옵션을 정리하겠습니다.

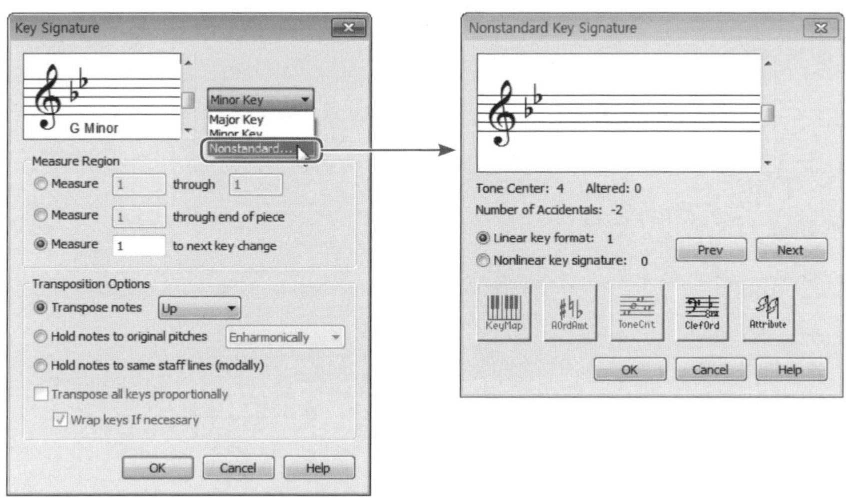

● 조표 표시 창 : 더블 클릭한 마디의 조표가 표시되며, 위/아래 스크롤 버튼을 클릭하여 조표를 변경합니다. 오른쪽의 키 선택 메뉴에서 메이저(Major)와 마이너(Minor) 키를 선택하며, Nonstandard는 사용자만의 조표를 만들 수 있는 Nonstandard Key Signature 창이 열립니다.

● Measure Region : 조표가 변경될 범위를 설정할 수 있는 3가지 옵션이 있습니다.
1) Measure (시작) through (끝) : 시작 마디에서 끝 마디까지의 범위를 변경
2) Measure (시작) through end of piece : 시작 마디에서 곡의 끝까지 변경
3) Measure (시작) to next key change : 시작 마디에서 다음 조표가 있는 마디까지 변경

● Transposition Options : 조표를 변경할 때의 음정 변화를 어떻게 처리할 것인지를 선택할 수 있는 4가지 옵션이 있습니다.
1) Transpose notes : 변경되는 조표에 맞추어 음정을 올릴 것인지(Up), 내릴 것인지(Down)을 선택합니다.
2) Hold notes to original pitches : 음의 위치는 그대로 두고, 딴이름 한 소리(Enharmonically) 및 반음계(Chromatically) 음정으로 표시합니다.
3) Hold notes to same stafflines(modally) : 음정의 위치는 그대로 두고, 동일 모드로 표시합니다.
4) Transpose All Keys proportionally : 선택 영역에 조표가 변경되는 부분이 있을 때, 모든 조표를 상대적으로 변경합니다. Wrap keys if necessary 옵션을 체크하면, 더블 샵이나 더블 플랫은 만들지 않습니다.

● Nonstandard Key Signature 창
키 선택 메뉴에서 Nonstandard를 선택하면 일반적이지 않은 조표를 만들 수 있는 Nonstandard Key Signature 창이 열립니다. 일반적으로 사용되지 않는 조표를 만들 이유가 없기 때문에 필요성을 느끼지 못하는 메뉴지만, 필요한 독자가 있을 수 있으므로, 간단히 살펴봅니다.

▶ 조표 표시 창 : key Signature 창과 마찬가지로 위/아래 스크롤 버튼을 클릭하여 조표를 변경합니다.

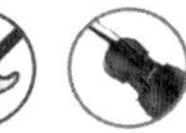

▶ Tone Center : 임시표가 붙는 음을 숫자로 나타냅니다. C가 0이며, F는 4, C는 1, G는 5, D는 2, A는 6의 음정 순서입니다.

▶ Altered : 임시표가 붙은 음과의 관계를 숫자로 나타냅니다. F#키의 Tone Center는 3(E)이므로, Altered는 1이 되고, C#의 Tone Center는 0(C)이므로, Altered는 1이 됩니다.

▶ Number of Accidentals : 임시표의 숫자를 나타냅니다. 플랫은 - 기호가 붙습니다.

▶ Linear key format : Prev 및 Next 버튼을 클릭하여 플랫 계열의 0과 샵 계열의 1 외에 만들어질 조표의 수를 설정합니다.

▶ Nonlinear key signature : 임시표가 만들어질 센터 음을 설정합니다.

● Key Map : 한 옥타브 내에 만들어질 임시표의 수를 설정할 수 있는 Key Step Map 창을 엽니다.

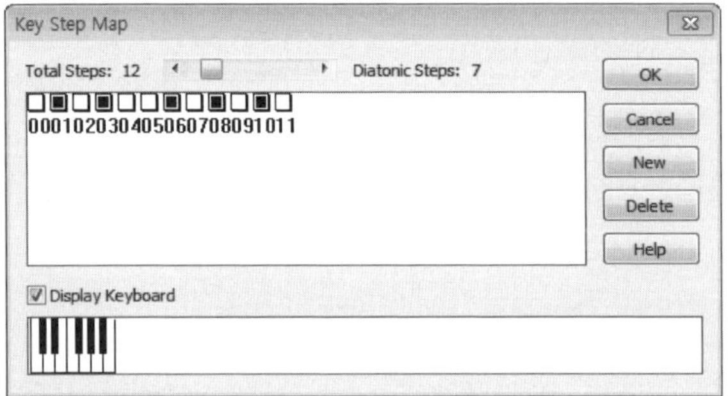

▶ Total Steps : 한 옥타브에서 사용될 음의 수를 조정하며, Diatonic Steps에서 다이아토닉 음계의 수를 나타냅니다.

▶ 디스플레이 창 : 마우스 클릭으로 음계를 설정할 수 있으며, 아래쪽의 건반 창에서 확인할 수 있습니다. 아래쪽의 건반은 Display Keyboard 옵션이 체크된 경우에만 표시됩니다.

▶ New/Delete : New 버튼을 클릭하여 새로운 맵을 만들거나 Delete 버튼을 클릭하여 새로 만든 맵을 삭제합니다.

● AOrdAmt : 임시표의 위치를 조정할 수 있는 Accidental Order and Amount 창을 엽니다.

▶ Unit : Next/Prev 버튼을 클릭하여 임시표가 표시되는 순서를 나타냅니다.

▶ Step Level : 임시표가 표시되는 위치를 설정합니다. 0은 C음을 의미합니다.

▶ Amount : 변화되는 임시표의 순서를 설정합니다. 기준은 Unit 값입니다.

● ToneCnt : 기준 음을 설정할 수 있는 Tone Center 창을 엽니다. Step Level 0은 C음을 의미하며, Prev/next 버튼을 클릭하여 Unit를 설정할 수 있습니다.

● ClefOrd : 임시표의 옥타브 변화를 설정할 수 있는 Accidental Octave Placement 창을 엽니다.

▶ Clef : Prev/Next 버튼을 클릭하여 음자리표를 선택합니다. 음자리표의 번호는 Clef 도구를 선택하고, 오선을 더블 클릭하면 확인할 수 있습니다.

▶ Uni t: Prev/Next 버튼을 클릭하여 임시표가 표시되는 위치를 설정합니다.

▶ Octave : 임시표의 표시 위치를 옥타브 단위로 설정합니다. -1은 한 옥타브 아래로 표시되는 것입니다.

● Attribute:

▶ Harmonic Reference : 조의 으뜸음을 설정합니다. 0은 C를 의미합니다.

▶ Middle Key Number : 미디 건반의 C4 음정을 설정합니다. 기본값은 60입니다.

▶ Symbol Font : 임시표로 사용할 폰트를 설정할 수 있는 Font 창을 엽니다.

▶ Symbol List ID : 임시표로 사용할 기호를 선택할 수 있는 Symbol List 창을 엽니다.

▶ Go To Unit : 임시표의 옥타브 범위를 설정합니다.

02 박자의 입력과 편집

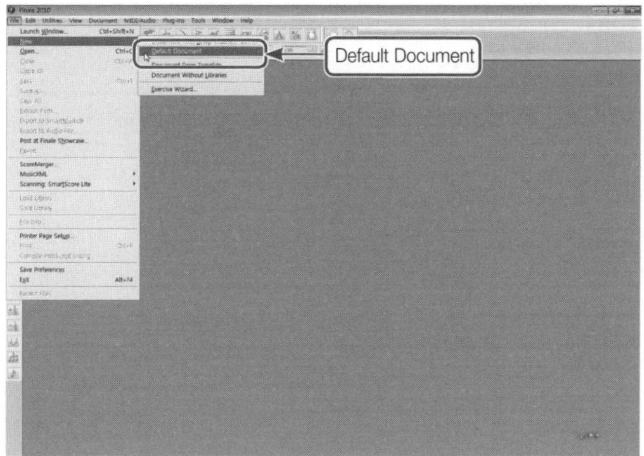

01 박자 표를 입력하거나 편집하는데 사용하는 타임 툴(Time Signature Tool)에 관해서 살펴보겠습니다. File 메뉴의 New에서 Default Document를 선택하거나 Launch Window의 Default Document 버튼을 클릭하여 기본 보표를 만듭니다.

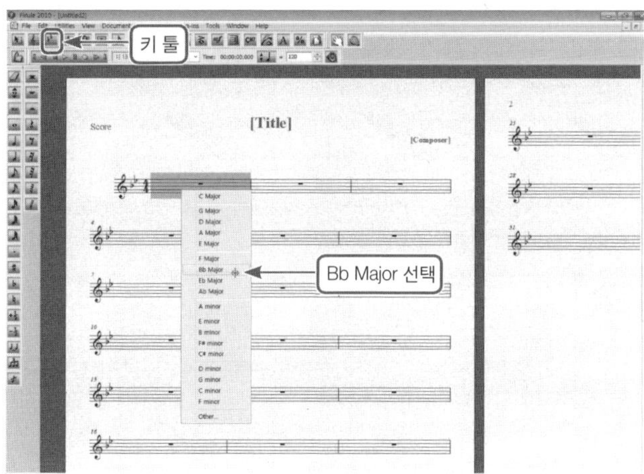

02 키 툴을 선택하고, 첫 마디에서 마우스 오른쪽 버튼을 클릭하여 단축 메뉴를 엽니다. 그리고 Bb Major를 선택합니다.

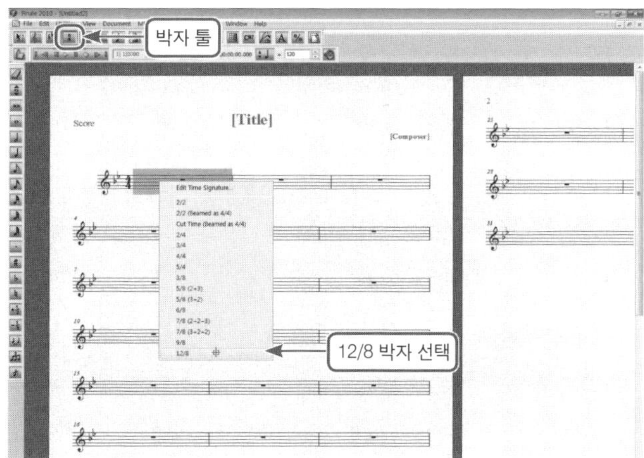

03 박자 툴 버튼을 선택하고, 첫 마디에서 마우스 오른쪽 버튼을 클릭하여 단축 메뉴를 엽니다. 그리고 12/8를 선택합니다.

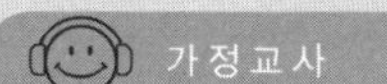
가정교사

실렉션 툴의 단축 메뉴에서 Time Signature를 이용해도 좋습니다.

04 Bb키의 12/8박자 보표를 준비한 것입니다. 예제 악보를 그려 넣거나 부록 CD의 Time_01 파일을 불러옵니다.

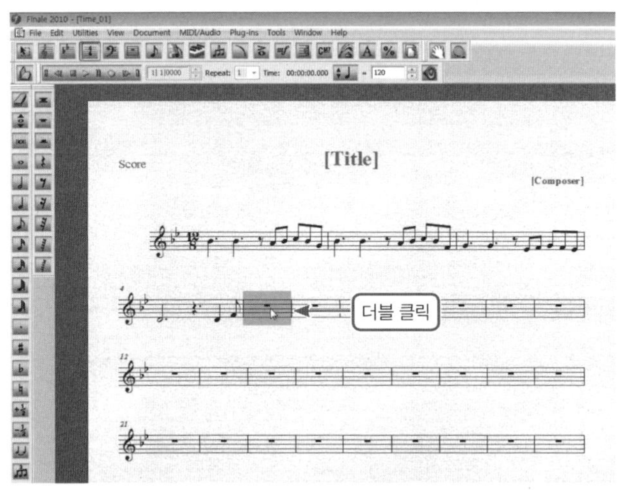

05 5마디의 10/8 박자는 Time Signature 창을 이용하겠습니다. 박자 툴을 선택하고, 5마디를 더블 클릭합니다.

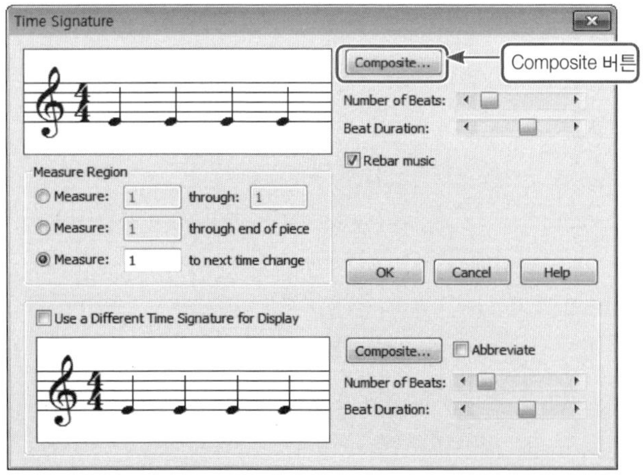

06 박자를 변경할 수 있는 Time Signature 창이 열립니다. 기본 옵션으로는 10/8 박자를 만들 수 없으므로, Composite 버튼을 클릭합니다.

가정교사

실렉션 툴의 단축 메뉴에서 Time Signature의 Edit Time Signature를 선택해도 좋습니다.

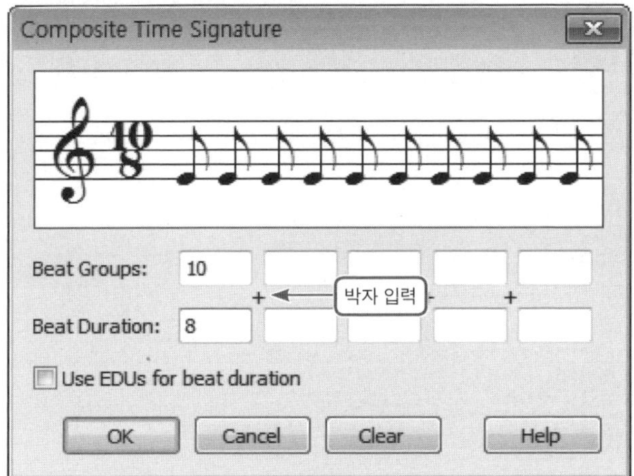

07 혼합 박자를 만들 때 이용할 수 있는 Composite time Signature 창이 열립니다. Beat Groups에서 10을 입력하고, Beat Duration에 8을 입력하여 10/8 박자를 만듭니다.

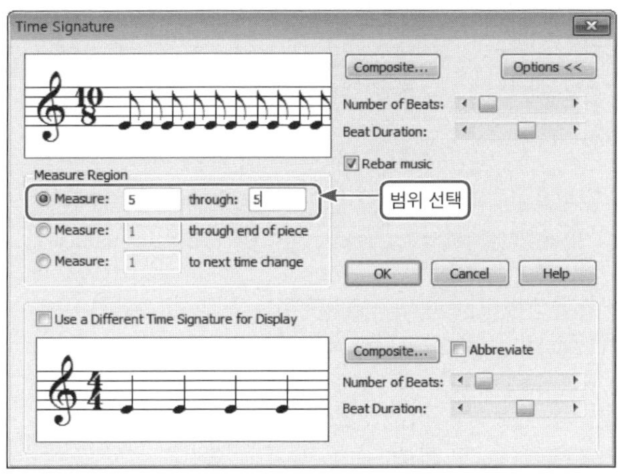

08 10/8박자는 5 마디에서만 표시되게 할 것이므로, Measure 5 through 5 옵션을 선택하고, OK 버튼을 클릭하여 창을 닫습니다.

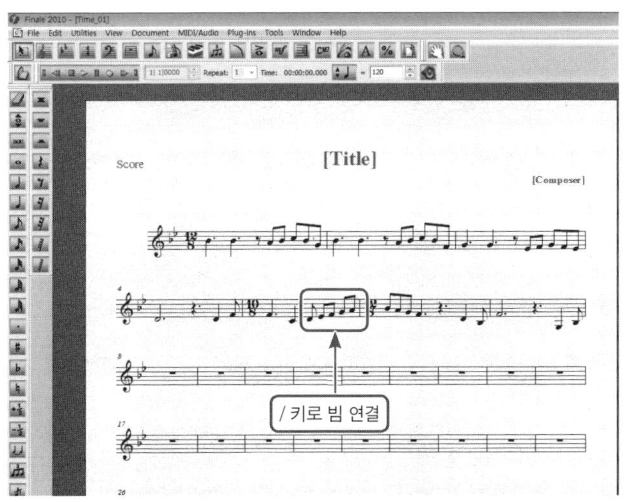

09 나머지 음표를 입력하여 예제 악보를 완성합니다. 5마디의 〈파〉와 〈라〉음을 입력할 때는 문자열의 Z 키를 눌러 빔을 연결합니다. Time Signature Tool을 이용한 박자표의 입력 방법을 살펴보았습니다.

타임 툴(Time Signature Tool)로 마디를 더블 클릭하면 열리는 Time Signature 창의 옵션을 정리합니다.

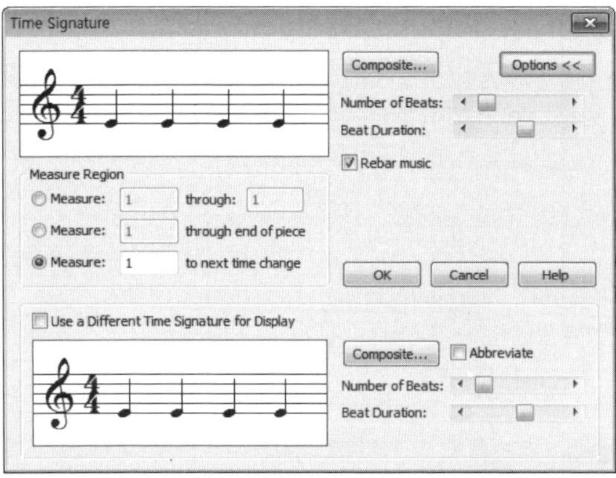

● 디스플레이 창 : 한 마디에 표시되는 박자 수를 나타냅니다. 오른쪽의 Number of Beats 스크롤 버튼을 클릭하여 비트 수를 조정하며, Beat Duration 스크롤 버튼을 클릭하여 박자의 길이를 조정합니다.

● Composite : 디스플레이 창 오른쪽의 Composite 버튼을 클릭하면 혼합 박자 표를 만들 수 있는 Composite Time Signature 창이 열립니다. Beat Groups에서 박자, Beat Duration에서 길이를 설정하고, Use EDUs for beat duration 옵션으로 점 음표의 사용 여부를 결정합니다.

● Measure Region : 박자 표가 표시될 범위를 설정하는 3가지 옵션이 있습니다.
1) Measure(시작) through(끝) : 시작 위치에서 끝 위치까지의 박자를 변경합니다.
2) Measure(시작) through end of piece : 시작 위치에서 곡의 끝까지 변경합니다.
3) Measure(시작) to next time change : 시작 위치에서 박자가 변경되는 위치까지 변경합니다.

● Options : 추가 옵션을 선택할 수 있게 창을 확대합니다.
4/4박자 또는 2/2박자를 C 또는 C로 표시할 수 있는 Abbreviate 옵션을 가지고 있으며, 여기서 설정한 박자표를 악보에 표시하려면 Use ad different time Signature for display 옵션을 체크합니다.

03 음자리표의 입력과 편집

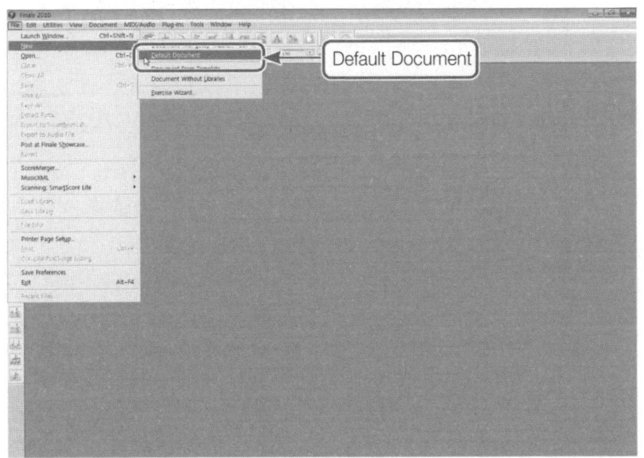

01 음자리표를 입력하거나 편집하는데 사용하는 음자리표 툴(Clef tool)에 관해서 살펴보겠습니다. File 메뉴의 New에서 Default Document를 선택하거나 Launch Window의 Default Document 버튼을 클릭하여 기본 보표를 만듭니다.

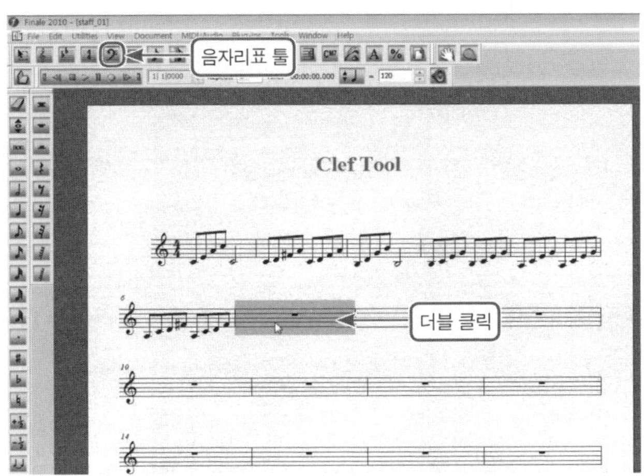

02 예제 악보를 입력하거나 부록 CD의 staff_01 파일을 불러옵니다. 음자리표 툴을 선택하고, 7마디 위치에서 더블 클릭합니다.

가정교사

실렉션 툴의 단축 메뉴에서 Clef를 선택해도 좋습니다.

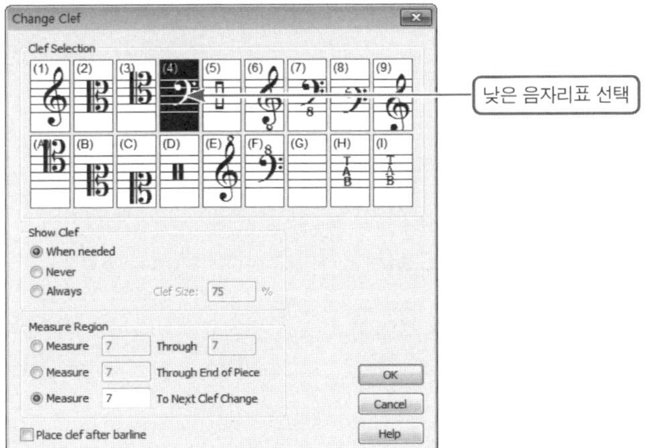

03 음자리표를 변경할 수 있는 Change Clef 창이 열립니다. Clef Selection에서 낮은 음자리표에 해당하는 4번을 선택하고, OK 버튼을 클릭하여 창을 닫습니다.

04 7마디에서부터 낮은 음자리표로 바뀌었습니다. 나머지 음표를 입력하여 예제 악보를 완성합니다. 음자리표의 입력 방법을 살펴보았습니다.

04 음정 조정하기

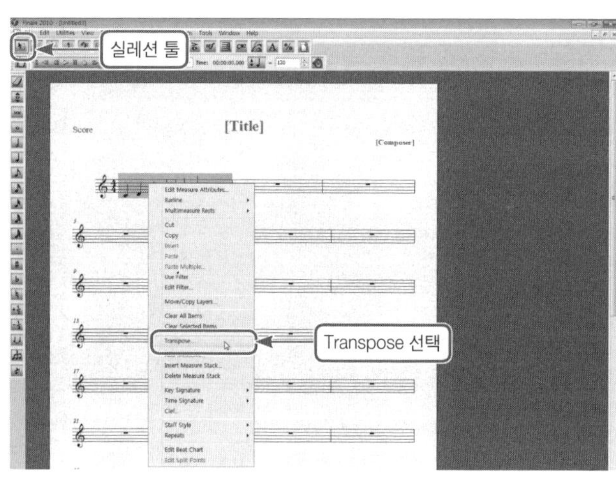

01 음정 조정 옵션을 살펴보겠습니다. 실렉션 툴을 이용하여 음정을 조정할 마디를 선택하고, 단축 메뉴의 Transpose를 선택합니다. 전체 음정을 조정하겠다면, Ctrl+A 키로 전체를 선택합니다.

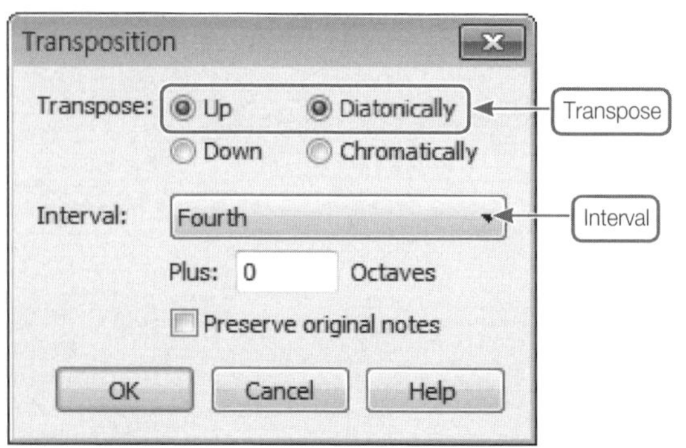

02 Transpose에서 음정을 올리는 Up과 다이아토닉 스케일 간격의 Diatonically 옵션을 선택하고, Interval에서 Fourth를 선택합니다. 음정을 4도 위로 올리겠다는 의미입니다. OK 버튼을 클릭하여 결과를 확인해봅니다.

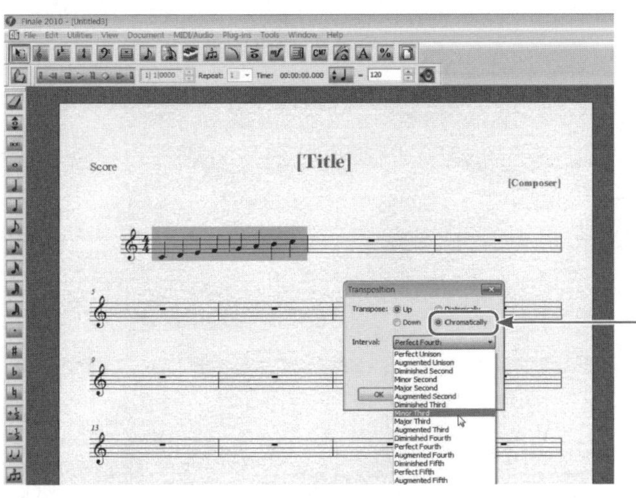

03 Ctrl + Z 키를 눌러 음정 변경을 취소하고, Transpose 창을 다시 엽니다. 이번에는 크로메틱 스케일 간격의 Chromatically 옵션을 선택합니다. Interval 목록이 음정으로 표시됩니다. Major Third를 선택하여 장 3도 올려봅니다.

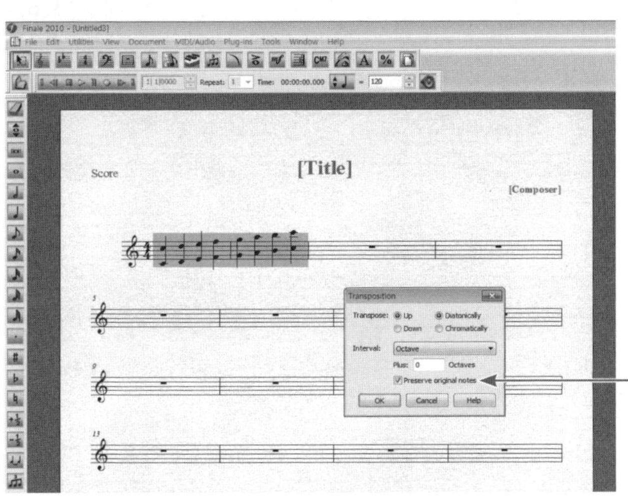

04 Ctrl + Z 키를 눌러 취소하고, Transpose 창을 엽니다. Transpose 옵션은 Up과 Diatonically을 선택하고, Interval에서 Octave 를 선택합니다. 그리고 Preserve original notes 옵션을 체크합니다. 한 옥타브를 복사해서 올리는 것입니다.

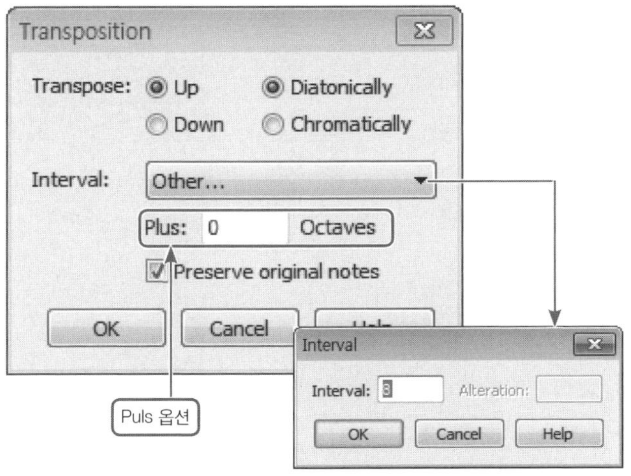

05 Interval 목록의 Other는 음정 변화 값을 입력할 수 있는 창을 열며, 1이 반음입니다. 그리고 Plus 옵션에서 옥타브를 추가할 수 있습니다. 예를 들어 Interval 값이 second 이고, Plus 값이 1이면, 최종 결과는 9도가 변경되는 것입니다.

09

보표의 입력과 편집

일반적으로 File 메뉴의 New에서 Default Document를 선택하거나 런치 창의 Default Docment 버튼을 클릭하여 하나의 보표만 있는 기본 상태로 작업을 진행합니다. 그러면서 필요한 파트를 하나씩 추가하게 되는데, 이것에 관련된 보표 툴(Staff Tool)에 관해서 살펴보겠습니다. 마법사 기능을 이용해서 필요한 보표를 미리 준비한 경우에도 작업 상황에 따라 보표의 위치와 속성을 변경할 필요가 있으므로, 확실하게 익혀두기 바랍니다. 참고로 보표를 추가하고 삭제하는 기본적인 방법들은 Chapter 2에서 살펴보았으므로, 기억나지 않는 분들은 다시 한번 읽어본 후에 학습을 시작합니다.

01 보표의 이동과 정렬

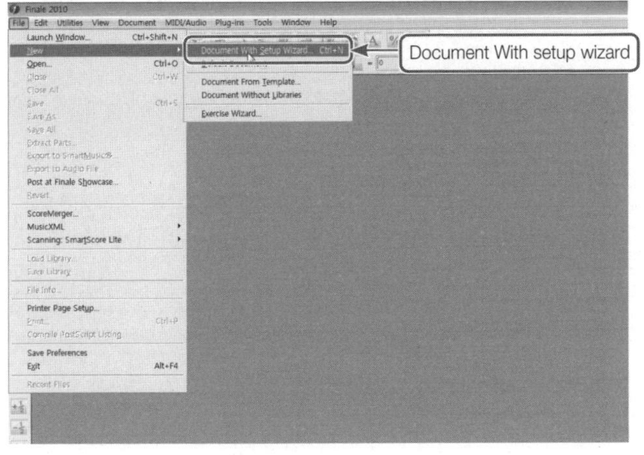

01 보표를 추가하고, 삭제하는 방법들은 Chapter 2에서 살펴보았습니다. 여기서는 보표의 위치를 바꾸고, 간격을 정렬하기 기능을 살펴보겠습니다. File 메뉴의 New에서 Document With Setup Wizard를 선택합니다.

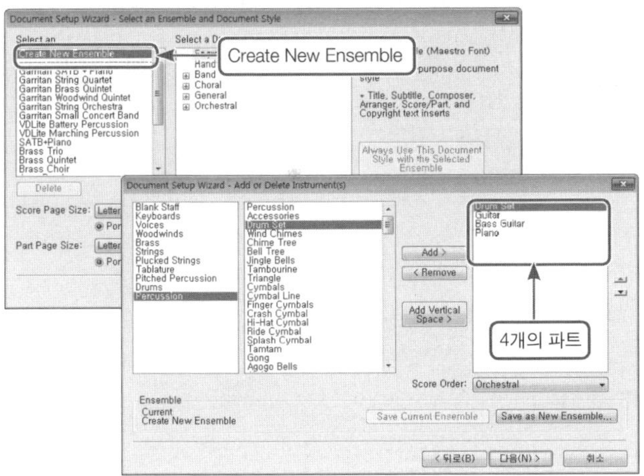

02 Create New Ensemble이 선택되어 있는 상태에서 다음 버튼을 클릭하고, Keyboards의 Piano, Picked strings의 Guitar 와 Bass, Percussion의 Drum Set을 더블 클릭하여 4개의 파트를 만듭니다. 이후의 스코어 정보와 키 설정 항목은 다음 및 마침 버튼을 클릭하여 진행합니다.

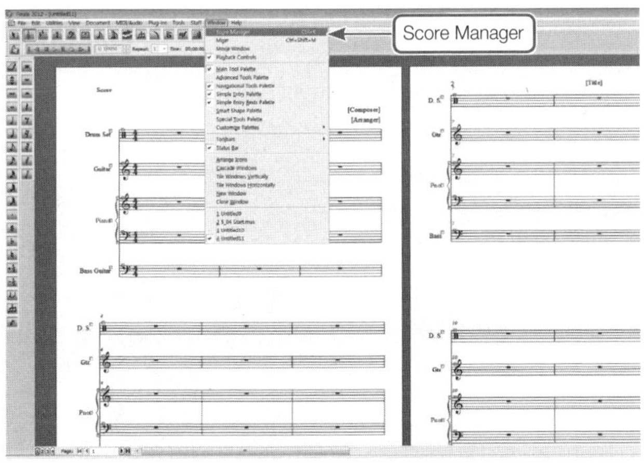

03 파트를 만드는 과정에서 보표의 순서를 변경하지 않았기 때문에 Drum Set 가 가장 위에 있습니다. Window 메뉴의 Score Manager를 선택하여 창을 엽니다.

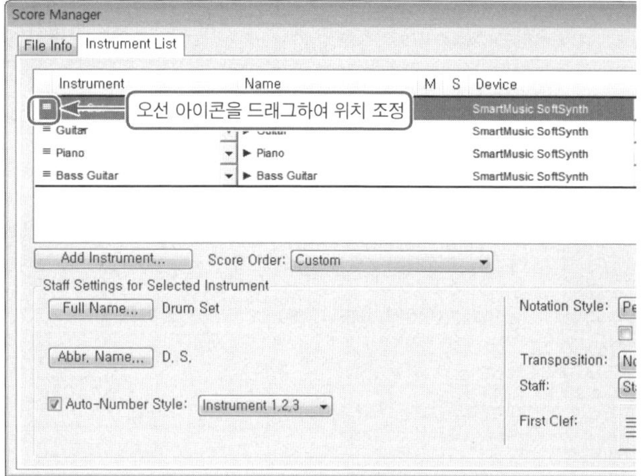

04 Instrument List 탭을 선택하여 열고, Drum Set 이름 왼쪽의 오선 아이콘을 드래그하여 원하는 위치로 배치합니다. 나머지 파트도 같은 방법으로 조정 가능합니다.

05 Drum Set 보표가 아래쪽으로 이동된 것을 확인할 수 있습니다. 보표의 간격은 핸들을 드래그하여 조정할 수 있는데, 조정하는 보표 아래쪽의 것들이 함께 움직입니다. 선택한 보표의 간격만 조정하고 싶다면, Alt 키를 누른 상태로 드래그합니다.

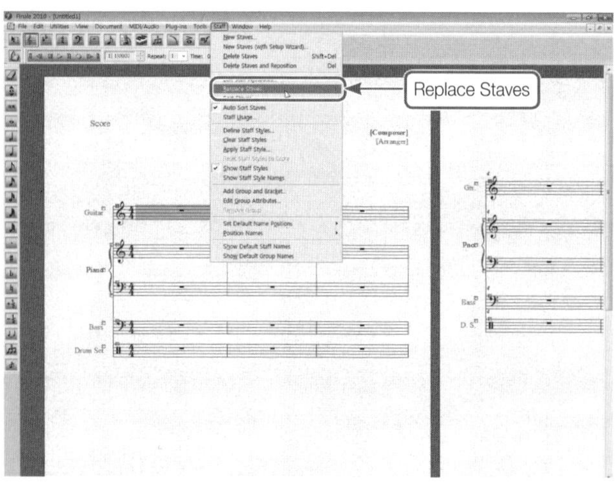

06 마우스 드래그로 조정한 보표의 간격을 일정한 간격으로 깔끔하게 정렬할 필요가 있다면, Staff 메뉴의 Replace Staves를 선택하여 창을 엽니다.

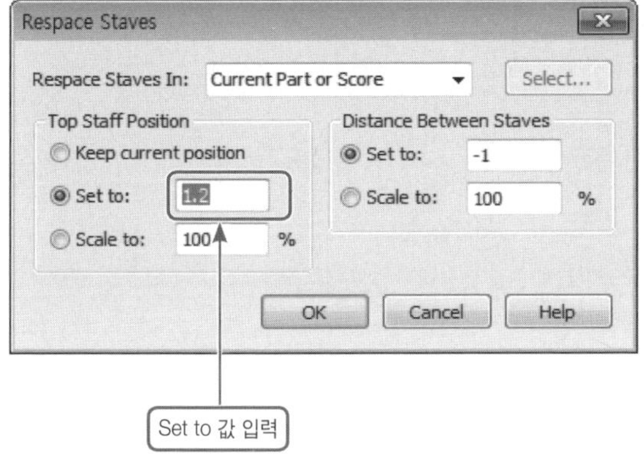

07 보표의 간격을 조정할 수 있는 창이 열립니다. Replace Stave in은 조정할 보표 및 파트를 선택하는 것이고, Top Staff Postion은 가장 위의 보표 위치, Distance Between Staves는 보표의 간격을 조정합니다. Top Staff Postion의 Set to 값을 1.2로 설정하고, OK 버튼을 클릭합니다.

Finale Tip — Staff Attributes 창의 옵션

보표의 속성을 결정할 수 있는 Staff Attributes 창의 옵션을 살펴봅니다. Staff Attributes 창은 보표 툴로 마디를 더블 클릭하거나 Staff 메뉴의 Edit Staff Attributes를 선택하여 열 수 있습니다.

● Stafe Attributes For : 옵션을 적용할 보표를 선택합니다.

● Behaviors : 7가지의 옵션을 제공하며, 각각의 의미는 다음과 같습니다.

1) Allow Optimization : 보표를 최적화 시킵니다.

2) Break bralines between staves : 그룹으로 묶인 보표의 마디 라인을 연결하지 않게 합니다.

3) Break repeat barlines between staves : 그룹으로 묶인 보표의 도돌이표 라인을 연결하지 않게 합니다.

4) Display rests in empty measures : 빈 마디에 온 쉼표를 표시합니다.

5) Flat beams : 빔이 기울어지지 않게 합니다

6) Force Hide Staff : 보표를 화면에 표시하지 않게 하며, 적용될 보표를 메뉴에서 선택합니다.

7) Ignore Key Signatues : 조표가 적용되지 않게 합니다.

● Independent Elements

조표(Key signature), 박자(Time Signature), 음표 머리(Notedead font)의 3가지 옵션을 제공하며, 선택한 것은 독립적으로 사용할 수 있게 합니다.

● Appearance

악보 표기 스타일(Alternate Notation), 음표 머리 모양(Use Note Shapes), 보표의 풀 네임(Full/ Staff Name Positon) 및 단축 네임(Abbr Staff Name Positon)의 위치를 편집할 수 있는 창을 엽니다. 그림은 Alternate Notation의 Settings 버튼을 클릭하여 편집 창을 열어본 것입니다. 각 편집 창의 옵션은 해당 학습 편을 참조합니다.

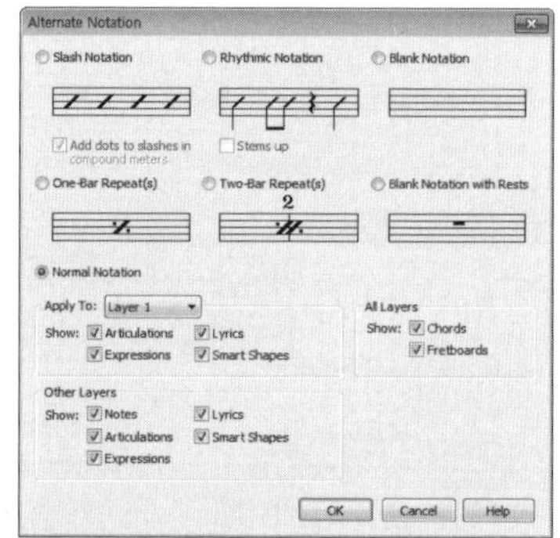

● Items to Display

화면에 표시할 아이템들을 선택합니다. 점음표(Augmentation Dots), 마디 라인(Barlines), 코드(Chords), 음자리표(Clefs), 반복 기호와 문자(Endings and Text repeats), 플랫보드(Fretboards), 조표(Key Signatures), 가사(Lyrics), 마디 번호(Measure Numbers), 도돌이표(Repeat bars), 쉼표(Rests), 보표 라인(Staff Lines), 보표 이름(staff Name in Score), 파트 이름(Staff Name in Parts), 음표의 기(Stems), 붙임줄(Ties), 박자표(Time signatures)의 17가지가 있습니다. 여기서 Stems Settings 버튼을 누르면, 기의 방향과 위치를 조정할 수 있는 창이 열립니다.

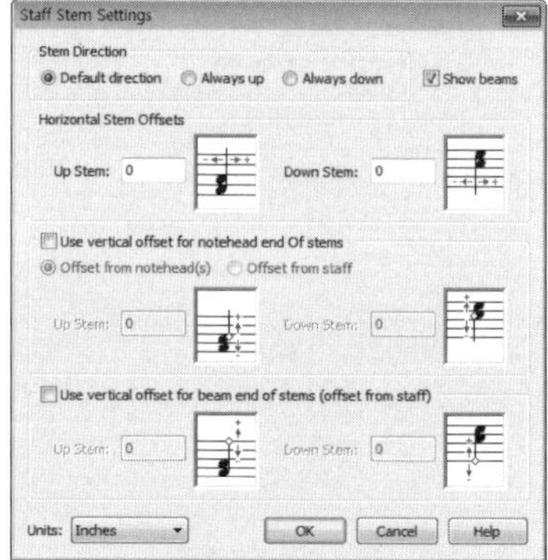

02 보표 스타일

01 이조 악기를 위한 보표, 리듬 악기를 위한 보표 등, 보표 스타일에 관한 내용을 살펴봅니다. 부록 CD의 Style 파일을 불러오고, 보표 툴을 선택합니다. 그리고 시작 위치의 4마디를 마우스 드래그로 선택합니다.

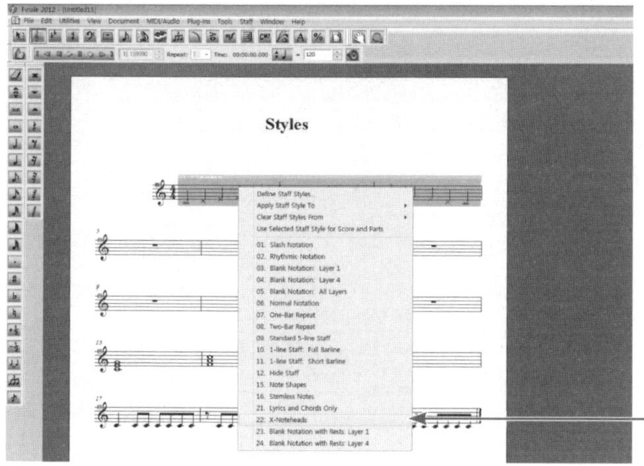

02 선택한 구간에서 마우스 오른쪽 버튼을 클릭하여 단축 메뉴를 열면, 다양한 악보 스타일을 결정할 수 있는 목록을 볼 수 있습니다. 그림은 X-Noteheads를 선택하여 음표 머리를 X 표시로 바꾸고 있습니다.

03 기본적으로 제공되고 있지 않은 스타일은 사용자가 직접 만들어둘 수 있습니다. 단축 메뉴 또는 Staff 메뉴의 Define Staff Styles를 선택합니다.

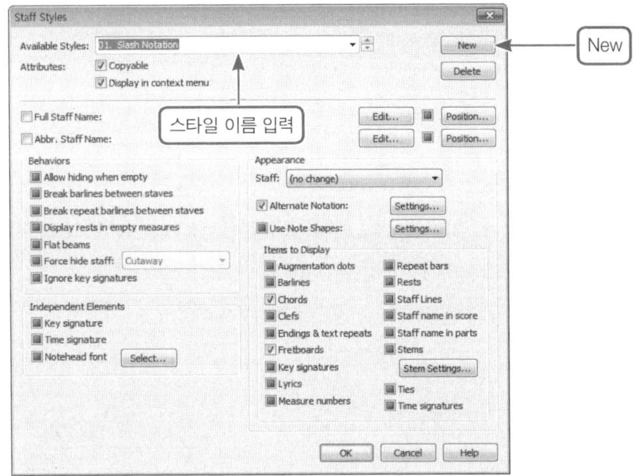

04 New 버튼을 클릭하여 새로운 스타일을 만들고, Available Styles에 이름을 입력합니다. Staff Styles 옵션은 앞에서 살펴본 Staff Attributes와 동일합니다.

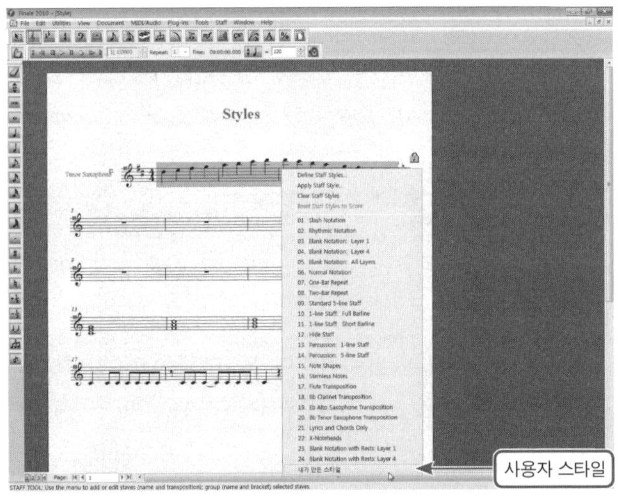

05 보표에서 마우스 오른쪽 버튼을 클릭하여 스타일 목록을 확인해보면, 사용자가 만든 스타일이 추가되어 있는 것을 확인할 수 있습니다.

06 스타일이 적용된 보표에는 회색 라인이 표시됩니다. 인쇄는 되지 않으며, 스타일이 적용되었음을 나타내는 것입니다. 라인을 마우스 오른쪽 버튼으로 클릭하면 스타일을 변경할 수 있는 Edit Staff Style, 스타일을 제거할 수 있는 clear Selected Staff Styles , 선택한 파트에 모두 적용하는 Use Selected Staff 메뉴를 볼 수 있습니다.

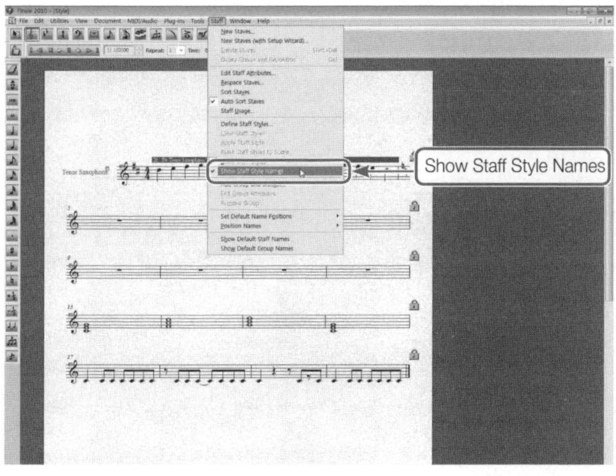

07 보표에 적용한 스타일의 이름과 라인을 표시하고 싶지 않은 경우에는 Staff 메뉴의 Show Staff Styles과 Show Staff Style Names 메뉴를 선택하여 체크 표시를 해제합니다.

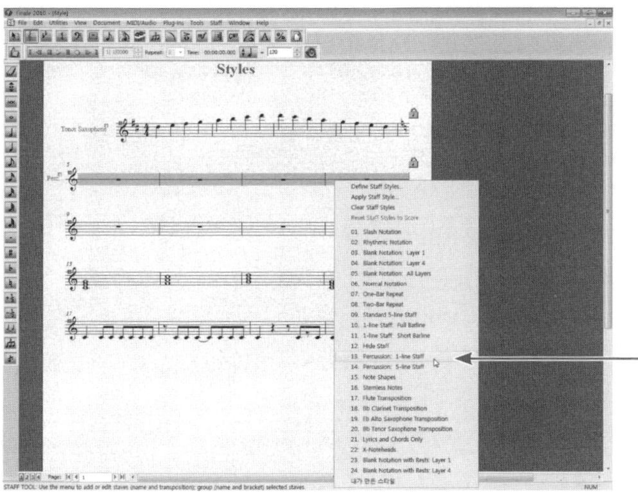

08 봉고, 콩가, 탬버린 등의 라틴 퍼커션은 음의 고저만 표기하면 되는 1-Line 보표를 많이 사용합니다. 5~8마디를 마우스 드래그로 선택하고, 단축 메뉴의 1-line Staff를 선택하면, 간단히 라틴 퍼커션을 위한 1-Line 보표를 만들 수 있습니다.

09 리듬이 반복되는 마디는 일일이 음표를 입력하지 않고, 반복 기호를 표기합니다. 이것 역시 단축 메뉴의 One-Bar Repeat와 Two-Bar Repeat를 선택하여 쉽게 입력할 수 있습니다. 9~12마디에 반복 기호를 넣어봅니다.

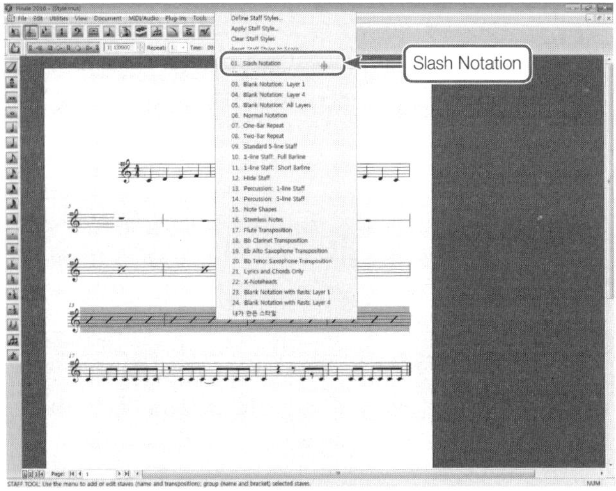

10 코드가 연주되는 리듬 악기의 경우에는 코드 네임과 함께 슬래시 표시를 넣는 경우가 많습니다. 이것도 단축 메뉴의 Slash Notation을 선택하여 만들 수 있습니다. 화음이 입력되어 있는 13~16마디를 슬래시 기호로 바꿔봅니다.

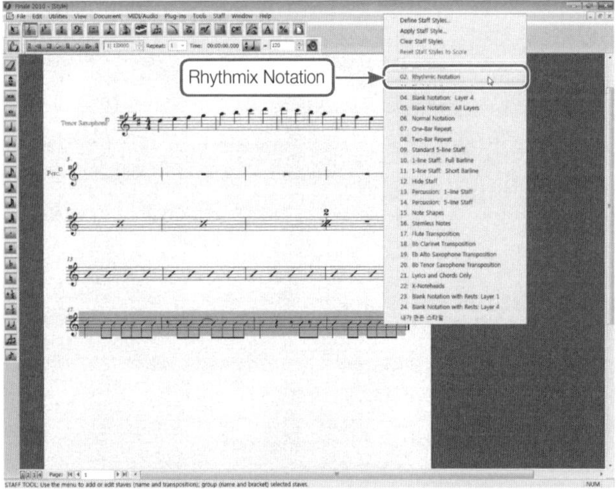

11 마지막으로 17~20 마디를 마우스 드래그로 선택하고, 단축 메뉴의 Rhythmic Notation을 선택해봅니다. 간단하게 리듬 파트의 악보를 만들 수 있습니다. 이처럼 보표 스타일을 이용하면 복잡한 과정 없이 원하는 보표를 쉽게 만들 수 있으므로, 각각의 스타일을 확인해보기 바랍니다.

03 브라켓과 그룹

01 피아노, 바이올린, 비올라 등 같은 계열의 파트는 그룹화시켜 브라켓을 표시하는 것이 일반적입니다. File 메뉴의 New에서 Default Document를 선택하여 기본 보표를 만들고, 보표 툴을 더블 클릭하여 두 개의 보표를 추가합니다.

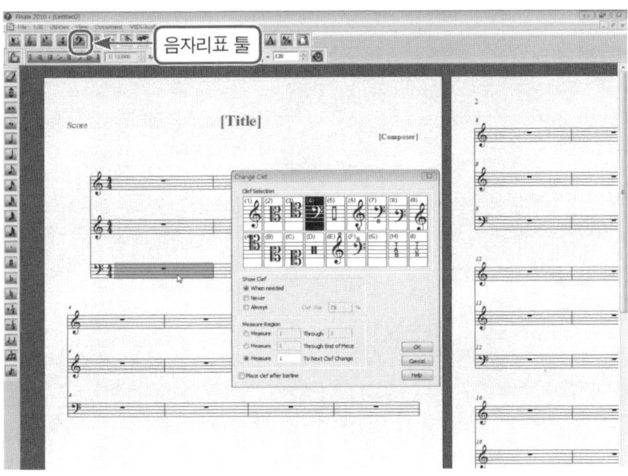

02 보컬과 피아노 파트가 있는 3단 보표를 만들고, 피아노 파트에는 브라켓을 넣을 것입니다. 음자리표 툴을 선택하고, 아래쪽에 있는 보표를 더블 클릭하여 낮은 음자리표로 바꿉니다.

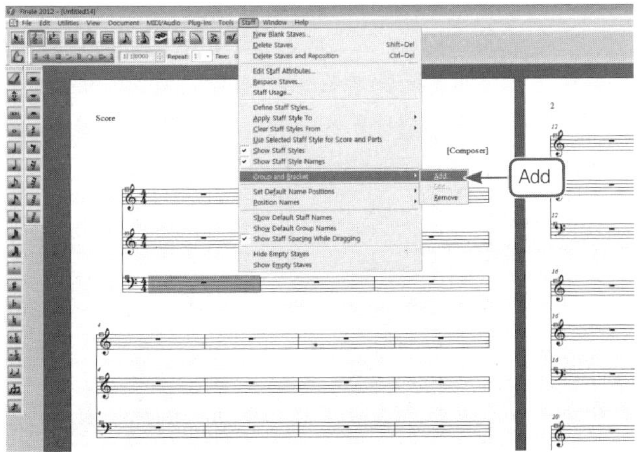

03 Staff 2와 3에 브라켓을 넣을 것입니다. 보표 툴을 선택하고, Staff 메뉴의 Group and Bracket에서 Add를 선택합니다.

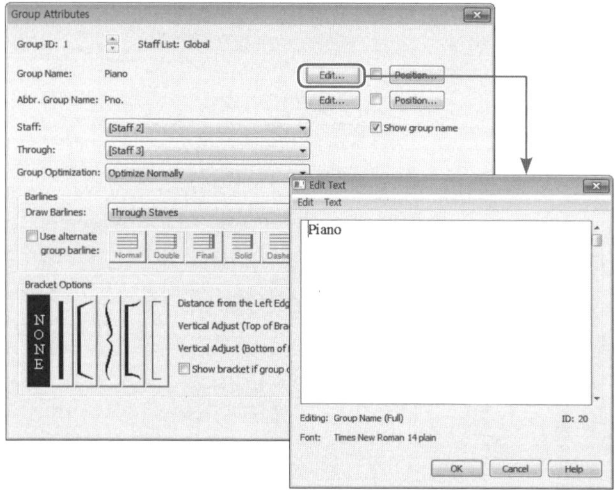

04 그룹 및 브라켓을 설정할 수 있는 Group Attributes 창이 열립니다. Group Name의 Edit 버튼을 클릭하여 Piano라는 그룹 이름을 만듭니다. Piano, Abbr. Group Name은 Pno 라고 입력합니다.

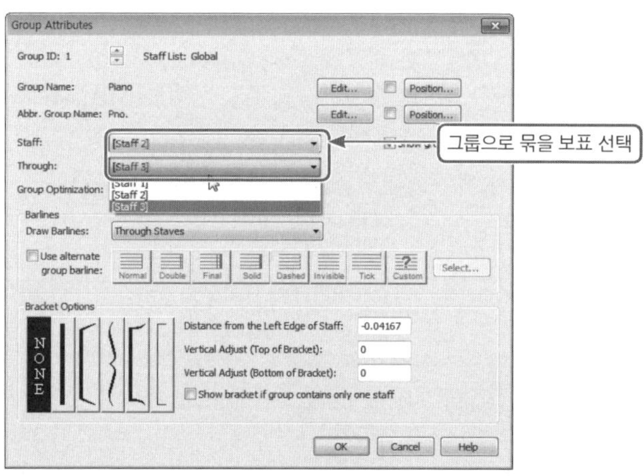

05 Staff에서 Staff 2를 선택하고, Through에서 Staff 3를 선택합니다. 보표 2번에서부터 3번까지를 그룹으로 설정하겠다는 의미입니다.

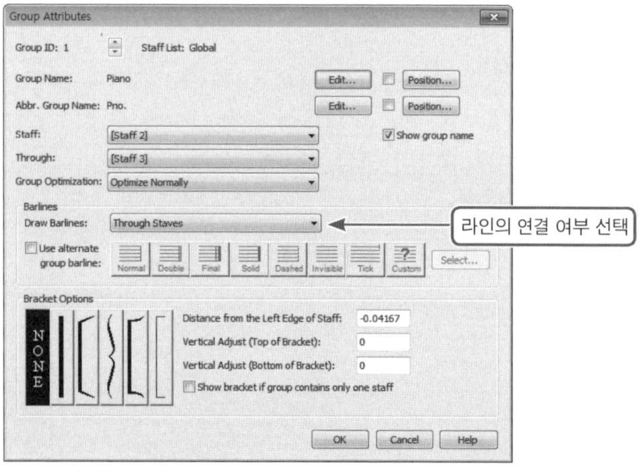

06 그룹으로 묶은 보표의 마디 라인을 연결할 것인지의 여부는 Draw Barlines에서 선택합니다. 일반적으로 Through Staves를 선택하여 연결하며, Use alternate group barline 옵션을 체크하여 사용자가 원하는 스타일의 라인을 만들 수 있습니다.

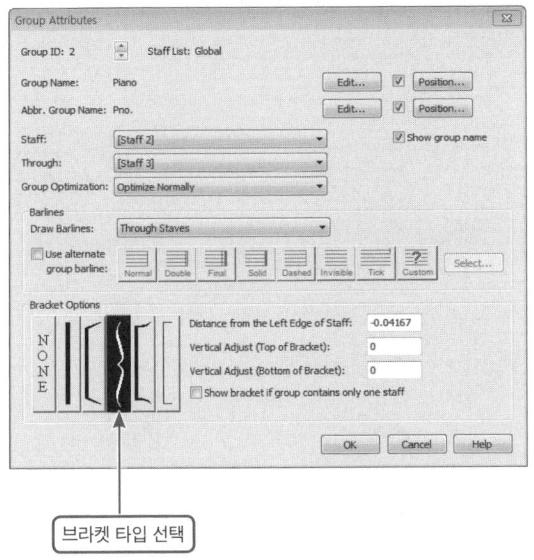

07 Bracket Options에서 브라켓 타입을 선택합니다. 오른쪽의 옵션에서 크기와 위치를 입력할 수 있지만, 필요한 경우에는 브라켓의 핸드를 드래그하여 조정하기 때문에 별 의미는 없습니다. 그리고 Show bracket if group contains only one staff 옵션은 하나의 보표라도 브라켓을 표시하게 하는 것입니다.

08 악보에 표시된 브라켓은 핸들을 드래그하여 위치와 크기를 조정할 수 있고, Delete 키를 눌러 삭제할 수 있습니다. 그리고 핸들을 더블 클릭하면 옵션을 수정할 수 있는 Group Attributes 창이 열립니다.

04 보표 세트

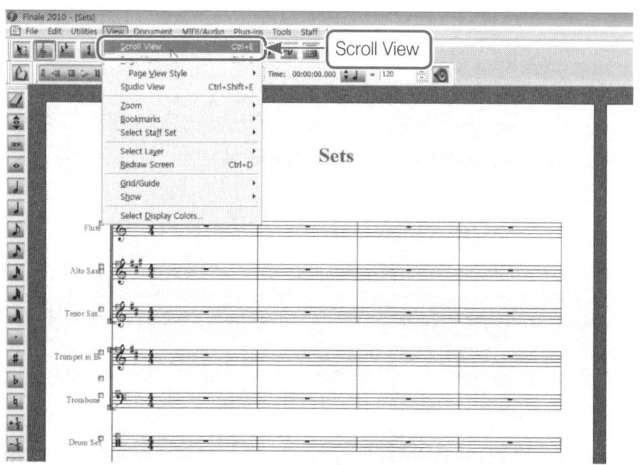

01 많은 보표를 작업할 때는 각 파트 별 세트를 만들어 관리하는 것이 편리합니다. 부록 CD의 Sets 파일을 열고, View 메뉴의 Scroll View를 선택합니다. 세트 기능은 스크롤 뷰 모드에서 이용할 수 있습니다.

02 아래쪽에 Violin 1 에서 Contrabass까지의 5개 보표 핸들을 Shift 키를 누른 상태로 선택합니다. 스트링 세션의 악기 파트를 하나의 세트로 관리할 것입니다. Ctrl 키를 누른 상태로 View 메뉴의 Program Staff Set에서 Staff Set1을 선택합니다.

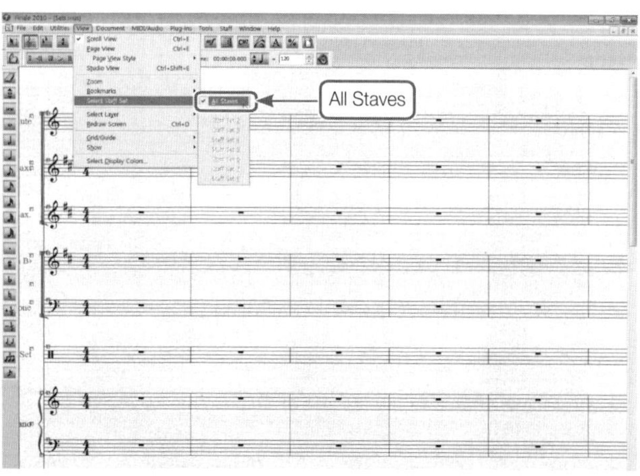

03 선택한 5개의 보표가 Staff Set 1로 설정되면서 화면에서 5개의 보표만 보입니다. View 메뉴의 Select Staff Set에서 All Staves를 선택하여 모든 보표가 표시되게 합니다. Ctrl 키를 누른 상태에서 View메뉴를 열었을 때와 Staff Set 메뉴의 이름이 달라지고 있다는 것에 주의합니다.

04 가장 위에 있는 Flute, Alto Sax, Tenor Sax의 보표 핸들을 마우스 드래그로 선택합니다. 그리고 앞에서와 동일한 방법으로 Ctrl 키를 누른 상태로 View 메뉴의 Program Staff Set에서 Staff Set 2를 선택합니다.

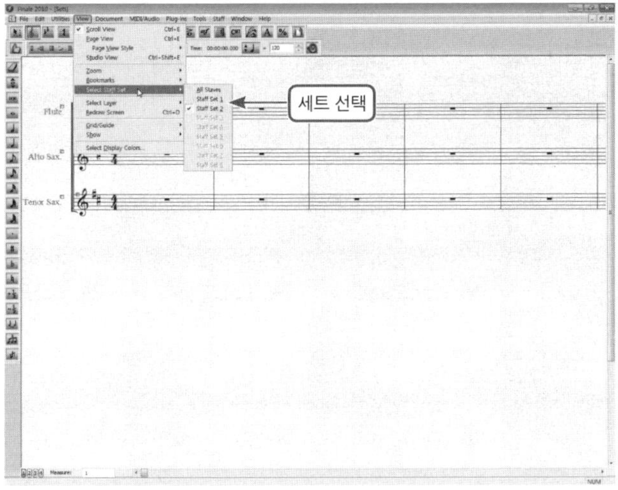

05 두 개의 세트를 만들었습니다. 이제 View 메뉴의 Select Staff Set에서 Staff Set 1을 선택하면 화면에 5개의 스트링 보표만 표시되고, Staff Set 2를 선택하면 Flute, Alto Sax, Tenor Sax의 보표만 표시됩니다. 피날레는 총 8개의 세트를 만들 수 있으며, 많은 보표를 작업할 때, 매우 유용한 기능이 될 것입니다.

10

반복 기호의 입력과 편집

도돌이 표는 물론이고, 곡의 처음으로 되돌아가서 반복 연주하는 다카포(D.C), 𝄋 기호가 있는 위치로 가서 반복 연주하는 달세뇨(D.S), 다카포 및 달세뇨로 반복 연주할 때, 제외되는 범위를 표시하는 ⊕ 코다(Coda) 등의 반복 기호를 만드는 반복 툴(Repeat Tool)에 관해서 살펴봅니다. 피날레는 악보에 입력되어 있는 반복 기호가 실제 연주에 반영되기 때문에 자신이 만든 악보가 잘못되었는지의 여부를 쉽게 체크해 볼 수 있습니다.

01 도돌이표의 입력과 편집

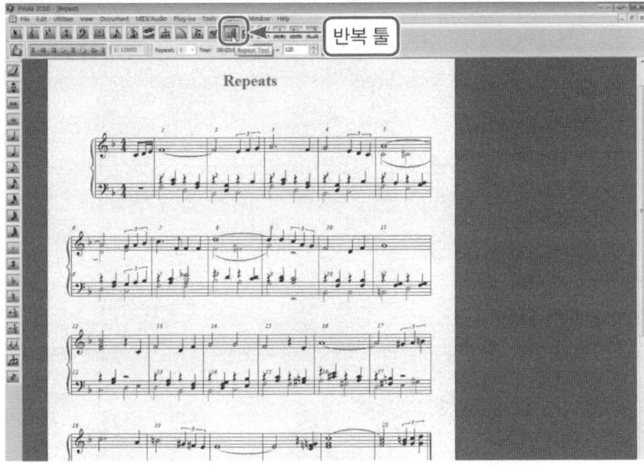

01 다양한 타입의 도돌이표를 입력해보겠습니다. 부록 CD의 Repeat 파일을 불러오고, 반복 툴(Repeat Tool)을 선택합니다.

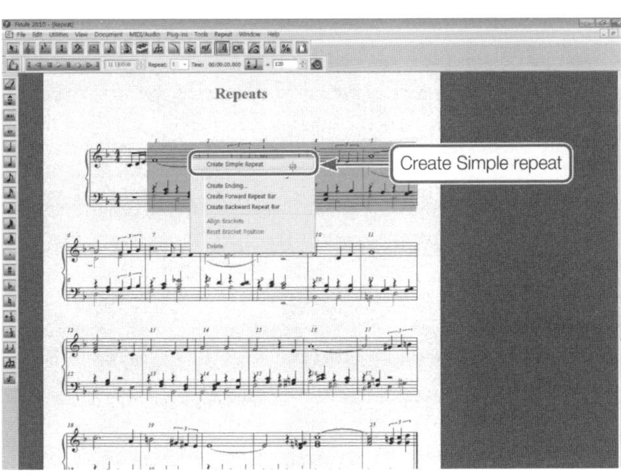

02 1~5 마디를 마우스 드래그로 선택하고, 마우스 오른쪽 버튼을 클릭하여 단축 메뉴를 엽니다. 그리고 Create Simple Repeat를 선택합니다. 선택 구간에 도돌이표가 만들어지는 것을 확인할 수 있습니다.

03 시작 위치로 반복하는 도돌이표를 만들어보겠습니다. Ctrl+Z 키를 눌러 도돌이표의 입력을 취소합니다. 그리고 5마디 위치를 더블 클릭합니다.

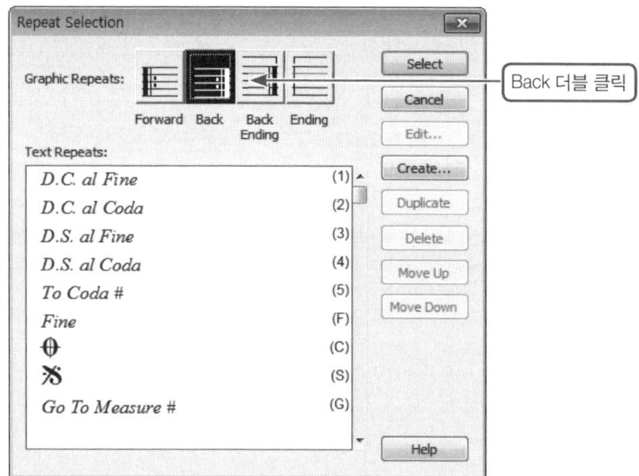

04 다양한 반복 기호를 선택하여 입력할 수 있는 Repeat selection 창이 열립니다. Graphic repeats에서 Back 아이콘을 더블 클릭합니다.

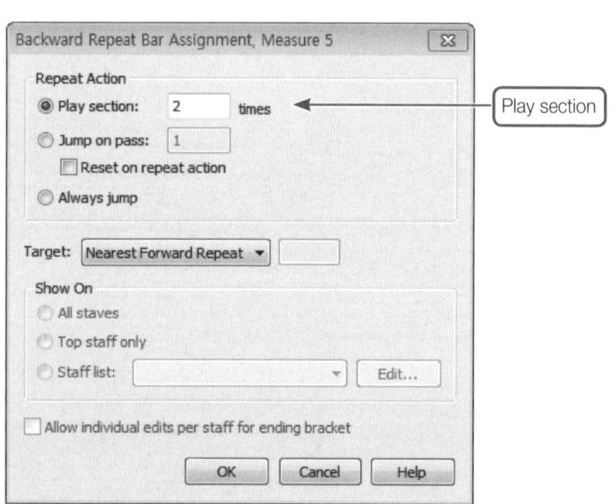

05 반복 횟수를 설정할 수 있는 Backward Repeat Bar Assignment 창이 열립니다. Play section 항목에 2가 입력되어 있는 상태로 OK 버튼을 클릭합니다.

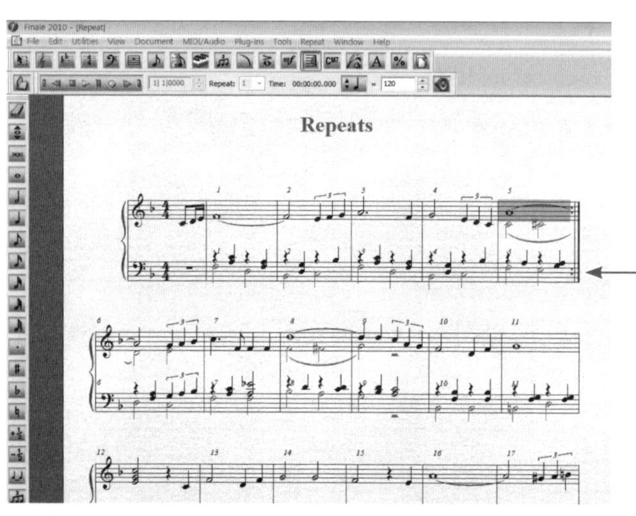

06 선택한 5마디 위치에 도돌이표가 삽입되는 것을 확인할 수 있습니다. Play section을 2로 설정했으므로, 실제 연주에서도 2번 반복됩니다. Ctrl + Z 키를 눌러 취소합니다.

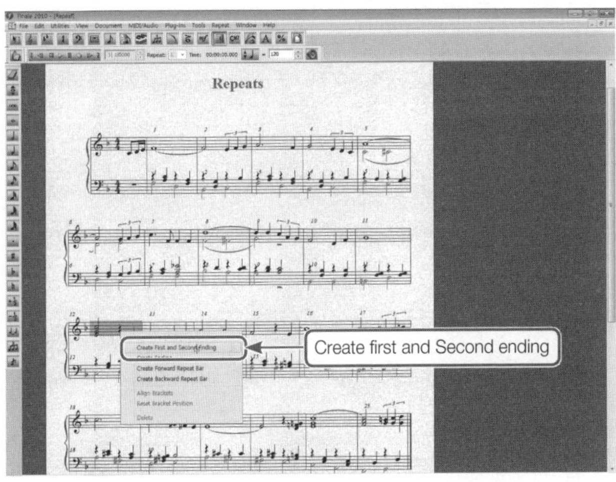

07 12마디 위치에서 마우스 오른쪽 버튼을 클릭하여 단축 메뉴를 열고, Create first and Second Ending을 선택합니다.

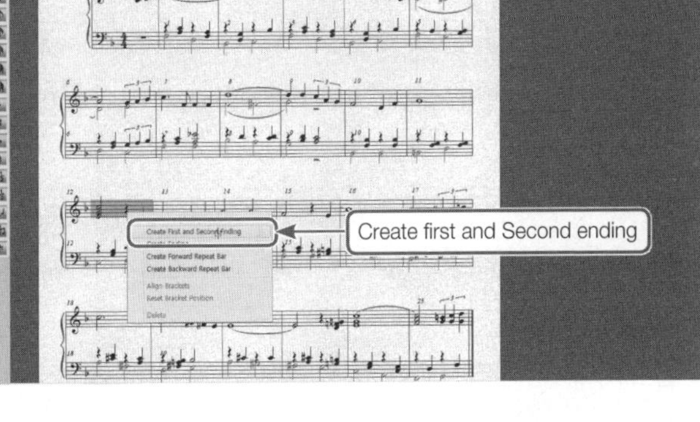

08 엔딩 도돌이표가 만들어졌습니다. 2번 도돌이표의 핸들을 더블 클릭하여 창을 열고, Ending Number를 2,3으로 수정합니다. 그리고 OK 버튼을 클릭합니다.

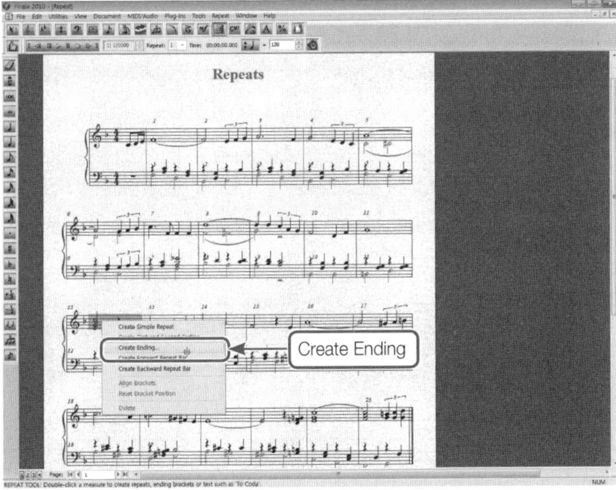

09 엔딩 도돌이표를 하나씩 입력할 수 있습니다. Ctrl 키를 누른 상태에서 Z 키를 두 번 눌러 앞의 작업을 모두 취소합니다. 그리고 12마디를 마우스 오른쪽 버튼을 클릭하여 단축 메뉴를 열고, Create Ending을 선택합니다.

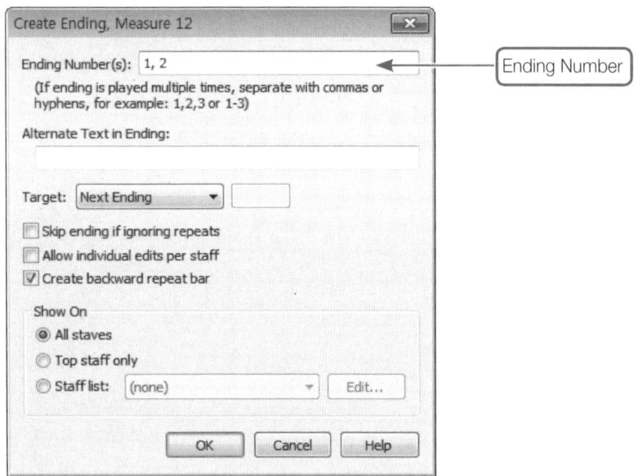

10 엔딩 번호를 입력할 수 있는 창이 열립니다. Ending Number에 1, 2를 입력하고, OK 버튼을 클릭하여 창을 닫습니다.

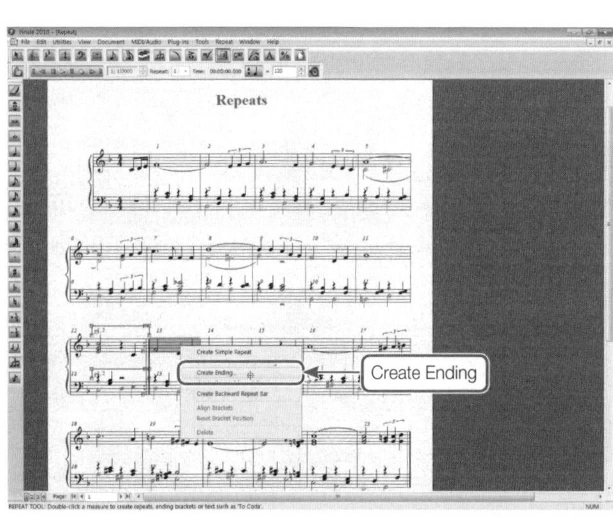

11 12마디에 1,2, 엔딩 도돌이표가 삽입되었습니다. 13 마디를 마우스 오른쪽 버튼으로 클릭하여 단축 메뉴를 열고, Create Ending 을 선택합니다.

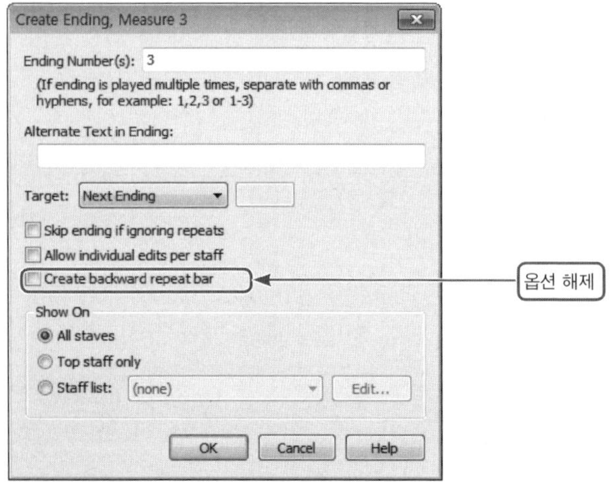

12 Ending Number에 3을 입력하고, 바가 만들어지지 않게 Create Backward repeat ber 옵션을 해제합니다. 그리고 OK 버튼을 클릭합니다.

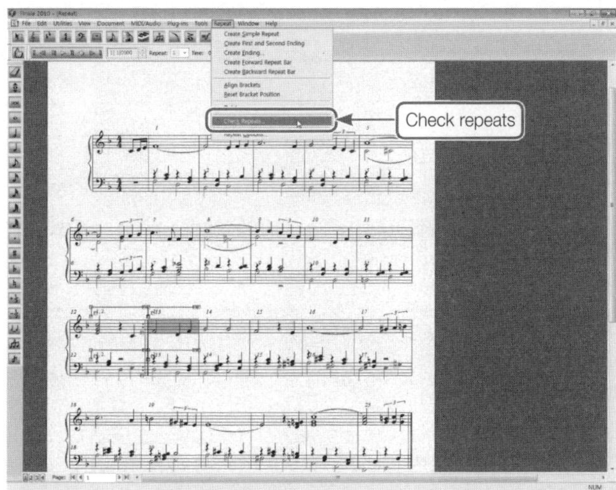

13 가장 흔하게 사용하는 엔딩 도돌이표를 만들어 보았습니다. 피날레는 사용자가 입력한 도돌이표의 위치를 확인할 수 있는 기능을 제공합니다. Repeat 메뉴의 Check repeats를 선택합니다.

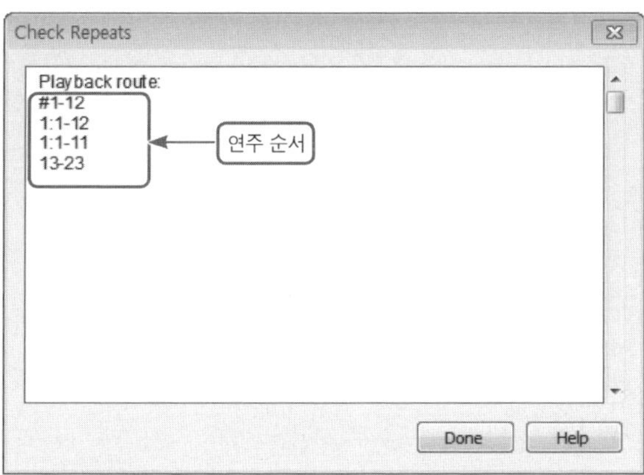

14 도돌이표가 적용된 연주 순서를 확인할 수 있습니다. 많은 페이지의 악보를 만들 때는 도돌이표를 잘못 입력하는 경우가 발생할 수 있으므로, Check Repeats 창을 열어 확인하는 것이 좋습니다.

02 코다의 입력과 편집

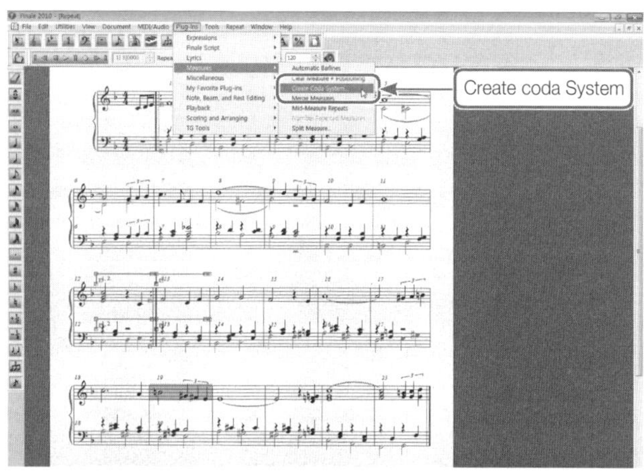

01 달 세뇨(D.S), 다 카포(D.C), 코다(Coda) 등의 기호는 반복 툴로 마디를 더블 클릭하면 열리는 Repeat Selection 창을 이용해서 입력해도 좋지만, 한 번에 처리하는 방법을 살펴보겠습니다. 19마디를 선택하고, Plug-ins 메뉴의 Measures에서 Create Coda System을 선택합니다.

02 Horizontal Space Before Coda 옵션은 코다가 삽입되어 마디가 분리되는 거리를 0.25~2인치 단위로 조정합니다. 최소 단위인 0.25를 입력하겠습니다. 참고로 보표의 맨 앞을 선택한 경우에는 단이 나뉘어져 있으므로, 옵션은 비 활성화 됩니다.

03 선택한 마디에 코다 심볼(Coda symbol)과 coda 문자(Coda Text)를 삽입할 것인지의 유무를 선택할 수 있으며, Create To coda in Measure에는 To Coda가 삽입될 마디 위치를 입력합니다. 실습에서는 Coda Symbol 옵션을 체크하고, to code는 12로 입력하겠습니다.

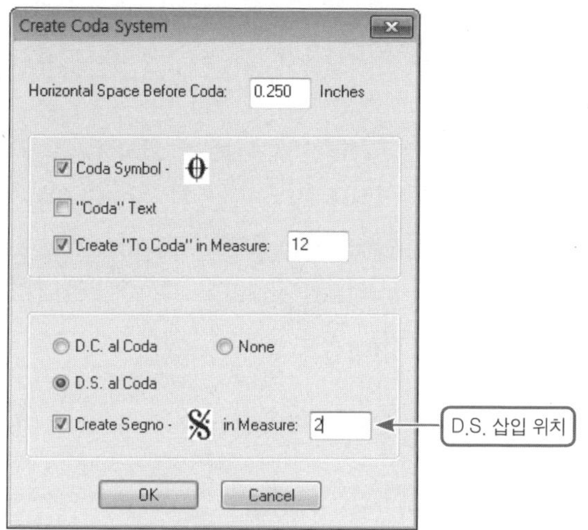

04 코다와 함께 삽입할 달 세뇨 또는 다 카포를 선택합니다. None을 선택하면 코다만 삽입됩니다. D.S al coda를 선택하고, Create Segno에는 2를 입력하여 달 세뇨 심볼이 2 마디 위치에 만들어지게 합니다. 그리고 OK 버튼을 클릭하여 창을 닫습니다,

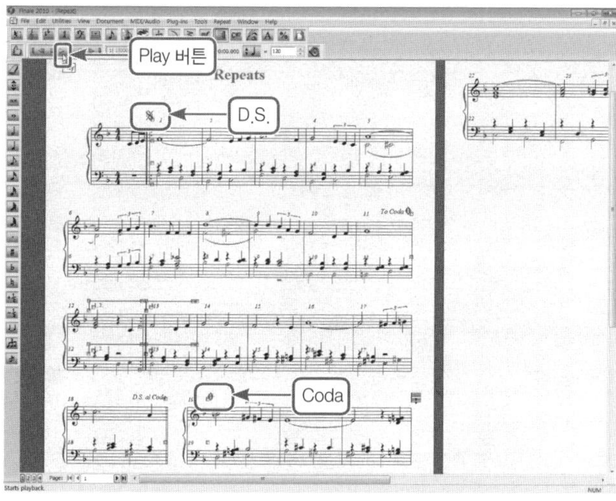

05 달 세뇨 및 코다의 입력을 빠르게 처리할 수 있는 Plug-ins 기능을 살펴보았습니다. 반복 툴로 마디를 더블 클릭하여 Repeat Selection 창을 열고, 기호를 입력하는 것 보다는 편리할 것입니다. 참고로 피날레의 반복 기호는 실제 연주에 적용됩니다. 도구 모음 줄의 Play 버튼을 클릭하여 확인해봅니다.

03 큐 노트 만들기

01 다른 파트의 악기 연주를 표시하여 쉬고 있던 파트의 악기 연주자가 흐름을 놓치지 않게 하는 큐 노트 입력 방법을 살펴봅니다. 부록 CD의 cue 파일을 열고, 실렉션 툴을 선택합니다.

02 Trumpet과 Trombone 연주자는 2마디를 쉬고, 3마디에서부터 연주를 시작합니다. 실제로 더 긴 시간을 쉬고 있었다면, 연주의 흐름을 놓칠 수 있습니다. 큐 노트로 사용할 Violin II 파트의 2마디를 선택하고, Plug-ins 메뉴의 Scoring and Arranging에서 Add Cue Notes를 선택합니다.

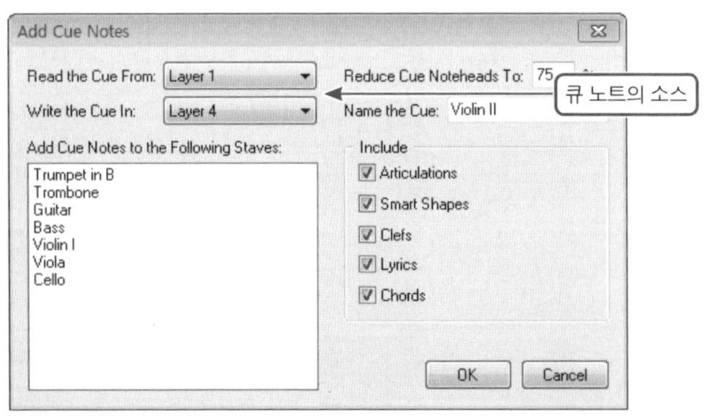

03 Read the Cue From은 선택한 마디에서 가져올 레이어를 선택하는 것이고, Write the Cue in은 큐 노트가 삽입될 레이어를 선택하는 것입니다. Violin II은 Layer 1에만 음표가 입력되어 있으므로, 기본값을 변경할 이유는 없습니다.

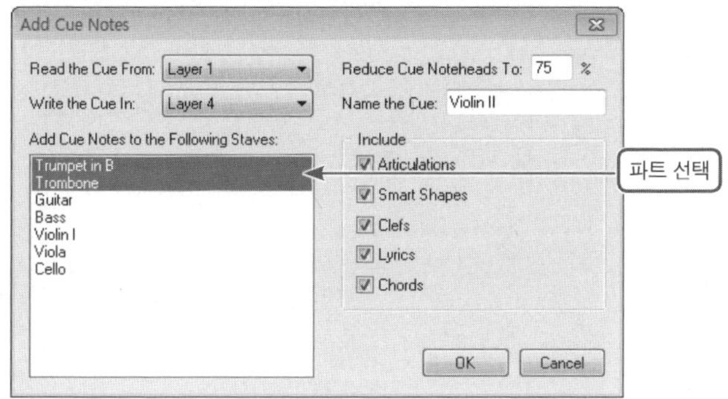

04 Add Cue Notes to the following staves에서 큐 노트가 삽입될 파트를 선택합니다. Trumpet과 Trombone에 삽입하기로 했으므로, 해당 악기의 파트를 [Ctrl] 키를 누른 상태로 선택합니다.

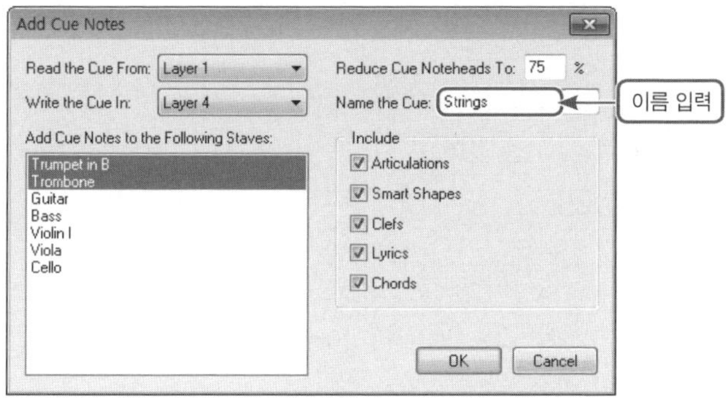

05 Reduce Cue Noteheads to는 큐 노트의 크기를 설정하는 것이고, Name the Cue는 큐 노트의 파트 이름을 입력합니다. 크기는 75%로 두고, 이름은 Strings으로 변경하겠습니다.

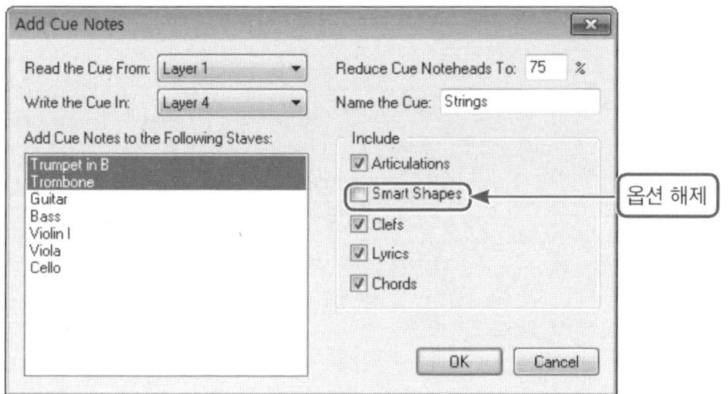

06 Include는 선택한 파트에서 가져올 음표 외에 가져올 기호나 코드, 가사 등을 선택합니다. Smart Shapes 옵션을 해제하여 이음줄을 제외시키겠습니다.

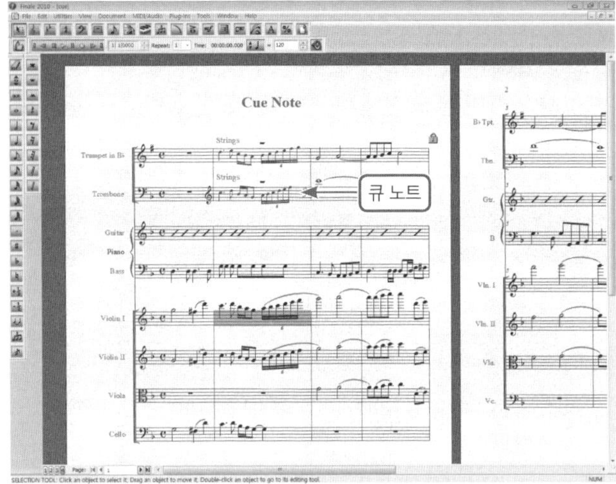

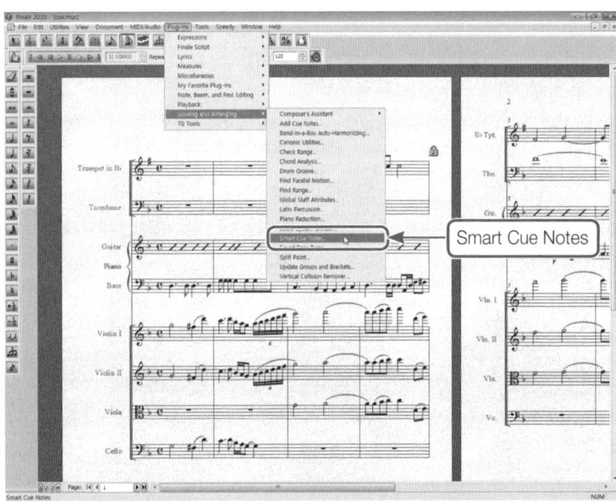

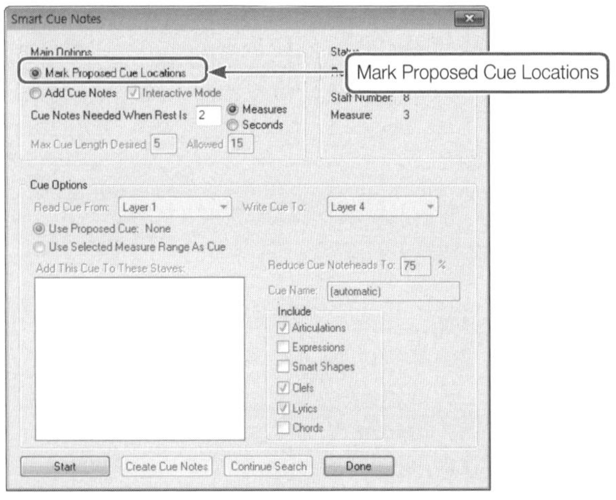

07 OK 버튼을 클릭하여 Add Cue Notes 창을 닫으면, Trumpet과 Trombone 파트에 Violin II 연주가 큐 노트로 삽입된 것을 확인할 수 있습니다.

08 피날레는 많은 페이지의 악보에서 큐 노트를 자동으로 입력할 수 있는 기능도 제공합니다. Ctrl+Z 키를 눌러 앞에서 삽입한 큐 노트를 취소하고, Plug-ins 메뉴의 Scoring and Arranging에서 Smart Cue Notes를 선택합니다.

09 아래쪽의 Cue Options은 Add Cue Notes 창에서 살펴본 것과 동일하므로, Main Options의 역할만 살펴보겠습니다. 먼저 Mark Proposed cue Locations 옵션은 큐 노트가 필요한 위치를 찾아 문자를 입력합니다.

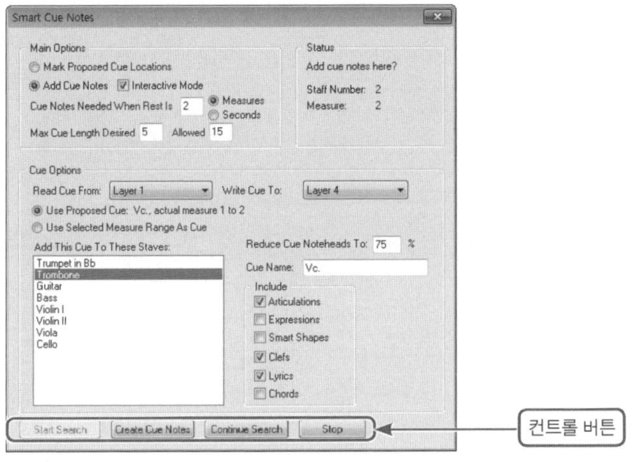

10 큐 노트를 추가할 때는 Add Cue Notes 옵션을 체크합니다. Interactive Mode 옵션을 체크하면, Start Search 버튼으로 큐 노트를 삽입할 위치를 찾고, Create cue Notes 버튼으로 삽입하거나 Continue Search 버튼으로 건너뛰는 과정을 하나씩 할 수 있습니다. 입력을 멈출 때는 Stop 버튼을 클릭합니다.

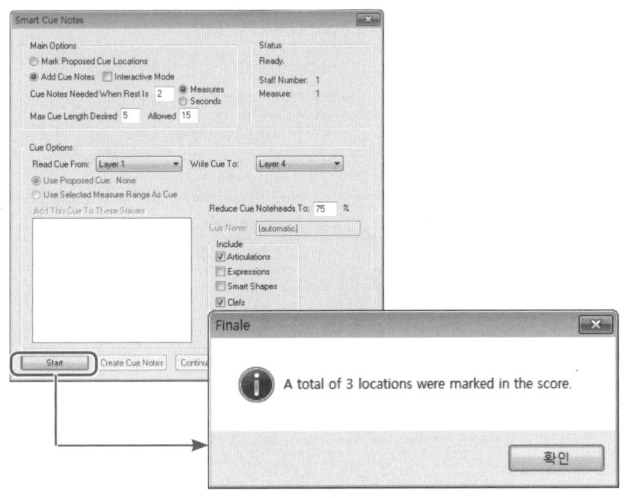

11 Interactive 옵션을 해제하면, Start 버튼을 클릭하여 큐 노트를 한 번에 입력할 수 있습니다. 큐 노트가 삽입된 수를 보여줍니다. 완료 후에는 확인 버튼을 클릭하여 창을 닫습니다. 빠르고, 간단한 방법이지만, 원하지 않는 위치에도 큐 노트가 삽입될 수 있습니다.

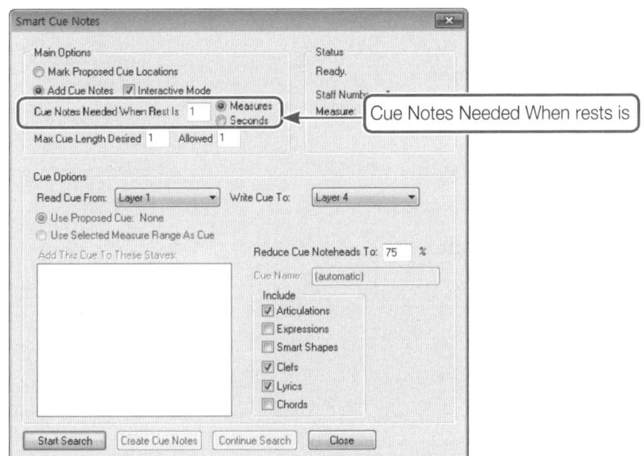

12 Cue Notes Needed When Rests is 에서는 큐 노트가 필요한 파트가 몇 마디(Measures) 또는 몇 초(seconds)를 쉬고 있는 부분인지를 설정합니다. 8을 입력하고, Measures 옵션을 선택하면, 8마디 이상을 쉬고 있는 파트를 찾는 것입니다.

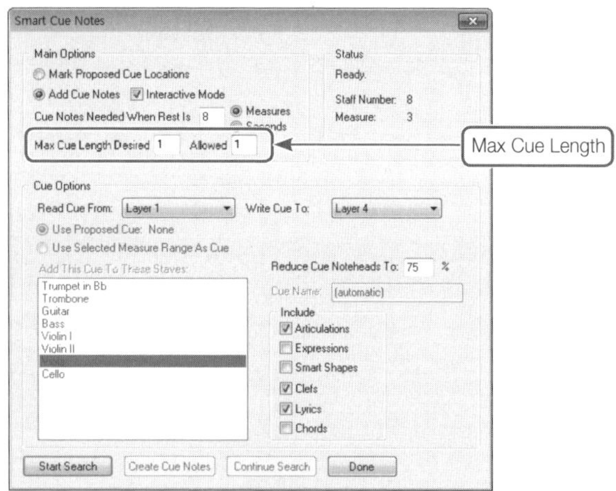

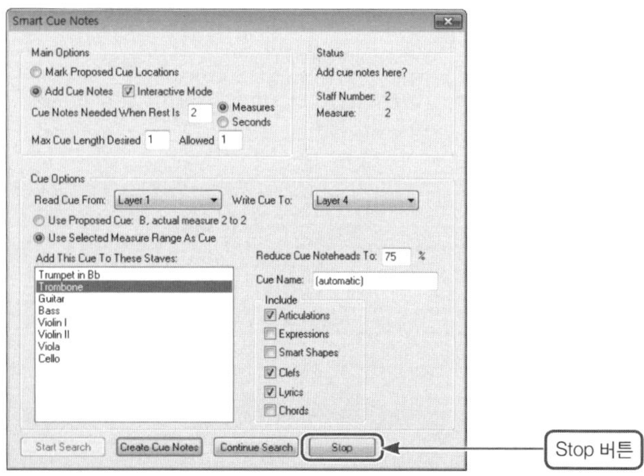

13 Max Cue Length에서는 큐 노트로 사용할 범위(Desired)와 허용 범위(Allowed)를 설정합니다. 이것의 단위는 Cue notes Needed When Rest is에서 선택한 단위로 사용됩니다.

14 Main Options에서 필요한 설정을 마치고, Start Search 버튼을 클릭하면, 큐 노트로 사용될 파트와 큐 노트가 삽입될 파트가 검색됩니다. 큐 노트로 사용될 파트가 사용자가 원하는 것이 아니라면, Use Selected Measure Range As Cue 옵션을 선택하고, 원하는 위치를 직접 선택할 수 있습니다.

15 Create Cue Notes 버튼을 클릭하여 Add This cue to These Staves 목록에서 선택된 파트에 큐 노트를 삽입하거나 Continue Search 버튼을 클릭하여 건너뛸 수 있습니다. 목록에서 큐 노트를 삽입할 파트를 직접 선택해도 좋습니다. 그 외 옵션은 앞에서 살펴본 Add Cue Notes 창과 동일합니다. 검색을 마치겠다면, Stop 버튼을 클릭하고, Close 버튼을 클릭하여 창을 닫습니다.

Finale Tip — Repeat 메뉴의 역할

반복 툴(Repeat Tool)을 선택했을 때 볼 수 있는 Repeat 메뉴의 열할을 정리합니다.

- Create Simple Repeat : 선택한 마디에 도돌이표를 만듭니다.
- Create First and Second Ending : 선택한 마디에 1st 도돌이표가 만들어지고, 그 오른쪽 마디에 2nd 도돌이표가 만들어집니다.
- Create Ending : 엔딩 도돌이표 번호를 입력할 수 있는 Edit Ending 창이 열립니다.
- Create forward Repeat Bar : 선택한 마디 왼쪽에 도돌이표를 만듭니다.
- Create Backward Repeat Bar : 선택한 마디 오른쪽에 도돌이표를 만듭니다.
- Align Brackets : 선택한 마디의 브라켓을 정렬합니다.
- Reset Bracket Position : 조정된 브라켓을 초기 위치로 복구합니다.
- Delete : 선택한 마디의 도돌이표를 삭제합니다.
- Check Repeats : 반복 구간을 한 눈에 체크해 볼 수 있는 Check Repeats 창을 엽니다.
- Repeat Options : 반복 기호에 관한 옵션을 설정할 수 있는 창이 열립니다.

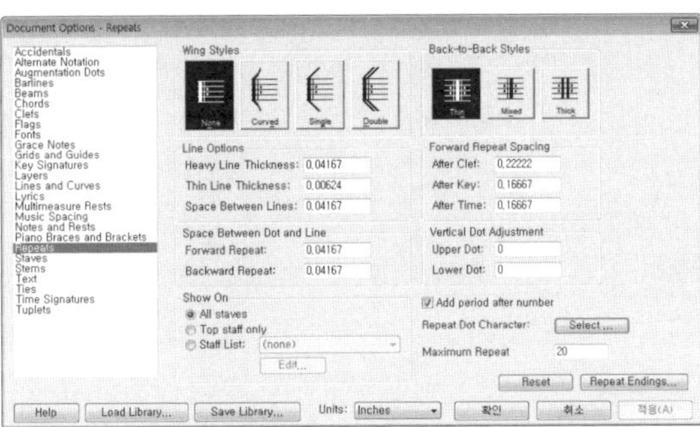

▶ Wing Styles : 도돌이표의 모양을 선택합니다.

▶ Back-to-Back Styles : 겹쳐있는 도돌이표의 모양을 선택합니다.

▶ Line Options : 도돌이표 라인의 굵기 및 간격을 조정합니다.

▶ Space Between Dot and Line : 도돌이표 라인과 점의 거리를 조정합니다.

▶ Show On : 도돌이표의 표시 위치를 선택합니다.

▶ Forward repeat Spacing : 도돌이표와 음자리표, 조표, 박자표와의 거리를 조정합니다.

▶ Vertical Dot Adjustment : 위/아래 점의 위치를 조정합니다.

▶ Add period after number : 도돌이표 숫자에 점을 붙입니다.

▶ Repeat dot character : Select 버튼을 클릭하여 점의 모양을 선택합니다.

▶ Maximum repeat : 도돌이표를 만들 수 있는 최대 값을 설정합니다.

11

아티큘레이션의 입력과 편집

음표의 길이를 반으로 줄여서 연주하라는 의미의 스타카토, 음표의 길이를 충분히 지켜서 연주하라는
의미의 테누토, 음표의 길이를 두 배로 늘려서 연주하라는 의미의 페르마타, 두 음을 미끄러지듯이 연
결해서 연주하라는 의미의 글리산도, 특정 음을 강하게 연주하라는 의미의 액센트 등, 작/편곡한 곡을
연주자에게 정확히 전달하기 위해서 꼭 표기해야 할 것 중 하나가 아티큘레이션입니다. 아티큘레이션
을 입력하고 편집하는 역할의 아티큘레이션 툴(Articulation Tool)에 관해서 살펴보겠습니다.

01 아티큘레이션 입력하기

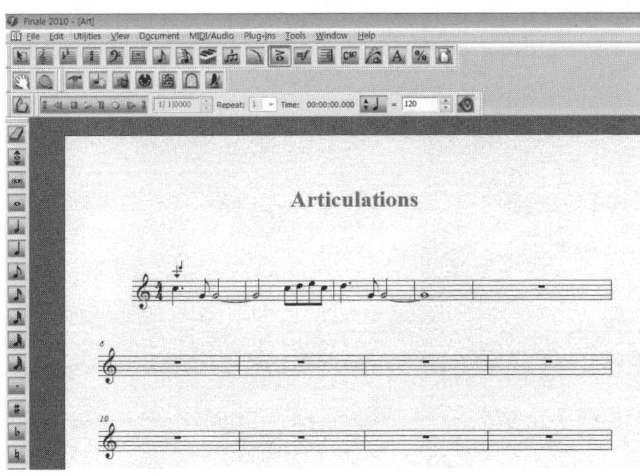

01 부록 CD의 Sample 폴더에서 Art 샘플 파일을 불러옵니다. 간단한 악보이므로, 직접 예제 악보를 만들어 실습을 진행하는 것이 좋습니다.

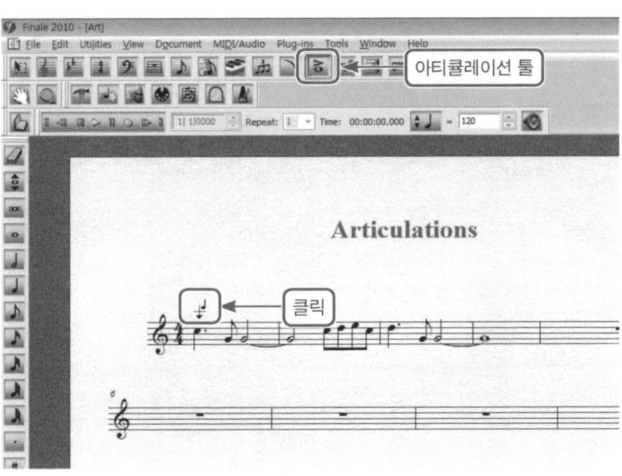

02 아티큘레이션 툴(Articulation Tool)을 선택하고, 기호를 입력할 첫 번째 음표 위 또는 아래쪽에 마우스를 가져가면, 포인트의 모양이 검정색 화살표로 변합니다. 그곳에서 마우스를 클릭합니다.

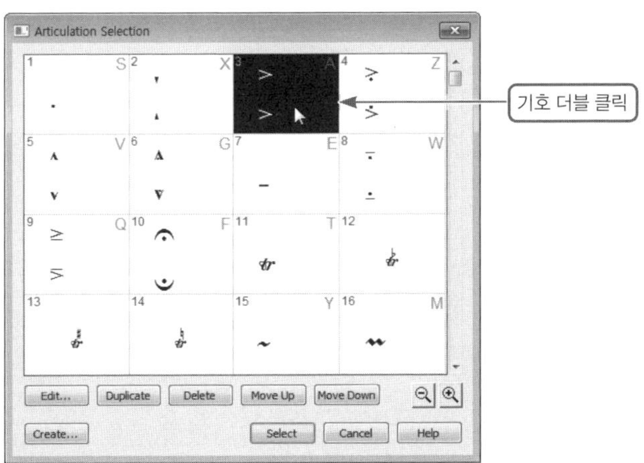

03 Articulation Selection 창이 열립니다. 이곳에서 입력할 기호를 더블 클릭해도 좋고, 기호를 선택한 후에 Select 버튼을 클릭해도 좋습니다. 그림에서는 3번의 액센트 기호를 더블 클릭하고 있습니다.

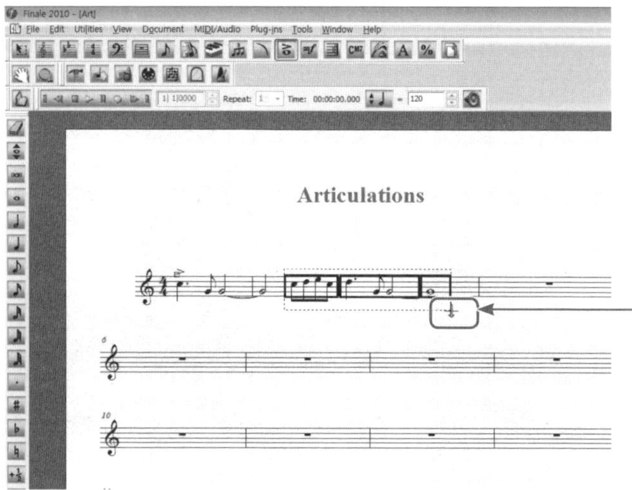

드래그로 선택

04 첫 번째 음표에 액센트 기호가 삽입됩니다. 이번에는 여러 음표에 동시 삽입하는 방법을 살펴보겠습니다. 마우스 드래그로 두 번째 마디의 세 번째 박자부터 마지막까지 선택합니다.

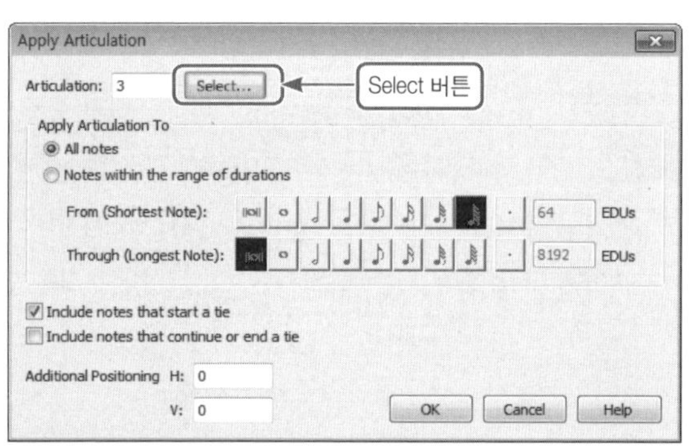

Select 버튼

05 Apply Articulation 창이 열립니다. Articulation Selection 창에서 보았던 번호를 기억하고 있다면, Articulation 항목에 입력하면 되지만, 아직은 외우고 있지 못할 것이므로, Select 버튼을 클릭합니다.

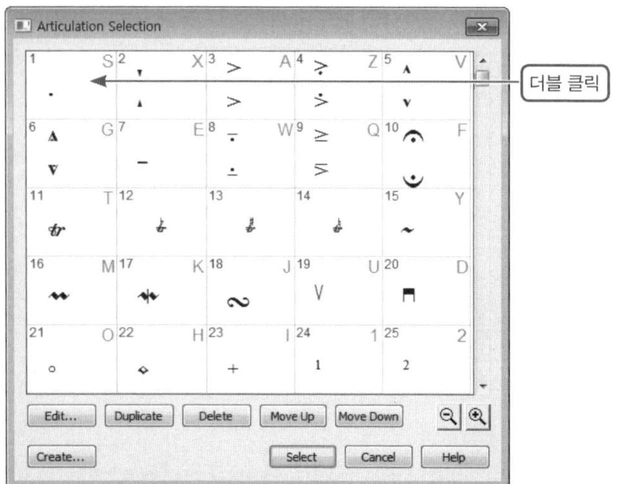

더블 클릭

06 Articulation Selection 창이 열립니다. 1번의 스타카토 기호를 더블 클릭합니다. Apply Articulation 창의 Articulation 항목에 1번을 입력하면 스타카토가 선택되는 것이지만, 애써 외울 필요는 없습니다.

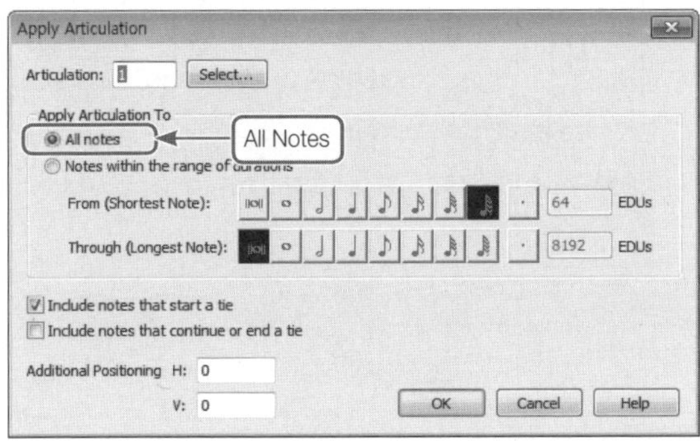

07 Apply Articulation To 항목에는 All Notes 옵션이 선택되어 있습니다. 즉, 선택한 모든 음표에 스타카토를 붙이는 것입니다. OK 버튼을 클릭하여 적용합니다.

08 선택한 노트에 스타카토가 입력된 것을 확인할 수 있습니다. Apply articulation 창의 Apply Articulation to 옵션을 살펴보기 위해서 Ctrl + Z 키를 눌러 취소합니다. 그리고 앞에서와 동일한 범위의 음표들을 선택합니다.

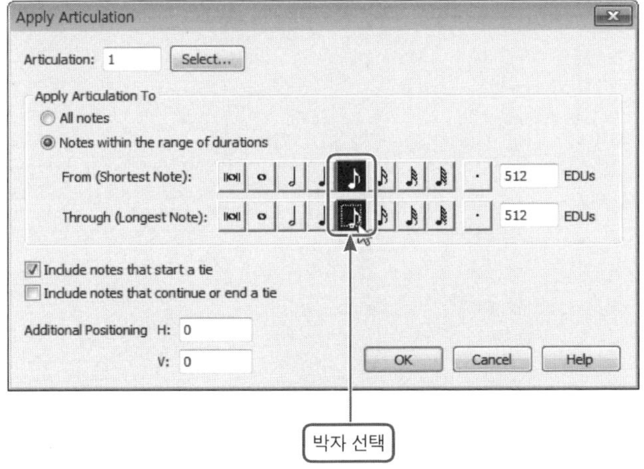

09 이번에도 스타카토를 입력할 것이므로, Articulation 항목이 1인 상태로 둡니다. 그리고 Notes within the range of durations 옵션을 선택하고, From과 Through에서 반 박자 음표를 선택합니다. 선택한 음표들 중에서 반 박자에 해당하는 음표에만 스타카토를 붙이겠다는 의미입니다.

10 OK 버튼을 클릭하여 창을 닫으면, 앞에서 선택한 음표들 중에서 반 박자에 해당하는 음표에만 스타카토가 붙은 것을 확인할 수 있습니다. Apply Articulation To 옵션을 이용하면, 보다 효율적인 사용이 가능할 것입니다.

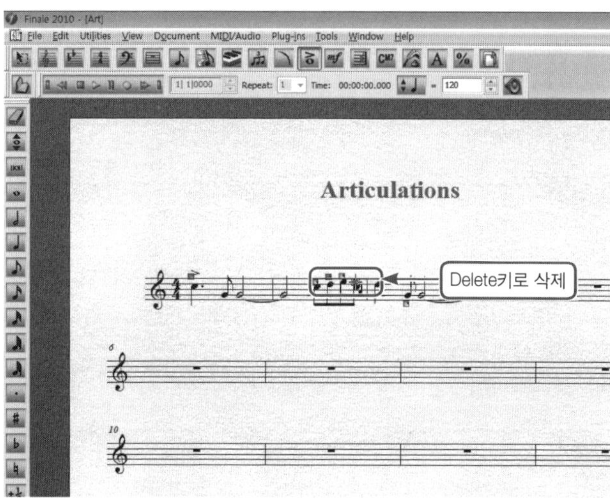

11 아티큘레이션을 삭제할 때는 핸들을 클릭하여 선택하고, Delete 키를 눌러도 좋고, Delete 키를 누른 상태에서 핸들을 선택해도 좋습니다. 두 개 이상의 아티큘레이션을 선택할 때는 근접한 것은 마우스 드래그, 떨어져 있는 것은 Shift 키를 누른 상태로 선택합니다.

02 메타 툴 이용하기

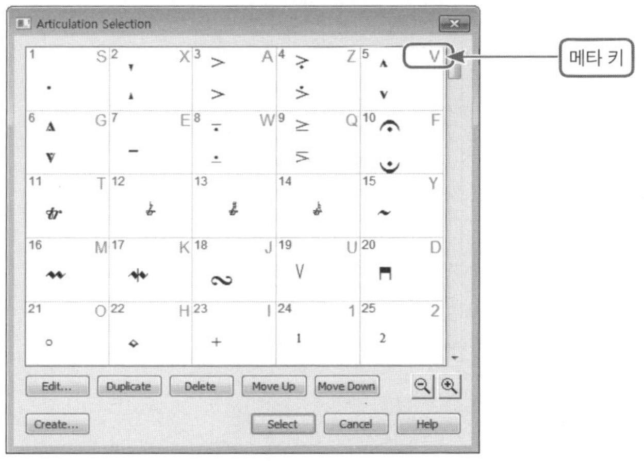

01 메타 툴은 단축키를 이용하여 아티큘레이션을 빠르게 입력할 수 있는 기능을 말합니다. 아티큘레이션을 입력할 때 열었던 Articulation Selection 창을 보면, 각 기호의 오른쪽 상단에 단축키가 표시되어 있는 것을 확인할 수 있습니다.

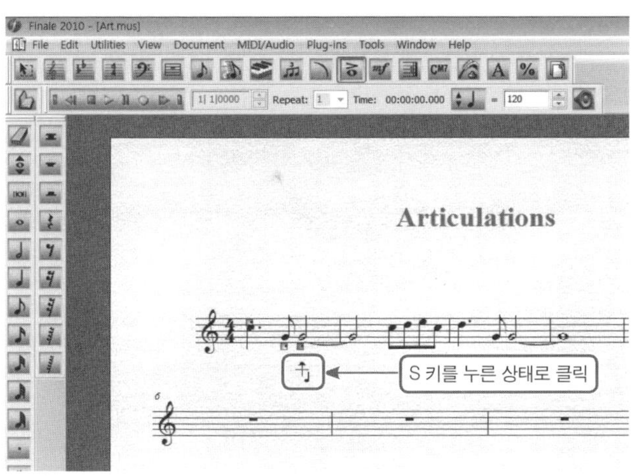

02 이것이 메타 툴을 이용하기 위한 단축키 입니다. S로 표기되어 있는 스타카토를 예로 든다면, Articulation Selection 창을 열어 스타카토 기호를 더블 클릭하는 입력하는 대신에, S 키를 누른 상태에서 음표를 클릭하거나 드래그하는 동작만으로 스타카토 기호를 붙이는 것입니다.

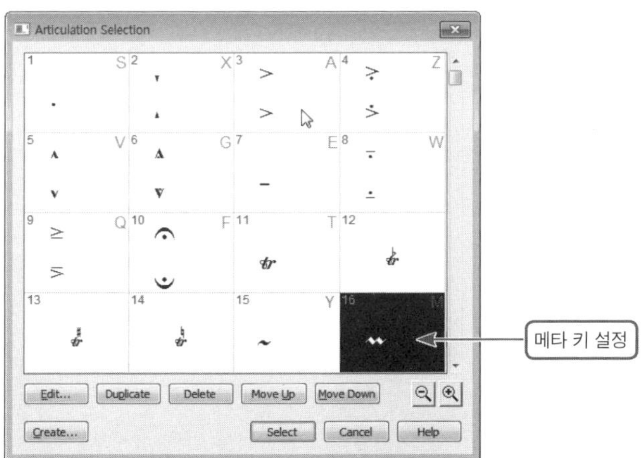

03 메타 툴의 단축키는 사용자가 기억하기 쉬운 것으로 바꿀 수 있습니다. Shift 키를 누른 상태에서 원하는 키를 눌러 Articulation Selection 창을 엽니다. 그리고 원하는 기호를 더블 클릭으로 선택하면, 해당 기호의 단축키가 Shift 키와 함께 눌렀던 키로 바뀝니다.

03 아티큘레이션의 위치 조정

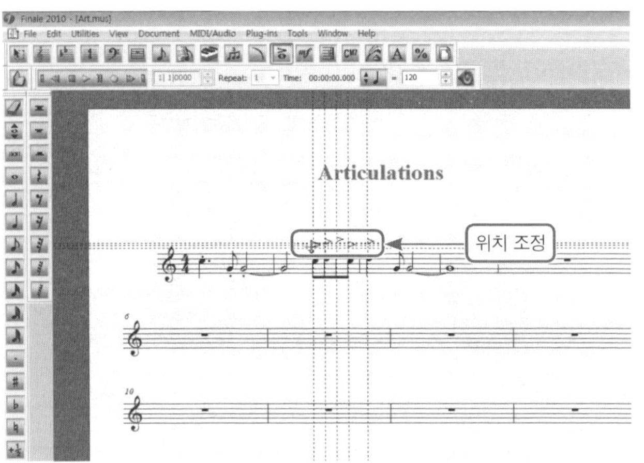

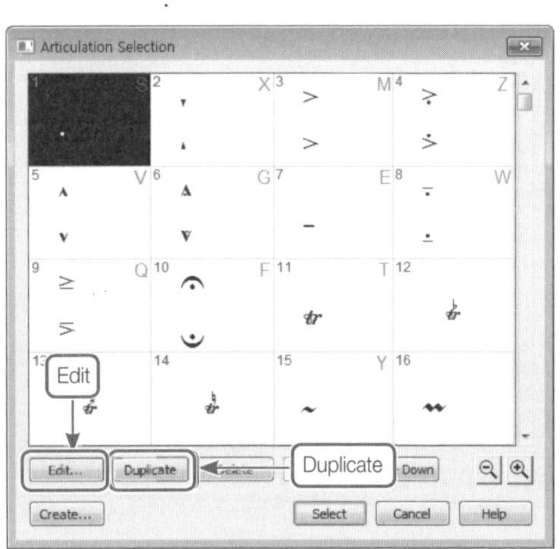

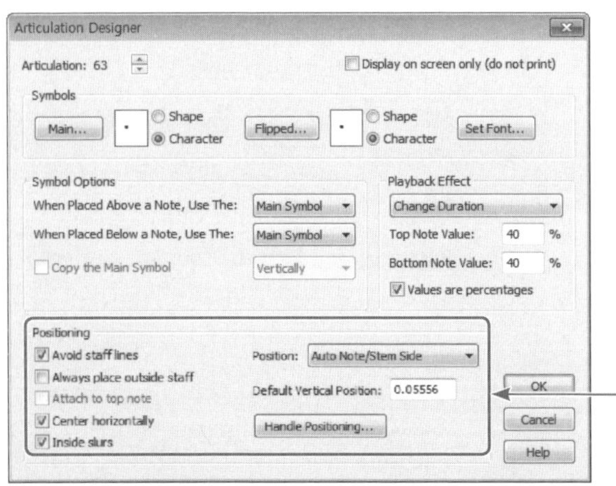

01 입력한 아티큘레이션의 위치는 핸들을 마우스로 드래그하거나 키보드의 방향 키를 이용하여 조정할 수 있습니다. 마우스 드래그로 두 개 이상의 아티큘레이션을 선택한 경우에는 동시에 조정됩니다.

02 하지만, 원하는 위치가 매번 같다면, 기본 위치 값을 변경할 필요가 있습니다. Articulation Selection 창에서 위치 값을 변경할 기호를 선택하고, Duplicate 버튼을 클릭하여 복사합니다. 그리고 Edit 버튼을 클릭합니다.

03 기호를 복사한 후에 편집하는 이유는 기본 값을 보존하기 위해서입니다. 아티큘레이션을 편집할 수 있는 Articulation Designer 창이 열리며, 아래쪽의 Positioning 옵션이 위치를 설정하는 항목입니다.

- Avoid staff lines : 기호를 보표 위에 표시합니다.
- Always place outside staff : 기호를 보표 바깥쪽에 표시합니다.
- Attach to top note : 기호를 음표 위에 표시합니다.
- Center horizontally : 기호를 중앙에 정렬합니다.
- Inside slurs : 기호를 슬러 안쪽에 표시합니다.
- Position : 수동으로 조정하는 Manually, 자동으로 조정되는 Auto Note/Stem Side, 음표 안쪽에 위치시키는 Always on Note Side, 음표 기 안쪽에 위치시키는 Always on Stem Side, 음표 위에 위치시키는 Above Note, 음표 아래쪽에 위치시키는 Below Note 메뉴가 있습니다.
- Default Vertical Position : 기호의 세로 위치를 입력합니다.
- Handle Positioning : 핸들의 위치를 H(가로), V(세로)로 설정할 수 있는 창을 엽니다. Main Symbol은 음표 위쪽에 붙는 기호, Flipped Symbol은 음표 아래쪽으로 이동시켜 기호가 뒤집혔을 때의 위치입니다.

04 스마트 페인트 기능 이용하기

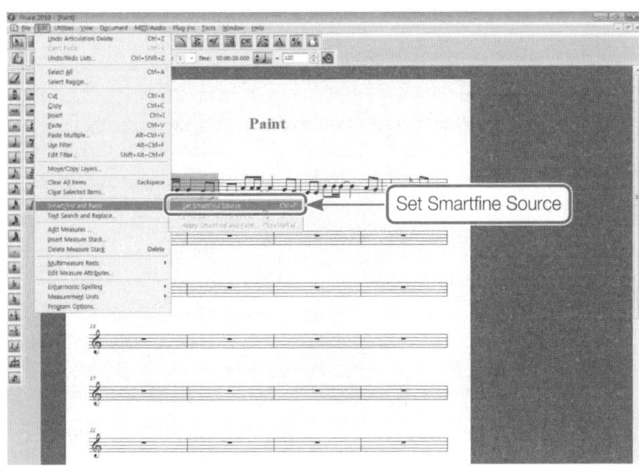

01 악보 전체에서 아티큘레이션을 입력한 마디와 동일한 리듬을 찾아 자동으로 아티큘레이션을 입력하는 스마트 페인트 기능을 살펴봅니다. 부록 CD의 Paint 파일을 열고, 아티큘레이션이 입력되어 있는 첫 마디를 선택합니다. 그리고 Edit 메뉴의 SmartFind and Paint에서 Set SamrtFine Source를 선택합니다.

02 선택한 마디가 소스로 설정되었다는 의미로 굵은 사각형이 표시됩니다. Edit 메뉴의 SmartFind and Paint에서 Apply SmartFind and Paint를 선택합니다.

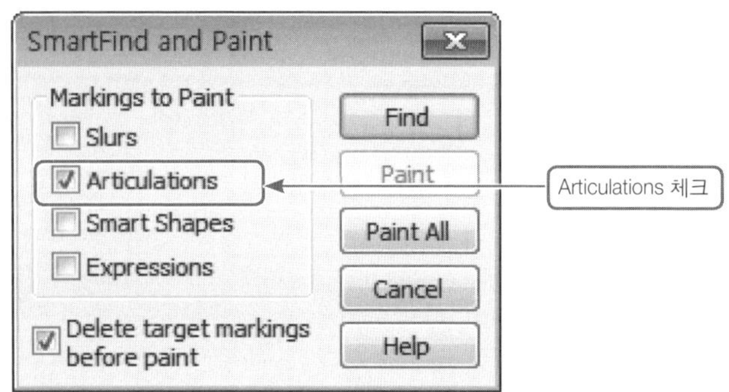

03 어떤 것을 적용할 것인지를 선택할 수 있는 Markings to Paint 옵션 창이 열립니다. 아티큘레이션만 적용할 것이므로, Articulations 옵션을 선택하고, Paint All 버튼을 클릭합니다. 하나씩 확인을 하면서 적용하겠다면, Find 버튼으로 찾고, Paint 버튼으로 적용하는 동작을 반복합니다.

04 동일한 리듬에 아티큘레이션이 적용된 수를 표시하는 창은 확인 버튼을 클릭하여 닫습니다. 실습 파일의 경우에는 동일한 리듬으로 되어 있는 2와 3마디에 동일한 아티큘레이션이 적용됩니다.

05 많은 파트의 악보를 작업할 때 유용한 기능이므로, 기억을 해두기 바랍니다. 작업이 끝난 소스는 Edit 메뉴의 SmartFind and Paint에서 Deselect SmartFind Source를 선택하여 해제합니다.

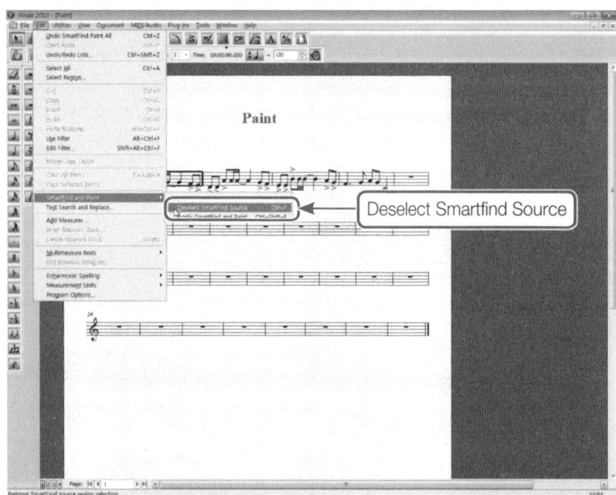

05 아티큘레이션 변경하기

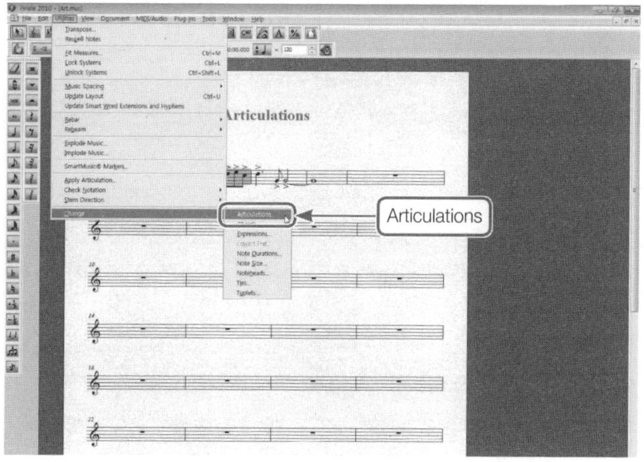

01 입력한 아티큘레이션을 변경하는 방법을 살펴봅니다. 실렉션 툴을 이용하여 아티큘레이션을 마우스 드래그로 선택합니다. 그리고 Utilities 메뉴의 Change에서 Articulations을 선택합니다.

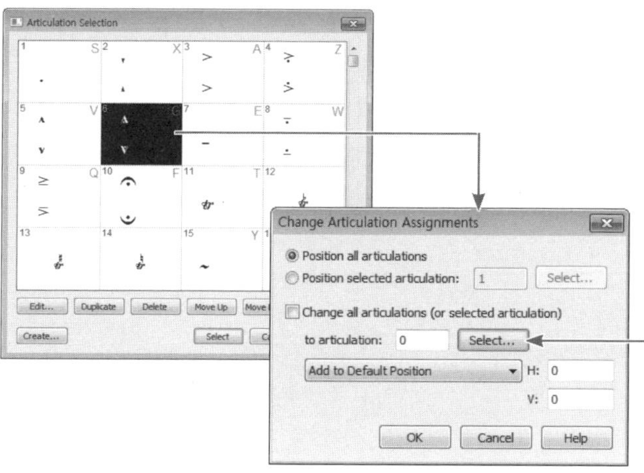

02 to articulation 항목의 Select 버튼을 클릭하여 Articulation Selection 창을 열고, 변경할 기호를 더블 클릭으로 선택합니다. 그리고 OK 버튼을 클릭하여 Change Articulation Assignments 창을 닫으면, 기호가 변경되는 것을 확인할 수 있습니다.

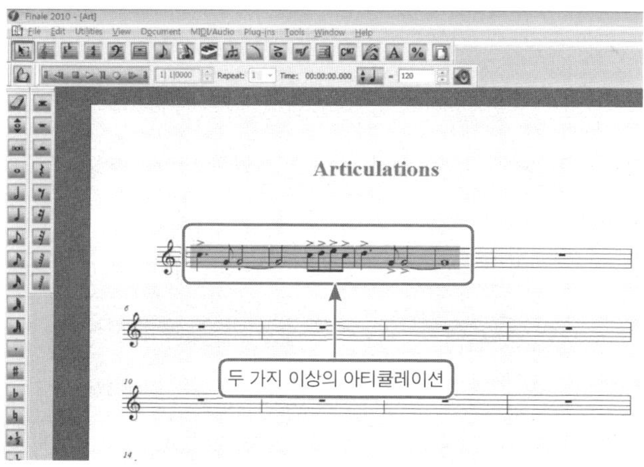

03 이번에는 선택한 것에서 원하는 것만 골라 변경하는 옵션을 살펴보겠습니다. 그림은 두 가지 이상의 아티큘레이션이 선택되어 있는 모습을 보여주고 있습니다. Utilities 메뉴의 Change에서 Articulations을 선택합니다.

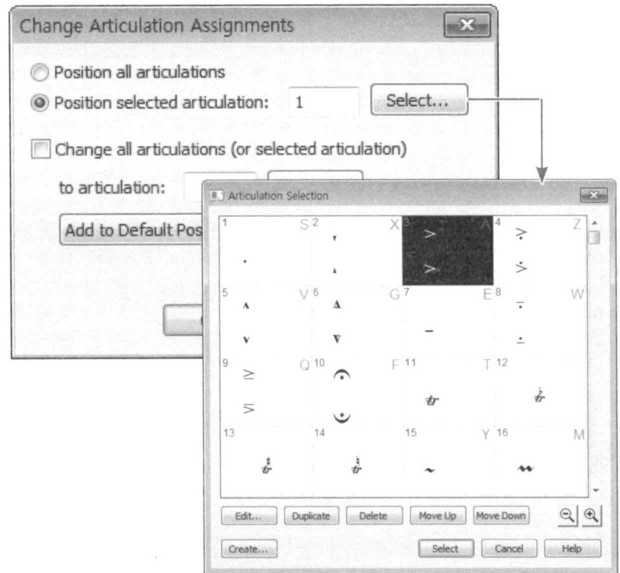

04 Position selected articulation 옵션을 선택하고, Select 버튼을 클릭하여 변경하고 싶은 기호를 선택합니다. 악보에서 선택한 것들 중에서 어떤 것을 변경할 것인지에 관한 소스를 선택하는 것입니다.

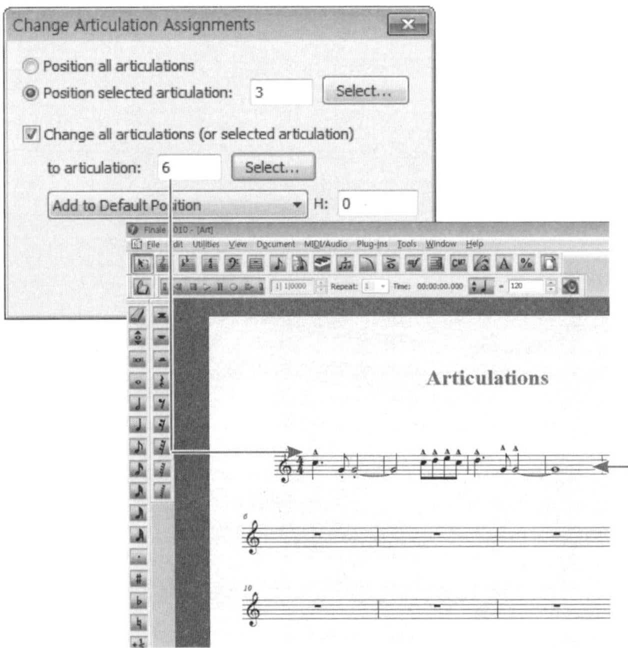

05 계속해서 to articulation의 Select 버튼을 클릭하여 선택하고 OK 버튼을 클릭하여 창을 닫습니다. 악보에서 선택한 것들 중 Position selected articulation에서 선택한 기호만 to articulation에서 선택한 기호로 변경되는 모습을 볼 수 있습니다.

to articulation에서 선택한 기호로 바뀜

06 아티큘레이션의 연주

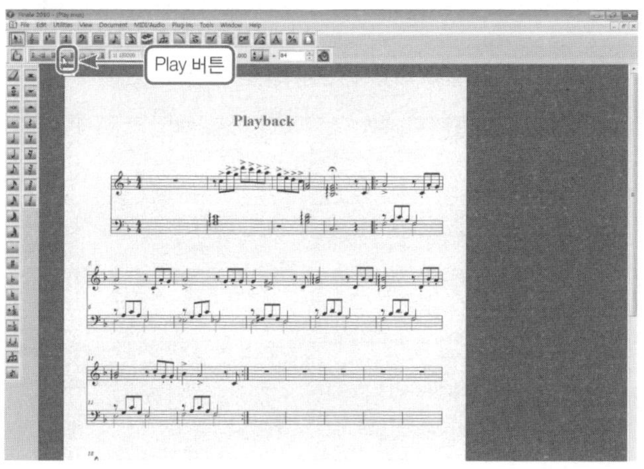

01 피날레는 악보에 입력한 아티큘레이션을 실제 연주에 반영하는 놀라운 기능을 가지고 있으며, 사용자가 원하는 값으로 수정할 수 있습니다. 부록 CD의 Play 파일을 열고, Play 버튼을 클릭하여 모니터 해봅니다.

02 아티큘레이션 툴을 선택하고, 액센트 기호의 핸들을 더블 클릭하여 Articulation Designer 창을 엽니다. 일률적인 설정이 필요하다면, Articulation Selection 창에서 기호를 선택하고, Edit 버튼을 클릭해도 좋습니다.

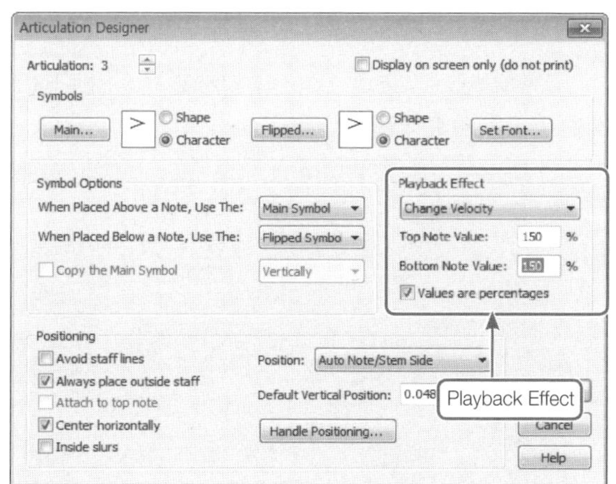

03 액센트를 더블 클릭하여 열었으므로, Playback Effect 옵션은 연주의 강약을 조정하는 Change Velocity로 선택되어 있고, Top 과 Bottom Note Value 값은 125%로 설정되어 있습니다. 이것을 150%로 수정하여 좀 더 강하게 연주되도록 합니다.

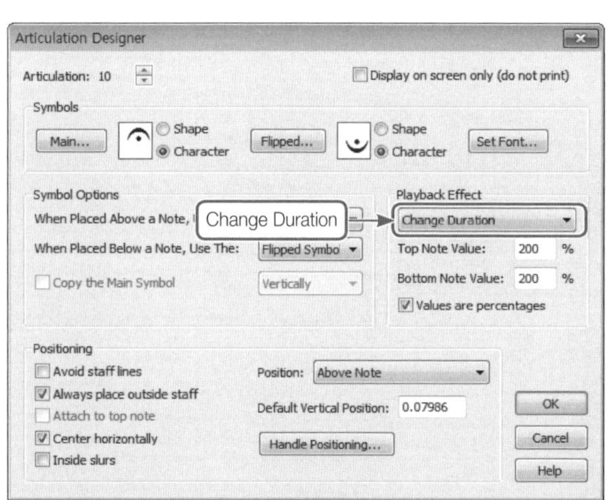

04 OK 버튼을 클릭하여 창을 닫고, 연주를 해보면, 액센트 기호의 음표가 좀 더 강하게 연주되는 것을 확인할 수 있습니다. 이번에는 길이 변화에 해당하는 페르마타 기호의 핸들을 더블 클릭하여 Articulation Designer 창을 엽니다.

05 Playback Effect는 연주의 변화가 없는 None으로 설정되어 있습니다. 음의 길이를 조정하는 Change Duration를 선택하고, 길이를 200%로 늘려봅니다. Values are percentages 옵션이 체크되어 있어야 퍼센트 단위로 값을 설정할 수 있습니다.

06 OK 버튼을 클릭하여 창을 닫고, 연주를 해보면, 페르마타 기호의 음 길이가 두 배로 연장되어 연주되는 것을 확인할 수 있습니다. 이번에는 연주 타임에 해당하는 아르페지오 기호의 핸들을 더블 클릭하여 Articulation Designer 창을 엽니다.

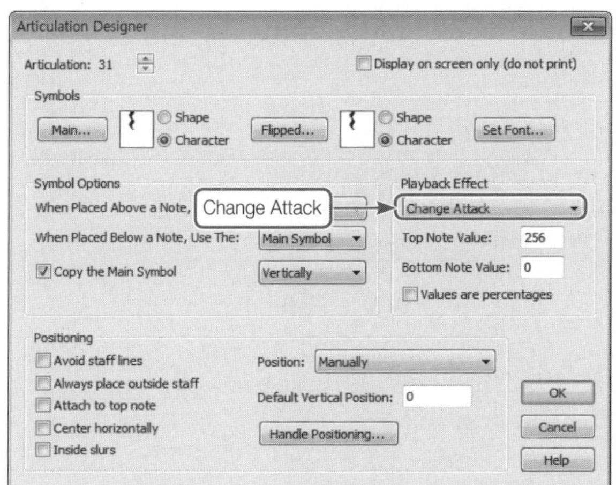

07 Playback Effect는 연주의 시작 타임을 의미하는 Change Attack으로 선택되어 있고, Top 값은 0, Bottom Note Value 값은 -256 설정되어 있습니다. 즉, 아래쪽 음표가 -256 값만큼 먼저 연주되는 것입니다. Top을 256, Bottom Note Value를 0으로 변경해봅니다. 한 박자의 길이는 1024입니다.

08 연주 타임으로 인해서 정상적으로 연주되지 않았던 첫 마디의 아르페지오가 정상적으로 연주되는 것을 확인할 수 있습니다. 아티큘레이션의 연주 방법을 설정하는 Playback Effect의 3가지 옵션(Attack, Duration, Velocity)을 모두 살펴보았습니다.

07 라이브러리로 저장하기

01 아티큘레이션의 기본 연주 값을 변경한 것을 다른 악보를 작업할 때도 이용하고 싶다면, 라이브러리로 저장을 합니다. File 메뉴의 Save Library를 선택합니다.

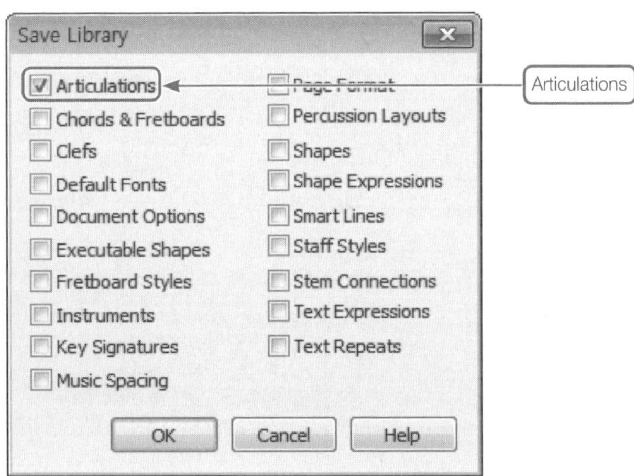

02 라이브러리로 저장할 콘텐트를 선택할 수 있는 창이 열립니다. 아티큘레이션만 적용할 것이므로, Articulations 옵션을 체크하고, OK 버튼을 클릭합니다.

03 Save Library 창이 열립니다. 기억하기 쉬운 이름을 입력하고, 저장 버튼을 클릭합니다. 별도의 폴더를 만들어 관리하겠다면, 새 폴더 만들기 버튼을 클릭하여 폴더를 만들어 저장하는 것도 효과적인 관리 요령입니다.

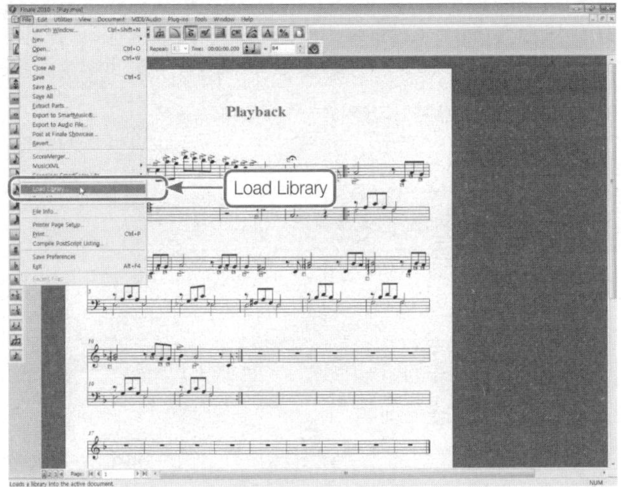

04 새로운 악보를 만들 때, 사용자가 만든 라이브러리는 File 메뉴의 Load Library를 선택하여 불러옵니다.

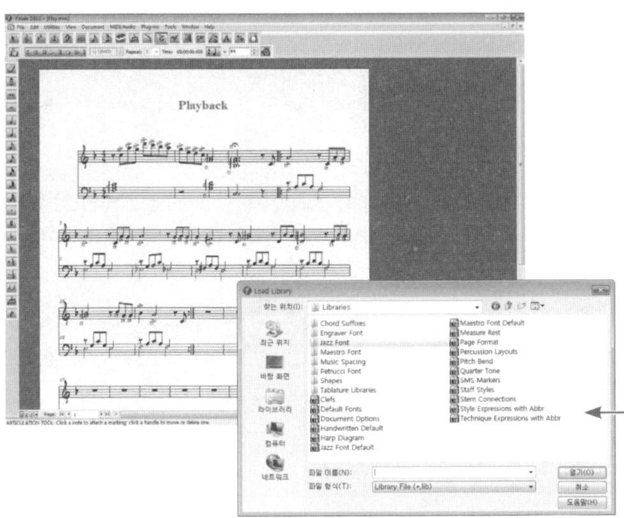

05 라이브러리는 아티큘레이션 외에도 폰트, 기호 등 악보를 다양하게 꾸밀 수 있는 정보를 가지고 있습니다. 피날레에서 제공하는 70가지 라이브러리를 불러와 적용해보면서 악보의 변화를 확인해보는 시간을 가져보기 바랍니다.

피날레에서 제공하는 라이브러리

12

익스프레션의 입력과 편집

메조 포르테(mf), 피아노(p)와 같이 연주의 강약을 의미하는 다이내믹 기호, 아다지오(Adagio), 모데라토(Moderato)와 같이 연주 템포를 의미하는 템포 마크, 돌체(dolce), 레가토(legato)와 같이 주법을 의미하는 익스프레시브 문자, A, B, C...의 리허설 마크 등, 연주법을 표기하는 역할의 익스프레션 툴(Expression Tool)을 살펴보겠습니다.

01 익스프레션의 입력

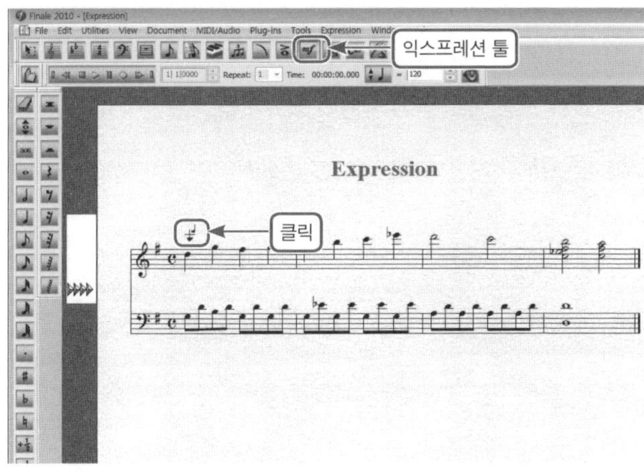

01 부록 CD의 Expression 파일을 불러옵니다. 익스프레션 툴(Expression Tool)을 선택하고, 마크를 입력할 음표 또는 마디에서 마우스를 더블 클릭합니다. 마우스가 흰색으로 표시되는 위치는 마디이며, 검정색으로 표시되는 위치는 음표입니다.

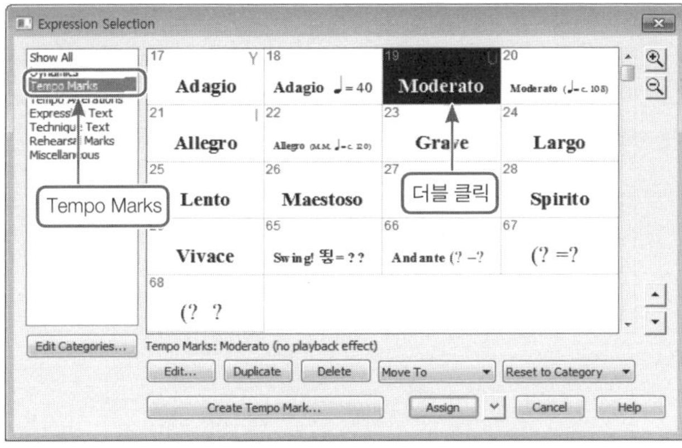

02 다양한 익스프레션 마크를 선택할 수 있는 Expression Selection 창이 열립니다. Tempo Marks 폴더를 선택하고, Moderato를 더블 클릭하여 입력합니다.

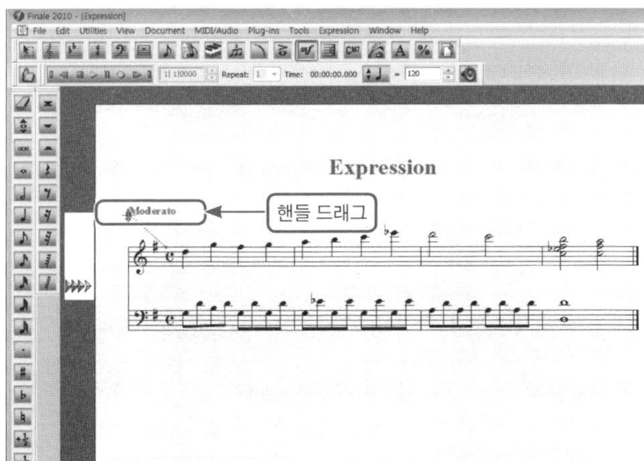

03 Moderato 문자의 핸들을 드래그해보면 마디에 연결된 실선을 확인할 수 있습니다. 마디를 이동하거나 복사하는 등의 편집 작업을 하면, 문자가 항상 따라다니게 됩니다.

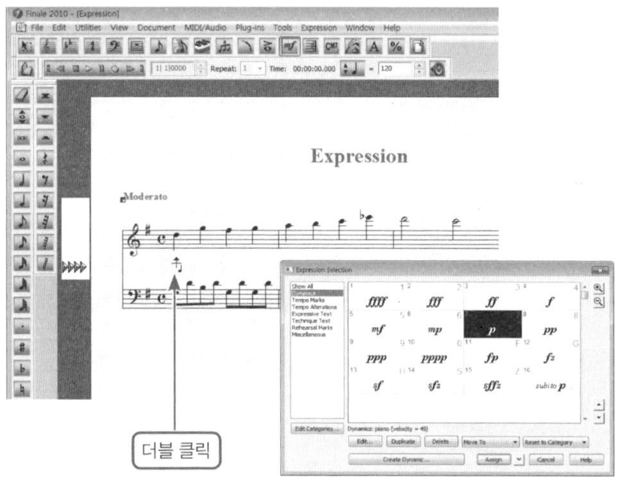

04 이번에는 마우스를 더블 클릭하여 Expression Selection 창을 열고, Dynamics 폴더의 P(피아노) 마크를 더블 클릭하여 입력합니다.

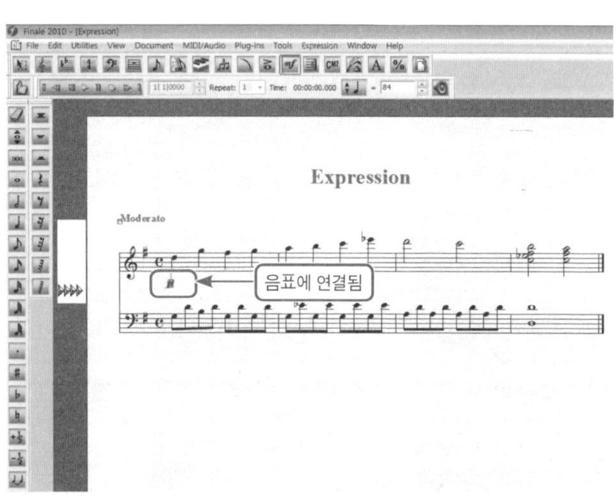

05 P 문자의 핸들을 마우스로 드래그해보면, 음표에 연결된 실선을 확인할 수 있습니다. 음표의 위치를 변경하거나 이동, 복사 등의 편집 작업을 하면, 문자가 항상 따라다니게 됩니다. 마디로 연결되는 것과 음표로 연결되는 것의 차이점을 기억하기 바랍니다.

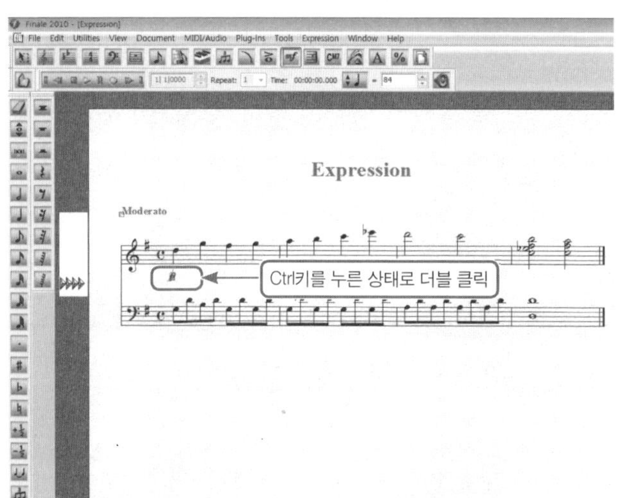

06 기본적으로 설정되어 있는 마디와 음표의 연결을 변경할 수 있습니다. 음표로 연결되어 있는 P 문자의 핸들을 Ctrl 키를 누른 상태로 더블 클릭하여 Expression Designer 창을 엽니다.

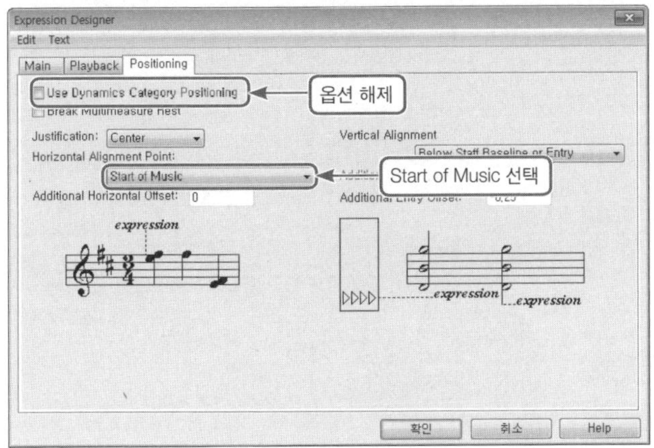

07 위치를 변경할 수 있는 Positioning 탭을 클릭하여 열고, Use Tempo Alteration Category Positioning 옵션을 해제합니다. 그리고 Horizontal Alignment Point 옵션에서 마디의 시작 음표를 의미하는 Start of Music을 선택합니다. 결과는 아래 그림에서 미리 확인할 수 있습니다.

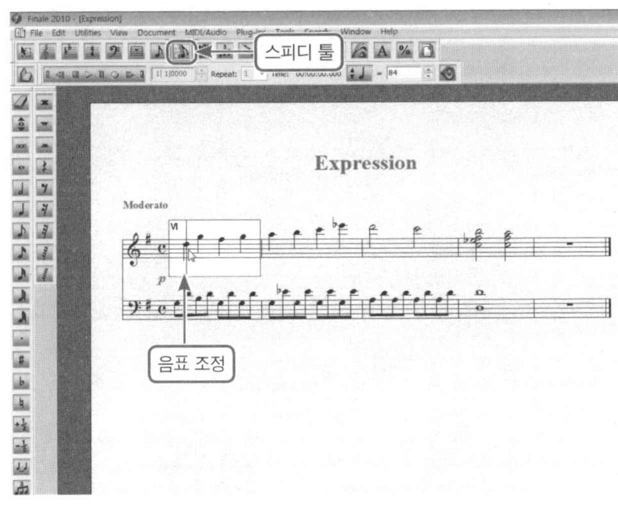

08 스피디 툴을 이용하여 음표의 위치를 변경해보면, 음표에 연결된 것이 아니기 때문에 위치의 변화가 없지만, 마디를 이동하거나 복사하면 P 마크가 함께 이동되거나 복사됩니다.

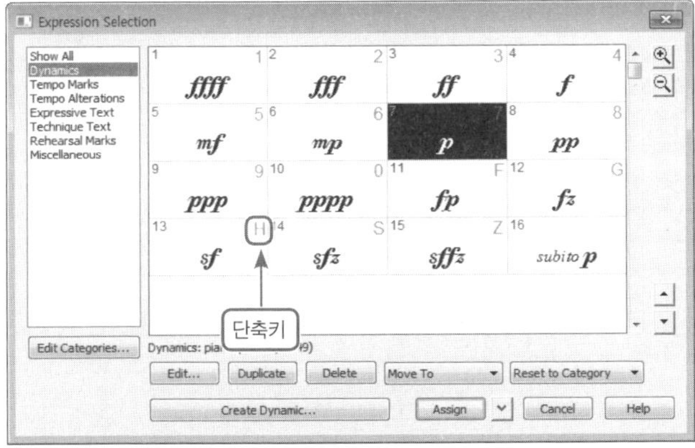

09 익스프레션 선택 창의 마크에는 단축키가 표시되어 있습니다. 단축키를 누른 상태에서 Expression Tool로 클릭하면 해당 마크가 자동으로 입력됩니다. 자주 사용하는 마크는 단축키를 외워두면 편리할 것입니다.

01 선택한 보표에 입력되는 익스프레션 마크를 전체 보표 또는 사용자가 원하는 보표로 입력할 수 있습니다. 부록 CD의 Expression-02 파일을 불러오고, 익스프레션 툴로 Violin I 보표 위에서 더블 클릭합니다.

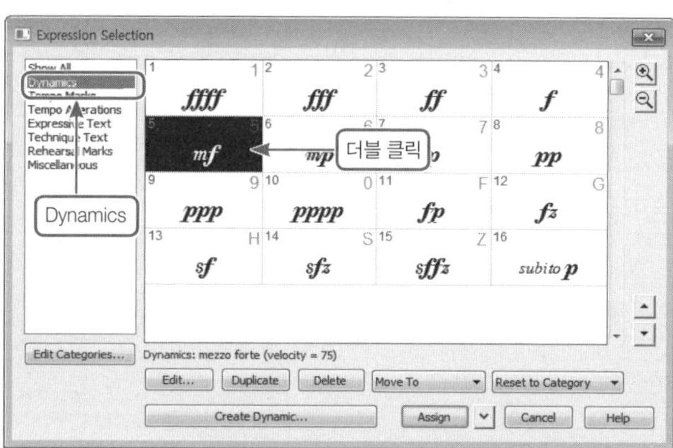

02 Dynamics 폴더의 mf(메조포르테) 마크를 더블 클릭하여 입력합니다. 당연히 Violin I 보표의 음표에 마크가 표시됩니다.

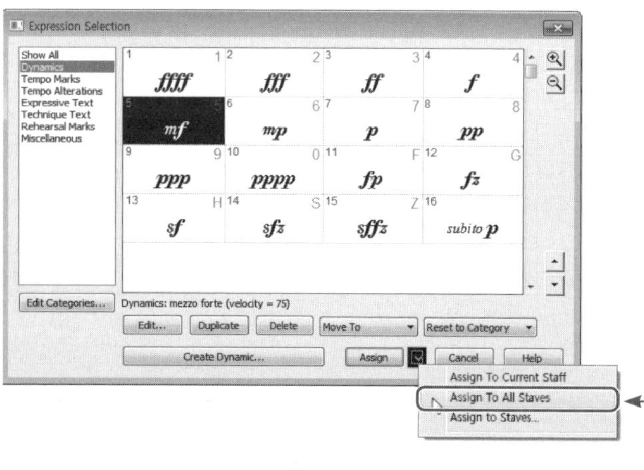

03 Ctrl + Z 키를 눌러 취소하고, Expression Selection 창을 다시 엽니다. 이번에는 mf 마크를 선택하고, Assign 버튼 오른쪽의 작은 삼각형을 클릭하면 열리는 메뉴에서 Assign To All staves를 선택합니다.

04 4개의 모든 보표에 mf 마크가 표시되는 것을 확인할 수 있습니다. 이제 보표를 선택하여 입력하는 방법을 살펴보겠습니다.

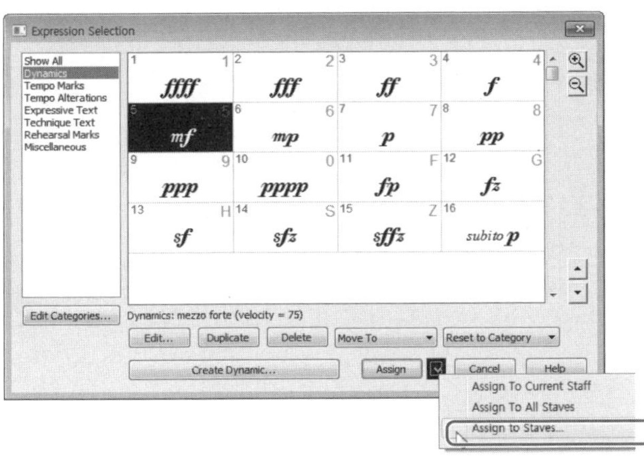

05 Ctrl + Z 키를 눌러 취소하고, Expression Selection 창을 다시 엽니다. 그리고 이번에는 mf 마크를 선택하고 Assign 버튼 메뉴에서 Assign to Staves를 선택합니다.

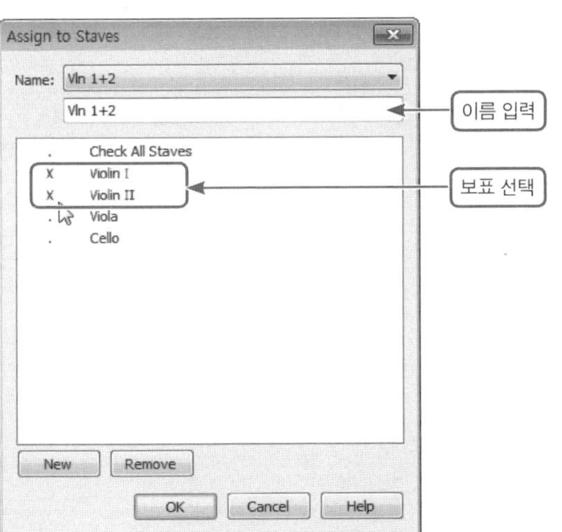

06 보표를 선택할 수 있는 창이 열립니다. Name 항목에 구분하기 쉬운 이름을 입력하고, 필요한 보표를 선택합니다. 그림에서는 Vln 1+2라는 이름을 입력하고, Violin I과 Violin II을 선택하고 있습니다.

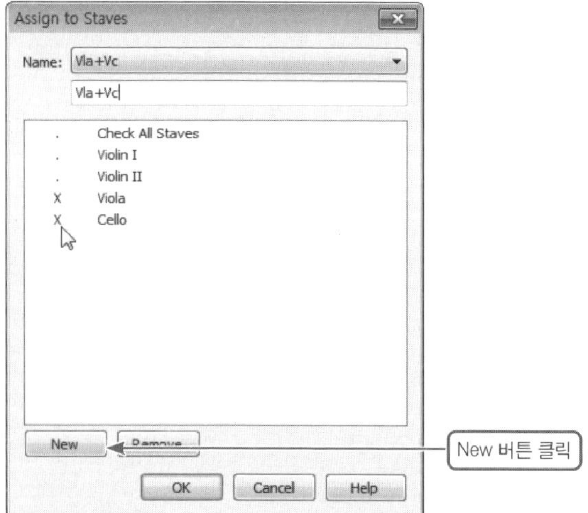

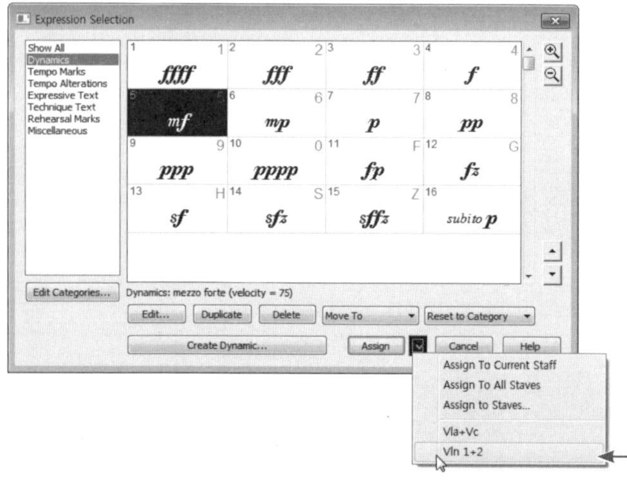

07 하나만 더 만들어보겠습니다. New 버튼을 클릭하여 새로운 메뉴를 만듭니다. 그리고 Name 항목에 Vla+Vc를 입력하고, Viola와 Cello를 선택합니다. OK 버튼을 클릭하여 Assign to Staves 창을 닫습니다.

08 마지막에 만든 것이 Vla+Vc 이었기 때문에 Viola와 Cello 보표에 mf 마크가 삽입되었습니다. 앞에서 만든 Vln1+2를 테스트해보기 위해 두 번째 마디에서 더블 클릭하여 Expression Selection 창을 엽니다.

09 Dynamics 폴더의 mf 마크를 선택하고, Assign 버튼 메뉴를 열어봅니다. 피날레에서 제공하는 것 외에 사용자가 만든 Vla+Vc와 Vln1+2 목록을 볼 수 있습니다. Vln1+2를 선택해봅니다. 두 번째 마디에는 Violin I과 Violin II 보표에 mf 마크가 삽입되는 것을 확인할 수 있습니다.

03 베이스 라인 조정하기

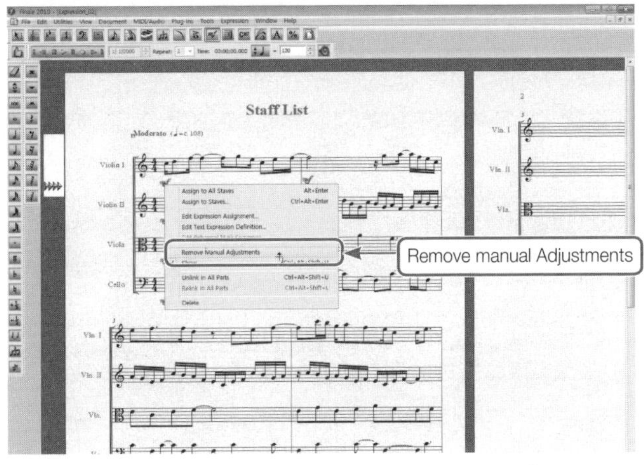

01 입력한 익스프레션 마크는 핸들을 드래그하여 위치를 조정할 수 있으며, 핸들을 마우스 오른쪽 버튼으로 클릭하면 열리는 단축 메뉴에서 Remove Manual Adjustments를 선택하여 기본 위치로 복구 할 수 있습니다.

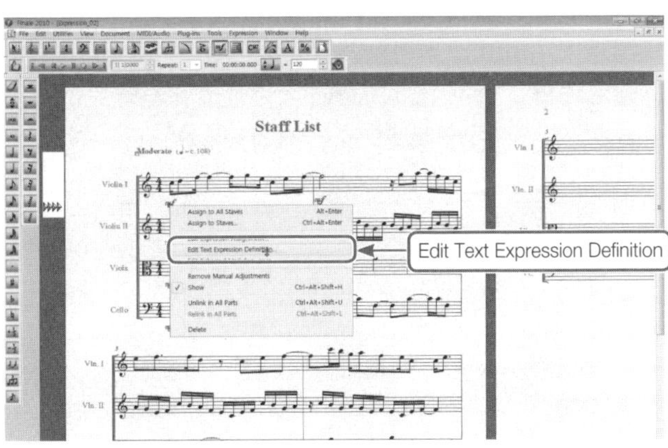

02 기본 위치를 변경하겠다면, Ctrl 키를 누른 상태에서 핸들을 더블 클릭하거나 단축 메뉴의 Edit Text Expression Definition을 선택하여 창을 엽니다.

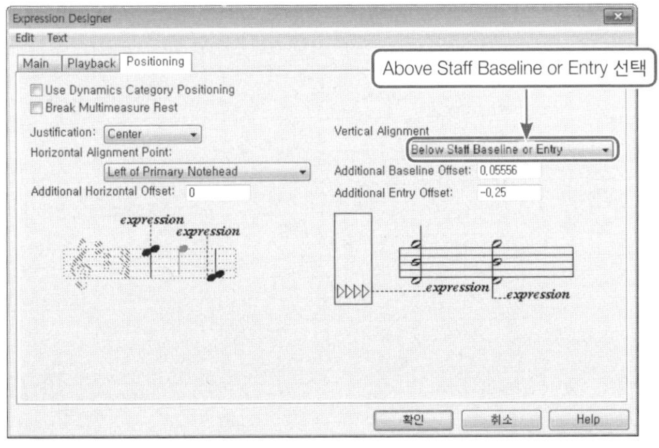

03 위치를 설정할 수 있는 Positing 탭을 클릭합니다. 아티큘레이션에서 살펴본 것과 동일합니다. Use dynamics Category Positing 옵션을 해제하고, 세로 위치를 결정하는 Vertical Alignment 옵션에서 보표 아래로 설정되어 있는 Below Staff Baseline or Entry를 Above Staff Baseline or Entry 바꿔서 베이스 라인을 이동시켰을 때의 결과를 아래쪽 그림에서 확인해봅니다.

04 익스프레션 마크에 따라 보표 위쪽 또는 아래쪽에 붙일 수 있다는 것을 확인했다면, 취소 버튼을 클릭하여 창을 닫습니다. 기본적으로 마디로 연결되는 마크는 위쪽에 붙고, 음표에 연결되는 마크는 아래쪽에 붙습니다.

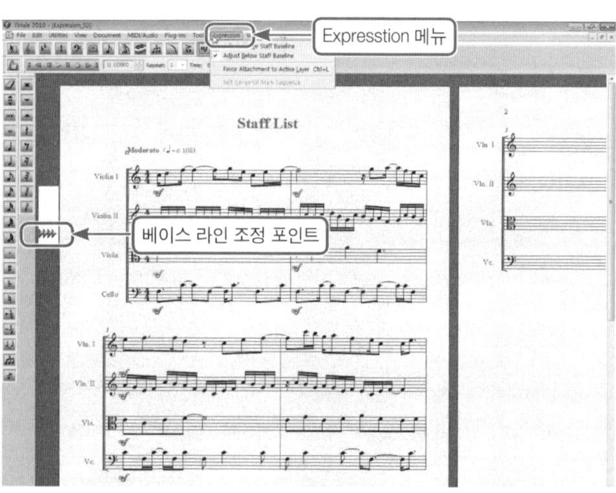

05 베이스 라인은 화면 왼쪽에 보이는 4개의 삼각형을 말하며, 익스프레션의 세로 간격을 일률적으로 조정하는 역할을 합니다. 베이스 라인을 조정하기 전에 Expression 메뉴에서 보표 위쪽에 붙은 마크(Adjust Above Staff baseline)를 조정할 것인지 아래쪽에 붙은 마크(Adjust Below Staff Baseline)를 조정할 것인지를 선택합니다.

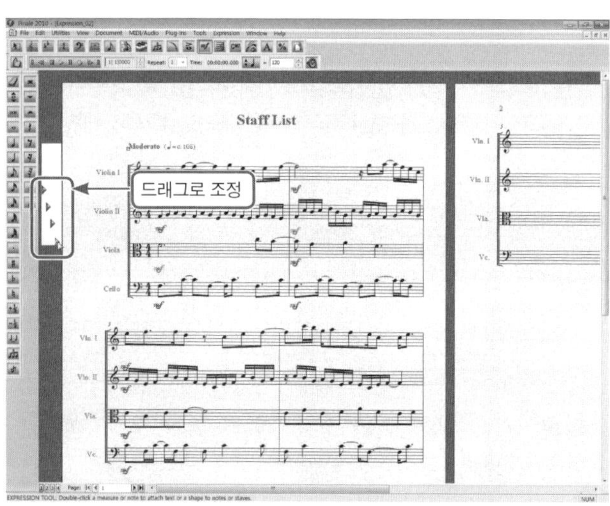

06 첫 번째 삼각형은 모든 보표, 두 번째 삼각형은 선택한 보표, 세 번째 삼각형은 선택한 단, 네 번째 삼각형은 새로 입력할 익스프레션의 위치를 조정합니다. 보표 및 단은 마우스 클릭으로 선택합니다.

04 익스프레션의 연주

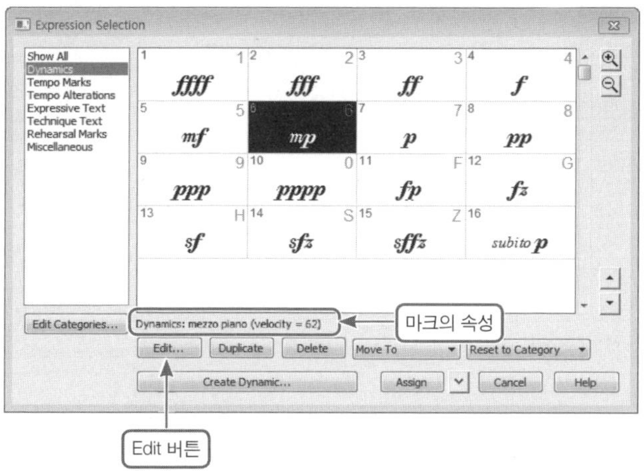

01 익스프레션은 아티큘레이션과 마찬가지로 연주에 직접적인 영향을 줍니다. Expression Selection 창을 열고, 마크를 선택해보면, 강약을 의미하는 Velocity, 속도를 의미하는 Tempo 등의 타입이 결정되어 있는 것을 확인할 수 있습니다. mf 마크를 선택하고 Edit 버튼을 클릭합니다.

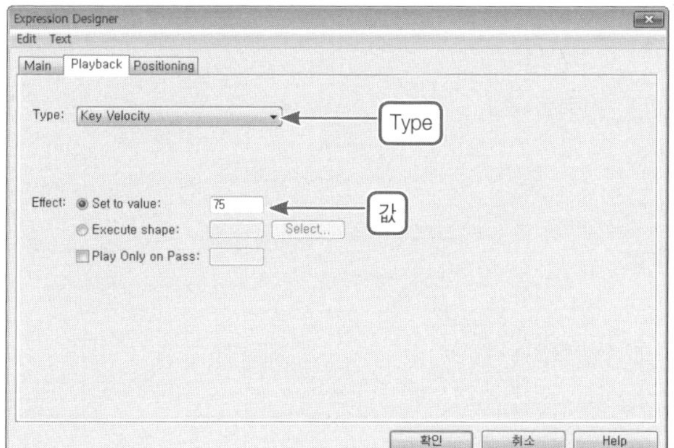

02 Playback 탭을 클릭하여 열어보면, Type이 연주의 강약을 의미하는 Key Velocity로 선택되어 있고, Set to value 값이 75로 되어 있습니다. mf로 연결된 음표는 75로 연주된다는 의미이며, 변경 가능합니다. 참고로 Velocity의 최소값은 00이며, 최대 값은 127입니다.

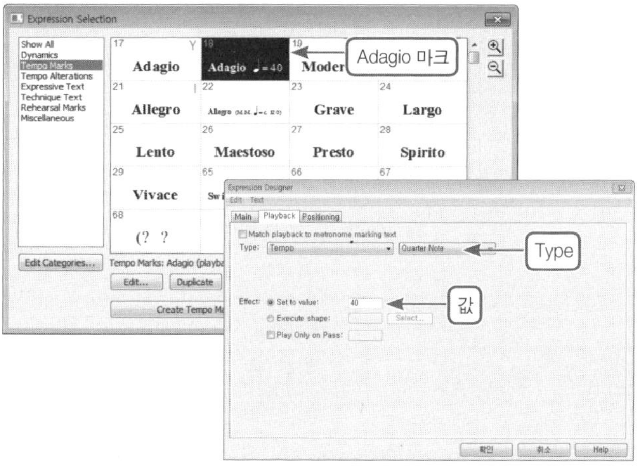

03 취소 버튼을 클릭하여 Expression Designer 창을 닫고, Tempo Marks의 Adagio를 선택합니다. 그리고 Edit 버튼을 클릭하여 열어보면, Type은 Tempo(Quarter Note= 한 박자)로 선택되어 있고, Set to value는 40입니다. 메트로놈 속도 40으로 연주된다는 의미이며, 변경 가능합니다.

04 Type에는 Velocity와 Tempo 외에 다양한 것들이 있으며, 각각의 의미는 다음과 같습니다.

● Type

연주 타입을 선택하며, 각각의 의미를 이해하기 위해서는 약간의 미디 상식이 필요합니다.

▶ Tempo : 연주되는 음의 길이를 설정합니다.

▶ Controller : 미디 컨트롤 정보를 설정합니다.

▶ Key Velocity : 연주되는 음의 강약을 설정합니다.

▶ Transposition : 연주되는 음의 음정 변화 값을 설정합니다.

▶ Channel : 연주되는 미디 채널을 선택합니다.

▶ Patch : 연주되는 음색을 선택합니다.

▶ Pitch Wheel : 미디 건반의 피치 휠 정보를 설정합니다

▶ Channel Pressure : 미디 건반의 채널 애프터터치 정보를 설정합니다.

▶ Restrike Keys : 연주되는 위치의 최근 정보를 적용합니다.

▶ Dump : 미디 악기에서 보내는 정보를 수신합니다.

▶ Play Tempo tool changes : 템포 툴의 변화 값에 반응하게 합니다.

▶ Ignore Tempo Tool changes : 템포 툴의 변화 값을 무시하게 합니다.

▶ Swing : 스윙 리듬으로 연주되게 합니다.

▶ SmartMusic Marker : Smart Music 마커에 적용되는 리스트를 선택합니다.

▶ Human Playback On : 사람이 연주하는 듯한 효과를 만듭니다.

▶ Human playback Off : 악보에 기보 값을 정확하게 연주합니다.

● Effects

Type에서 선택한 정보의 값을 직접 입력하는 set to value와 기호를 설정하는 Execute shape를 제공합니다.

● Set to value

선택한 타입의 데이터 값을 설정합니다.

타입	설정 값
Tempo	노트 길이의 최대 값 설정
Controller	컨트롤의 데이터 값 설정
Key Velocity	벨로시티 값 설정
Transposition	음정 변화 값 설정(1이 반음)
Channel	미디 채널 설정
Patch	음색 번호 설정
Pitchwheel	피치 휠 값 설정
Channel Pressure	채널 애프터터치 값 설정

● Execute shape

Type에서 선택한 기호를 선택하거나 만들 수 있으며, 연주에 표시할 Play Only on Pass 옵션이 있습니다.

05 새로운 마크 만들기

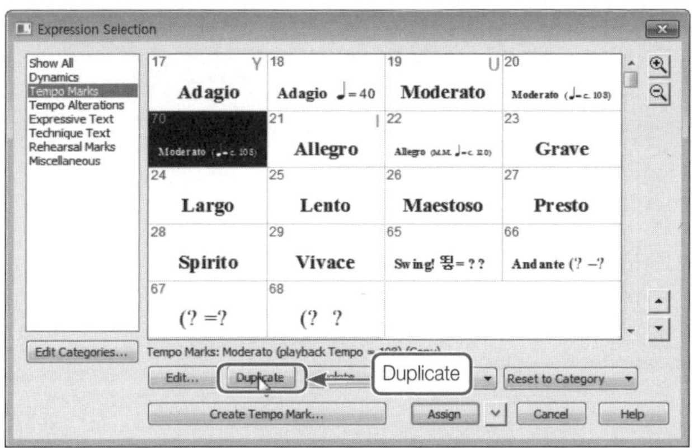

01 피날레에서 제공하고 있지 않는 익스프레션 마크는 사용자가 직접 만들어서 사용합니다. Expression Designer 창을 열고, Moderato를 선택합니다. 그리고 Duplicate 버튼을 클릭하여 복사합니다.

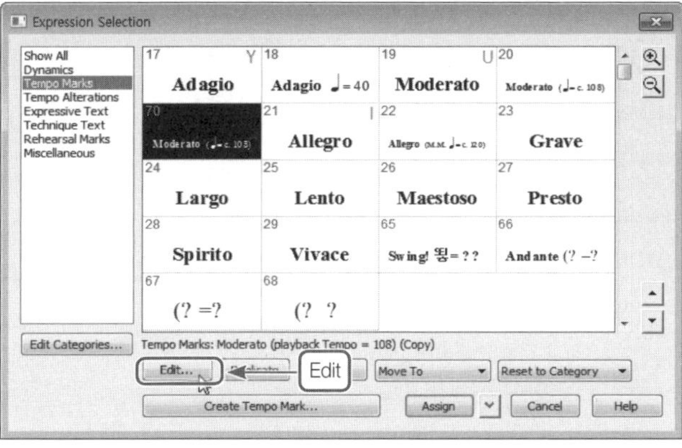

02 새로운 익스프레션 마크를 만들 때는 비슷한 타입의 마크를 복사해서 편집하는 것이 편리하기 때문입니다. 복사한 마크가 선택되어 있는 것을 확인하고, Edit 버튼을 클릭합니다.

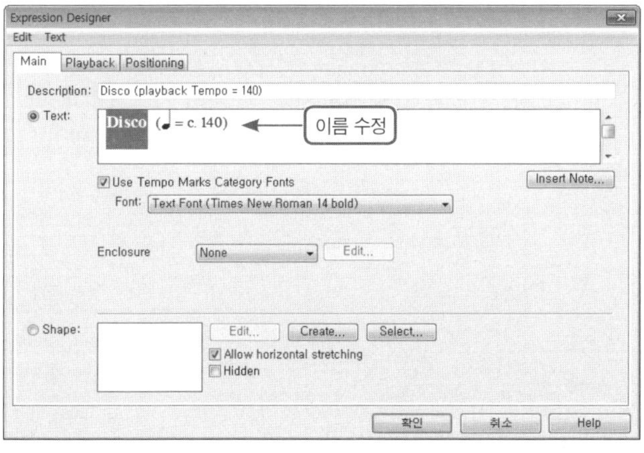

03 Expression Selection 창에 표시될 이름을 나타내는 Text 항목과 마크를 선택했을 때의 연주 정보를 표시하는 Description 항목을 마우스 드래그로 선택하여 수정합니다. 그림에서는 Disco(140)으로 수정하고 있습니다.

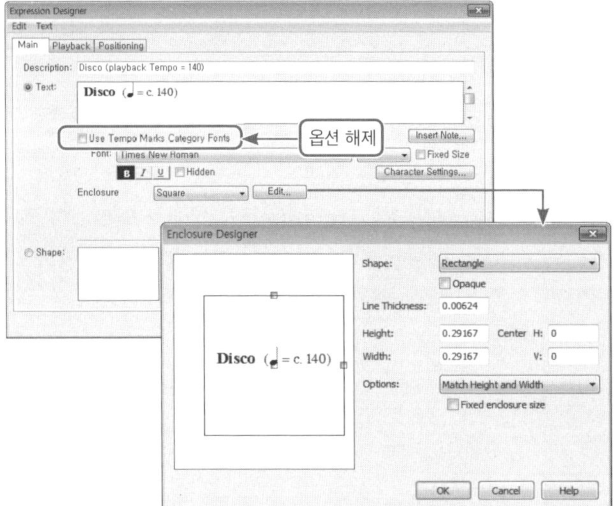

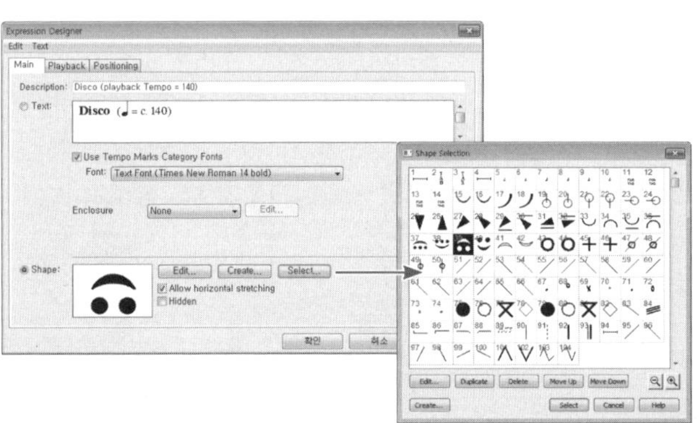

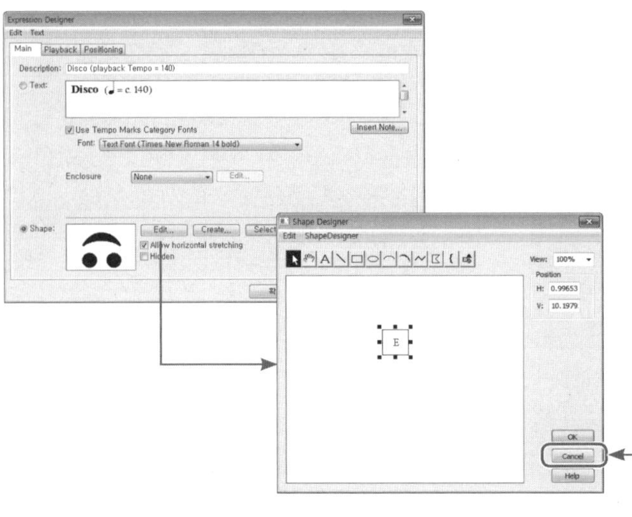

04 Use dynamics category font 옵션은 기본 카테고리 폰트를 표시하며, 옵션을 해제하면, 사용자가 원하는 폰트, 크기, 속성 등을 편집할 수 있습니다. Enclosure 옵션은 마크의 테두리 만들며, Edit 버튼을 클릭하여 디자인할 수 있습니다.

05 리허설 마크와 같이 도형이 필요한 것들은 Shape 옵션을 선택하여 만들수 있습니다. Create 버튼을 클릭하여 새로 만들고, Edit 버튼을 클릭하여 디자인 합니다. Select 버튼을 클릭하여 피날레에서 제공하는 기호를 선택해도 좋습니다.

06 Shape Designer 창의 다양한 라인 버튼과 문자 버튼을 이용해서 사용자만의 익스프레션 마크를 만들어보는 것도 꼭 필요할 때가 있을 것입니다. 몇 가지 테스트를 해보고, Cancel 버튼을 클릭하여 창을 닫습니다.

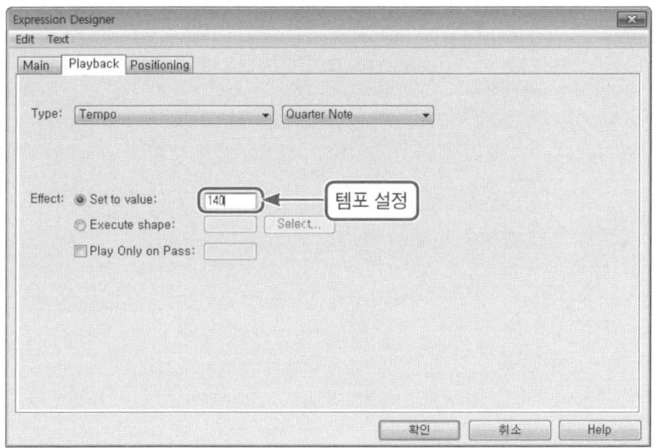

07 Moderato 마크를 복사하여 가요 리듬으로 변경해보았습니다. 실제 연주에 적용될 수 있도록 Playback 탭을 클릭하여 Set to value 값을 변경하는 것도 잊기 말기 바랍니다. 편집이 완료되었다면 확인 버튼을 클릭하여 닫습니다.

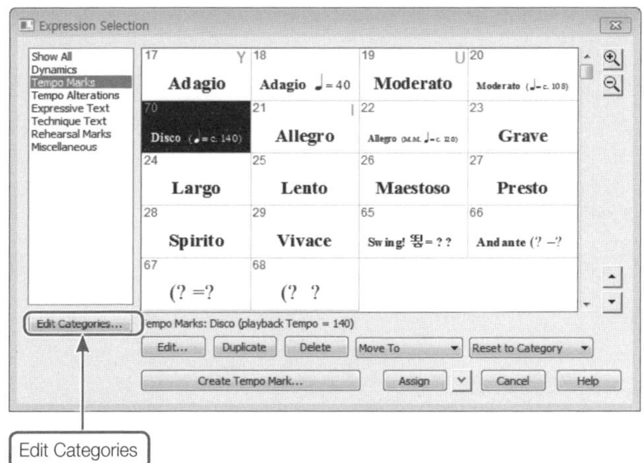

08 Tempo Marks 카테고리에 Disco 가 만들어졌습니다. 같은 과정을 반복하여 필요로 하는 마크를 만듭니다. 단, 사용자만의 마크가 많다면, 별도의 카테고리로 관리하는 것이 좋을 것입니다. Edit Categories 버튼을 클릭합니다.

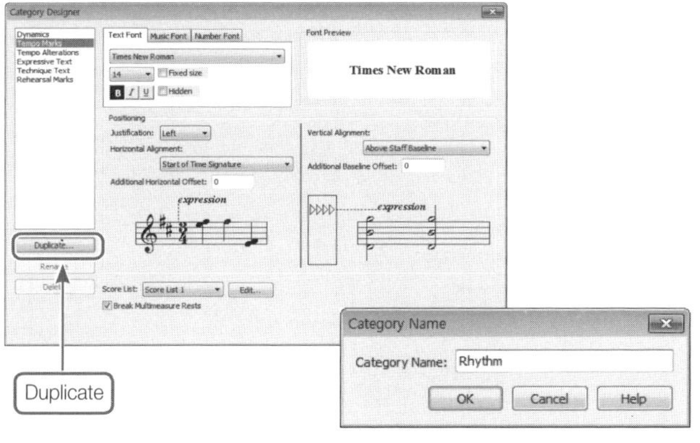

09 Duplicate 버튼을 클릭하여 Category Name 창을 열고, 구분하기 쉬운 이름을 입력합니다. 실습에서는 Rhythm으로 입력하고 있습니다. 그 밖의 Text Font, Music font, Number Font 폰트 속성과 Positioning 옵션은 Expression Designer 창의 옵션과 동일합니다. 카테고리 이름에 세부적인 속성 변화는 필요 없으므로, 그냥 OK 버튼을 클릭하여 닫습니다.

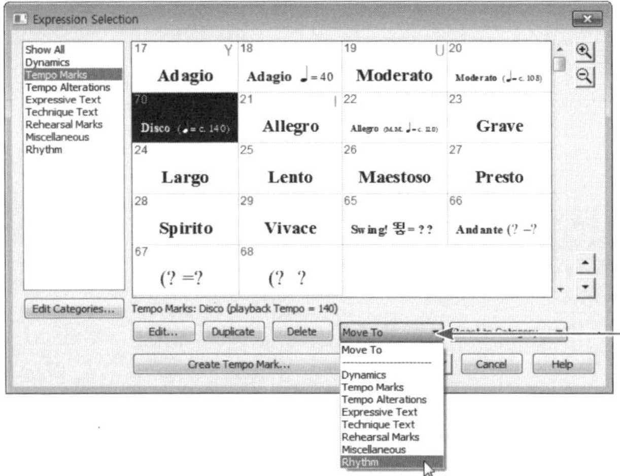

Move to

10 사용자만의 카테고리가 만들어졌습니다. 앞에서 만든 Tempo Marks 카테고리의 Disco 마크를 선택하고, Move to 버튼을 클릭하여 Rhythm 카테고리로 이동시킵니다. 이제는 Disco 마크를 복사하여 사용자만의 마크를 만들면 됩니다.

Finale Tip — 익스프레션 툴의 메뉴

익스프레션 마크를 마우스 오른쪽 버튼으로 클릭했을 때 열리는 단축 메뉴의 역할을 정리합니다.

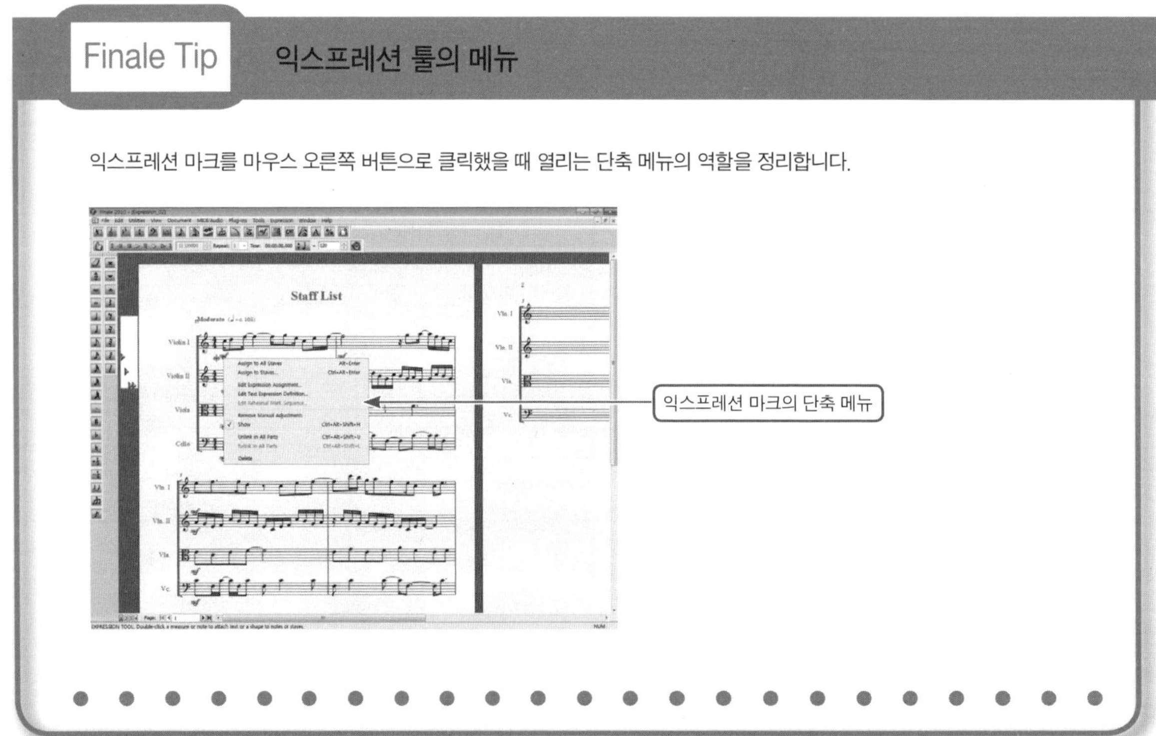

익스프레션 마크의 단축 메뉴

- Assign to All Staves : 모든 보표에 선택한 마크를 삽입합니다.
- Assign to Staves : 기호를 삽입할 보표를 선택할 수 있는 Assign to Staves 창을 엽니다.
- Edit Note Expression Assignment : 기호의 정렬 위치를 설정할 수 있는 Expression Assignment 창을 엽니다.
- Edit Note Text Expression Definition : 기호를 편집할 수 있는 Expression designer 창을 엽니다.
- Remove manual Adjustment : 조정된 마크의 위치를 기본 위치로 복구합니다.
- Show : 마크를 표시하거나 감춥니다.
- Unlink in All Parts : 모든 파트의 연결을 해제합니다.
- Relink in All Parts : 해제한 파트를 모두 연결합니다.
- Delete : 선택한 마크를 삭제합니다.

▶ Expression 메뉴

익스프레션 툴(Expression Tool)을 선택했을 때, 보이는 Expression 메뉴의 역할을 정리합니다.

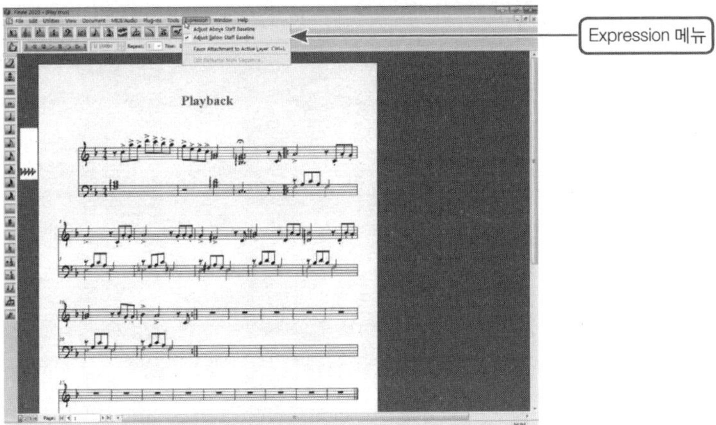

- Adjust Above Staff baseline : 보표 위로 설정되어 있는 베이스 라인을 조정합니다.
- Adjust Below Staff baseline : 보표 아래로 설정되어 있는 베이스 라인을 조정합니다.
- Favor Attachment to Active layer : 선택한 레이어의 익스프레션 기호만 정렬되게 합니다.
- Edit Rehearsal Mark Sequence : 리허설 마크(Rehearsal Marks)를 선택한 경우에 이용할 수 있는 메뉴입니다. Continue Sequence를 선택하여 순서대로 사용하거나 Restart sequences at를 선택하여 시작 문자를 변경할 수 있습니다.

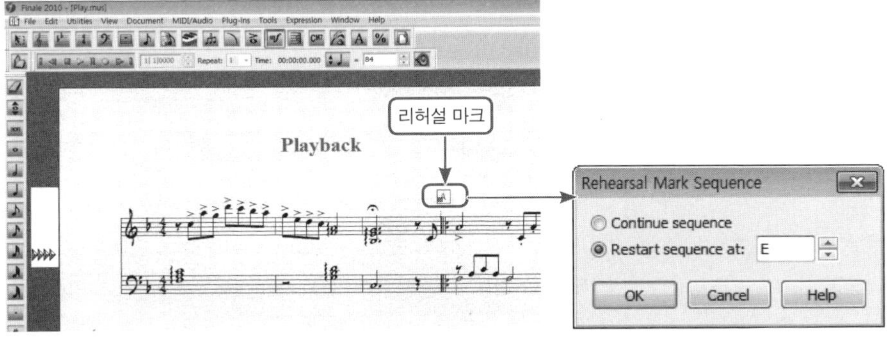

13

스마트 라인의 입력과 편집

라인으로 표현되는 연주 기호를 입력하거나 편집할 때 사용되는 스마트 툴(Smart Shape Tool)에 관해서 살펴봅니다. 스마트 라인에는 각각의 음들을 부드럽게 연결해서 연주하라는 의미의 슬러, 점점 세게 및 점점 여리게를 의미하는 크레센도와 데크레센도 등의 다양한 형태가 있습니다. 앞에서 살펴본 아티큘레이션이나 익스프레션과 함께 연주법을 나타내며, 악보 표기에 중요한 위치를 차지합니다.

01 스마트 라인의 입력

01 부록 CD의 Smart 샘플 파일을 불러오고, 스마트 툴(Smart Shape Tool)을 선택합니다. 화면 오른쪽에 열리는 스마트 팔레트는 타이틀 포인트를 드래그하여 화면 상단이나 왼쪽으로 이동시킬 수 있습니다.

02 스마트 팔레트에서 슬러 툴을 선택하고, 슬러로 연결할 시작 음표를 더블 클릭한 상태로 드래그하여 끝 음표로 드래그합니다. 드래그 하지 않고, 더블 클릭만 하면, 다음 음표에 슬러가 연결됩니다.

03 SmartShape 메뉴를 열어보면, Attach to Notes로 선택되어 있습니다. 음표를 선택하여 스마트 라인을 그릴 수 있게 되어 있는 것입니다. 필요하다면 Attach to Measures를 선택하여 마디로 연결하거나 Attach to Noteheads를 선택하여 음표의 머리로 연결할 수 있습니다.

04 스마트 팔레트에서 크레센도 툴을 선택하면, 마우스 포인트가 마디로 연결된다는 의미의 흰색으로 표시되며, 음표 위치와 상관없이 기호를 그릴 수 있습니다. 기호를 그릴 때 [Shift] 키를 누르면, 수평을 유지할 수 있습니다.

05 그 밖에 스마트 팔레트에서 제공하는 툴들을 이용하여 다양한 기호를 입력해봅니다. 슬러의 방향은 [F] 키를 눌러 위/아래로 바꿀 수 있습니다.

02 스마트 라인의 편집

01 스마트 라인은 각각의 기호마다 차이가 있지만, 다이아 모양의 헤어핀이 시작과 끝 지점에 있는 것은 라인의 길이를 조정합니다. 가운데 위치한 핸들은 다른 툴에서와 마찬가지로 위치를 조정합니다.

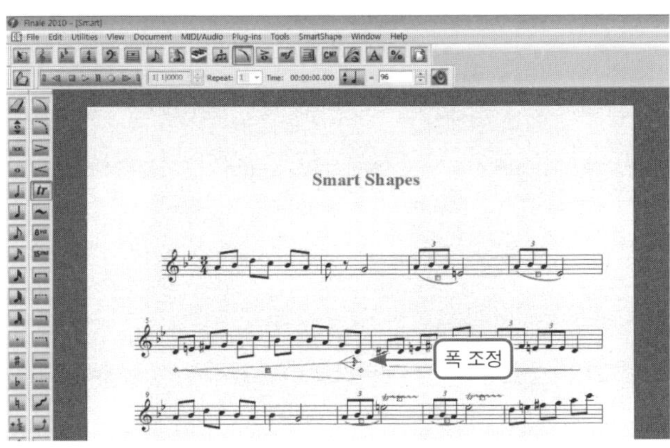

02 크레센도나 디크레센도와 같은 경우에는 길이를 조정하는 헤어핀 외에 상단 라인에 하나가 더 있습니다. 이것은 쉽게 짐작할 수 있듯이 라인의 폭을 조정합니다.

03 슬러 기호는 5개의 헤어핀이 있는데, 시작과 끝 지점은 길이, 가운데 것은 폭을 조정합니다. 그리고 그 사이에 있는 것들은 라인의 형태를 조정합니다. 핸들을 선택하고 Backspace 키를 누르면 조정한 것을 취소하고, 초기 상태로 복구할 수 있습니다.

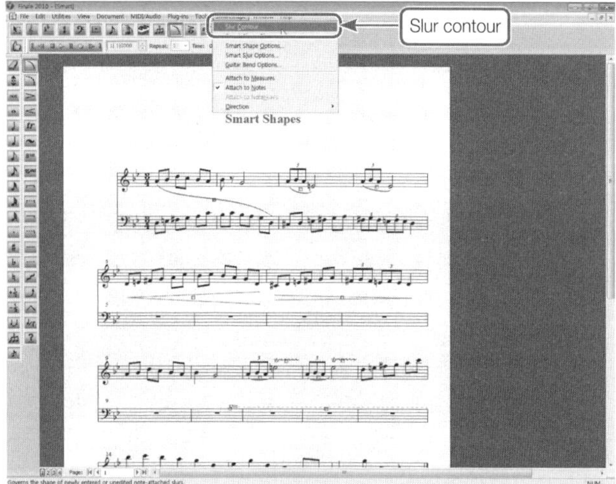

04 SmartShape 메뉴에는 기본적으로 만들어지는 슬러의 형태를 설정할 수 있는 기능들을 제공합니다. SmartShape 메뉴의 Slur contour를 선택합니다.

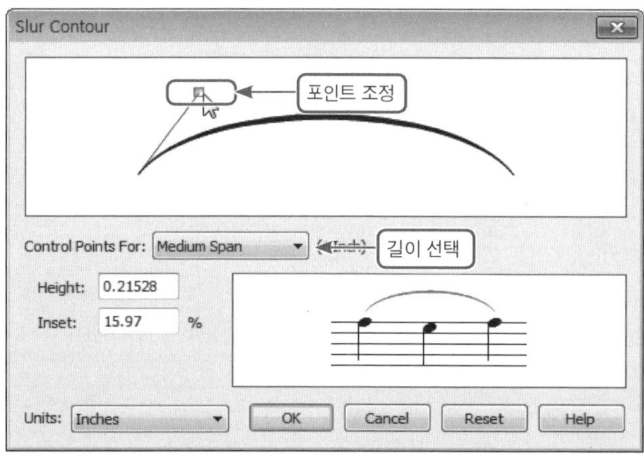

05 Control Points for에서 설정하고자 하는 라인의 길이를 선택하고, 포인트를 드래그하여 원하는 형태를 꾸밉니다. 좀 더 정확한 값이 필요하다면 Height와 Inset에서 값을 입력하고, 값의 단위는 Units에서 선택합니다.

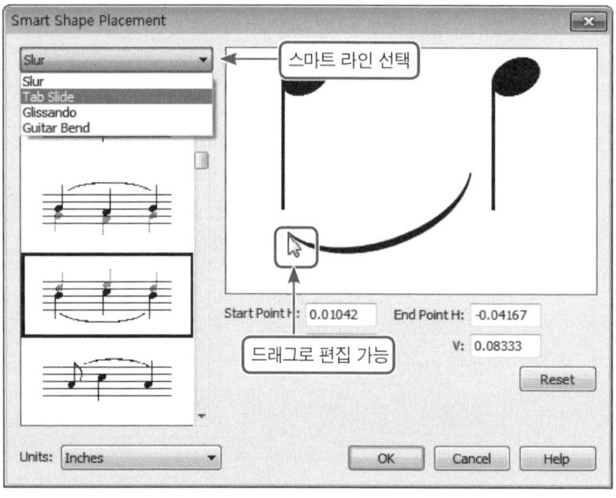

06 SmartShape 메뉴의 Smart shape Placement를 선택하면 음표의 구성에 따라 연결되는 라인의 형태를 편집할 수 있습니다. 슬러 외에 슬라이드(Tab Slide), 글리산도(Glissando), 밴드(Guitar Bend)도 편집할 수 있습니다.

03 스마트 라인 정렬하기

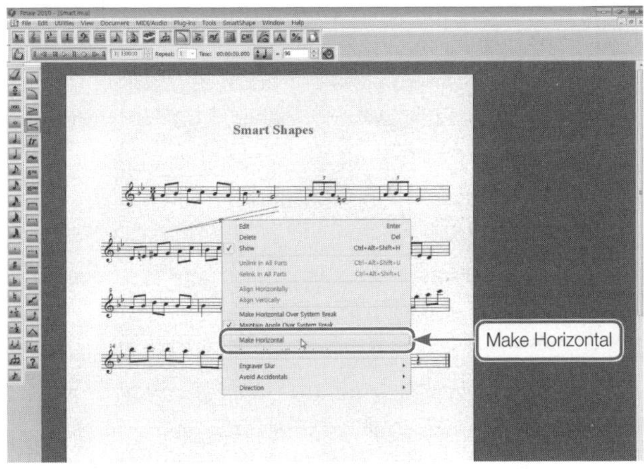

01 크레센도와 같은 가로 라인의 경우에는 Shift 키를 누른 상태로 드래그하여 수평을 유지할 수 있게 하는 것이 좋습니다. Shift 키를 누르지 않고 그려서 라인이 기울어진 경우에는 핸들을 마우스 오른쪽 버튼으로 클릭하여 단축 메뉴를 열고, Make Horizontal 를 선택합니다.

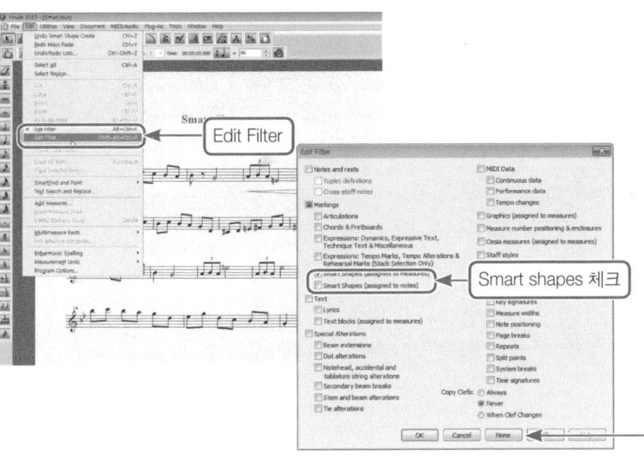

02 스마트 라인을 복사하여 사용할 수 있습니다. Edit 메뉴의 Edit Filter를 선택하여 창을 열고, None 버튼을 클릭하여 모든 옵션을 해제합니다. 그리고 Smart Shapes 옵션만 체크합니다. 이동과 복사 등의 편집 작업을 할 때, 스마트 라인만 적용되게 하는 것입니다.

03 스마트 라인이 있는 마디를 선택하고, Ctrl + C 키를 눌러 복사합니다. 그리고 복사할 마디에서 Ctrl + V 키를 눌러 붙입니다. 동일한 길이의 스마트 라인을 이용할 수 있는 방법입니다.

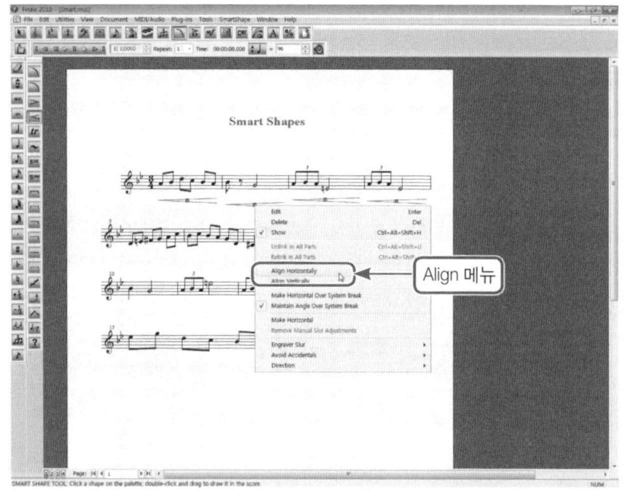

04 마우스로 그린 스마트 라인의 위치는 불규칙할 수 밖에 없습니다. 이것들을 마우스 드래그로 선택하고, 마우스 오른쪽 버튼을 클릭하여 단축 메뉴를 엽니다. 그리고 Align Horizontally(수평) 또는 Align vertically(수직)을 선택하여 정렬할 수 있습니다.

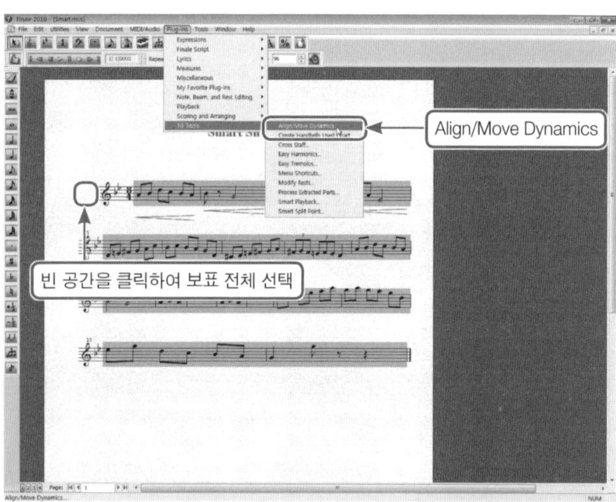

05 선택한 보표의 스마트 라인을 일률적으로 조정하는 기능이 있습니다. 실렉션 툴을 선택하고, 보표 왼쪽의 빈 공간을 클릭하여 보표 전체를 선택합니다. 그리고 Plug-ins 메뉴의 TG Tools에서 Align/Move Dynamics 를 선택합니다.

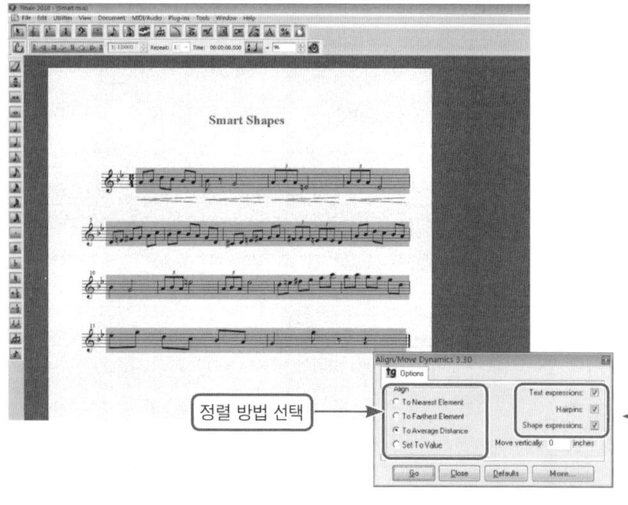

06 근접한 것을 기준으로(To Nearest Element), 먼 것을 기준으로(To Farthest Element), 평균(To Average Distance), 사용자 입력(Set to Value)의 정렬 방법과 아이템을 선택할 수 있는 창이 열립니다. Shape expressions을 체크하고, Go 버튼을 클릭하여 정렬합니다.

04 스마트 라인 만들기

01 사용자만의 스마트 라인을 만들어 사용할 수 있습니다. 스마트 팔레트의 맨 끝에 물음표 모양을 하고 있는 Custom Line Tool을 Ctrl 키를 누른 상태에서 클릭합니다.

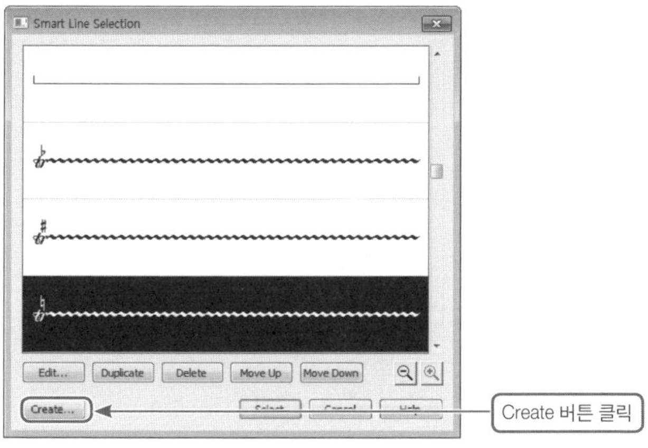

02 피날레에서 제공하는 스마트 라인 목록을 볼 수 있으며, 원하는 라인을 더블 클릭하여 입력할 수 있습니다. 새로운 라인을 만들어보기로 했으므로, Create 버튼을 클릭합니다.

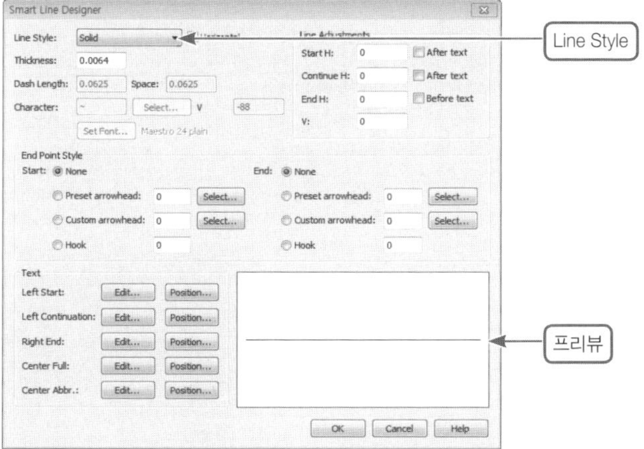

03 Line Style은 직선(Solid), 점선(Dashed), 캐릭터(Character)의 3가지 형태를 제공합니다. 각각의 스타일은 작업 결과를 미리 볼 수 있는 프리뷰 패널에서 확인할 수 있습니다. 실습에서는 Solid를 선택합니다. Horizontal은 라인을 가로로 고정시키는 옵션입니다.

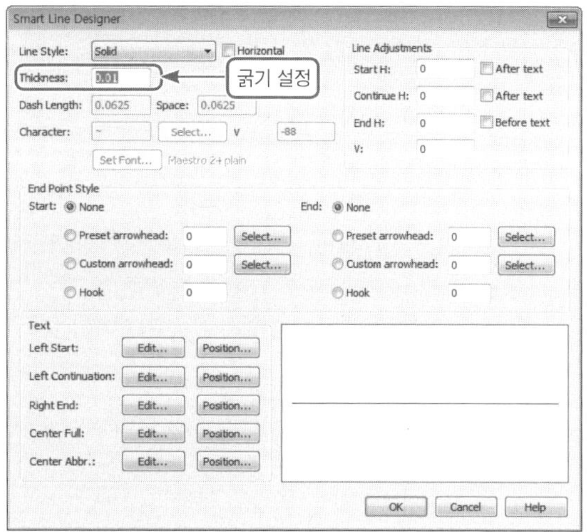

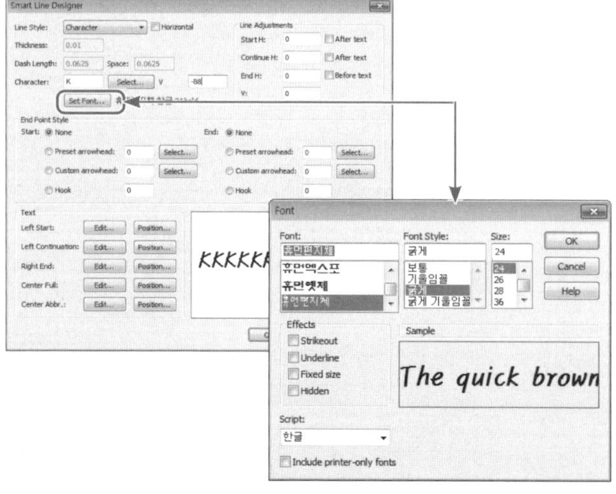

04 Thickness는 Solid 및 Dashed의 라인 굵기를 설정합니다. 실습에서는 기본값보다 조금 굵게 0.01로 설정하겠습니다. Dashed를 선택했을 때는 Dash Length와 Space에서 라인의 길이와 간격을 설정할 수 있습니다.

05 Character를 선택했을 때는 Select 버튼을 클릭하여 캐릭터로 사용할 심볼을 선택할 수 있습니다. V는 문자가 입력되는 라인을 만들 때, 문자와의 세로 거리를 설정합니다.

06 캐릭터는 Set Font 버튼을 클릭하여 문자를 라인으로 이용할 수 있습니다. 사용자 컴퓨터에 다양한 타입의 폰트가 설치되어 있다면, 좀 더 특별한 모양의 라인을 만들 수 있는 것입니다. 사용할 문자는 Character에 입력합니다.

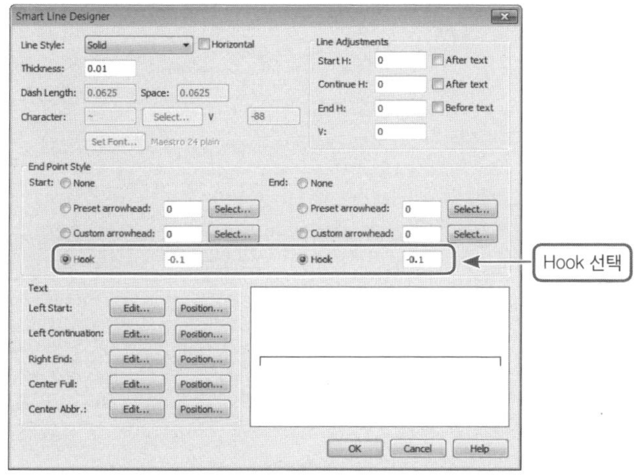

07 End Point Style은 라인의 시작 및 끝 지점의 형태를 설정합니다. Start 와 End의 Hook를 선택하고, 각각 -0.1를 입력 하여 아래쪽 방향의 후크를 만듭니다. Preset arrowhead는 화살표 모양을 선택하는 것이고, Custom arrowhead은 사용자가 원하는 디자 인을 만들 수 있습니다.

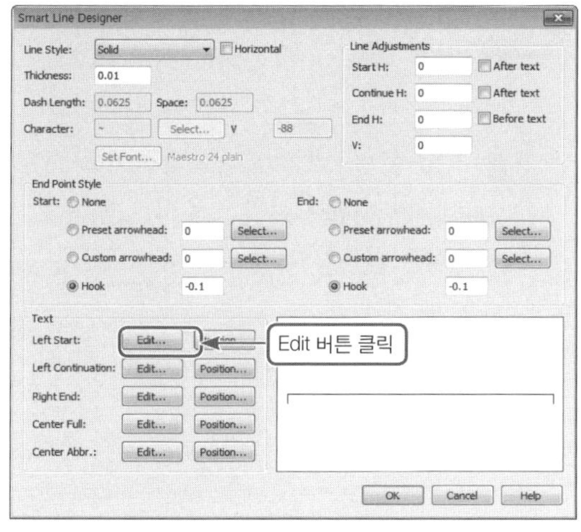

08 Text 패널은 문자를 입력하고, 위치를 조정할 수 있는 역할을 합니다. 왼쪽 시 작 지점에 문자를 입력하기 위한 Left Start의 Edit 버튼을 클릭합니다.

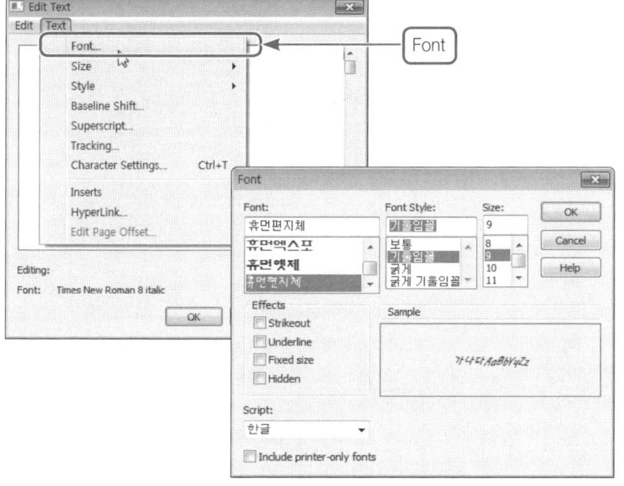

09 문자를 입력할 수 있는 Edit Text 창이 열립니다. Text 메뉴의 Font를 선택하 여 창을 열고, 폰트, 스타일, 크기 등을 설정합 니다.

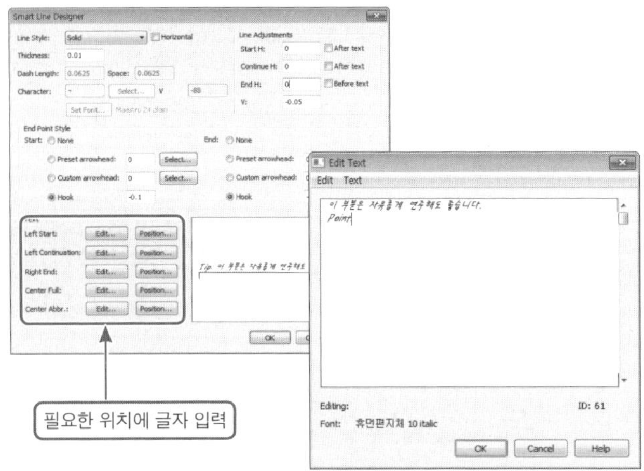

10 연주자에게 전달하고 싶은 글을 입력합니다. 교재를 만드는 교수라면 학생들에게 지시할 내용을 적어도 좋습니다. 필요하다면, 단이 나뉘는 시작 위치의 문자를 의미하는 Left continuation, 오른쪽 끝의 Right end, 중간 지점의 Center full과 Abbr도 입력을 합니다.

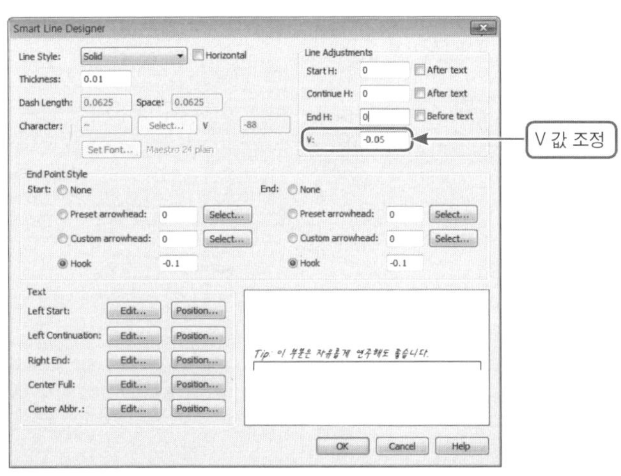

11 Line Adjustments 패널에서 라인의 시작 지점(Start H), 중간 지점(Continue H), 끝 지점(End H), 세로 위치(V)를 조정하며, 기준 지점을 문자 다음(After text)이나 문자 전(Before text)으로 설정할 수 있습니다. V 값을 -0.05로 설정하겠습니다.

12 OK 버튼을 클릭하여 Smart Line Designer 창을 닫고, 사용자가 만든 라인을 입력해봅니다. 스마트 라인은 언제든 다른 형태로 편집할 수 있습니다. Ctrl 키를 누른 상태로 Custom Line Tool을 클릭하여 창을 엽니다.

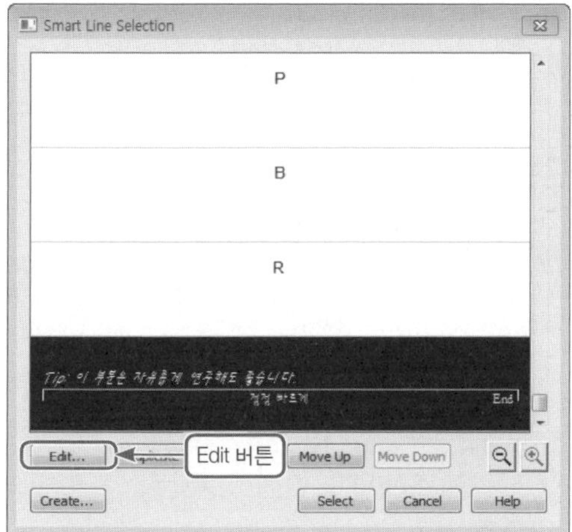

13 앞에서 만든 라인이 선택되어 있는 상태에서 Edit 버튼을 클릭합니다. 사용자가 만든 라인을 보존하고, 같은 형태의 라인을 새로 만들고 싶다면, Duplicate 버튼으로 복사한 다음에 Edit 버튼을 클릭합니다.

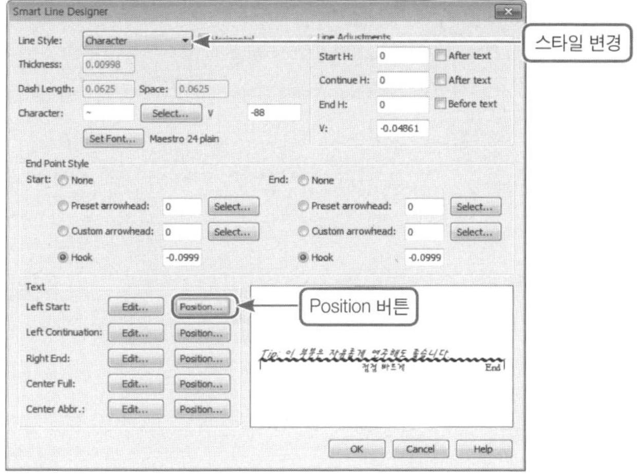

14 Line Style을 Character로 바꿔보겠습니다. 라인 스타일의 변경으로 문자가 살짝 겹치고 있습니다. 실습 문자는 Line Adjustments를 이용하여 라인의 위치를 변경하는 것으로 해결하기 어렵습니다. Text 패널의 Position 버튼을 클릭합니다.

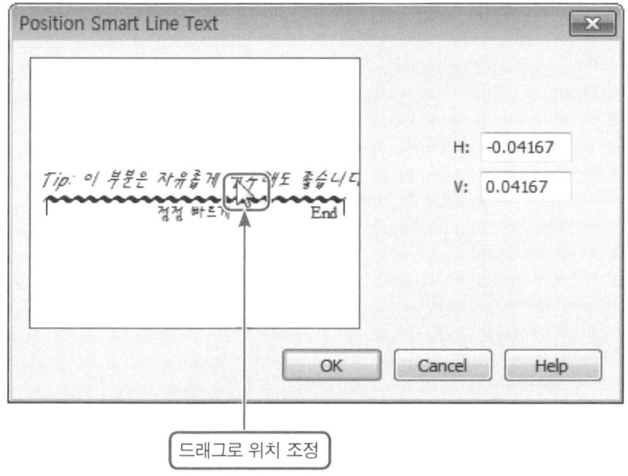

15 문자의 위치를 조정할 수 있는 Position smart Line Text 창이 열립니다. H와 V 항목에서 정확한 위치를 입력해도 좋지만, 문자를 드래그하여 조정하는 것이 편리할 것입니다. 여러 위치의 문자를 입력했다면 각각의 Position 버튼을 클릭하여 조정하고, Edit 버튼을 클릭하여 문자 내용도 바꿔봅니다.

16 Smart Line Selection 창에서 Edit 버튼을 클릭하여 편집했으므로, 앞에서 입력한 라인의 형태가 바로 바뀝니다. 교재를 만드는 교수나 팀을 이끄는 마스터들에게 유용한 기능이 될 것입니다.

05 스마트 페인트 기능 이용하기

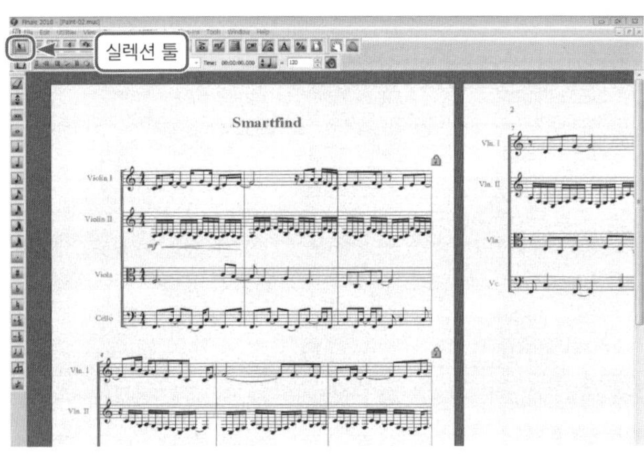

01 아티큘레이션과 마찬가지로 동일한 리듬을 찾아 자동으로 라인을 만들어주는 스마트 페인트 기능을 이용할 수 있습니다. 부록 CD의 Paint-02 파일을 열고, 실렉션 툴을 선택합니다.

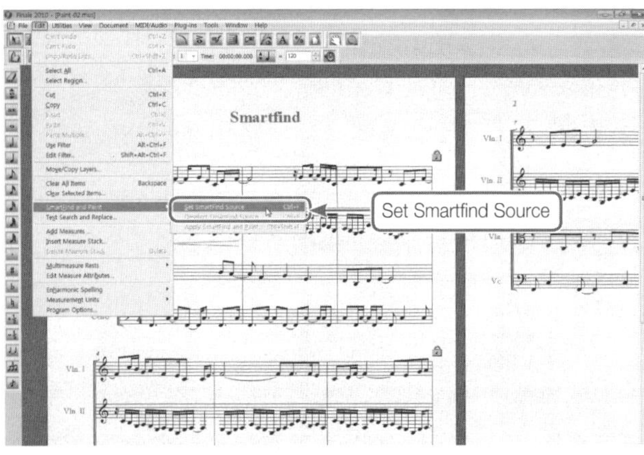

02 클레센도 기호가 입력되어 있는 Violin II 보표의 첫 번째 마디를 선택합니다. 그리고 Edit 메뉴의 SmartFind and Paint에서 Set Smartfind Source를 선택하여 소스로 만듭니다.

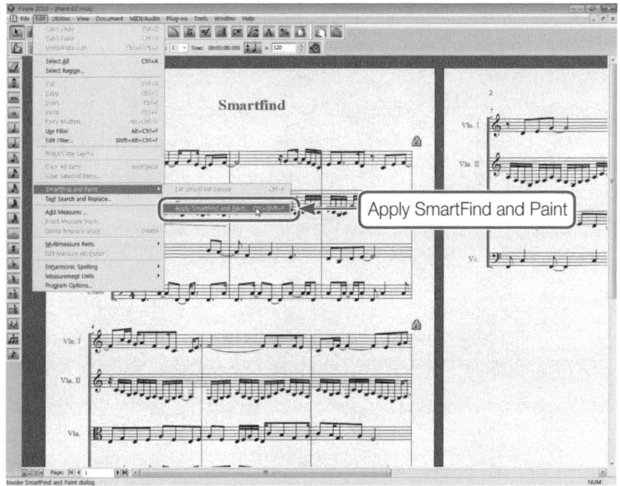

03 선택한 마디에 굵은 라인의 사각형이 보입니다. Edit 메뉴의 SmartFind and Paint에서 Apply SmartFind and Paint를 선택합니다. 특정 범위에만 스마트 페인트를 적용하겠다면 해당 범위를 선택하고, 메뉴를 실행합니다.

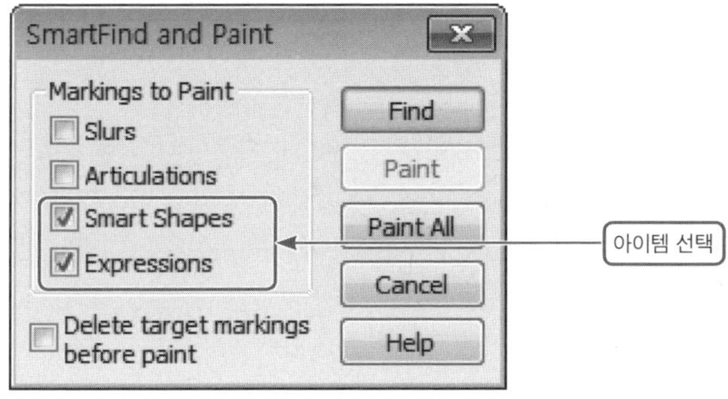

04 소스에서 어떤 것을 적용할 것인지를 선택할 수 있는 창이 열립니다. Smart Shapes와 Expressions 옵션을 선택하고, Find 버튼을 클릭합니다.

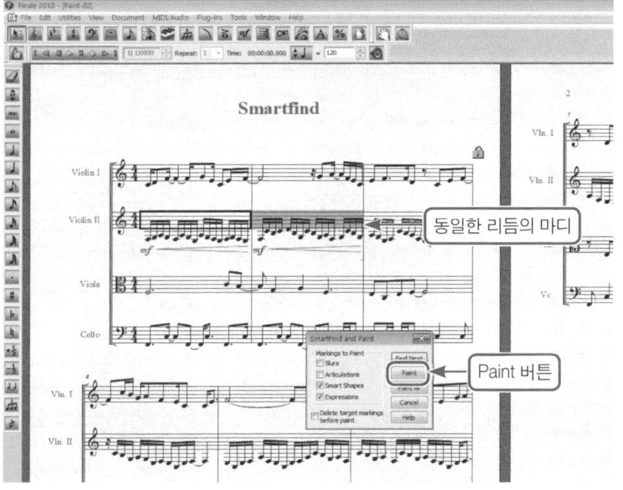

05 소스로 설정되어 있는 마디의 리듬과 동일한 마디를 찾습니다. 해당 위치에 Smart Shapes과 Expressions을 입력하겠다면, Paint 버튼을 클릭합니다.

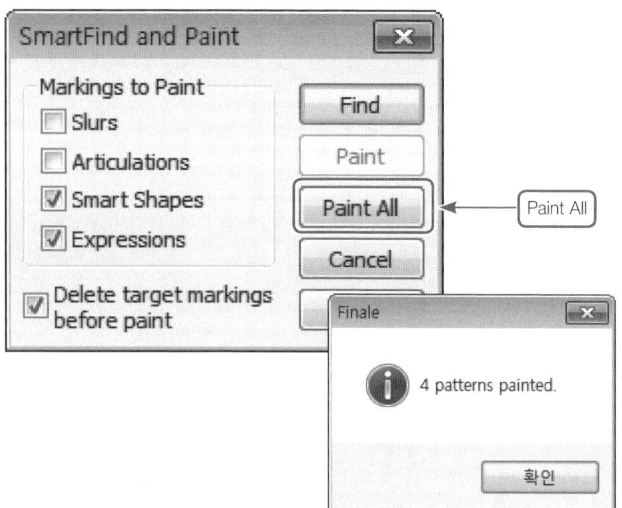

06 일률적으로 작업을 진행하겠다면, Paint All 버튼을 클릭하여 한 번에 처리합니다. 처리된 마디 수를 안내하는 창이 열립니다. 샘플 악보는 총 4군데가 동일한 리듬으로 되어 있으므로, 4 patterns painted라고 표시됩니다.

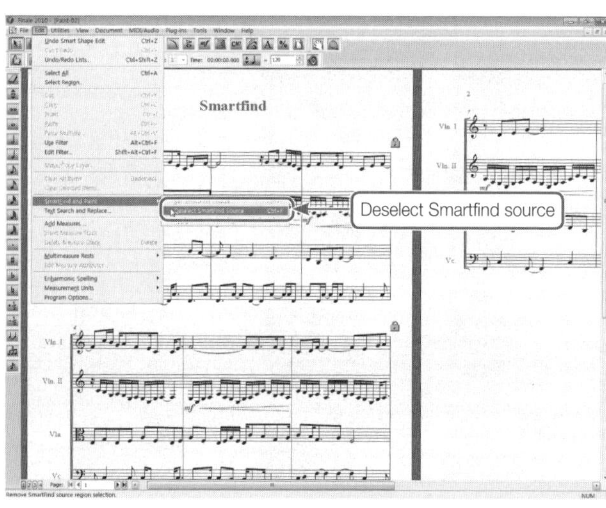

07 간단하게 스마트 라인을 입력할 수 있는 기능이었습니다. 작업이 끝나면 Edit 메뉴의 Smartfind and Paint에서 Deselect Smartfind Source를 선택하여 소스로 설정한 마디를 해제합니다.

Finale Tip · 연주 용어 및 기호

자주 사용하는 셈 여림 및 빠르기에 관련된 연주 기호를 살펴봅니다. 보다 상세한 내용은 관련 서적을 참조하기 바랍니다.

1. 레가토(Legato) : 음표를 슬러(Slur)로 묶어서 표시하며, 부드럽게 연결해서 연주하라는 의미입니다.

2. 스타카토(Staccato) : 음표 머리에 점을 붙여 표시하며, 음표의 길이를 반으로 줄여서 연주하라는 의미입니다. 스타카토 보다 짧게 연주하라는 의미의 스타카티시모와 스타카토 보다는 길게 연주하라는 의미의 메조 스타카토 기호도 자주 사용됩니다.

3. 테누토(Tenuto) : 음표 머리에 ─ 기호를 붙여 표시를 하며, 음의 길이를 충분히 지켜서 연주하라는 의미입니다.

4. 트레몰로(Tremolo) : 음표에 두 세개의 / 기호를 붙여 표시하며, 16분 음표 또는 32분 음표로 반복 연주하라는 의미입니다.

5. 액센트(Accent) : 음표에 〉기호를 붙여 표시하며, 세게 연주하라는 의미입니다.

6. 크레센도(Crescendo) : 라인의 폭이 점점 벌어지는 형태의 기호를 붙여 표시하며, 점점 세게 연주하는 의미입니다.

7. 메조 포르테(Mazzo Forte) : 조금 세게 연주하라는 의미이며, 연주 세기에 따라 다음과 같은 것들이 있습니다.

pp	p	mp	mf	f	ff
피아니시모	피아노	메조 피아노	메조 포르테	포르테	포르테시모
아주 여리게	여리게	조금 여리게	조금 세게	세게	아주 세게

crescendo(cresc.)	크레센도	점점 세게
decrescendo(decresc.)	디크레센도	점점 여리게
diminuendo(dim.)	디미누엔도	
sf, sfz	스포르찬도	
rf	린포르찬도	특히 세게
fz	포르찬도	
〉, ^	액센트	
fp	포프테 피아노	세게 즉시 여리게

8. 페르마타(Fermata) : 음표 와 쉼표, 겹 세로줄의 마디 라인에 표시할 수 있습니다. 음표와 쉼표에 표시되는 경우에는 해당 음표의 길이를 두 배 이상으로 충분히 늘려서 연주하라는 의미이며, 마디 라인에 표시하는 경우에는 곡의 끝을 알리는 Fine과 같은 의미입니다. 그 밖에 점점 느리게의 리타르단도(rit), 본래의 빠르기로의 아 템포(a tempo), 처음 빠르기로의 템포 프리모(Tempo I), 자유롭게 연주하라는 의미의 애드립(adlib) 표기 등의 빠르기 변화 기호도 자주 사용됩니다. 특히, 가요 악보에서는 곡의 빠르기를 메트로놈 기호와 GoGo, Rock, Bluse 등의 리듬 표기를 함께 하는 경우가 많습니다. 이에 관해서는 관련 서적을 참조하기 바랍니다.

Part. 4

Music begins with **Finale 25**

악보 디자인과 출력의 모든 것

14

문자와 가사의 입력

국내에서 어렵고, 복잡하다는 단점을 가지고 있는 피날레를 이용해서 악보 사보 작업을 하는 이유는 뛰어난 기능과 호환성 등의 여러 가지가 있겠지만, 가장 결정적인 것은 한글 폰트의 사용이 자유롭다는 것입니다. 편집을 할 때는 다소 불안한 모습을 보이는 경우도 있지만, 한 글자씩 타이핑을 해야 하는 다른 프로그램에 비하면, 선택의 여지가 없는 부분으로 보아도 좋습니다. 피날레에서의 문자 입력과 편집 방법을 살펴보겠습니다.

01 페이지 문자와 마디 문자의 이해

01 피날레는 페이지 문자와 마디 문자의 두 가지 타입을 제공합니다. 기본적으로 마디 편집과 상관없이 위치 선정이 가능한 페이지 문자로 입력됩니다. 부록 CD의 text 샘플 파일을 열고, 문자 툴(Text Tool)을 선택합니다.

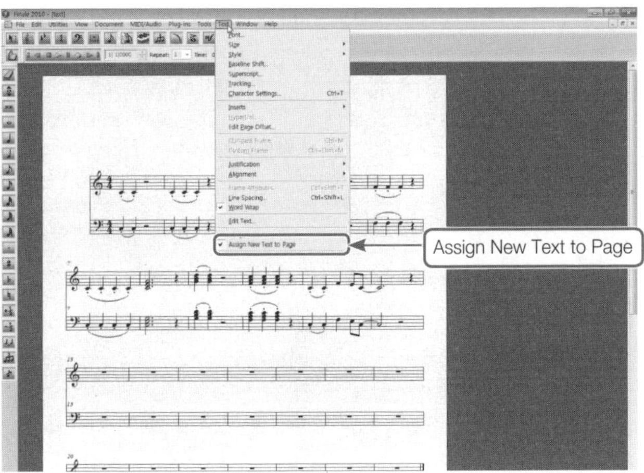

02 Text 메뉴를 열어보면, 맨 아래쪽의 Assign New Text to Page가 선택되어 있습니다. 새로 입력하는 문자는 페이지로 연결된다는 의미입니다. 페이지 문자는 녹색으로 표시됩니다.

가정교사

글자 색상은 출력과 상관없으며, 사용자가 원하는 색상으로 변경할 수 있습니다.

03 문자는 텍스트 박스를 만들고 입력하는 방법과 문자에 맞추어 텍스트 박스가 만들어지게 하는 방법이 있습니다. 특정 범위에 문자를 입력해 할 경우에는 텍스트 박스를 만들고 입력하는 방법이 좋습니다. 입력할 위치에서 마우스를 더블 클릭한 상태로 드래그하여 텍스트 박스를 만듭니다.

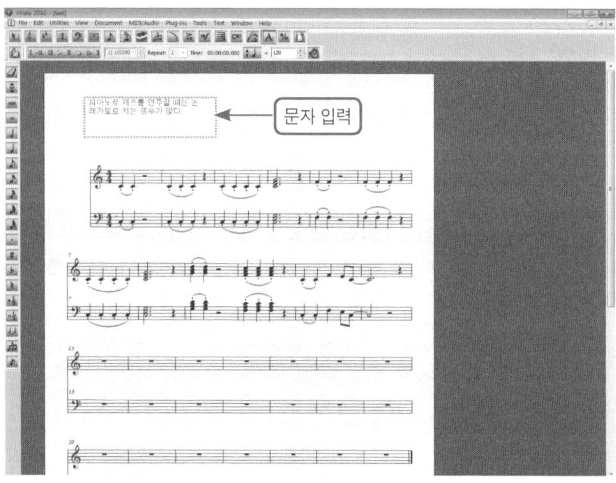

04 문자를 입력해보면, 텍스트 박스에 맞추어 자동으로 줄 바꿈이 되는 것을 확인할 수 있습니다. 이때 단어가 분리되는 것을 방지하기 위한 옵션이 선택되어 있기 때문에 오른쪽에 공간이 발생할 수 있습니다.

문자의 위치는 텍스트 박스의 핸들을 드래그하여 조정합니다.

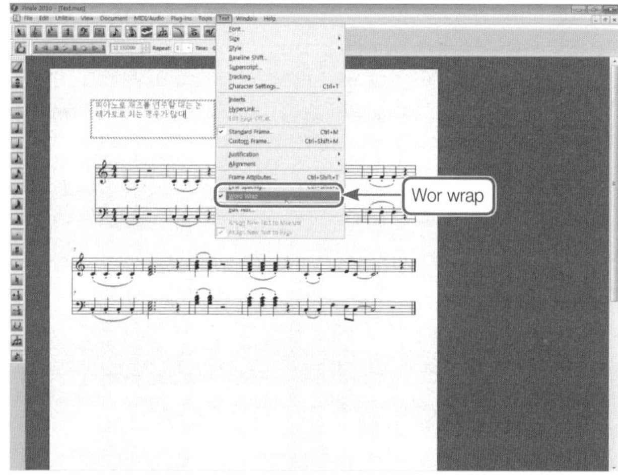

05 단어가 분리되더라도 텍스트 박스 폭에 문자를 맞추고 싶다면, Text 메뉴의 Word Wrap을 선택하여 체크 표시를 해제합니다. 영어의 경우에는 단어가 분리되면 읽는데 지장이 있으므로, Word Wrap 메뉴에 체크 표시를 하여 단어가 분리되지 않게 하는 것이 좋습니다.

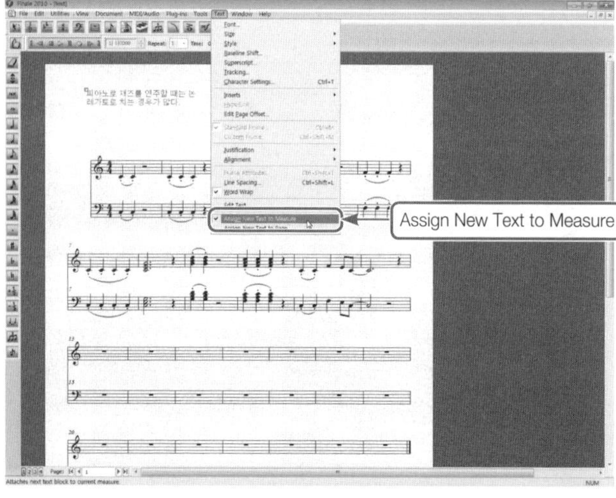

06 마디와 연결되는 마디 문자를 입력해 보겠습니다. 페이지의 아무 곳이나 클릭하여 앞에서 입력하고 있는 텍스트 박스를 빠져나옵니다. 그리고 Text 메뉴의 Assign New Text to Measure를 선택합니다. 새로 입력하는 문자는 마디로 연결 되는 것입니다. 마디 문자는 빨간색으로 표시됩니다.

07 범위의 제한 없이 문자를 자유롭게 입력할 경우에는 입력하는 문자에 맞추어 텍스트 박스가 만들어지게 하는 방법이 좋습니다. 문자를 입력할 위치에서 마우스를 더블 클릭합니다. 문자를 입력할 수 있는 상태가 되며, 커서가 깜빡입니다.

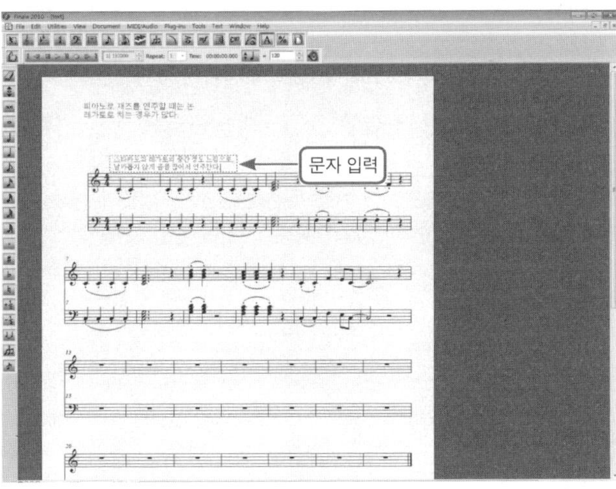

08 문자를 입력하면, 문자에 맞추어 텍스트 박스가 만들어집니다. 이때는 줄이 자동으로 바뀌지 않기 때문에 Enter 키를 눌러 줄 바꿈을 해야 합니다. 텍스트 박스를 먼저 만들었을 때와의 차이점을 이해하기 바랍니다.

09 마디 문자는 문자를 입력한 위치의 마디와 자동으로 연결 됩니다. Selection Tool로 마디를 드래그하여 복사해보면, 마디에 연결된 문자가 함께 복사되는 것을 확인할 수 있습니다. 즉, 곡의 제목이나 작곡가 이름 등의 일반적인 문자는 페이지 문자로 입력하지만, 연주 지시 사항과 같이 마디를 따라다녀야 할 문자는 편집을 고려하여 마디 문자로 입력하는 것입니다.

01 사용자가 만든 악보에 다양한 정보를 입력하는 방법에 관해서 살펴보겠습니다. 부록 CD의 Text-02파일을 불러오고, 문자 툴을 선택합니다. 그리고 제목을 입력할 위치에서 더블 클릭합니다.

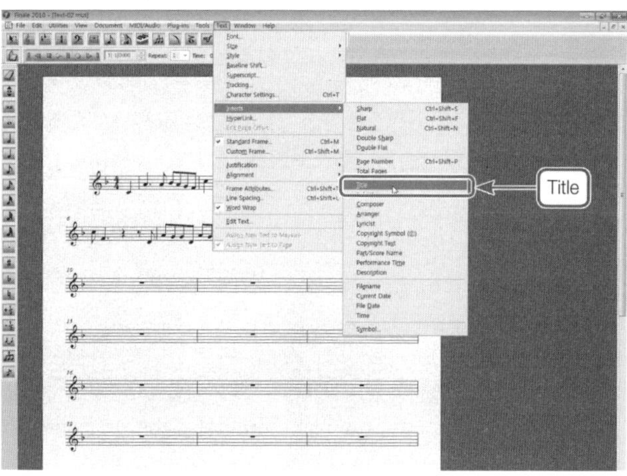

02 Text 메뉴의 Inserts를 열어보면, 다양한 정보를 입력할 수 있는 서브 메뉴가 있습니다. 여기서 Title를 선택해봅니다.

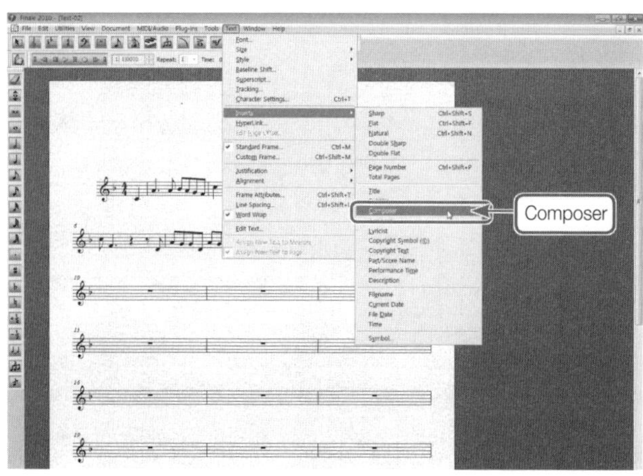

03 선택한 위치에 곡의 제목이 입력되었습니다. 작곡가의 이름을 입력할 위치를 더블 클릭하고, Text 메뉴의 Inserts에서 Composer를 선택합니다.

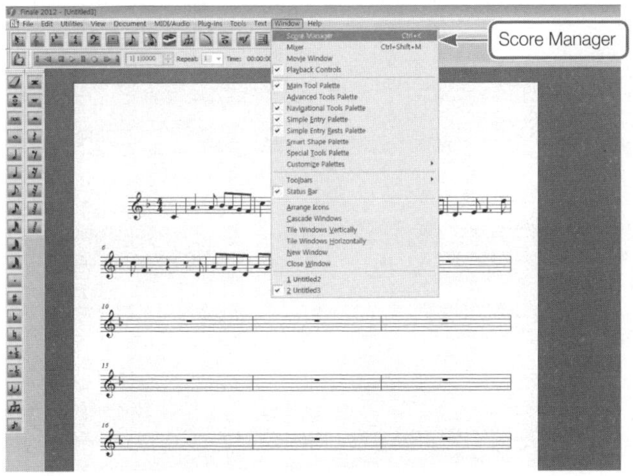

04 Insert 메뉴를 이용해서 곡의 제목과 작곡가의 이름을 입력했습니다. 이것은 이미 파일에 정보가 담겨있기 때문에 가능한 것입니다. Window 메뉴의 Score Manger를 선택합니다.

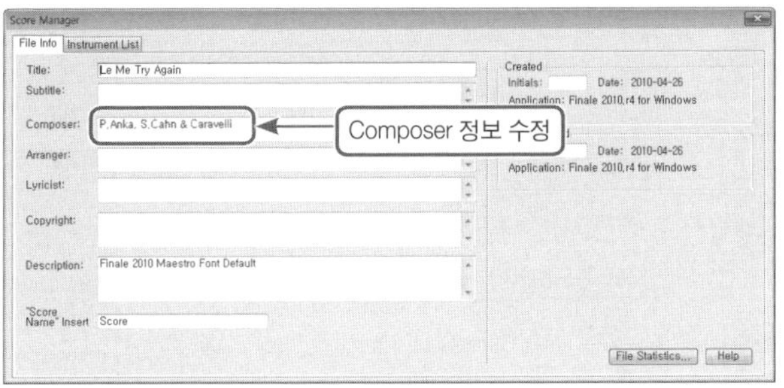

05 악보 스타일을 설정할 수 있는 창이 열립니다. File Info 탭을 선택하여 열고, Composer 항목의 작곡가 이름의 시작 지점을 클릭하여 커서를 가져다 놓습니다. 그리고 Music by라는 문자를 추가해봅니다.

06 작곡가의 이름을 수정하고, Score Manager 창을 닫으면, 앞에서 Insert 메뉴로 입력했던 작곡가의 이름이 파일 정보에 따라 수정되는 것을 확인할 수 있습니다.

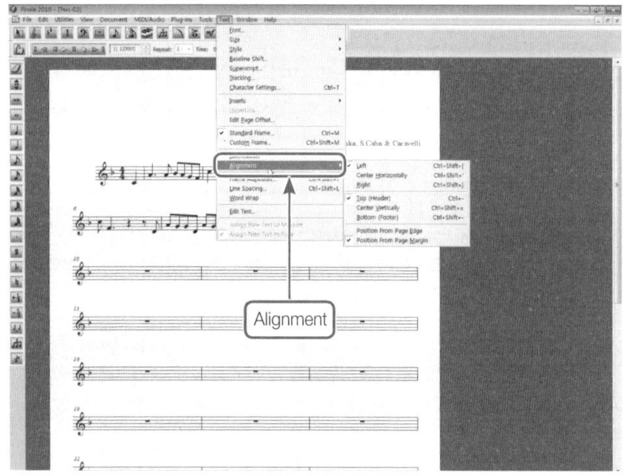

07 문자는 핸들을 드래그하여 위치를 조정할 수 있지만, 페이지의 마진을 기준으로 정렬시키는 것이 보기 좋습니다. 제목 핸들을 선택하고, Text 메뉴의 Alignment를 열어 봅니다.

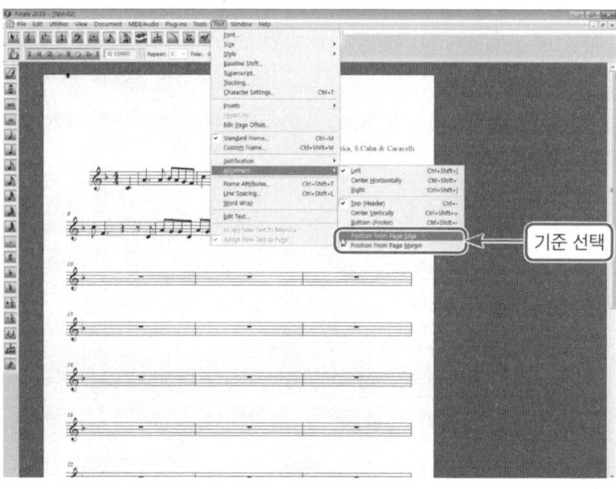

08 선택한 문자를 정렬할 수 있는 서브 메뉴로 구성되어 있습니다. 이때 정렬 기준을 페이지 마진(Position From Page Margin)으로 할 것인지, 페이지의 경계선(Position From Page Edge)로 할 것인지를 먼저 선택해야 합니다.

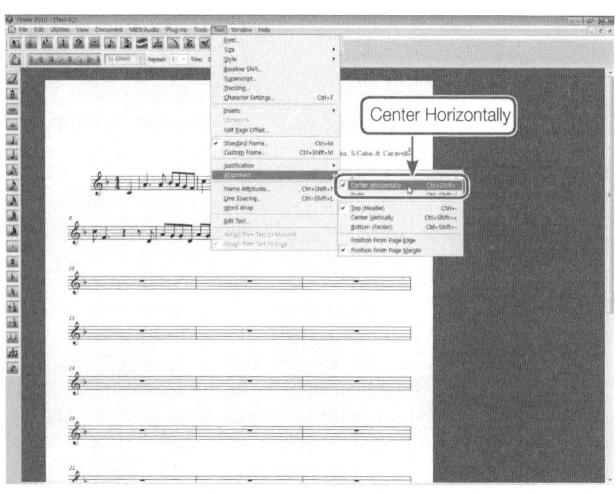

09 Position From Page Margin이 선택되어 있는 상태에서 Center Horizontally를 선택합니다. 제목을 페이지 마진을 기준으로 가로 중앙에 정렬시키겠다는 의미입니다.

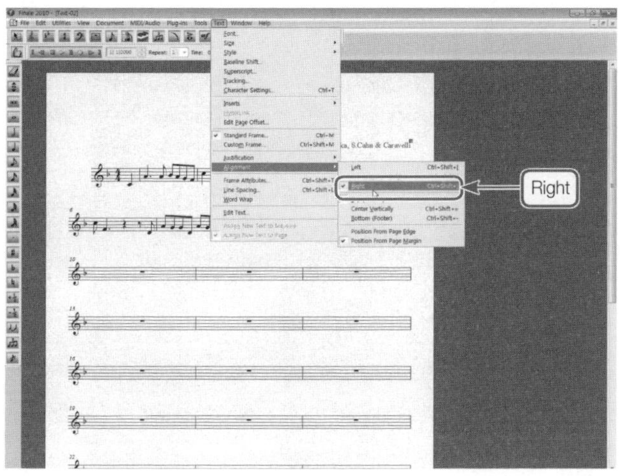

10 작곡가 이름의 핸들을 선택하고, Text 메뉴의 Alignment에서 Right를 선택합니다. 작곡가의 이름은 페이지 마진을 기준으로 오른쪽에 정렬시키는 것입니다.

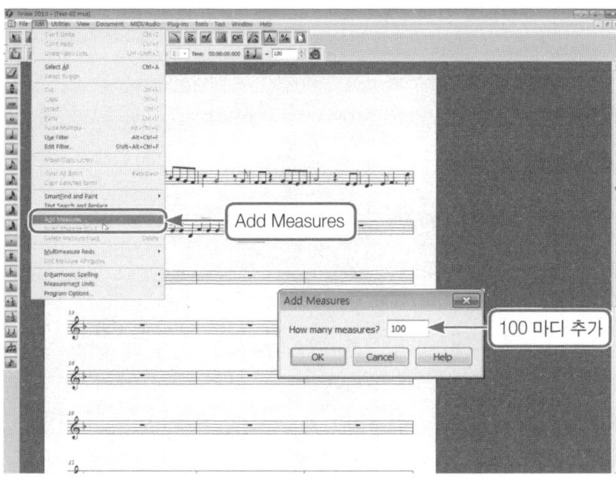

11 선택한 문자를 여러 페이지에 동시에 표시할 수 있습니다. Edit 메뉴의 Add Measures를 선택하여 창을 열고, 100마디 정도를 추가하여 여러 페이지를 만들어봅니다.

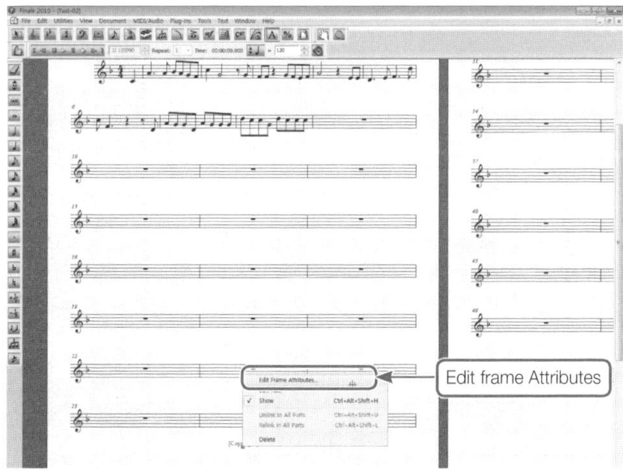

12 페이지 아래쪽의 Copyright 문자 핸들을 마우스 오른쪽 버튼으로 클릭하여 단축 메뉴를 열고, Edit Frame Attributes를 선택합니다. Copyright 문자 핸들을 더블 클릭하여 사용자의 이름으로 변경한 다음에 진행해도 좋습니다.

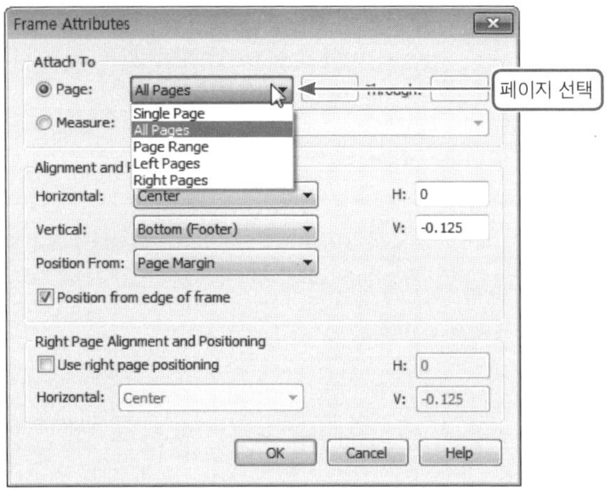

13 Attach to 항목에서 문자를 표시할 페이지를 선택합니다. Page 옵션에서 All Pages를 선택하면 모든 페이지에 Copyright 문자가 표시되는 것입니다. 특정 페이지를 지정하거나 Measure를 선택하여 특정 마디에 표시할 수 있는 것입니다.

03 페이지 번호의 위치 조정

01 페이지 번호는 자동으로 붙기 때문에 Insert 메뉴를 이용할 필요가 없지만, 위치는 아래쪽으로 이동시키는 것이 좋겠습니다. 페이지 번호 핸들을 마우스 오른쪽 버튼으로 클릭하여 단축 메뉴를 열고, Edit frame Attributes를 선택합니다.

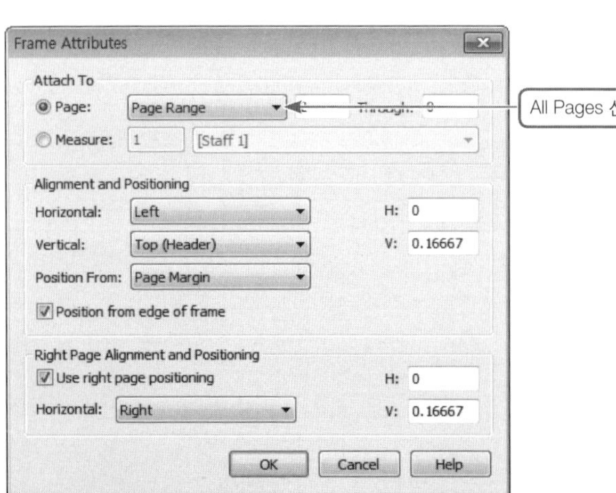

02 Attach to는 Page Range로 선택되어 있고, 2 through 0으로 설정되어 있습니다. 2페이지에서부터 끝까지 표시하라는 의미입니다. 이것을 1로 수정하거나 All Pages를 선택하여 첫 페이지부터 표시되게 변경할 수 있습니다.

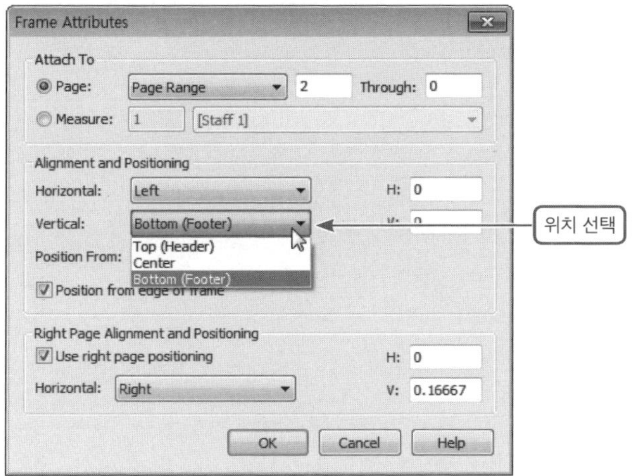

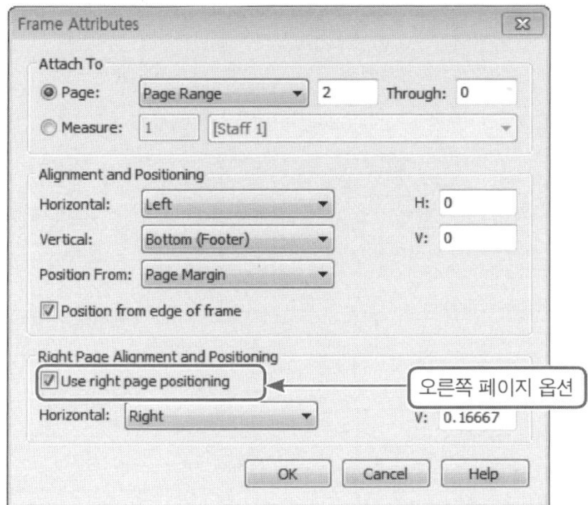

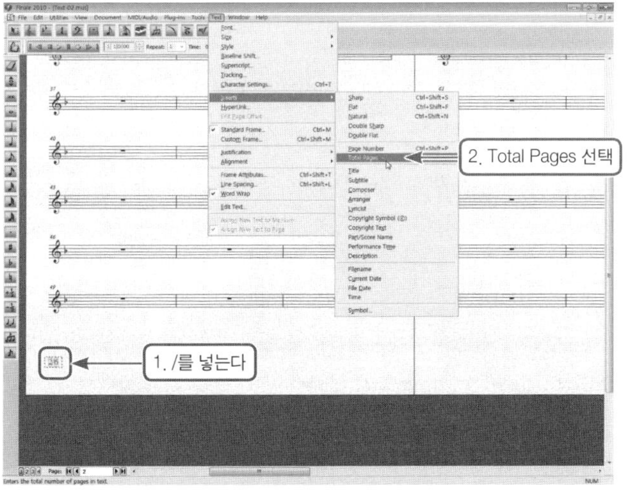

03 Alignment and Positing은 번호가 표시될 위치를 설정하는 항목으로 앞에서 살펴본 정렬 메뉴와 동일합니다. Vertical을 Bottom으로 선택하여 페이지 아래쪽에 표시되게 합니다.

04 Use right page position은 홀수 페이지의 위치를 다르게 표시할 경우에 선택합니다. 페이지 번호는 홀수를 오른쪽, 짝수를 왼쪽에 표시 하는 것이 일반적이므로, Right로 선택되어 있습니다.

05 악보는 페이지 번호/총 페이지 수 형식으로 표시하는 경우가 많습니다. 총 페이지 수를 입력할 때는 페이지 번호 오른쪽에 /를 입력하고, Text 메뉴의 Insert에서 Total Pages를 선택합니다.

04 글자의 속성 변경하기

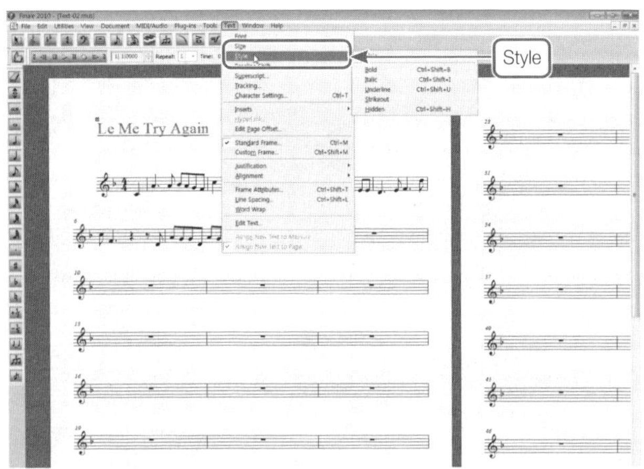

01 글자의 속성은 Text 메뉴의 Size에서 크기를 선택하여 조정한다거나 Style에서 굵게(Bold), 기울기(Italic), 밑줄(underline) 등의 속성을 선택하여 꾸밀 수 있습니다.

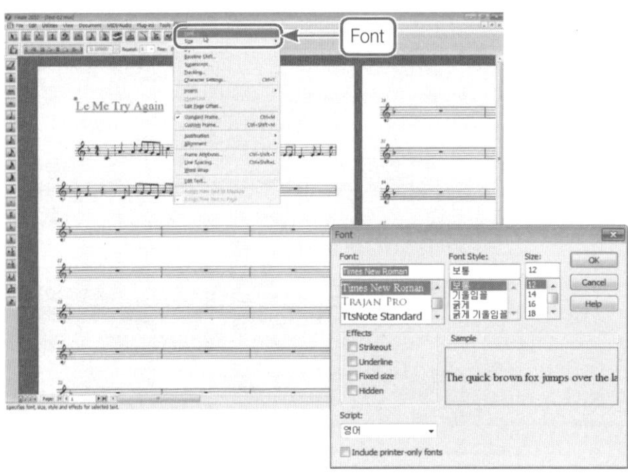

02 좀 더 세부적인 속성이 필요한 경우에는 Text 메뉴의 Font를 선택하여 창을 열고, 폰트, 스타일, 크기 등을 한 번에 조정할 수 있습니다.

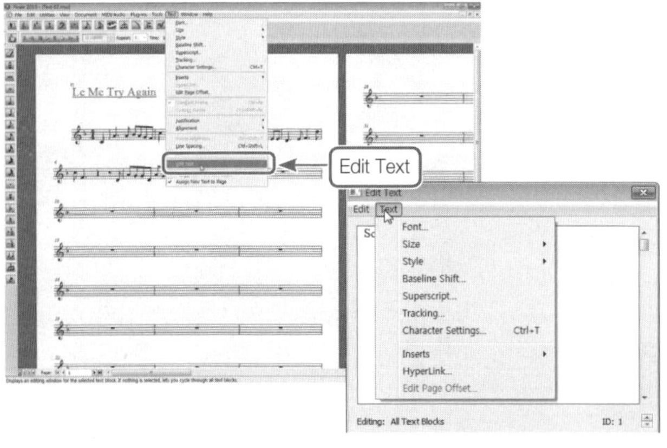

03 글자를 입력할 위치를 더블 클릭하여 텍스트 박스를 만들고, Text 메뉴의 Edit Text를 선택하면, 다양한 속성을 지정한 문자를 입력할 수 있는 편집 창이 열립니다.

05 가사 입력하기

01 가사는 음표에 바로 입력하는 방식과 편집 창을 이용하는 방식의 두 가지가 있습니다. 부록 CD의 Lyrics 파일을 불러오고, 가사 툴(Lyrics Tool)을 선택합니다.

02 1절은 직접 입력 방식을 이용하고, 2절은 편집 창을 이용해보겠습니다. 가사 툴을 선택했을 때 화면 왼쪽에 4개의 삼각형이 보이지 않는다면, Lyrics 메뉴의 Type Into Score가 선택되어 있는지 확인합니다.

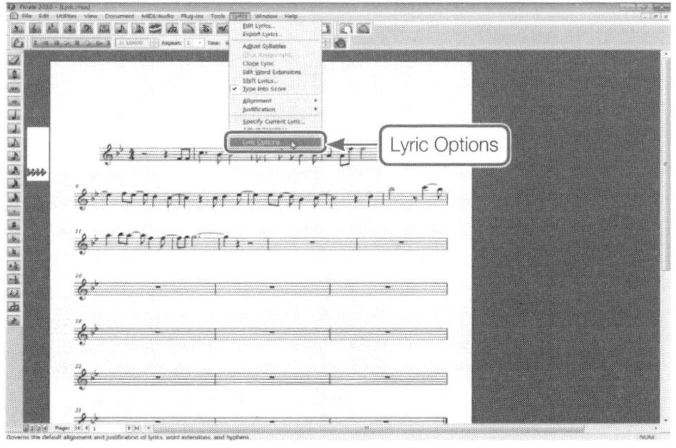

03 하이픈(-)은 글자를 입력하지 않은 음표에 자동으로 입력되지만, 여러 음표를 하나의 하픈으로 처리하는 경우도 많으므로, 자동 하이픈 옵션을 사용하지 않겠습니다. Lyrics 메뉴의 Lyric Options을 선택합니다.

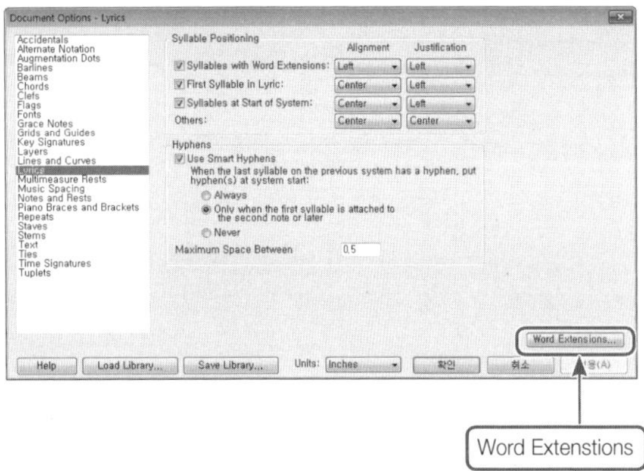

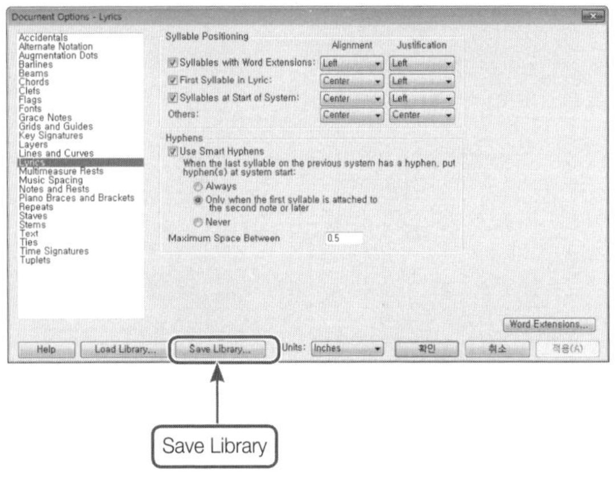

04 Lyrics 카테고리가 선택된 Document Options 창이 열립니다. 하이픈의 위치와 길이 등을 설정하기 위한 Word Extensions 버튼을 클릭합니다.

05 Lyric Alignment의 Vertical과 Horizontal 값을 수정하여 가운데로 표시되게 해도 좋지만, Use Smart word Extensions 옵션을 해제하여 자동으로 하이픈이 붙지 않게 합니다.

06 설정한 옵션은 현재 작업 중인 악보에만 적용됩니다. 앞으로도 동일한 옵션을 사용하겠다면, Save Library 버튼을 클릭하여 저장합니다.

07 직접 입력하는 방법은 간단합니다. 가사를 입력할 음표를 선택하고, 글자를 입력합니다. 그리고 Space bar 키를 눌러 다음 음표로 이동하면서 한 글자씩 입력하면 됩니다. 하이픈은 글자와 하이픈을 입력하고, 스페이스 바 키를 누르면 됩니다. 하이픈이 표시될 음표에서 입력하는 것이 아니라 이전 음표 가사에서 미리 입력해야 한다는 것에 주의합니다.

08 입력 도중에 잘못 입력한 바로 전 글자는 Backspace 키를 눌러 삭제하고 다시 입력합니다. 그 외의 글자를 수정할 때는 마우스 클릭으로 선택합니다. ←/→ 키를 눌러 선택해도 좋지만, 마우스가 편리할 것입니다

09 2절은 가사 편집 창을 이용해서 입력해보겠습니다. Lyrics 메뉴의 Lyrics Window를 선택하여 창을 엽니다.

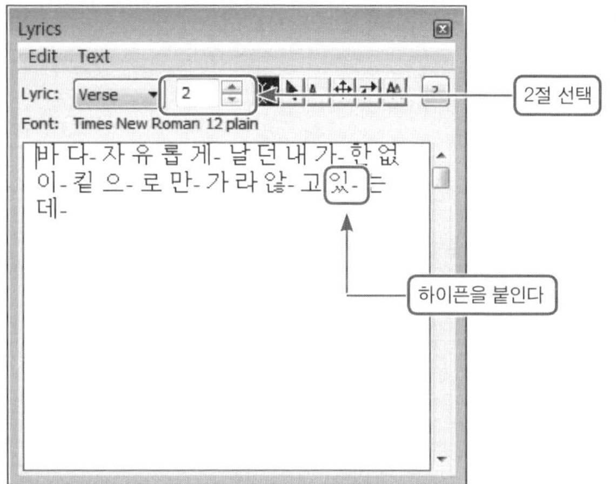

10 윈도우 메모장과 비슷한 창입니다. 2절을 입력하기로 했으므로, Lyric 항목에서 2를 선택하고, 가사를 입력합니다. 이때 글자 사이에 Space bar 키를 눌러 한 칸씩 띄어쓰기를 해야 합니다. 단, 하이픈은 스페이스 바로 띄우지 않습니다.

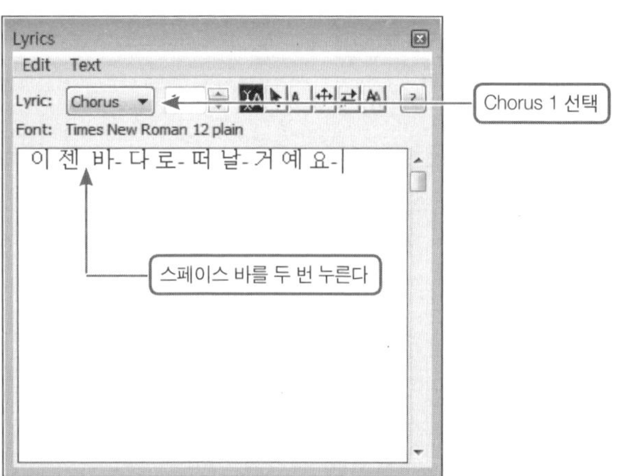

11 1절과 2절에서 동일하게 사용되는 가사는 코러스로 처리하겠습니다. Lyric에서 Chorus를 선택하고, 숫자는 1로 바꿉니다. 그리고 같은 방법으로 가사를 입력합니다. 쉼표는 공백으로 처리를 해야 하므로, '이젠' 다음은 스페이스 바 키를 두 번 누릅니다.

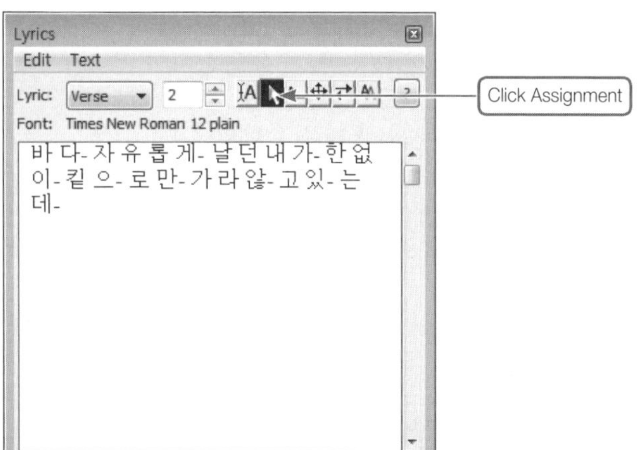

12 가사를 모두 입력한 후에는 Verse 2로 바꾸고 Click Assignment 툴을 선택합니다. 창을 닫은 경우에는 Lyrics 메뉴의 Click Assignment를 선택하여 열 수 있습니다.

13 Click Assignment 툴은 Liyrics 창의 가사를 마우스 클릭으로 입력하는 것입니다. 창의 타이틀 바를 드래그하여 적당한 위치로 이동시키고, 가사를 입력할 음표를 클릭하면서 한 글자씩 입력합니다.

14 코러스로 만들어둔 가사는 한 번에 입력을 해보겠습니다. Lyrics창에서 Chorus 1을 선택하고, Ctrl 키를 누른 상태로 음표를 클릭합니다. 코러스 가사가 한 번에 입력되는 것을 확인할 수 있습니다.

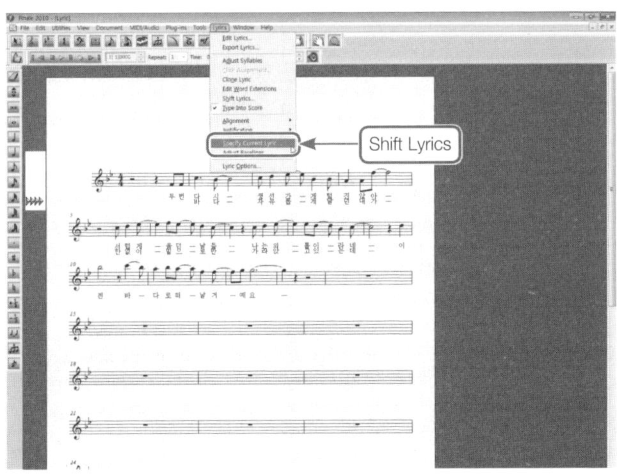

15 Lyrics 창을 이용해서 글자를 입력할 때는 사용자 실수로 가사가 밀리는 현상이 발생할 수 있다는 것입니다. 이때는 Lyrics 메뉴의 Shift Lyrics를 선택합니다.

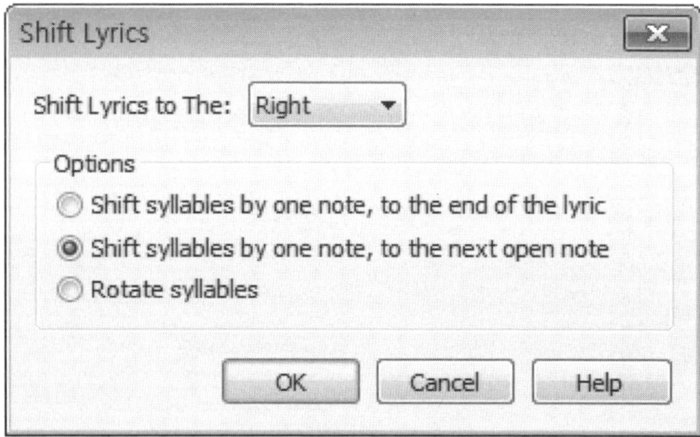

16 Shift Lyrics to the에서 이동시킬 방향을 Right 또는 Left로 선택하고, Option에서 처리 방법을 선택합니다. 각 옵션의 역할은 다음과 같으며, 예제는 Shift Lyrics to the에서 Right을 선택하여 오른쪽으로 이동되게 하고, (바)자를 클릭한 경우입니다.

● Shift syllables by on e note, to the end of the lyric

선택한 글자에서부터 맨 끝까지의 모든 가사를 한 음표씩 이동시킵니다.

● Shift syllables by on e note, to the next open note

선택한 글자에서부터 비어있는 곳까지의 가사만 한 음표씩 이동시킵니다. (바)자 오른쪽 음표가 비어있으므로, (바)자 한 글자만 이동됩니다.

● Rotate syllables

선택한 글자에서부터 맨 끝까지의 가사를 다음 음표의 가사로 이동시키고, 밀려난 끝의 가사는 삭제됩니다. 그리고 선택한 위치의 공백은 왼쪽 글자가 복사되어 채워집니다.

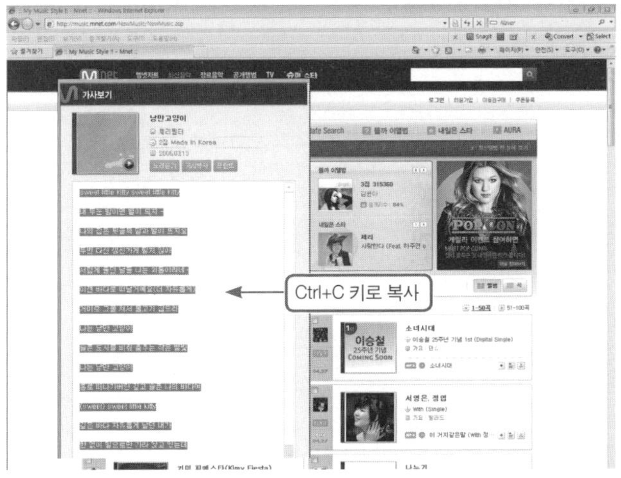

17 히트 가요의 곡들은 인터넷에서 가사를 쉽게 구할 수 있기 때문에 사용자가 직접 입력할 이유는 없습니다. 자신이 즐겨 찾는 음악 사이트에서 1절 가사를 마우스 드래그로 선택하고, Ctrl + C 키를 눌러 복사합니다.

18 피날레의 Lyrics 창을 열고, Verse 1에 Ctrl + V 키로 붙입니다. 같은 방법으로 인터넷 가사의 2절을 마우스 드래그로 선택하고, Ctrl + C 키를 눌러 복사한 다음에 Verse 2에 Ctrl + V 키로 붙입니다. 그리고 각 글자 사이는 Space bar 키로 한 칸씩 띄웁니다.

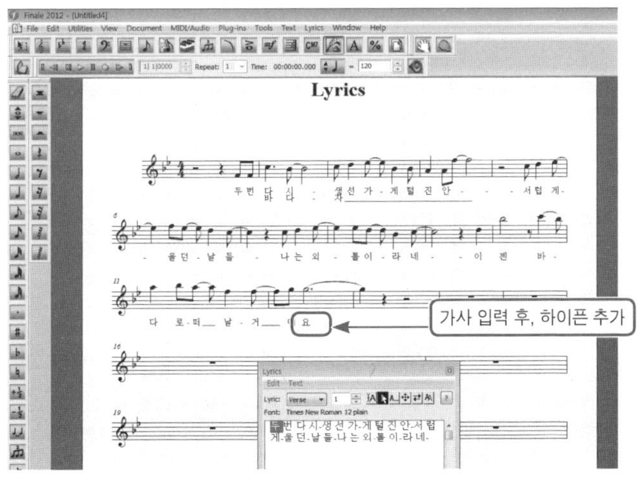

19 가사 편집이 끝나면 지금까지 학습한 대로 Click Assignment 툴을 선택하고, Ctrl 키를 누른 상태에서 음표를 클릭하여 가사를 입력합니다. 하이픈은 한글 모음의 ─으로 입력해도 좋고, 이전 가사에 붙여도 좋습니다.

Finale Tip　하이픈 입력하기

가사가 없는 음표에 하이픈을 넣는 방법은 3 가지가 있습니다. 첫 번째는 이전 가사에 입력하는 기본 방식이고, 두 번째는 한글 모음인 ― 를 입력하는 편법입니다. 그리고 두 음 이상을 연결할 때 사용하는 Edit Word Extension 메뉴입니다. 세 가지 모두 테스트를 해보고, 자신에게 적합한 방법을 이용합니다.

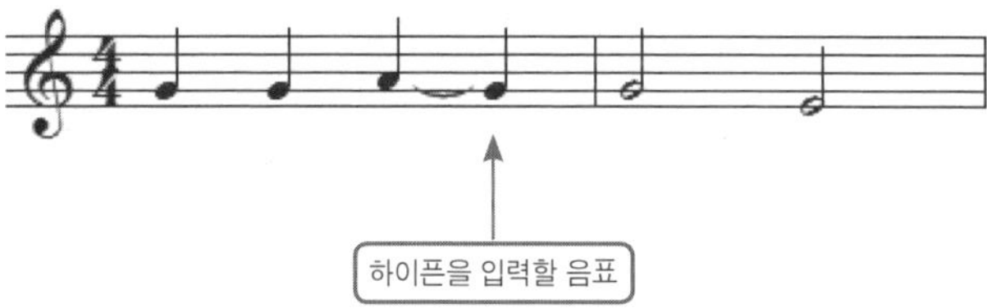

입문자들이 많이 하는 실수가 하이픈이 입력될 음표에서 직접 - 기호를 입력한다는 것입니다. 이렇게 하면, 해당 음표에 하이픈이 입력되지 않고, 빨간색 라인으로 처리됩니다. 이것은 Lyrics 메뉴의 Edit Word Extensions을 선택하여 길이를 조정할 수 있습니다. 단, 하단으로 표시되기 때문에 가요 악보에서는 잘 사용하지 않습니다.

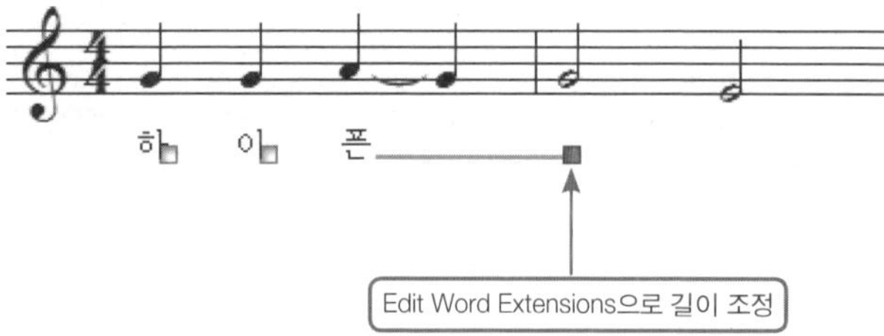

그림에서와 같이 4 박자 위치에 하이픈을 넣겠다면, 3박자에 가사와 하이픈을 함께 입력하고 스페이스 바 키를 누릅니다. 그러면 4박자 위치에 하이픈이 입력됩니다.

또 다른 방법은 가사를 입력하듯 4 박자에서 한글 모음 ― 를 입력하는 것입니다. 편법이지만 편집을 할 때 편리합니다.

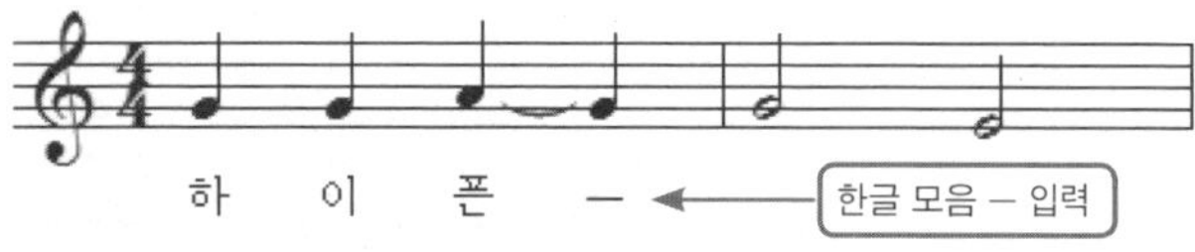

06 가사 정렬하기

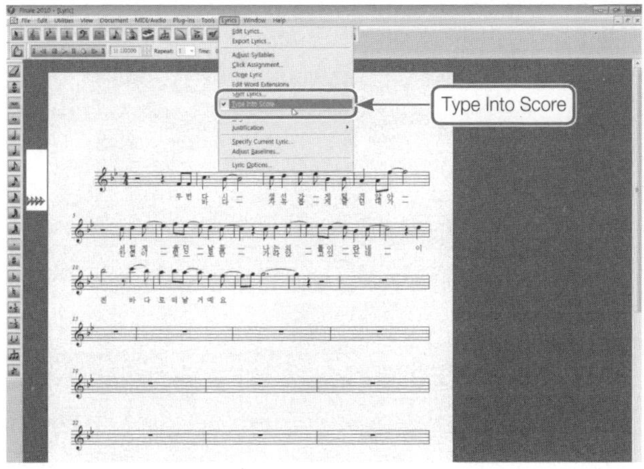

01 앞의 실습을 진행하면서 한글 가사의 1절과 2절이 너무 붙어있다는 것 외에도 가사 및 음표와의 거리를 조정할 일은 많습니다. 가사를 직접 입력할 때 사용하는 Lyrics 메뉴의 Type Into Score를 선택합니다.

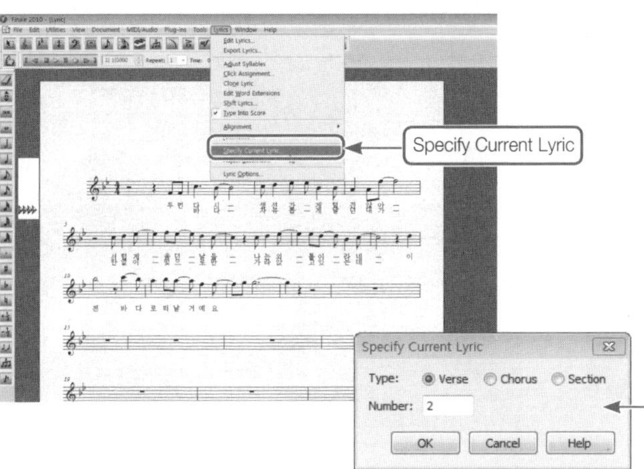

02 화면 왼쪽에 4개의 삼각형 모양으로 되어 있는 정렬 포인트가 보입니다. Lyrics 메뉴의 Specify Current Lyric를 선택하여 창을 열고, 편집할 가사의 절을 선택합니다. 실습에서는 Verse 2를 선택하겠습니다. 입력되어 있는 가사를 클릭하고, ↑/↓ 키를 눌러 1절과 2절을 선택해도 좋습니다.

03 정렬 포인트는 왼쪽에서부터 1-전체가사, 2-보표, 3-시스템, 4-새로 입력할 가사의 위치를 조정하는 순서로 되어 있습니다. 전체 가사의 위치를 조정하는 첫 번째 포인트를 아래쪽으로 드래그하여 1절과 2절을 띄웁니다.

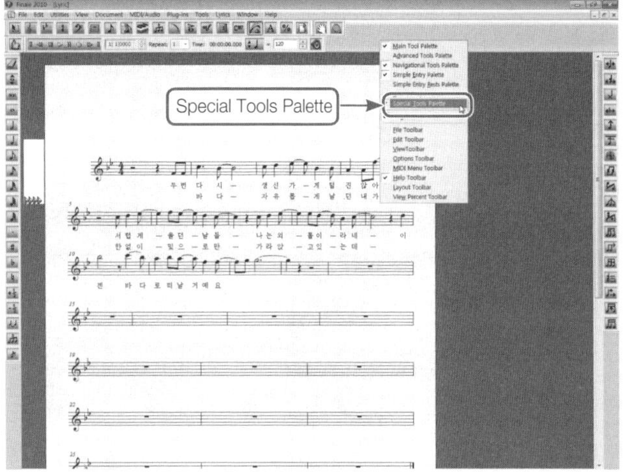

04 그 밖에 정렬 기능들을 살펴보겠습니다. 도구 모음 줄에서 마우스 오른쪽 버튼을 클릭하여 단축 메뉴를 열고, Special Tools Palette를 선택합니다.

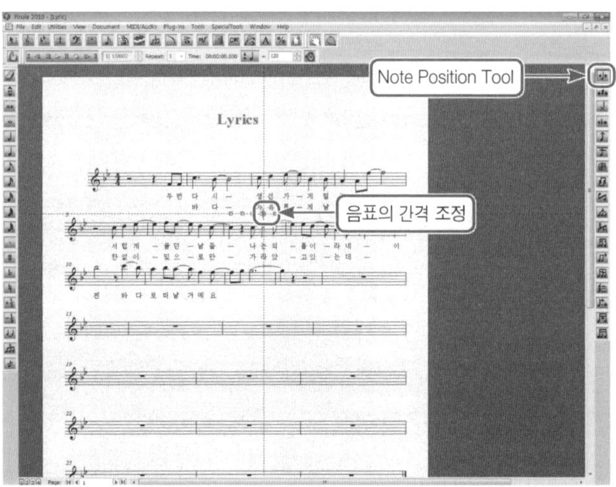

05 오른쪽에 열린 스페셜 팔레트에서 Note Position Tool을 선택하고, 음표가 너무 가까워 가사가 겹쳐 보이는 마디를 선택합니다. 그러면 각 음표에 핸들이 보이는데, 이것을 드래그하여 음표의 거리를 조정할 수 있습니다.

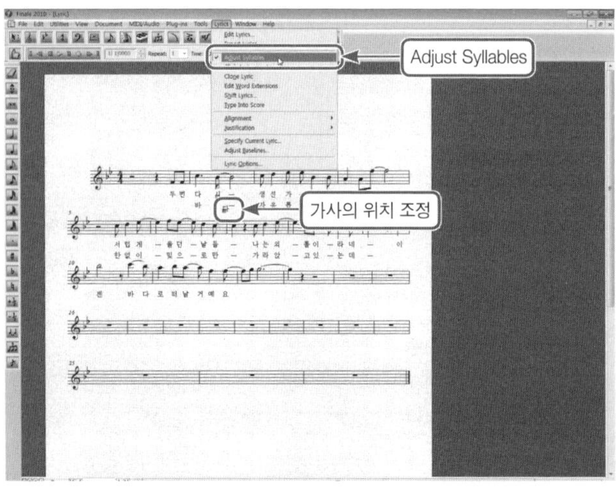

06 음표의 거리는 그대로 두고, 가사만 조정하겠다면, Lyrics 메뉴의 Adjust Syllables를 선택합니다. 그리고 음표를 선택하면 해당 음표의 가사에 핸들이 보이며, 마우스 드래그로 위치를 조정할 수 있습니다.

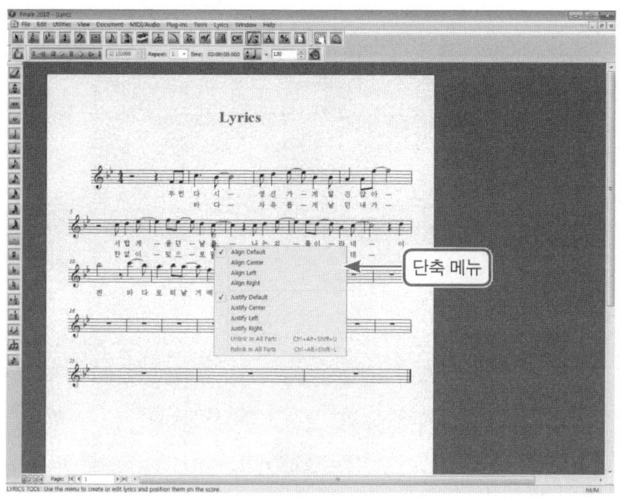

07 핸들을 마우스 오른쪽 버튼으로 클릭하면 가사를 음표에 맞추어 정렬하는 Align과 핸들의 위치를 조정하는 Justify 단축 메뉴를 볼 수 있습니다.

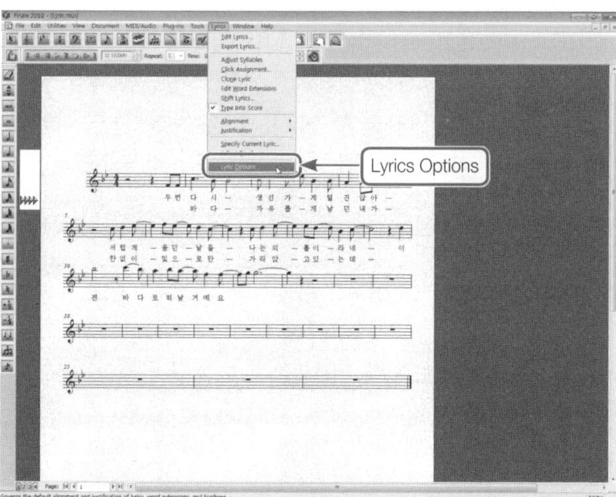

08 단축 메뉴에서 기본 값을 의미하는 Default는 가사를 입력할 때 기본적으로 정렬되는 위치를 의미하며, 이것을 사용자가 원하는 위치로 바꿀 수 있습니다. Lyrics 메뉴의 Options을 선택합니다.

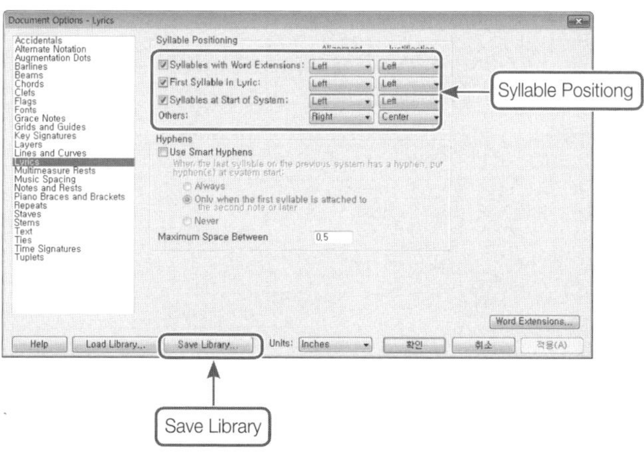

09 Alignment 및 Justification을 정렬하는 4가지가 옵션이 있습니다. Syllables with Word Extensions은 하이픈이 있는 가사, First Syllable in Lyric는 가사의 첫 음절, Syllables at Start of System은 시스템의 첫 음절, Others는 그 외의 음절을 의미합니다. 변경한 환경을 계속 사용하고 싶다면, Save Library 버튼을 클릭하여 저장합니다.

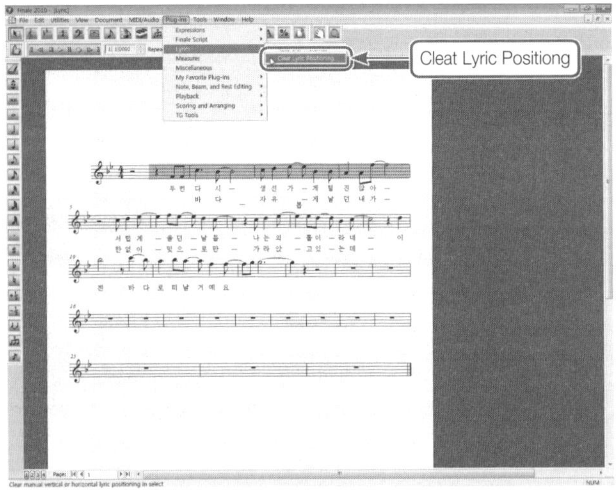

10 Adjust Syllables를 이용하여 조정한 위치를 초기값으로 복구하고 싶은 경우에는 실렉션 툴로 복구할 마디를 선택하고, Plug-ins 메뉴의 Lyrics에서 Cleat Lyric Positioning을 선택합니다.

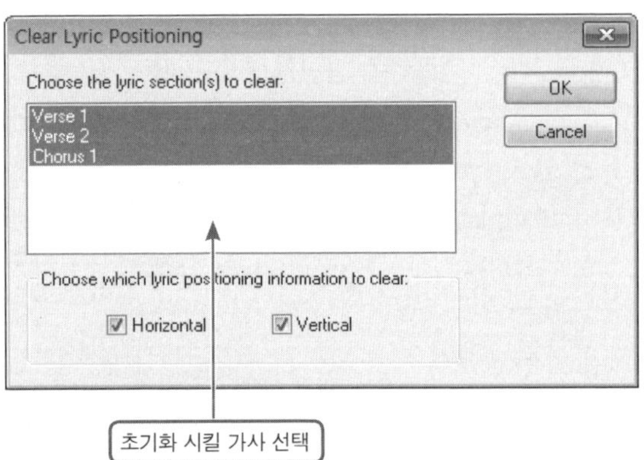

11 선택한 마디에 입력되어 있는 가사 목록이 보입니다. 여기서 초기값으로 복구할 가사를 선택하고, OK 버튼을 클릭합니다. 아래쪽의 Horizontal(가로)과 Vertical(세로) 옵션에서 복구할 위치를 선택할 수 있습니다.

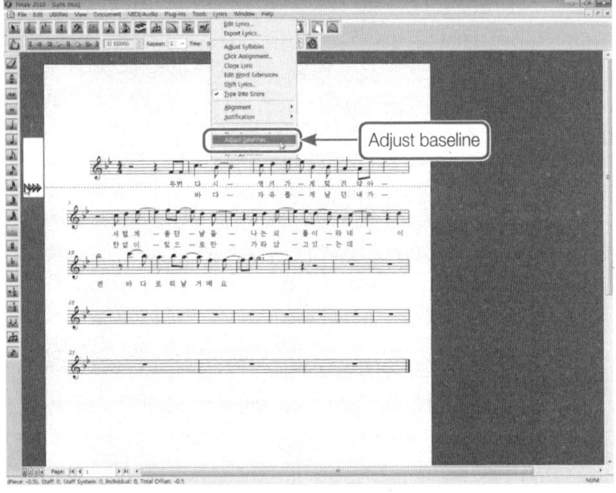

12 화면 왼쪽에 보이는 정렬 포인트를 선택했을 때 보이는 가로 선을 베이스 라인이라고 하며, 이것을 정확한 수치로 조정하여 가사의 위치를 정렬할 수 있습니다. Lyrics 메뉴의 Adjust baseline을 선택합니다.

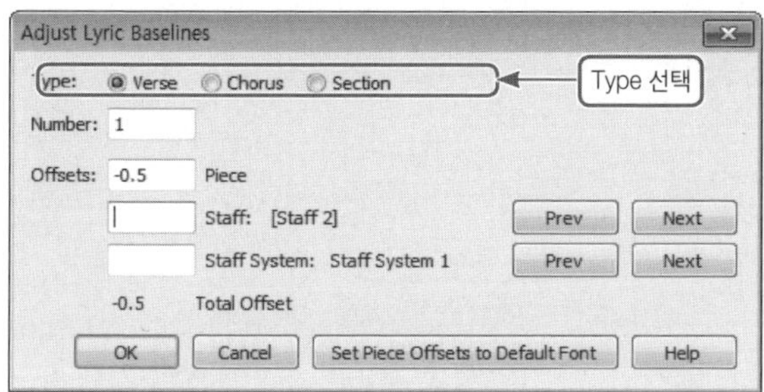

13 Type과 Number에서 베이스 라인을 조정할 가사를 선택하고, Offsets에서 값을 입력합니다. Prev와 Nest 버튼을 이용해서 보표(Staff) 및 시스템(staff System)을 선택하고, 해당 보표 및 시스템의 베이스 라인도 조정할 수 있습니다.

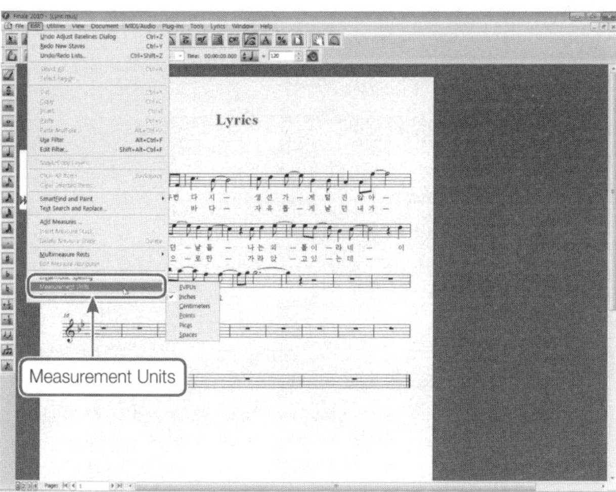

14 참고로 Adjust baseline을 비롯한 피날레의 수치 단위는 기본값이 인치(Inches)이며, Edit 메뉴의 Measurement Units에서 사용자에게 익숙한 단위를 선택할 수 있습니다. 이상의 정렬 기능을 확실히 익혀두면, 깔끔하게 정리된 가사를 입력할 수 있게 될 것입니다.

Finale Tip — 자동으로 슬러 입력하기

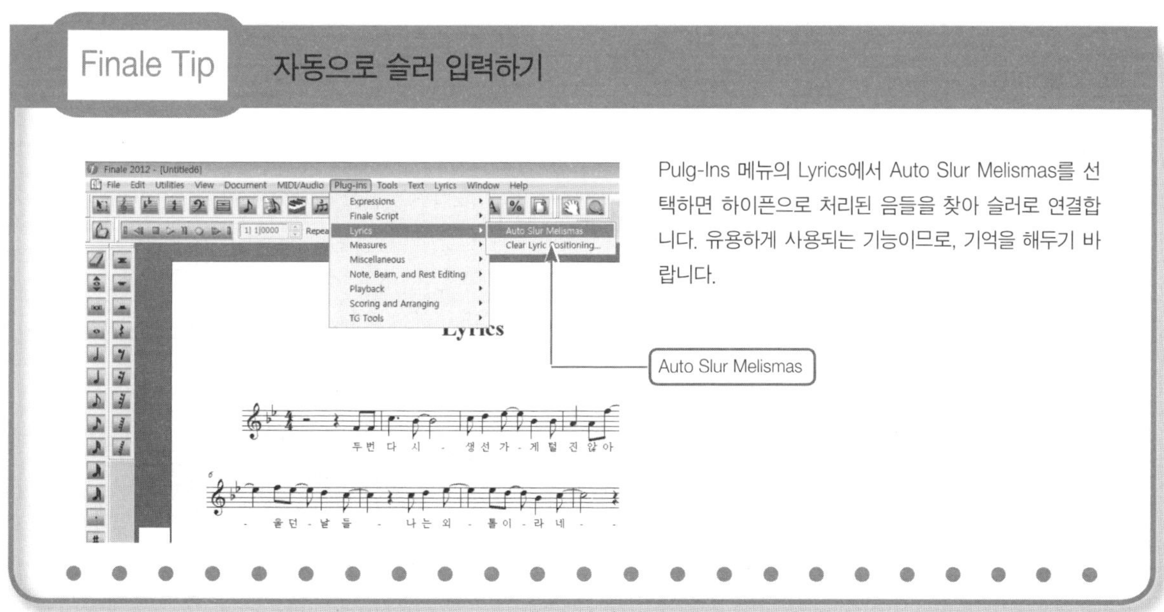

Pulg-Ins 메뉴의 Lyrics에서 Auto Slur Melismas를 선택하면 하이픈으로 처리된 음들을 찾아 슬러로 연결합니다. 유용하게 사용되는 기능이므로, 기억을 해두기 바랍니다.

07 가사 편집하기

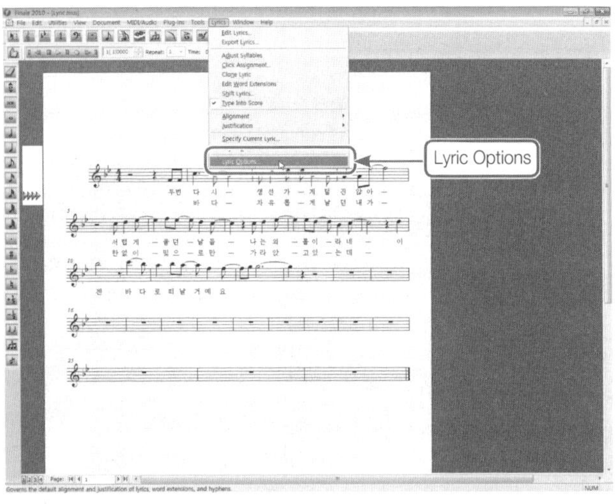

01 기본적으로 입력되는 문자는 영문 폰트입니다. 그래서 한글 가사를 편집할 때 글자가 깨지는 현상을 경험하게 되는 것입니다. 기본 폰트를 한글로 바꾸고 싶다면, Lyrics 메뉴의 Lyric Options을 선택합니다.

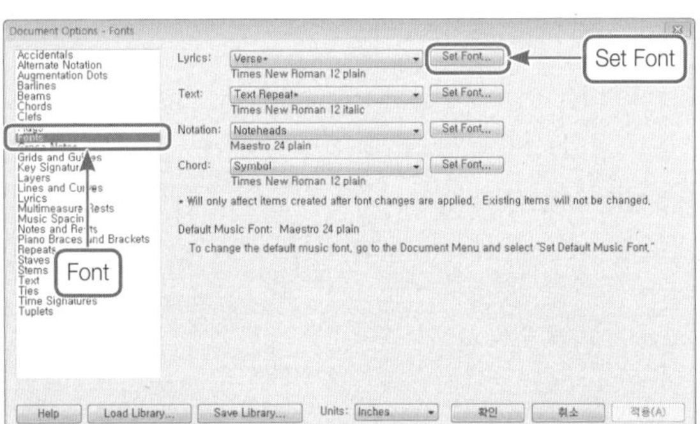

02 Lyrics 카테고리가 선택되어 있는 Document Options창이 열립니다. Fonts 카테고리를 선택하면, 가사, 문자, 음표, 코드의 기본 폰트를 설정할 수 있는 페이지가 보입니다. 가사에 사용될 폰트를 바꾸겠다면 Lyrics 항목의 Set Font 버튼을 클릭합니다.

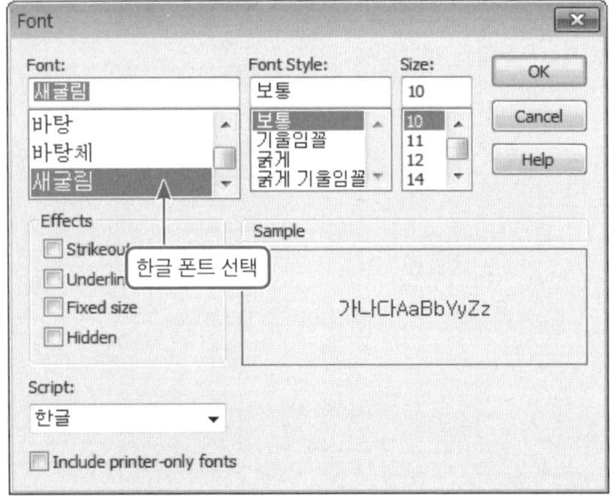

03 기본적으로 영문 폰트가 선택되어 있는 Font 창이 열립니다. Font 항목에서 바탕체 및 돋움체 등의 한글 폰트를 선택하고, Size도 가장 흔하게 사용하는 10으로 선택합니다.

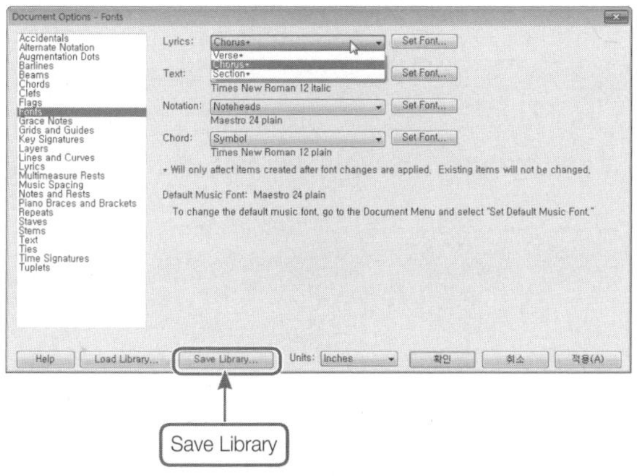

04 Corus와 Section도 같은 폰트로 설정해둡니다. 이것을 피날레의 기본 값으로 사용하겠다면, Save Library 버튼을 클릭하여 저장합니다.

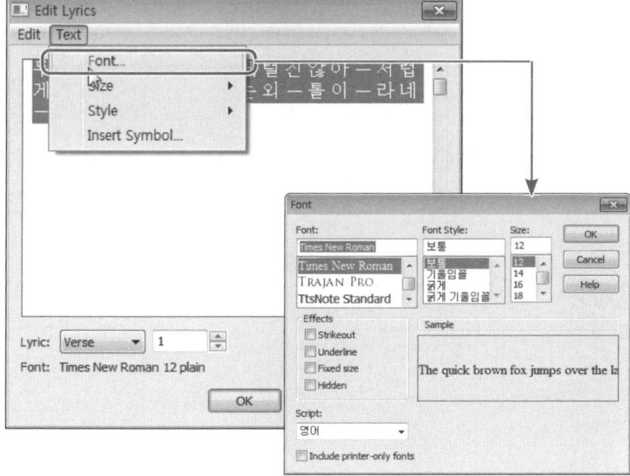

05 이미 입력한 가사의 폰트는 Lyrics 메뉴의 Edit Lyrics를 선택하여 편집 창을 열고, Ctrl + A 키를 눌러 전체 가사를 선택하거나 마우스 드래그로 일부분을 선택합니다. 그리고 Text 메뉴의 Font를 선택하여 폰트와 글자 크기 등을 바꾸면 됩니다.

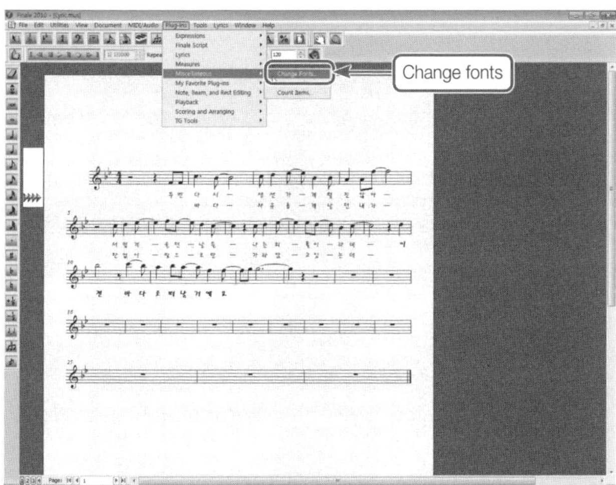

06 피날레는 글자의 타입을 찾아 폰트를 바꿀 수 있는 플러그-인 기능을 제공합니다. Plug-ins 메뉴의 Miscellaneous에서 Change fonts를 선택합니다.

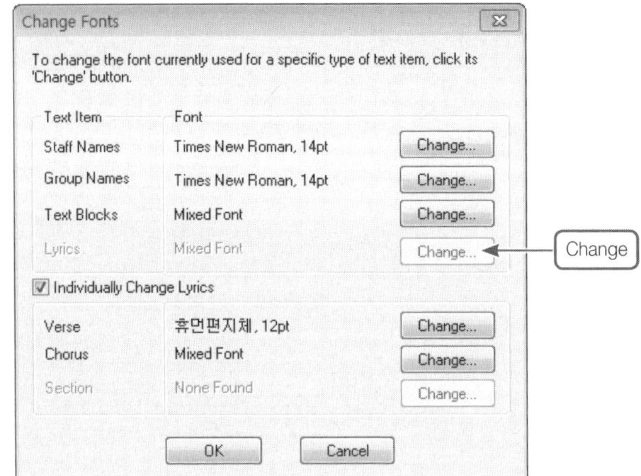

07 보표 이름, 그룹 이름, 문자, 가사 등의 폰트를 선택하여 바꿀 수 있는 창이 열립니다. 가사를 모두 바꾸겠다면 Lyrics 항목의 Change 버튼을 클릭하고, 타입 별로 바꾸겠다면 Individually change Lyrics 옵션을 체크하고 바꾸고자 하는 타입의 Change 버튼을 클릭합니다.

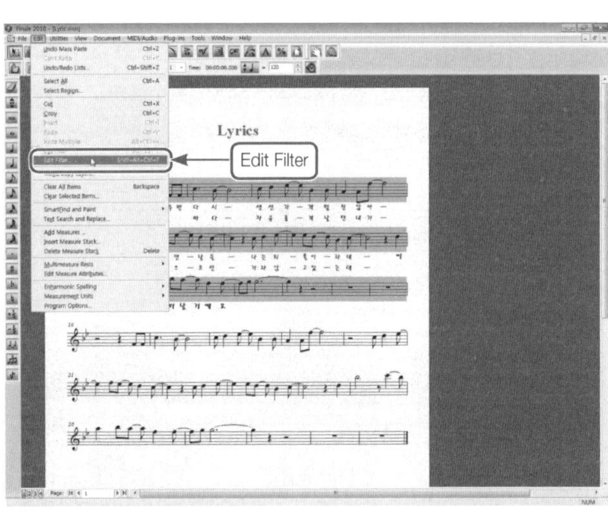

08 가요의 경우에는 중복되는 가사가 많습니다. 이때는 앞에서 입력한 가사를 복사하여 사용할 수 있습니다. 실렉션 툴을 선택하고 가사를 복사할 마디를 선택하고, Edit 메뉴의 Edit Filter를 선택합니다.

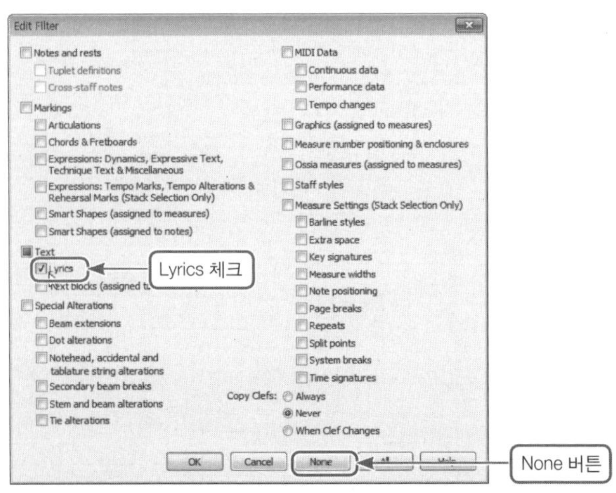

09 복사할 아이템을 선별할 수 있는 Edit Filter 창이 열립니다. None 버튼을 클릭하여 모든 옵션을 해제시키고, Lyrics 옵션을 체크합니다. 가사만 복사하겠다는 의미입니다.

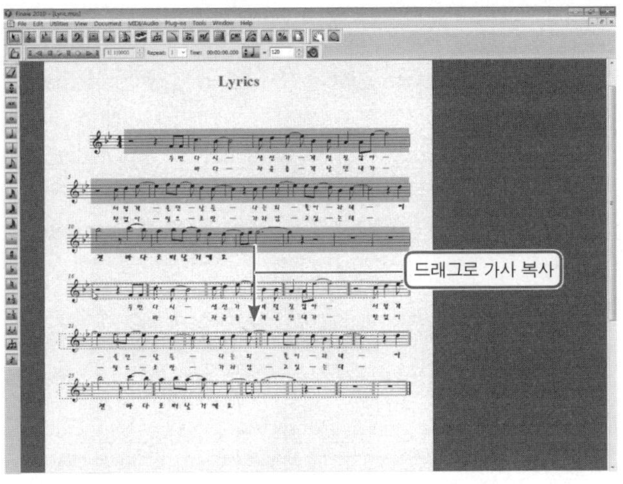

10 앞에서 선택한 마디를 마우스 드래그로 이동하여 가사만 복사할 수 있습니다. 이렇게 선택한 마디에서 특정 아이템만 복사할 때 이용하는 Edit filer는 자주 사용하게 될 것이므로, 꼭 기억을 해두기 바랍니다.

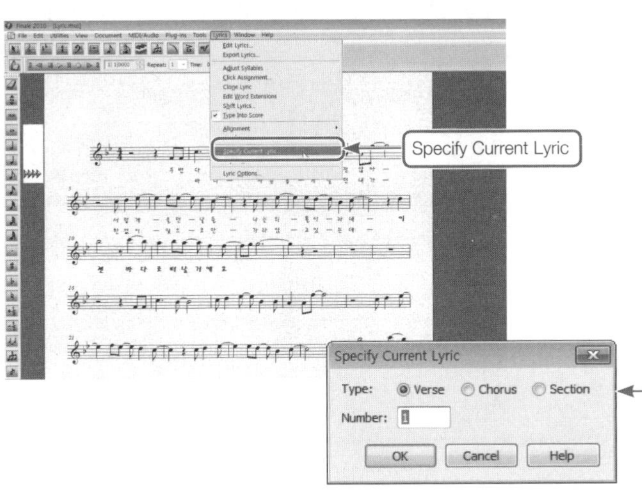

10 복사를 할 때, 1절과 2절을 구분할 필요도 있습니다. Lyrics 메뉴의 Specify Current Lyric를 선택하여 창을 열고, 편집할 가사를 선택합니다.

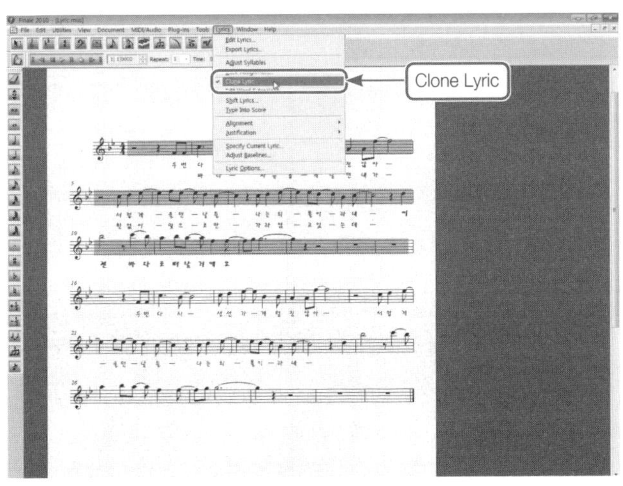

12 Lyrics 메뉴의 Clone Lyric를 선택합니다. 그리고 복사할 가사를 마우스 드래그로 선택하고, 복사할 위치로 드래그하면, Specify current Lyric 창에서 선택한 가사만 복사되는 것을 확인할 수 있습니다.

15

코드의 입력과 편집

피날레에서 코드를 입력하는 다양한 방법을 살펴보겠습니다. 각각의 방법을 모두 익히고, 자신에게 편리한 방법에 익숙해지면 됩니다. 그 외, 기타 코드 폼을 입력하고 새로 만든 방법도 살펴볼 것인데, 기타 악기에 대한 지식이 없다면, 피날레에서 제공하는 기타 폼을 그대로 사용하는 것이 좋습니다. 참고로 피날레는 문자로 입력한 코드를 연주시킬 수 있는 기능을 제공합니다. 이것은 코드 진행을 연습하거나 작/편곡을 공부하는 이들에게 유용한 기능이 될 수 있으므로, 꼭 활용해보기 바랍니다.

01 미디 건반을 이용한 코드 입력

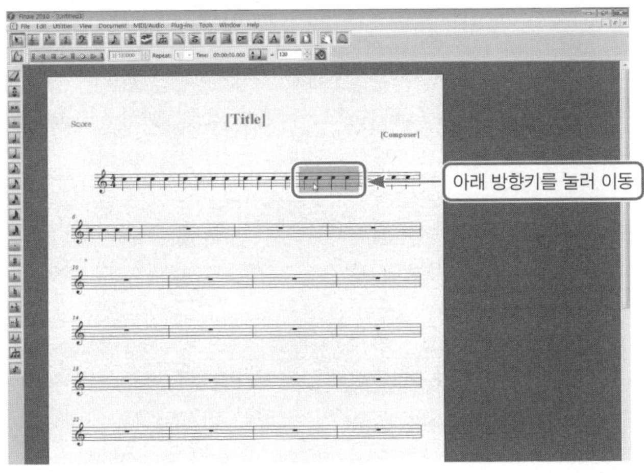

01 코드를 입력하는 방법에는 키보드 입력과 미디 건반 입력의 두 가지 방식이 있습니다. 새로운 보표를 만들고, 심플 툴을 이용해서 4분 음표를 몇 마디 입력합니다. 그리고 실렉션 툴로 4번째 마디를 선택하고, ↓ 키를 눌러 마디를 이동시킵니다.

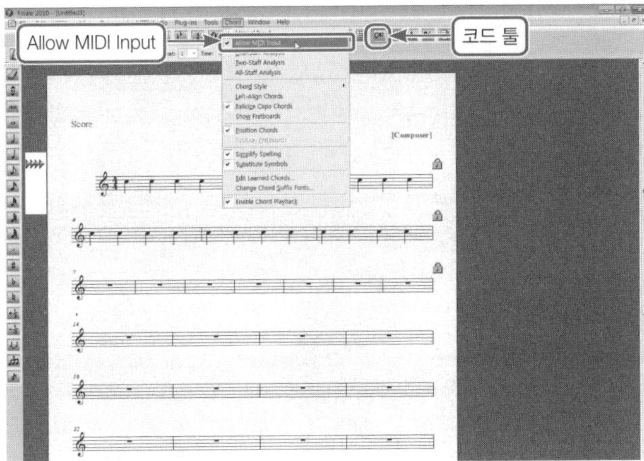

02 미디 건반을 이용한 코드 입력 방법부터 살펴보겠습니다. 코드 툴(Chord Tool)을 선택하고, Chord 메뉴의 Allow MIDI Input을 체크합니다. 미디 건반으로 코드를 입력하겠다는 의미입니다.

03 코드를 입력할 음표 위를 클릭합니다. 그리고 미디 건반에서 도, 미, 솔의 C 코드를 눌러봅니다. C 코드가 입력되고 커서가 다음 음표로 이동합니다. Space bar 키를 누르면 커서가 다음 음표로 이동하고, Tab 키를 누르면 다음 마디로 이동합니다.

04 계속해서 Cm, CM7, Cm7 등의 코드를 입력해봅니다. 이때 평소의 연주 습관대로 자리바꿈 코드를 누르면, 루트 음이 그대로 인식되므로, 의도적인 자리바꿈 코드를 입력하는 것이 아니라면 주의합니다.

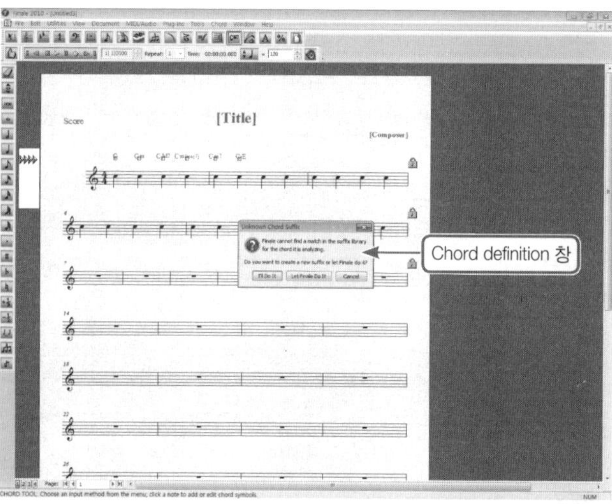

05 CM7b9과 같이 복잡한 코드를 누르면, 사용자의 확인을 요구하는 Unknown Chord Suffix 창이 열리는 경우가 있습니다. 여기서 I'll do it 버튼을 누르면, 사용자가 코드를 편집할 수 있는 Chord definition 창이 열리고, Let finale Do it 버튼을 누르면, 피날레가 자동으로 분석하여 입력합니다.

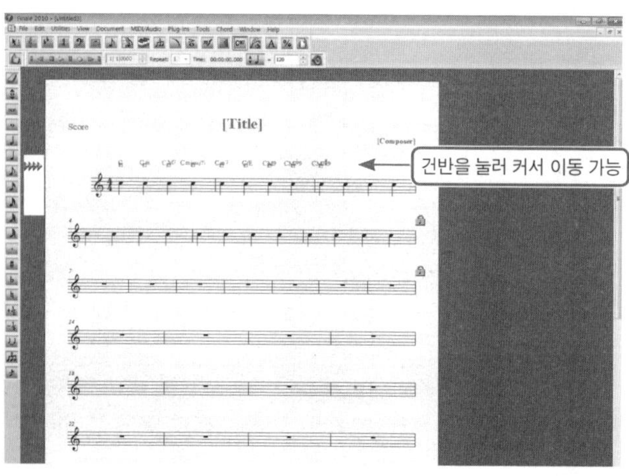

06 특별한 경우가 아니라면 Let Finale Do it 버튼을 클릭해도 정확한 코드로 입력됩니다. 다양한 코드를 입력해보기 바랍니다. 참고로 건반 C4 음을 중심으로 오른쪽 건반을 누르면 커서가 오른쪽 음표로 이동하고, 왼쪽 건반을 누르면 왼쪽 음표로 이동합니다. 그리고 옥타브 위(C5) 또는 아래(C3) 의 건반을 누르면 마디 단위로 이동시킬 수 있습니다.

02 키보드를 이용한 코드 입력

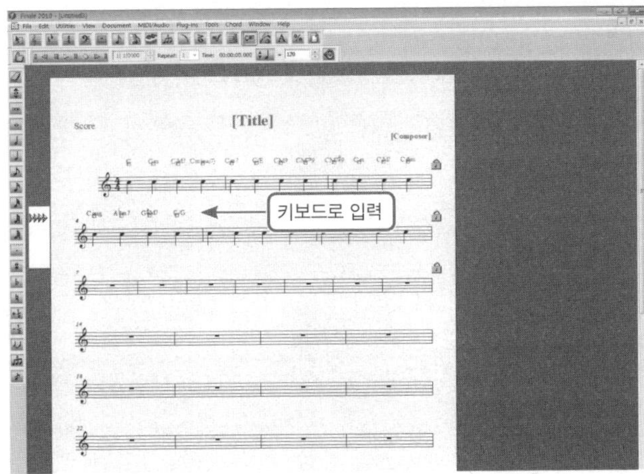

01 코드를 키보드로 입력하는 방식은 간단합니다. 코드를 입력할 위치를 선택하고, C, Cm, CM7 등 원하는 코드 네임을 입력하기만 하면 됩니다. 다음 음표로의 이동은 Space bar 키를 누르고, 이전 음표로의 이동은 Shift 키를 누른 상태에서 Space bar 키를 누릅니다

가정교사

다음 마디로 이동할 때는 Tab 키, 이전 마디로 이동할 때는 Shift+Tab 키를 누릅니다.

02 C/G와 같은 전위 코드를 사선 타입으로 표시하는 경우도 있는데, 이것은 C I G 키를 차례로 눌러 입력할 수 있습니다. 그러면 코드와 베이스가 사선으로 배치되는 타입으로 입력됩니다.

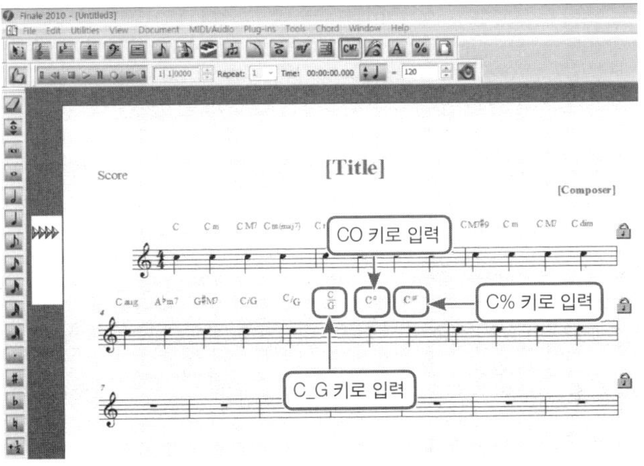

03 그 밖에 분수 코드는 C _ G 키, 디미니쉬(dim)를 코드 기호로 표시할 때는 O 키, 하프 디미니쉬는 % 키로 표현할 수 있습니다.

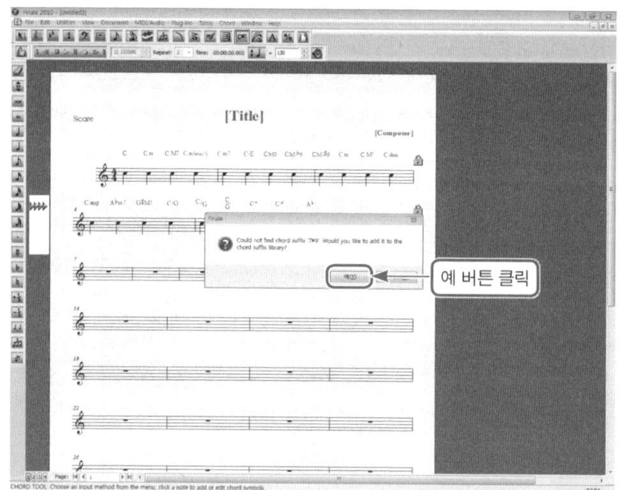

04 키보드를 이용해서 직접 입력할 때도 Ab7#9이나 Am7-5와 같이 복잡한 코드를 입력하게 되면, 라이브러리에서 찾을 수 없다는 내용의 안내 창이 열립니다. 여기서 예 버튼을 클릭합니다.

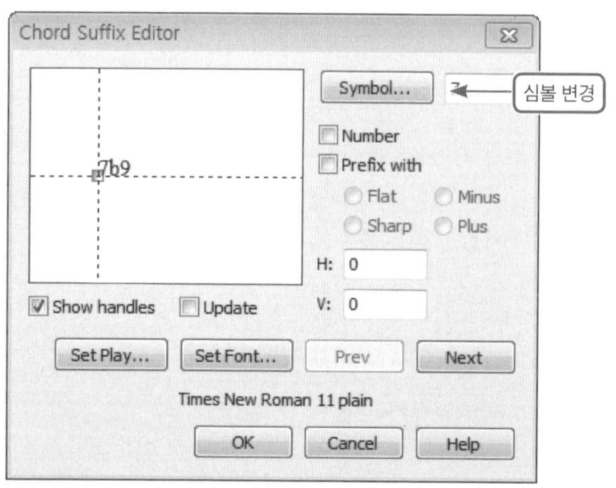

05 코드 네임을 제외한 나머지를 편집할 수 있는 Chord suffix Editor 창이 열립니다. Symbol 버튼을 클릭하여 심볼을 변경하거나 핸들을 드래그하여 위치를 조정할 수 있습니다. 잘못 입력한 코드가 아니라면, 그냥 OK 버튼을 클릭하여 표시합니다.

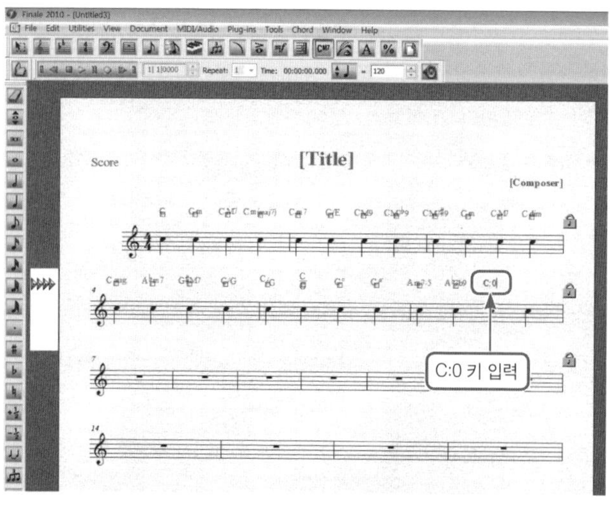

06 복잡한 코드를 입력할 때는 코드 네임과 함께 :와 숫자 0 키를 입력하는 것이 효과적입니다. 예를 들어 CM7(#11)이나 Cm(add9) 등의 복잡한 코드를 입력하겠다면 C : 0 키을 입력하고 Space bar 키를 누르는 것입니다.

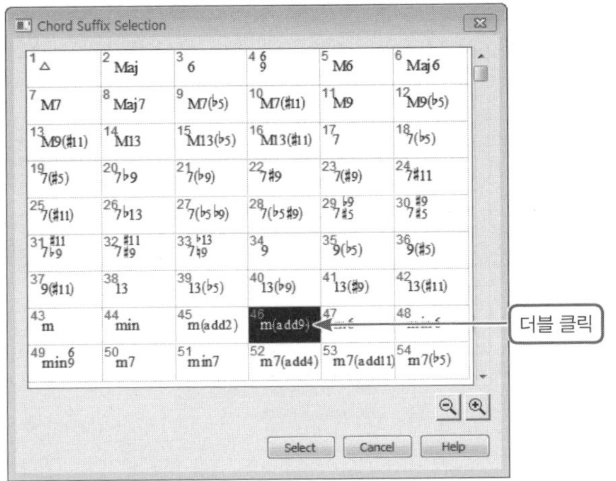

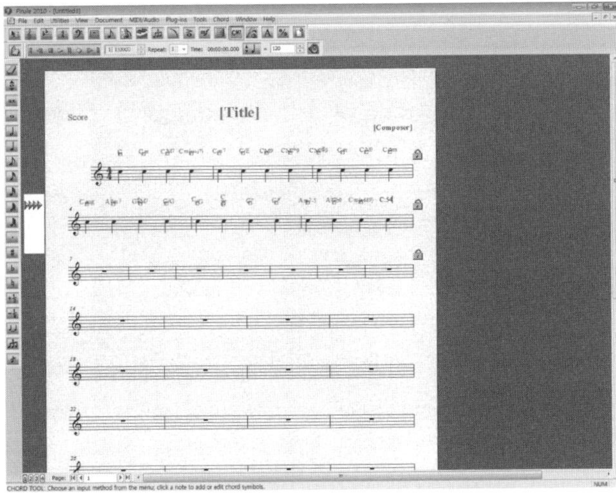

07 다양한 타입의 코드를 선택할 수 있는 Chord Suffix Selection 창이 열립니다. 여기서 원하는 타입을 더블 클릭합니다. 참고로 자주 사용하는 코드 타입은 왼쪽 상단의 번호를 외워둡니다. 예를 들어 m7(b9)의 54번을 외웠다고 가정합니다.

08 번호를 외워둔 코드 타입은 ： 키와 함께 입력하여 완성할 수 있습니다. 예를 들어 앞에서 외운 Cm7(b9)을 입력하겠다면 C ： 0 키로 창을 열지 않고, C ： 5 4 키로 입력하는 것입니다. 코드 입력에 관한 방법을 살펴보았습니다. 다양한 실습으로 익숙해지길 바랍니다.

03 코드 연주하기

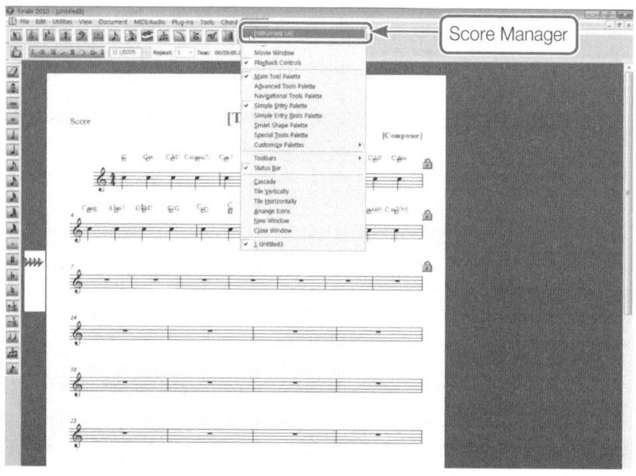

01 피날레는 아티큘레이션, 익스프레션, 반복 기호 등을 비롯하여 코드까지 연주가 됩니다. 이처럼 놀라운 기능을 가진 것은 현재까지 피날레밖에 없습니다. 코드 연주를 위한 별다른 설정은 필요 없지만, 악기 설정에 관해서 살펴보겠습니다. Window 메뉴의 Score Manager를 선택합니다.

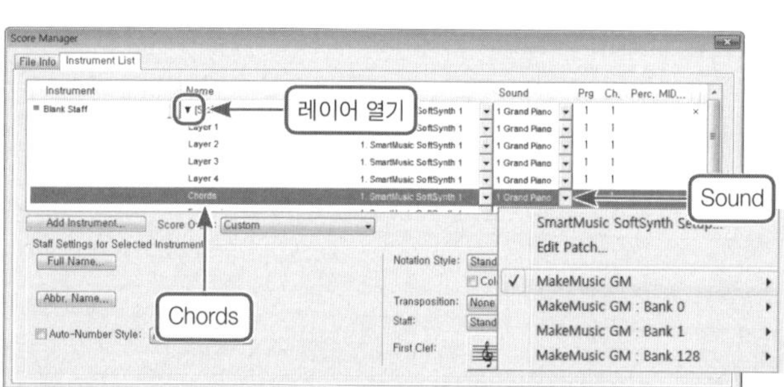

02 Instruments List 탭에서 코드를 입력한 보표의 삼각형을 클릭하여 열고, Chords의 Sounds 칼럼에서 코드를 연주할 악기 음색을 선택합니다.

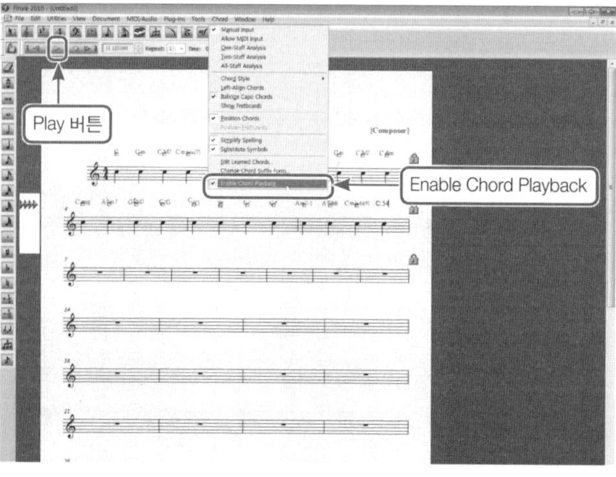

03 Chord 메뉴의 Enable Chord Playback 이 체크되어 있는지 확인합니다. 그리고 플레이 백 팔레트의 Play 버튼을 클릭하여 연주해보면, Score Manager에서 선택한 음색으로 코드가 연주되는 것을 확인할 수 있습니다.

04 코드 정의하기

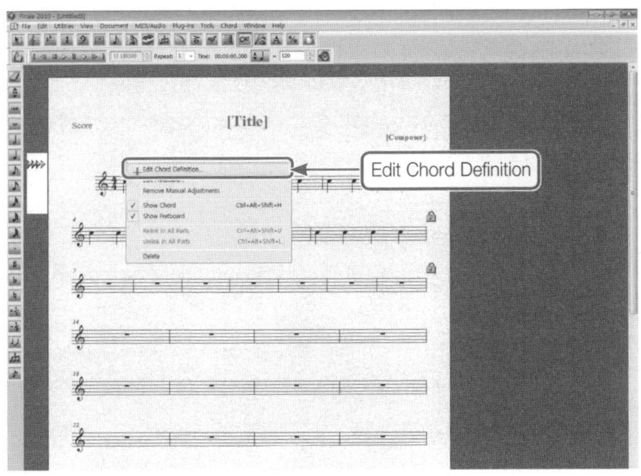

01 Cm7-5와 같이 가요에서는 많이 사용 하지만, 파날레에서 기본적으로 제공 하지 않는 코드 타입을 사용자가 직접 만들어 둘 수 있습니다. 코드 네임을 입력하고 핸들을 마우스 오른쪽 버튼으로 클릭하여 단축 메뉴를 엽니다. 그리고 Edit Chord Definition을 선택합 니다.

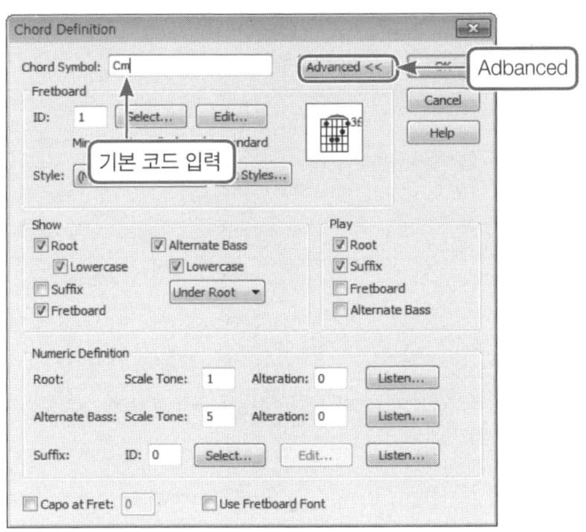

02 코드 타입을 정의할 수 있는 Chord definition 창이 열립니다. 아래쪽의 Numeric Definition 옵션은 Advanced 버튼을 클릭하여 볼 수 있습니다. Chord Symbol 항목 에 사용자가 정의할 기본 코드의 이름을 입력합 니다.

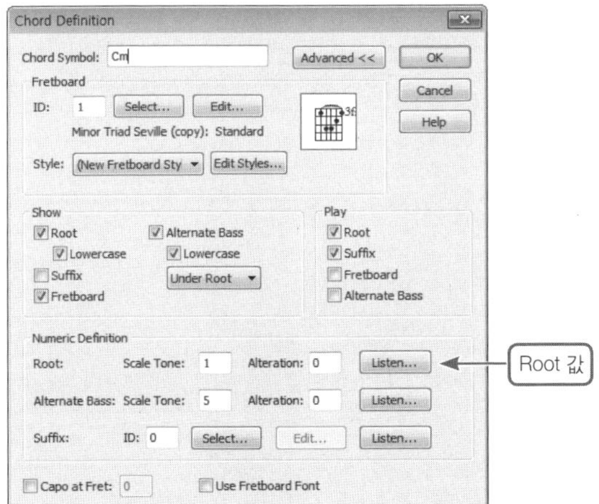

03 Numeric Definition 옵션의 Root 항목 에서 기본 음정을 설정합니다. Scale Tone의 1 값은 C를 의미하며, Alteration은 + 또는 - 값으로 b 및 # 기호를 붙입니다. Listen 버튼을 클릭하여 미디 건반으로 인식시켜도 좋 습니다.

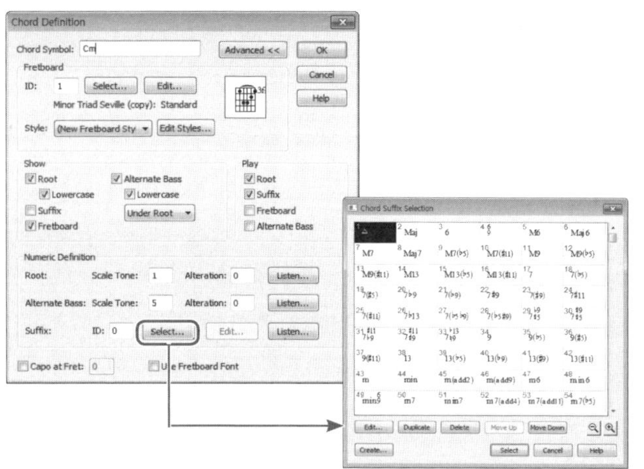

04 Alternate Bass는 전위 코드의 기본 음(Scale Tone)과 임시표(Alteration)를 설정하는 옵션입니다. 실습에서는 기본 값을 그대로 두고, 기본 코드 이외의 종류를 만들기 위한 Suffix의 Select 버튼을 클릭합니다.

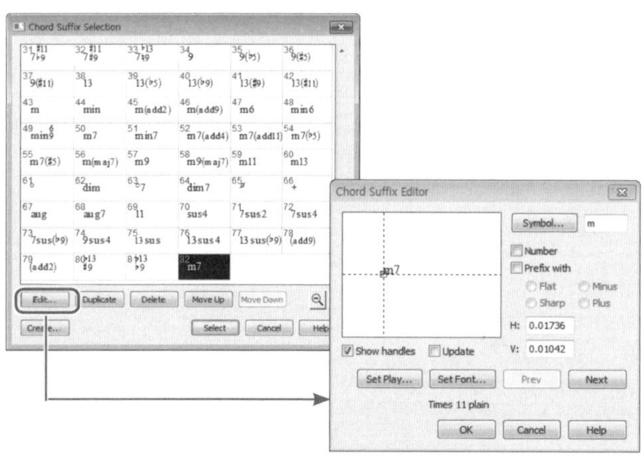

05 편집할 코드와 비슷한 것을 선택하고, Duplicate 버튼을 클릭하여 복사합니다. 그리고 Edit 버튼을 클릭하여 Chord Suffix Editor 창을 엽니다.

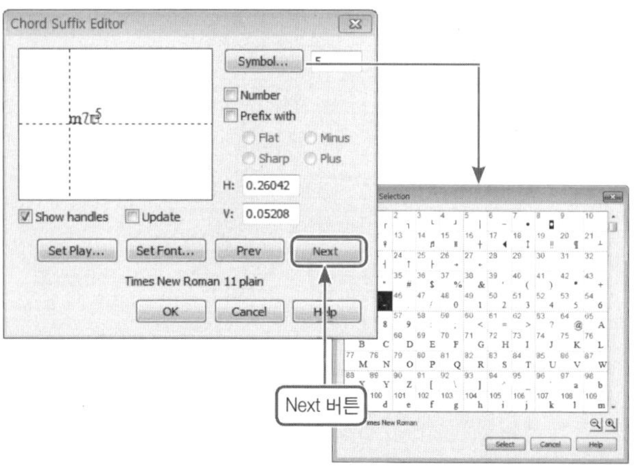

06 그림은 m7 타입을 선택한 경우입니다. Next 버튼을 두 번 클릭하여 커서를 이동시키고, -와 5 기호를 입력합니다. 좀더 특별한 기호는 Symbol 버튼을 클릭하여 창을 열고 선택합니다.

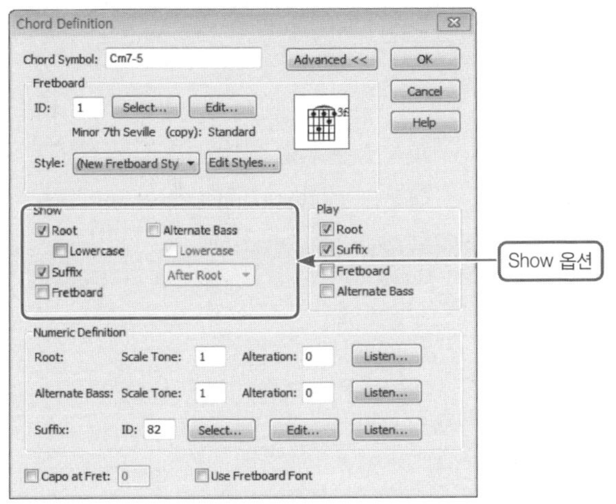

07 사용자가 만든 코드에서 악보에 표시할 것들을 Show 항목에서 선택합니다. 실습으로는 C의 Root음과 m7-5의 Suffix을 만들었으므로, 두 가지 옵션만 체크하고, Chord Definition 창을 닫습니다.

😊 가 정 교 사

Play 옵션은 악보를 재생할 때 적용할 것들을 선택하는 것입니다.

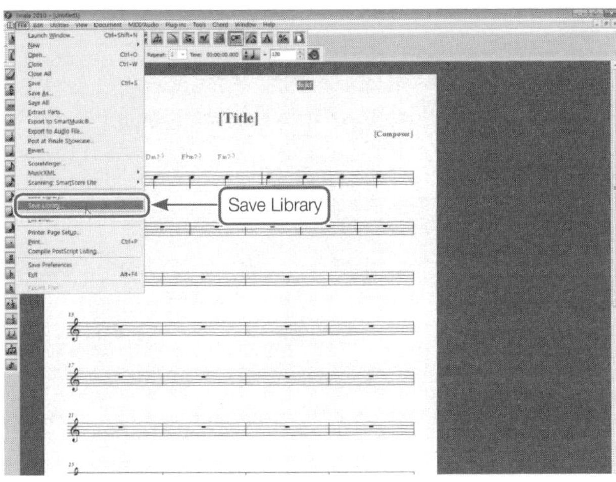

08 사용자가 만든 유형의 코드를 입력할 때는 경고창 없이 바로 입력이 가능하게 됩니다. 이것을 계속 사용하고 싶다면, File 메뉴의 Save Library를 선택합니다.

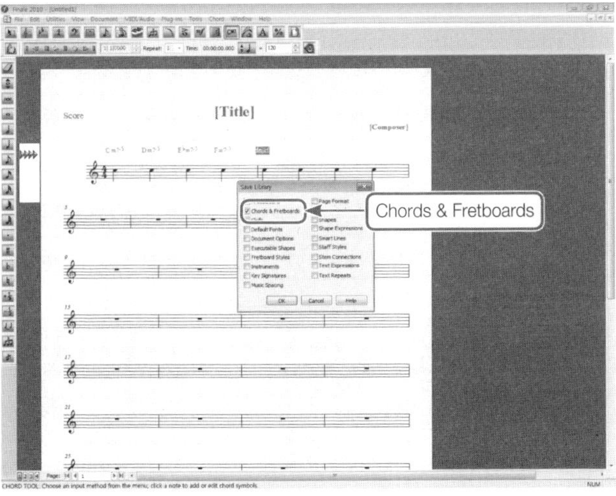

09 Save Library는 Chords & Fretboards를 체크하여 저장합니다. 작업을 할 때마다 라이브러리를 불러오는 것이 불편하다면, 기본 템플릿의 Maestro Font Default로 저장합니다.

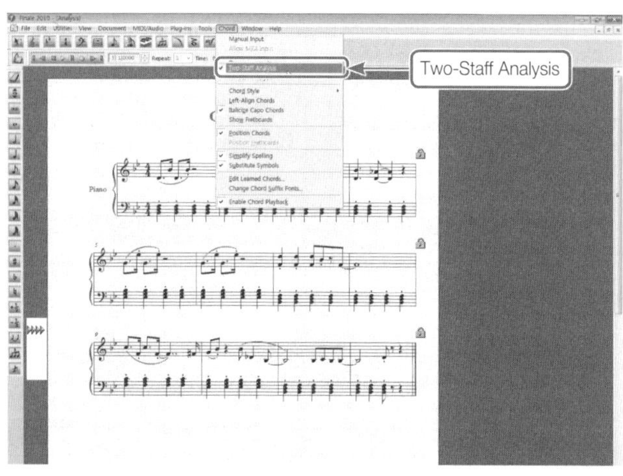

01 입력한 음표를 분석하여 코드를 입력해주는 Analysis 기능을 살펴보겠습니다. 부록 CD의 Analysis 파일을 불러오고, Chord 메뉴의 Two-Staff Analysis를 선택합니다. 하나의 보표를 분석하겠다면 One-Staff Analysis, 멀티 보표를 분석하겠다면 All-Staff Analysis를 선택합니다.

02 코드를 입력할 위치에서 클릭을 하면, 해당 보표에 입력되어 있는 음표를 분석하여 자동으로 코드가 입력되는 것을 확인할 수 있습니다.

03 전체 악보를 분석하여 한 번에 코드를 입력할 수도 있습니다. Ctrl 키를 누른 상태에서 Z 키를 반복적으로 눌러 앞에서 입력한 코드를 모두 취소합니다. 그리고 실렉션 툴을 선택합니다.

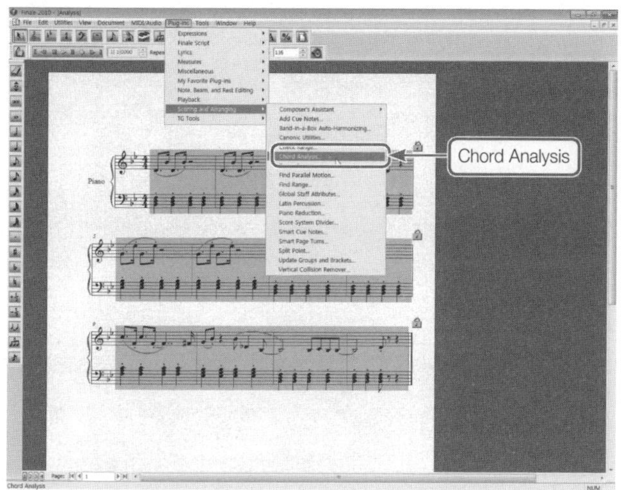

04 코드를 분석할 마디를 선택합니다. 실습에서는 Ctrl + A 키를 눌러 모든 음표를 선택하겠습니다. 그리고 Plug-ins 메뉴의 Scoring and Arranging에서 Chord Analysis를 선택합니다.

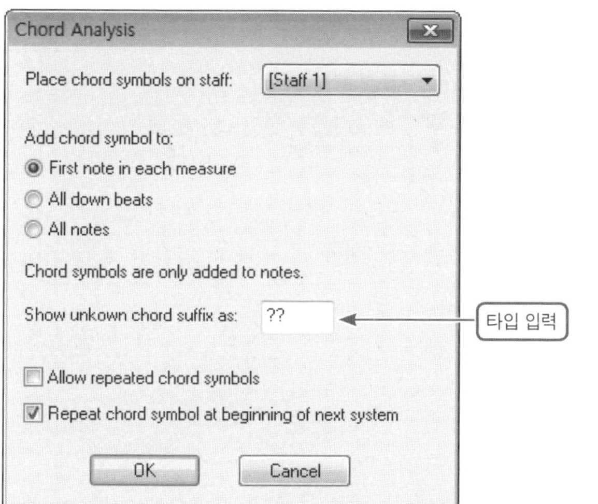

05 Place chord symbols on staff에서 코드가 입력될 보표인 Staff 1을 선택하고, Add chord symbol에서 위치를 선택합니다. First note in each measure은 마디의 시작, All down beats은 다운 비트, All note는 모든 음표입니다. 실습에서는 first note in each measure를 선택하겠지만, 일반적으로 All down beats과 All notes를 많이 사용합니다.

06 Show unknown chord suffix as는 복잡한 코드가 입력될 때 사용할 타입을 입력합니다. 기본값(??)을 그대로 사용하여 타입을 선택할 수 있는 편집 창이 열리게 하는 것이 좋습니다.

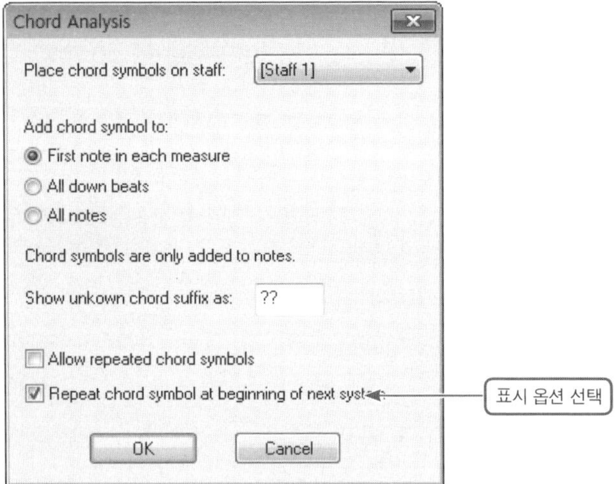

표시 옵션 선택

07 반복되는 코드를 매번 표시할 것인지(Allow repeated chord symbols), 시스템이 바뀔 때까지 표시하지 않을 것인지(Repeat chord symbol at beginning of next system)의 옵션을 선택합니다. 일반적으로 Repeat chord symbol at beginning of next system을 사용합니다.

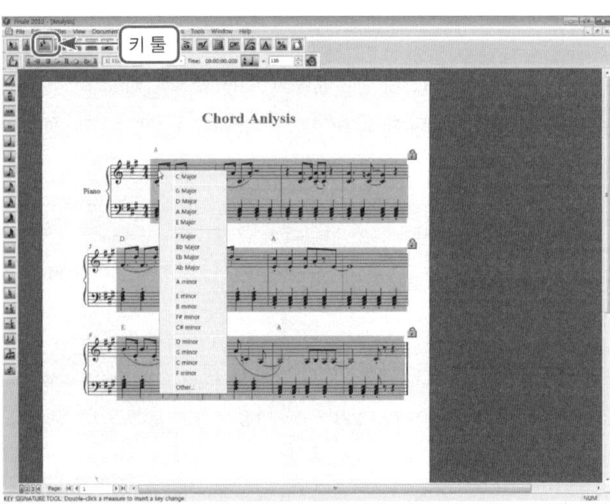

키 툴

08 이렇게 코드를 분석하여 입력한 경우에는 키를 바꿀 때도 그대로 적용되어 매우 편리합니다. 키 툴(Key Signature Tool)을 선택하고, 마디에서 마우스 오른쪽 버튼을 클릭하여 키를 바꿔봅니다.

06 코드의 위치 조정하기

01 코드는 핸들을 마우스로 드래그하거나 핸들을 선택하고, 키보드의 방향키를 이용해서 위치를 조정할 수 있으며, Delete 키를 이용하여 삭제할 수 있습니다.

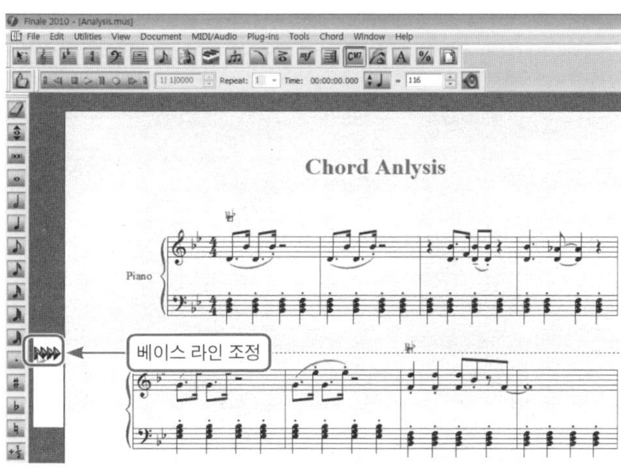

02 화면 왼쪽에 보이는 포인트를 드래그 하여 코드의 위치를 결정하는 베이스 라인을 조정할 수 있습니다. 다른 아이템과 마찬가지로, 왼쪽에서부터 전체, 보표, 시스템, 입력할 위치를 조정합니다.

03 실렉션 툴을 선택하고, Ctrl + A 키를 눌러 전체를 선택합니다. 그리고 키보드의 4 와 5 키를 이용해서 음표의 간격을 자동으로 정렬하면, 코드도 함께 정렬됩니다.

07 코드 설정하기

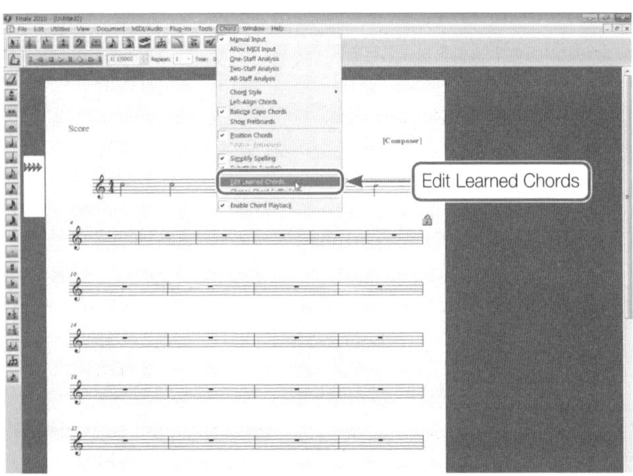

01 미디 건반을 이용해서 코드를 입력할 때, 사용자가 연주하는 건반을 설정할 수 있습니다. 코드 툴을 선택하고, Chord 메뉴의 Edit Learned Chords를 선택합니다.

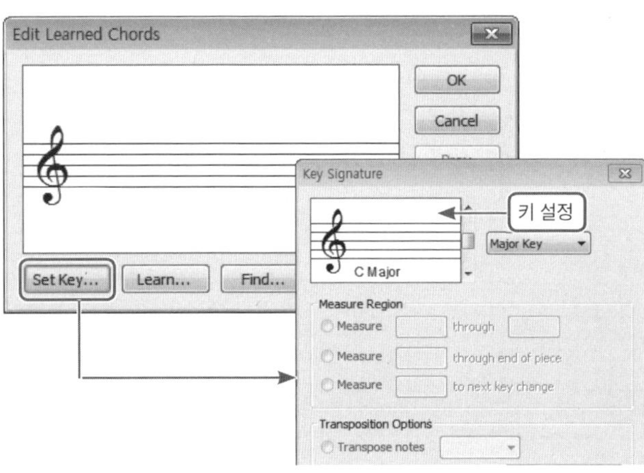

02 사용자 코드를 정의할 수 있는 Edit Learned chords 창이 열립니다. 키는 작업 중인 곡의 키로 자동 설정됩니다. 다른 작업에서도 이용할 수 있게 Set Key 버튼을 클릭하여 창을 열고, C 키로 설정합니다.

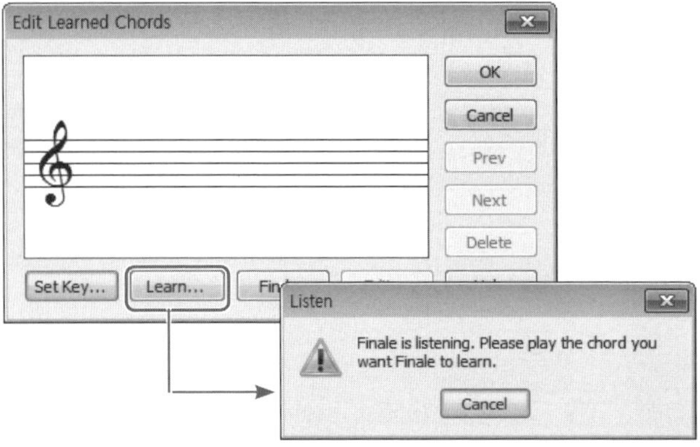

03 Learn 버튼을 클릭합니다. 사용자 연주를 기다리는 창이 열리면, 원하는 코드를 누릅니다. 예를 들어서 C, Eb, Gb, A의 음으로 구성된 코드를 눌렀다고 가정하겠습니다.

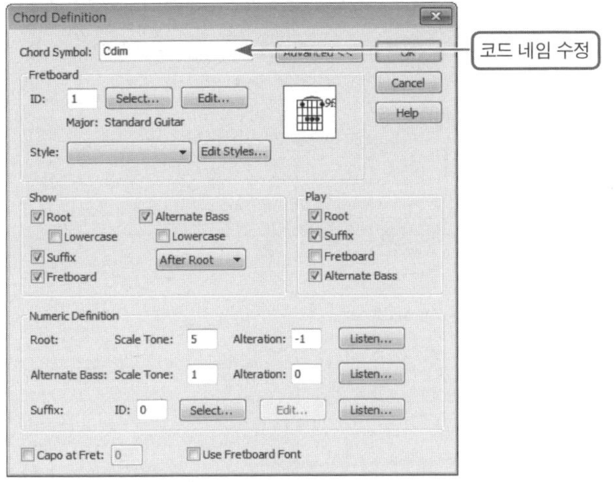

04 피날레가 분석한 Chord Definition 창이 열립니다. Chord Symbol에는 Gb/C로 분석되었지만, 실제로 원하는 네임은 Cdim입니다. Chord Symbol을 Cdim로 변경하고 OK 버튼을 클릭하여 닫습니다.

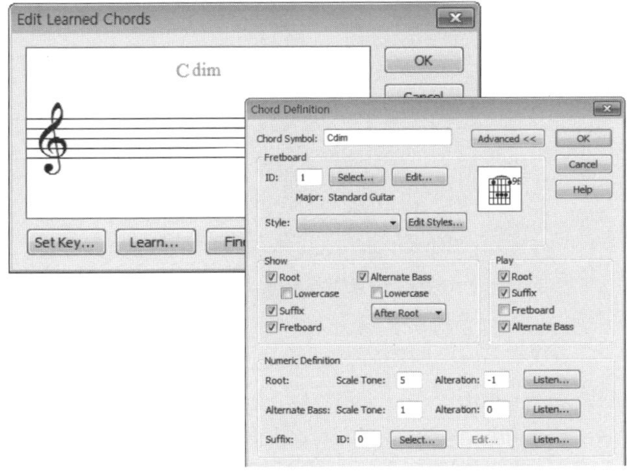

05 같은 과정을 반복해서 원하는 타입의 코드를 만들어두는 것입니다. 교육용 디지털 피아노에서 C와 왼쪽의 검은 건반을 누르면 Cm 연주되고, C와 왼쪽의 흰 건반을 누르면 C7으로 연주되는 것과 마찬가지로 한 두 개의 건반으로 사용자가 원하는 코드를 만들어도 됩니다.

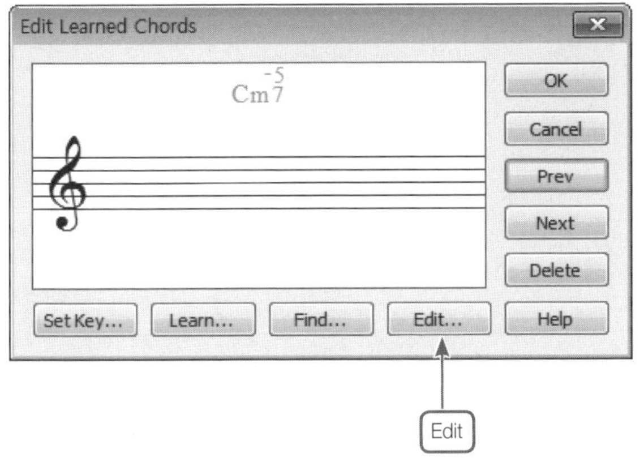

06 이렇게 만든 코드는 언제든 Edit 버튼을 클릭하여 수정할 수 있습니다. Prev와 Next 버튼은 사용자가 만든 코드를 이전/다음 순서로 찾는 것이고, Find 버튼을 클릭하면 미디 건반을 눌러서 찾을 수 있습니다. 그리고 Delete는 화면에 표시된 코드를 삭제합니다.

가정교사

사용자가 만든 코드를 다른 곡에서도 이용하기 위해서는 라이브러리로 저장을 해둬야 합니다.

08 기타 폼 만들기

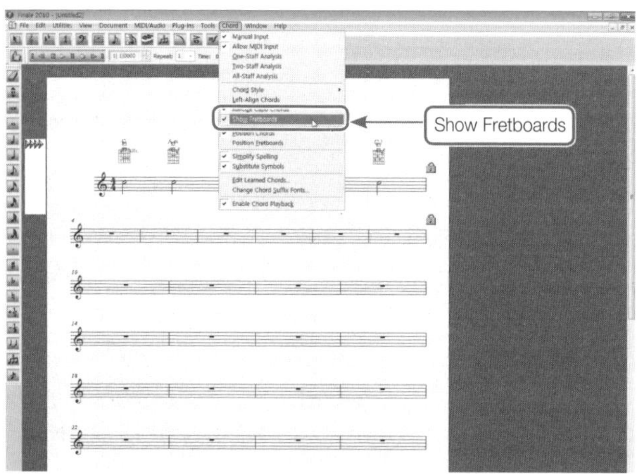

01 Guitar 교재를 준비중인 교사라면 코드 네임 아래쪽에 기타 폼을 함께 표시해야 할 것입니다. 사실 코드를 입력하게 되면 기타 폼은 자동으로 만들어지며, Chord 메뉴의 Show Fretboards로 표시 여부를 결정합니다.

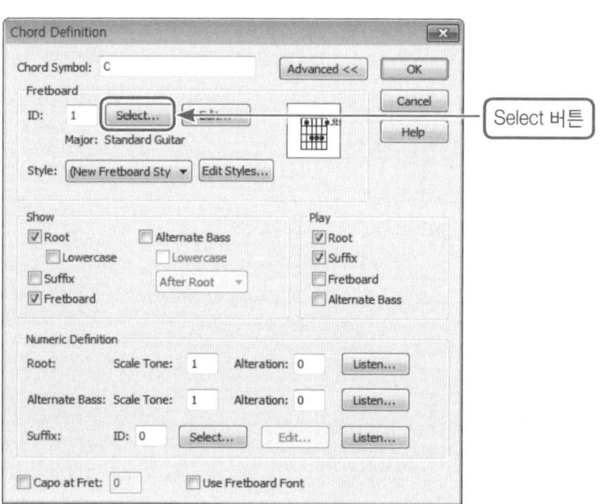

02 여기서 살펴볼 것은 기본적으로 표시되는 코드 폼 이외의 사용자 편집입니다. 편집하고자 하는 코드의 핸들을 더블 클릭하여 Chord Definition 창을 엽니다. 그리고 Freboard 항목의 Select 버튼을 클릭합니다.

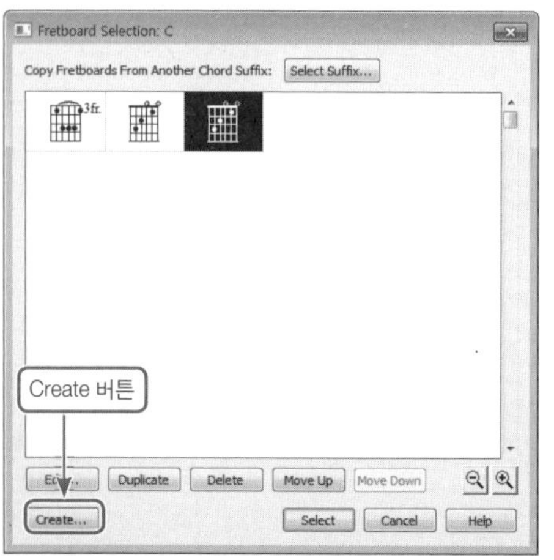

03 선택한 코드에 적용할 수 있는 기타 폼 목록이 보입니다. 여기서 원하는 것이 있다면, 더블 클릭으로 선택하고, 그렇지 않다면, Create 버튼을 클릭하여 새로 만듭니다. 가급적 자신이 만들고자 하는 것과 비슷한 폼을 Duplicate 버튼으로 복사하고, Edit 버튼을 클릭하는 것이 좋습니다.

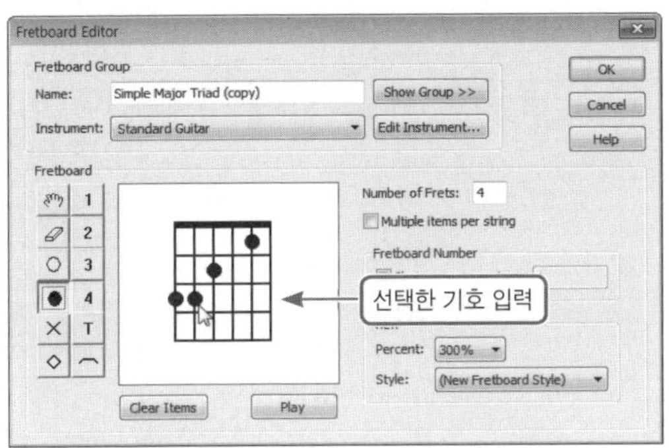

04 기타 폼을 새로 만들 정도의 지식을 갖추고 있다면, 굳이 설명이 필요 없을 것입니다. 왼쪽에서 원하는 모양을 선택하고, 플랫을 클릭하여 입력합니다. 입력된 것을 클릭하면 삭제됩니다.

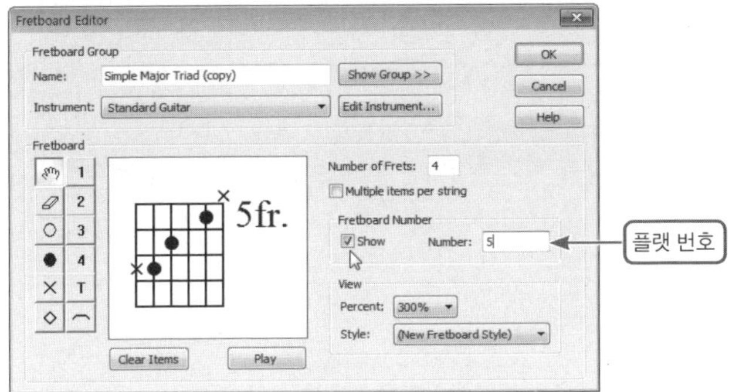

05 손 모양의 아이콘은 화면에 표시되는 플랫의 위치를 이동시킬 수 있는 역할을 하며, 플랫 번호는 Show 옵션을 선택하여 표시할 수 있습니다. 플랫 번호는 Number 항목에 입력합니다.

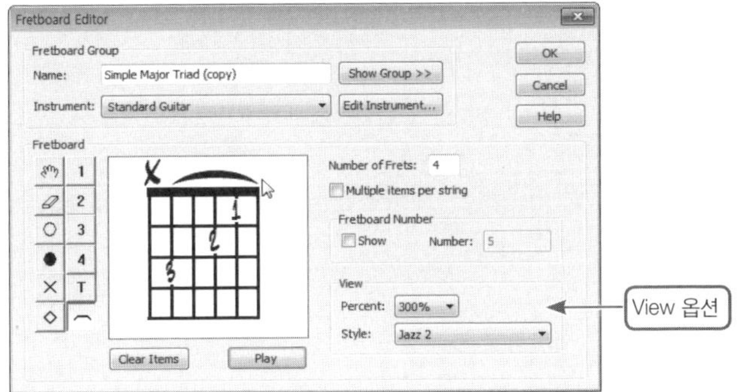

06 View 항목에서는 폼의 크기(Percent)와 스타일(Style)을 변경할 수 있고, Instruments 항목에서는 Guitar 외에 다양한 현 악기를 선택할 수 있습니다.

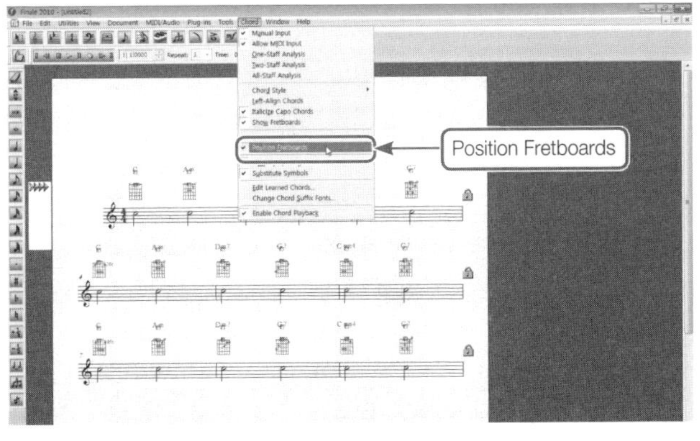

07 각 기타 폼은 핸들을 드래그하여 위치를 조정할 수 있습니다. 화면 왼쪽에 보이는 4개의 삼각형 포인트를 이용해서 코드 폼의 위치를 조정하겠다면, Chord 메뉴의 Position Fretboards를 선택하여 역할을 바꿉니다.

16

레이아웃 편집과 출력

악보의 크기와 디자인은 작업을 시작하면서부터 결정하기 때문에 작업이 끝난 후에는 별다른 편집이
필요 없을 것 같지만, 작업의 결과물은 다양한 목적으로 출력 될 수 있기 때문에 레이아웃을 자유롭
게 다룰 수 있는 능력을 갖추고 있어야 합니다. 작업 도중에 레이아웃이 정상적으로 표시되지 않으면,
Utilities 메뉴의 Update Layout을 선택하여 갱신하고, 디스플레이 문제로 깨지는 현상이 보이면, View
메뉴의 Redraw Screen를 선택하여 표시할 수 있다는 것을 기억하고 학습을 시작합니다.

01 페이지의 여백 조정하기

01 악보를 출력하기 전에 출력 용지에 맞는 크기 설정에 관한 내용을 살펴보겠습니다. 부록 CD의 Layout 파일을 열고, 페이지 툴(Page Layout Tool)을 선택합니다. 보표 가장자리에 종이와의 여백 거리를 표시하는 라인이 보입니다.

02 전체 페이지를 볼 수 있게 [Ctrl] 키를 누른 상태에서 [-] 키를 눌러 악보를 축소합니다. 확대할 때는 [+] 키입니다. Page Layout 메뉴의 Page Size를 선택합니다.

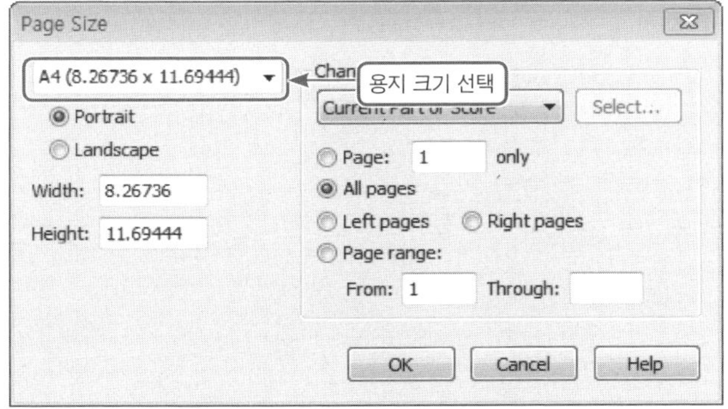

03 종이의 크기는 Width와 Height 항목에 표시되어 있는 값을 수정해도 좋지만, 목록에서 선택하는 것이 일반적입니다. 가장 많이 사용하는 A4 용지를 선택합니다. Portrait는 세로 방향, Landscape는 가로 방향을 의미합니다.

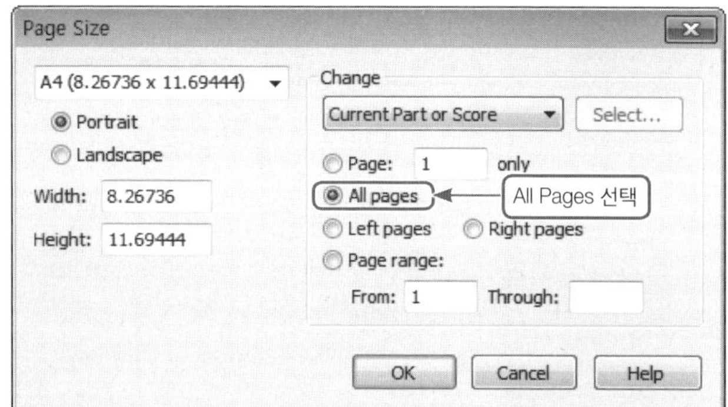

04 오른쪽의 Change 항목은 왼쪽에서 선택한 크기를 적용할 페이지를 선택합니다. 각 페이지마다 크기를 다르게 설정할 이유는 없기 때문에 모든 페이지의 크기를 바꾸는 All Pages를 선택합니다.

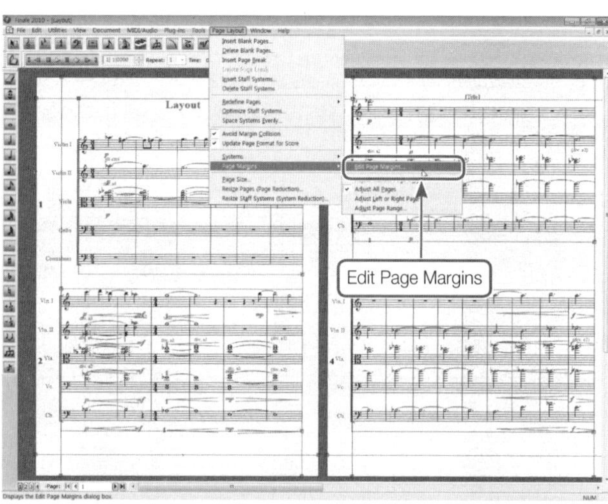

05 페이지의 여백은 수치를 이용하는 방법과 가장자리의 경계선을 드래그하는 방법이 있습니다. 정확한 수치가 필요한 경우에는 Page Layout 메뉴에서 Page Margins의 Edit Page Margins을 선택합니다.

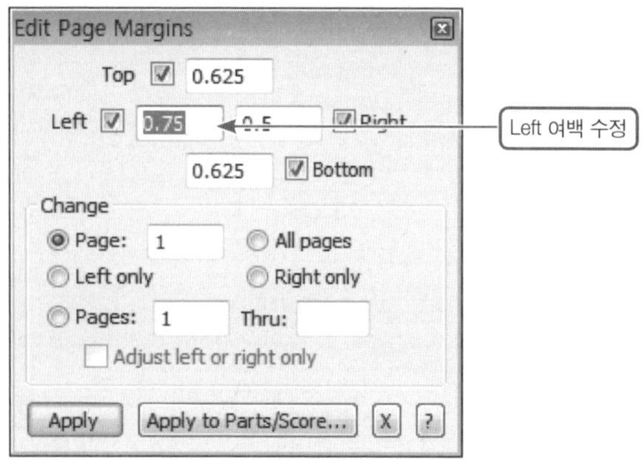

06 위(Top), 아래(Bottom), 왼쪽(Left), 오른쪽(Right)의 여백을 입력하고, 변경하지 않을 방향의 옵션은 체크 표시를 해제합니다. Left 항목을 0.75로 설정합니다. 단위는 인치(Inches)이며, 익숙한 단위를 사용하겠다면, 창을 열기 전에 Edit 메뉴의 Measurement Units에서 단위를 선택합니다.

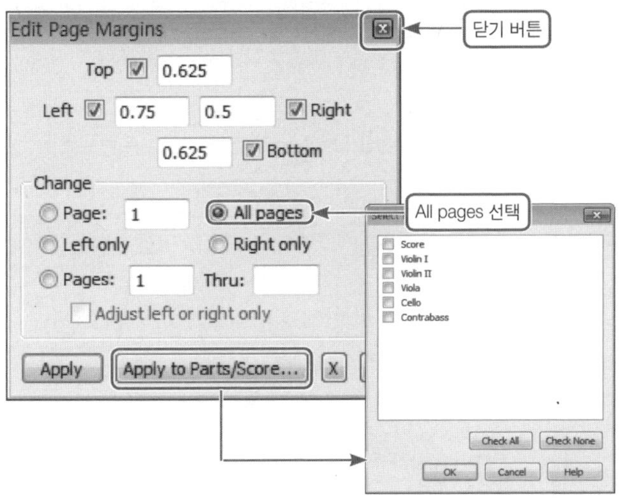

07 설정한 값이 모든 페이지에 적용되도록 Change 항목의 All pages 옵션을 선택합니다. 그리고 Apply 버튼을 클릭하여 적용합니다. 창은 닫기 버튼을 클릭하여 닫습니다. Apply to Parts/Score는 적용될 파트와 스코어를 선택할 수 있는 창을 엽니다.

08 정확한 수치가 필요 없다면 페이지의 핸들을 드래그하여 조정하는 것이 편리합니다. 페이지 여백 라인의 핸들을 드래그하여 조정을 해봅니다. 이때 Page layout 메뉴의 Page Margins에서 선택된 것에 따라 적용되는 페이지가 달라집니다.

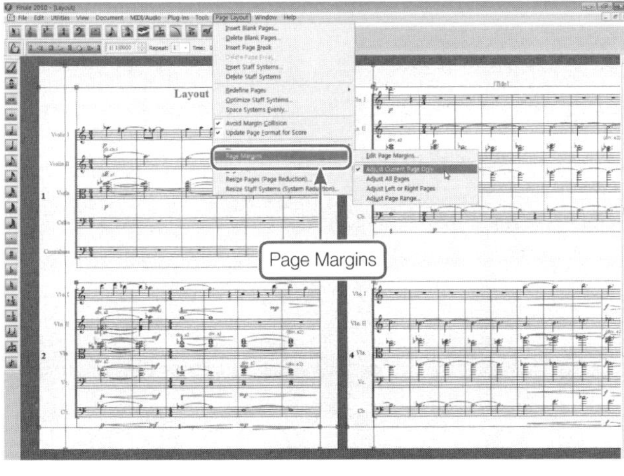

09 Adjust All Pages는 전체 페이지가 조정되고, Adjust Current Page Only는 핸들을 조정하는 페이지만 조정됩니다. 그리고 Adjust Left or Right Page는 조정하는 페이지가 짝수일 때는 짝수 페이지, 홀 수 일 때는 홀 수 페이지만 조정되게 하는 것이며, Adjust Page range는 페이지 범위를 선택할 수 있는 창을 엽니다.

02 보표의 간격 조정하기

01 보표의 간격을 조정하는 다양한 방법을 살펴보겠습니다. 도구 모음 줄의 보표 툴(Staff Tool)을 선택하면 각 보표에 핸들이 보이며, 핸들을 드래그하여 간격을 조정할 수 있습니다. 두 개 이상의 보표를 조정할 때는 Shift 키를 누른 상태에서 핸들을 선택합니다.

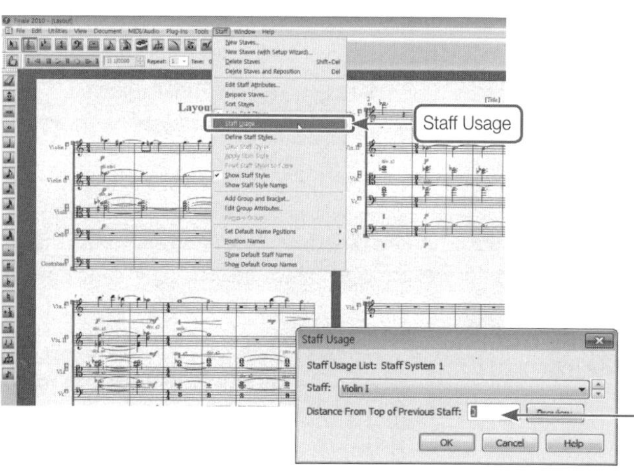

02 보표의 간격을 정확한 수치로 조정하겠다면, Staff 메뉴의 Staff Usage를 선택하여 창을 열고, 목록에서 간격을 조정할 보표를 선택합니다. 그리고 Distance from top에서 간격을 설정합니다. Preview 버튼을 클릭하면 결과를 미리 볼 수 있습니다.

03 보표의 간격을 일정하게 조정하겠다면, Staff 메뉴의 Replace staves를 선택합니다. 창은 제일 위에 있는 보표의 위치를 조정하는 Top Staff Position과 보표 사이의 간격을 조정하는 Distance Between Staves로 구성되어 있습니다.

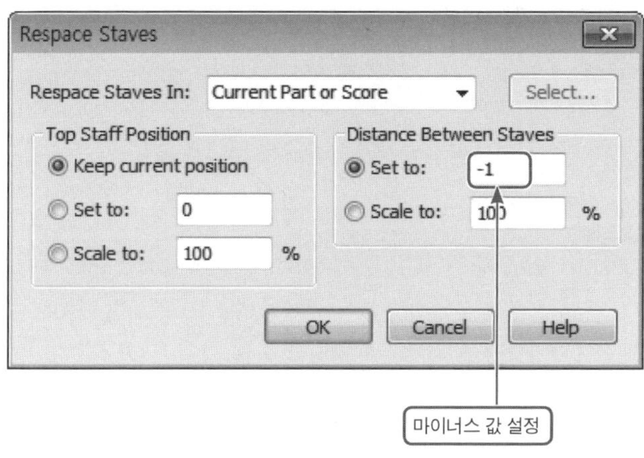

04 각각의 항목은 인치 단위를 이용하여 값을 설정하는 Set to와 퍼센트 단위로 값을 입력하는 Scale to 옵션이 있으며, Top Staff Position에서 제일 위의 보표를 유지하는 Keep current Position이 있습니다. Set to 값으로 조정을 하겠다면 마이너스(-) 값으로 입력을 합니다.

03 라이브러리 이용하기

01 피날레는 사용자가 입력한 음표를 기준으로 마디와 시스템을 자동 정렬하며, 그 기준 값을 사용자가 원하는 스타일로 설정할 수 있습니다. 기본적으로 제공하는 레이아웃 라이브러리를 불러오겠습니다. File 메뉴의 Load Library를 선택합니다.

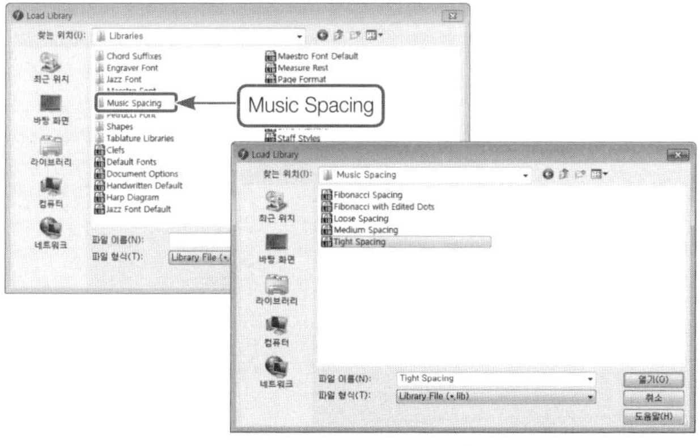

02 레이아웃 라이브러리가 저장되어 있는 Music Spacing 폴더를 더블 클릭하여 열고, 각각의 파일을 불러와 확인해봅니다. 실습에서는 많은 음표 입력에 적합한 Tight Spacing을 불러와 보겠습니다.

03 불러온 라이브러리를 기준으로 음표들을 재정렬 하겠습니다. Utilities 메뉴의 Music Spacing에서 Apply Music Spacing to Selected Parts/Score를 선택합니다.

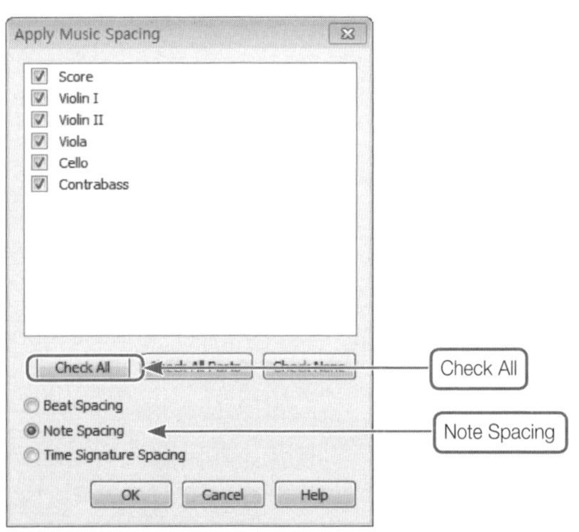

04 검색할 보표의 정렬 기준을 선택할 수 있는 창이 열립니다. Check All 버튼을 클릭하여 모든 보표를 선택하고, 음표를 수에 따라 정렬되는 Note Spacing을 선택합니다. Beat는 최소 음표 길이를 기준으로 하며, Time은 박자를 기준으로 하는 옵션입니다.

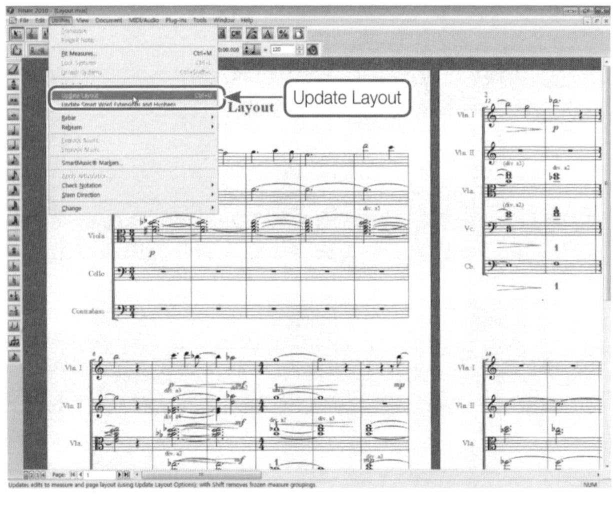

05 마디와 시스템의 간격이 재정렬되는 것을 확인할 수 있습니다. 피날레에서 제공하는 라이브러리들을 하나씩 확인을 해두기 바랍니다. 그리고 작업을 끝낸 후에는 Utilities 메뉴의 Update Layout을 선택하여 레이아웃을 재 적용하는 습관을 갖는 것이 좋습니다.

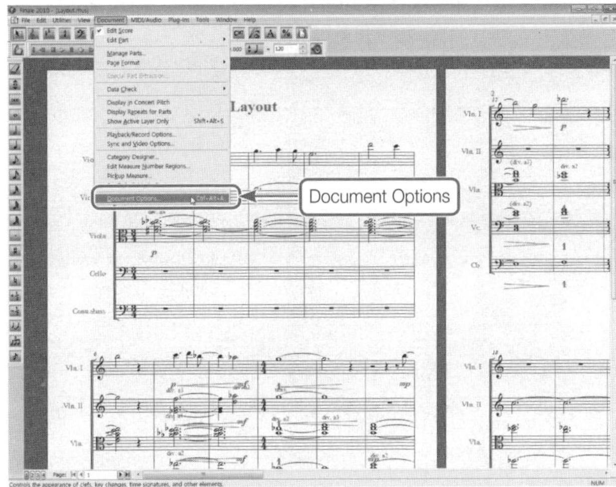

06 Music Spacing은 사용자가 원하는 스타일로 설정하여 라이브러리로 저장할 수 있습니다. Document 메뉴의 Document Options을 선택하여 옵션 창을 엽니다.

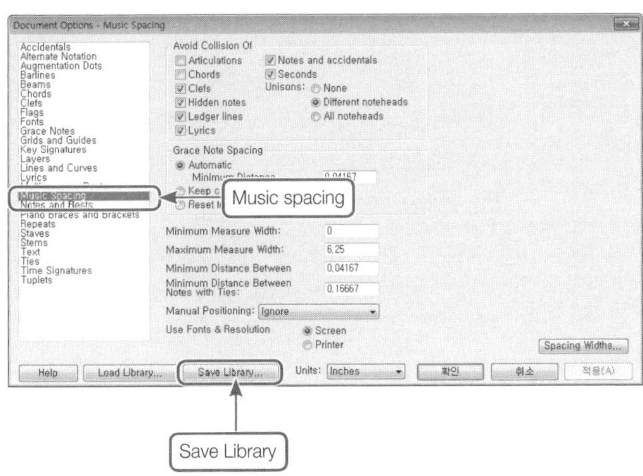

07 Music Spacing 카테고리를 선택하면, 마디 및 시스템의 간격을 자동으로 조정할 때의 기준을 설정하는 옵션이 보입니다. 각 옵션의 의미는 다음과 같으며, 설정한 옵션은 Save Library 버튼을 클릭하여 라이브러리로 저장할 수 있습니다.

- Avoid Collision of : 서로 겹치지 않게 할 아이템을 선택합니다. Unisions은 레이어로 겹치는 음표들을 설정하는 것으로, None은 겹치게 두고, Different noteheads는 동일한 음표의 길이만 겹치게 합니다. 그리고 All noteheads는 모든 음표들이 겹치지 않게 합니다.

- Grace Note Spacing : 꾸밈음의 간격을 설정합니다. Automatic Minimum Dstance는 최소 값 이상의 거리를 자동으로 조정하며, Keep current는 입력된 상태로 둡니다. 그리고 reset to grace note offset은 초기값으로 복구합니다.

- Minimum과 Maximum Measure Width : 마디의 최소 값과 최대 값을 지정합니다.

- Minimum Distance Between과 Notes with ties : 아이템의 최소 간격과 붙임줄의 최소 간격을 지정합니다.

- Manual Position : 마우스 드래그로 음표를 조정할 때, 옵션 값을 초기화(Clear)할 것인지, 무시할 것인지(Ignore), 포함할 것인지(Incorporate)를 선택합니다.

- Use fonts & Resolution : 해상도를 화면(Screen), 인쇄 값(Printer) 중에서 선택합니다.

- Spacing Widths : 음표의 간격을 설정할 수 있는 창을 엽니다. Use spacing width table은 음표의 허용 범위를 설정하고, Use these values는 음표 길이의 간격을 설정합니다. 설정할 음표의 길이는 Duration 버튼을 클릭하여 선택합니다.

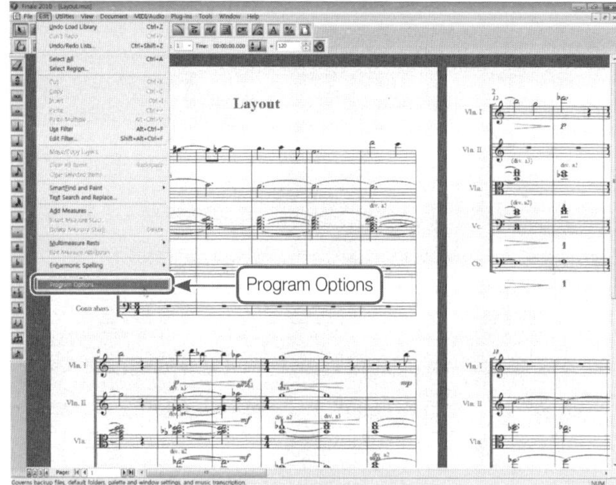

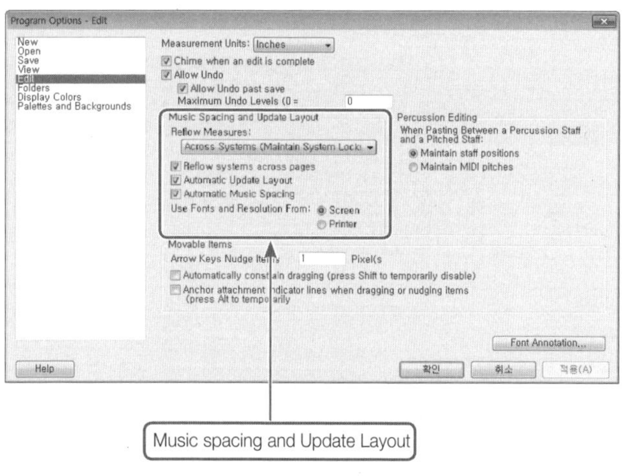

08 Music Spacing과 Update Layout을 실행할 때의 옵션을 살펴보겠습니다. Edit 메뉴의 Program Options을 선택하여 창을 엽니다.

09 Edit 카테고리를 선택하면 Music spacing and Update Layout 항목을 볼 수 있으며, Reflow Measures 선택 메뉴와 3가지 체크 옵션이 있습니다. 각각의 의미는 다음과 같습니다.

● Reflow Measures : 마디 정렬에 관한 4가지 옵션을 제공합니다.

▶ Do Not Reflow : 마디 정렬은 하지 않습니다.

▶ Only Within Systems : 시스템 범위 안에서 마디를 정렬합니다.

▶ Across Systems (Maintain system Locks) : 마디의 이동을 허락합니다.

▶ Across Systems (Remove system Locks) : 마디의 이동을 허락하지 않습니다.

● Reflow systems across pages : 넘치는 시스템을 다음 페이지로 이동시킵니다.

● Automatic Update Layout : 레이아웃을 편집할 때 Update Layout을 자동 실행합니다.

● Automatic Music Spacing : 레이아웃을 편집할 때 Music spacing을 자동 실행합니다.

● Use Fonts and resolution from : 폰트와 해상도를 화면 설정(Screen) 또는 프린트 설정(Printer) 중에서 선택합니다.

04 시스템 간격 조정하기

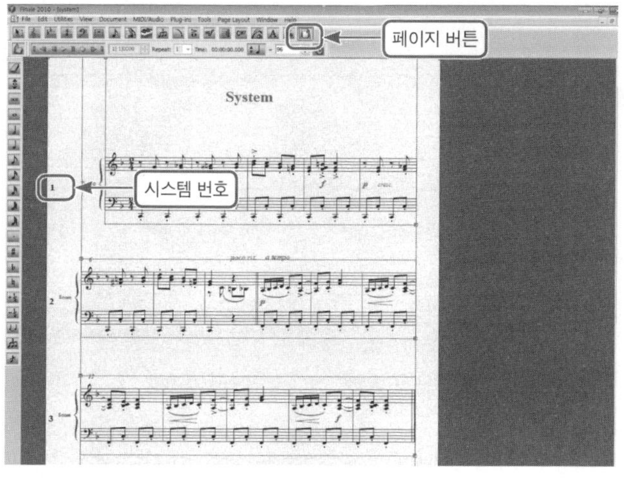

01 시스템은 보표 단을 의미합니다. 하나의 보표를 사용하는 악보는 한 개의 단이 하나의 시스템이지만, 10개의 보표를 사용하는 악보는 10개의 단이 하나의 시스템이 됩니다. 부록 CD의 system 파일을 열고, 페이지 버튼을 선택하면 왼쪽에 시스템 번호가 표시됩니다.

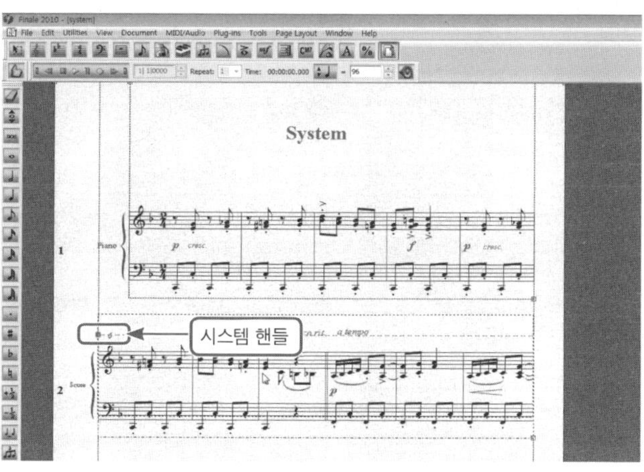

02 시스템은 왼쪽 상단과 오른쪽 하단에 핸들을 가지고 있으며, 시스템을 위/아래로 드래그하여 시스템간의 거리를 조정할 수 있습니다. 이때 아래쪽의 시스템이 함께 움직이는데, Ctrl 키를 누른 상태로 드래그하면 원하는 시스템만 조정할 수 있습니다.

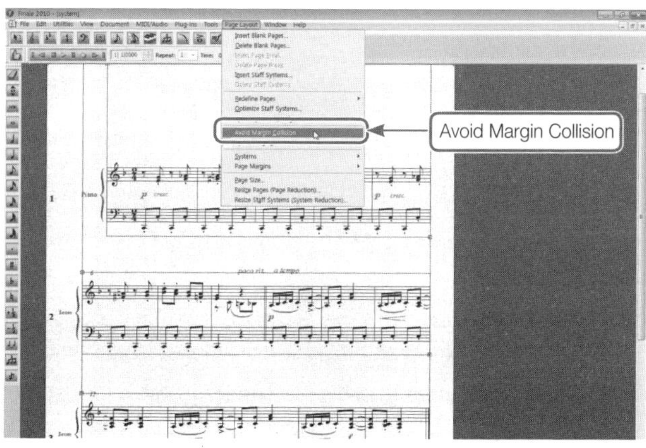

03 시스템을 위/아래로 드래그하여 위치를 이동시킬 때는 다른 시스템에 겹치지 않습니다. 코다와 같이 시스템을 한 줄로 표시해야 할 필요가 있다면, Page Layout 메뉴의 Avoid Margin Collision를 선택하여 체크 표시를 해제합니다.

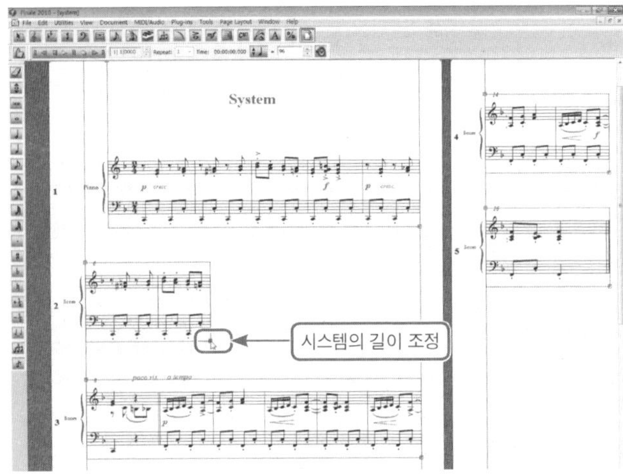

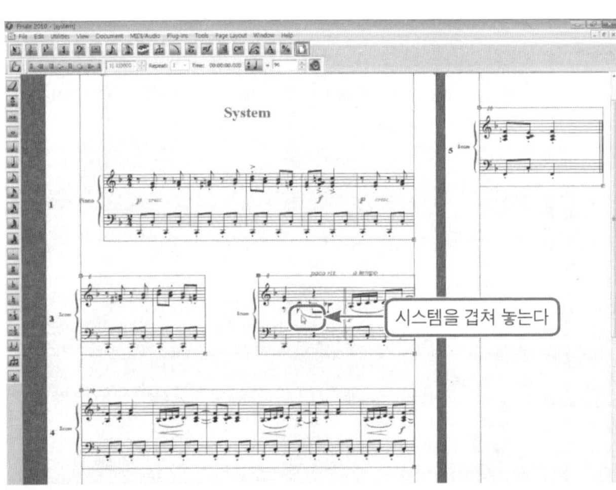

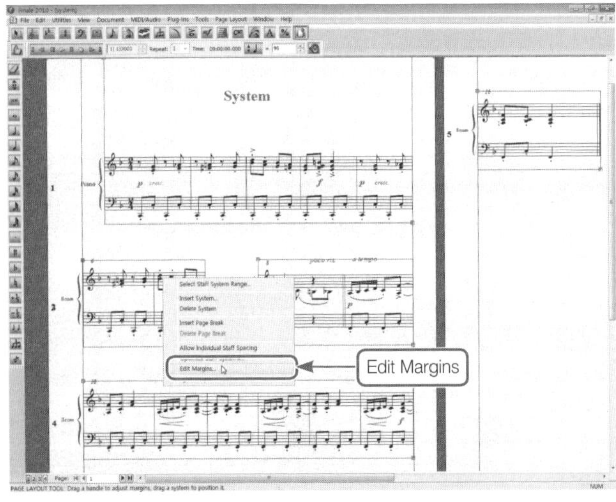

04 Avoid Margin collision 메뉴의 체크 표시를 해제하면 시스템을 겹치게 놓을 수 있습니다. 시스템 2번의 오른쪽 핸들을 드래그하여 2마디 길이로 시스템의 폭을 줄입니다.

05 3번 시스템의 왼쪽 핸들을 드래그하여 2 마디 길이로 줄입니다. 그리고 2번 시스템 오른쪽으로 올리면, 한 줄의 두 개 이상의 시스템을 배치할 수 있게 됩니다.

06 핸들을 드래그하여 조정한 시스템의 여백을 정확한 수치로 통일시키겠다면, 시스템을 마우스 오른쪽 버튼으로 클릭하여 단축 메뉴를 열고, Edit Margins을 선택합니다. 페이지의 여백을 조정할 때와 동일한 모습의 Edit system Margins 창이 열립니다.

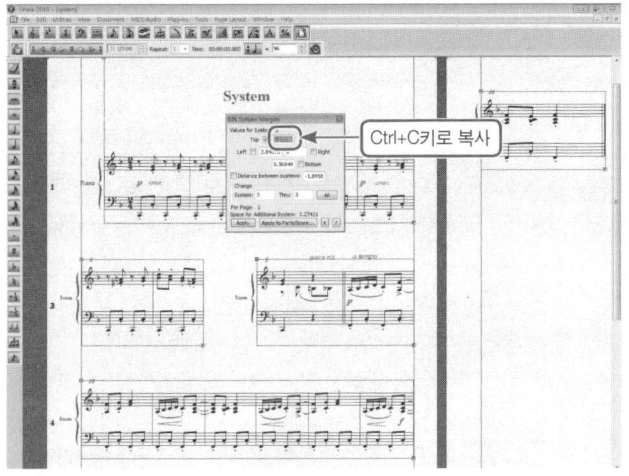

07 창이 열려있는 상태에서 2번 시스템을 선택하면 시스템의 여백을 확인할 수 있습니다. Top 값을 마우스 드래그로 선택하고, Ctrl + C 키로 복사합니다. 그리고 창이 열려있는 상태에서 3번 시스템을 선택하고, Ctrl + V 키를 눌러 Top 값을 붙이면, 2번과 동일한 위치를 맞출 수 있습니다.

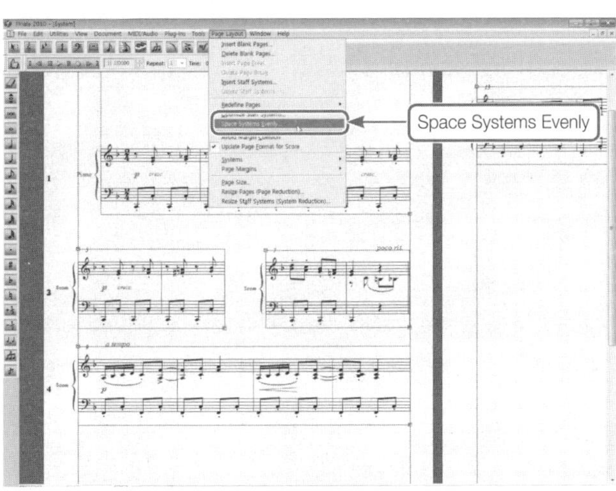

08 위치 조정으로 불규칙해진 시스템의 간격을 조정하겠습니다. Page Layout 메뉴의 Space systems Evenly를 선택하여 창을 엽니다.

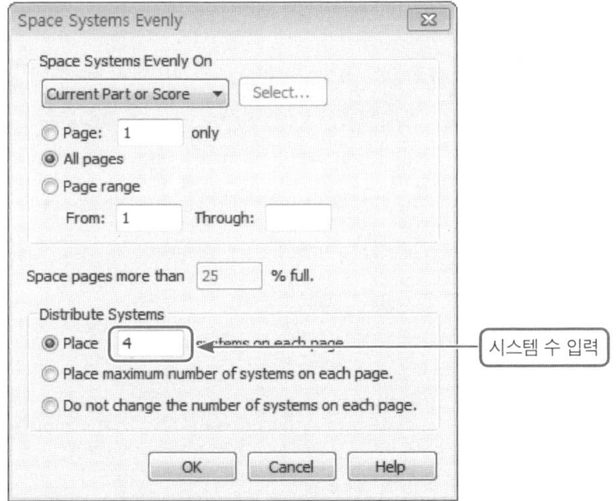

09 적용 페이지를 선택하는 Space Systems evenly On에서 All Pages를 선택하고, Place를 4로 입력하여 페이지마다 4개의 시스템이 정렬되도록 합니다. Place Maximum number of systems on each page는 가능한 많은 시스템을 배열하고, do not change the number of systems on each page는 시스템 수는 그대로 두는 옵션입니다.

01 피날레는 음표 수에 따라 마디의 간격이 자동 조정되기 때문에 시스템 마디마디 수가 달라질 수 있습니다. 마디를 다음 또는 이전 시스템으로 이동시키고 싶은 경우에는 실렉션 툴로 마디를 선택하고, ↑ / ↓ 키를 누릅니다.

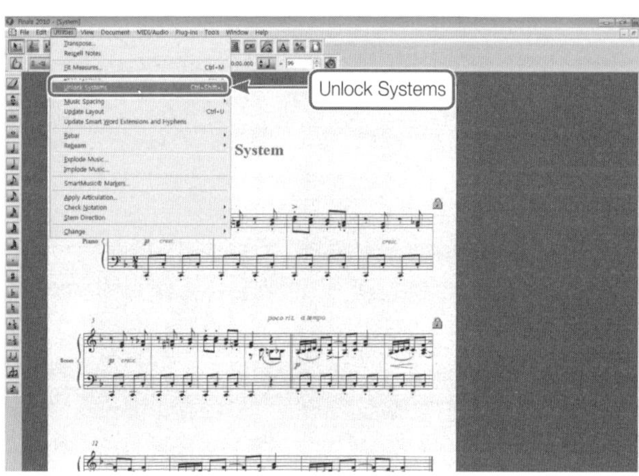

02 마디를 편집하면 오른쪽 상단에 자물쇠 모양의 아이콘이 표시되며, 편집된 시스템임을 구분할 수 있게 됩니다. 편집한 시스템을 원래대로 복구하고 싶은 경우에는 해당 시스템을 선택하고, Utilities 메뉴의 Unlock Systems을 선택합니다.

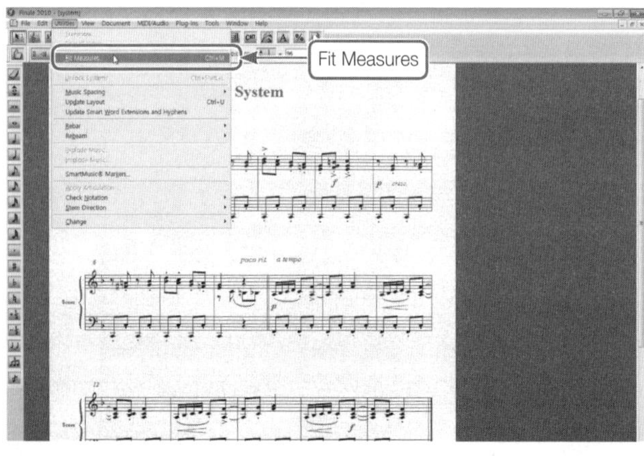

03 앞에서와 같이 특정 시스템의 마디 수를 편집할 때는 ↑ / ↓ 키를 이용하는 것이 편리하지만, 악보 전체를 일률적으로 맞출 때는 Utilities 메뉴의 Fit Measures를 선택합니다.

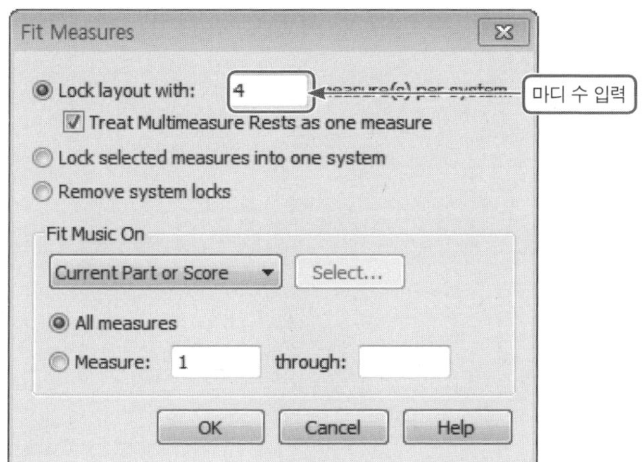

04 Fit Measures 창이 열립니다. Lock layout with 항목에 시스템마다 표시되게 할 마디 수를 입력하고, OK 버튼을 클릭하면 모든 시스템을 동일한 마디 수로 조정할 수 있습니다. 4를 입력하여 4마디로 표시해봅니다.

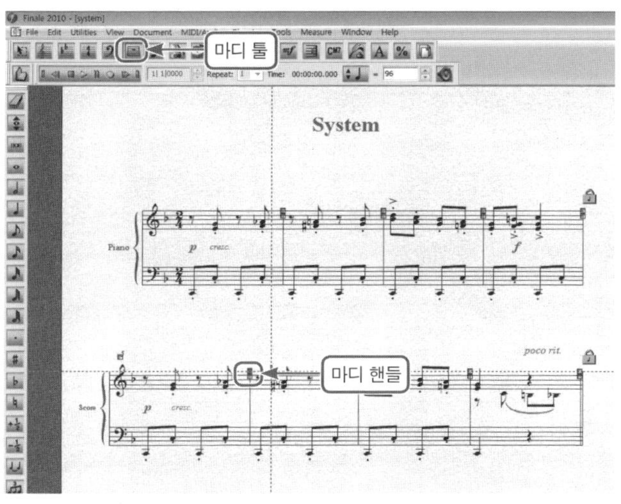

05 악보의 마디 수를 동일하게 만들었을 때, 음표가 많거나 적게 사용된 마디를 개별적으로 조정해야 할 경우도 있습니다. 이때는 마디 툴을 선택하고, 마디 라인의 핸들을 드래그하여 조정합니다.

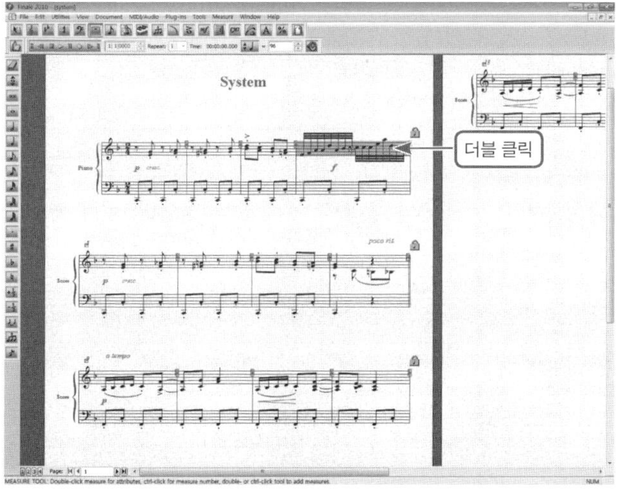

06 음표가 너무 많이 사용된 마디는 시스템을 둘로 나누어 표시할 경우도 있습니다. 이때는 마디 툴을 선택하고, 시스템을 분리할 마디를 더블 클릭하여 옵션 창을 엽니다.

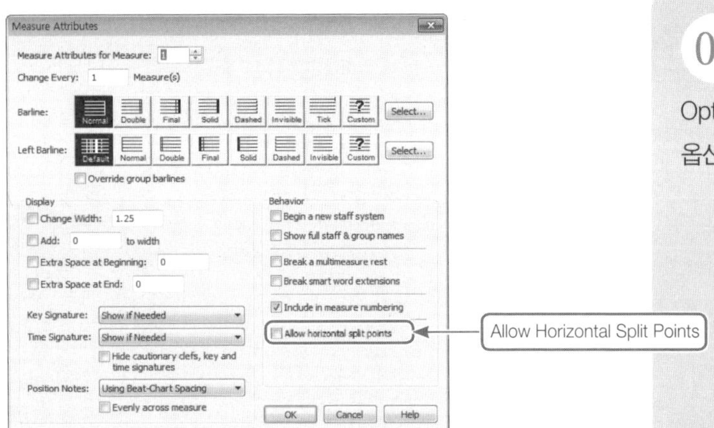

07 마디의 속성을 설정할 수 있는 Measure Attributes 창이 열립니다. Options 항목의 Allow Horizontal Split Points 옵션을 체크하고, OK 버튼을 클릭하여 닫습니다.

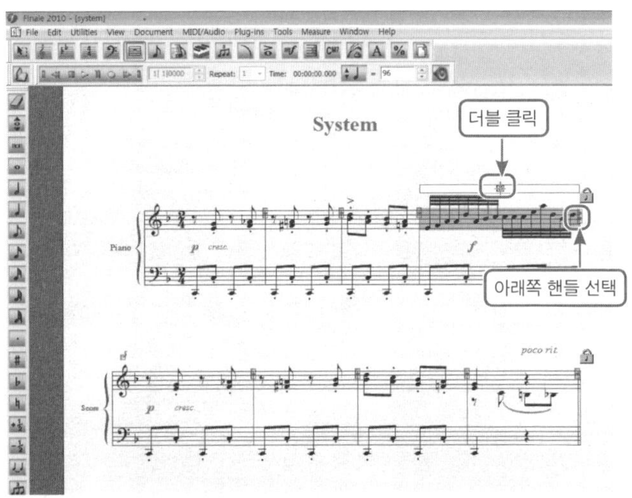

08 옵션이 선택된 마디 오른쪽에는 3개의 핸들이 보입니다. 가장 아래쪽의 핸들을 선택하면 마디 상단에 흰색 바가 보이며, 나누고자 하는 위치를 더블 클릭하여 포인트를 만듭니다. 포인트의 위치는 마우스 드래그로 수정할 수 있습니다.

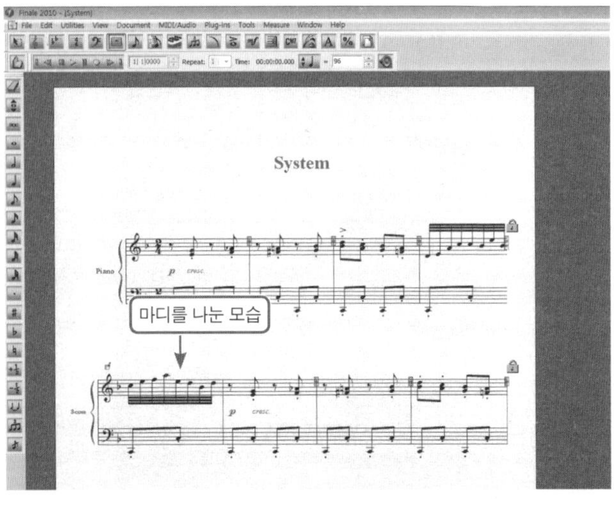

09 이제 해당 마디를 선택하고 ↓ 키를 눌러 마디를 이동시키면, 포인트를 만든 지점을 중심으로 마디가 나뉘게 됩니다. 원상태로 복구할 때는 Measure Attributes을 열어 옵션을 해제합니다.

06 음표의 간격 조정하기

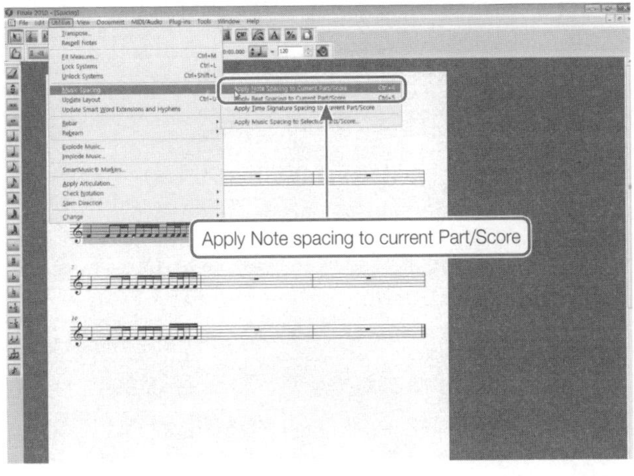

01 Note, Beat, Time으로 구분되는 Music Spacing의 차이점을 살펴보겠습니다. 부록 CD의 Spacing 파일을 불러오고, 첫 번째 마디를 선택합니다. 그리고 Utilities 메뉴의 Music Spacing에서 Apply Note Spacing to Current Part/Score를 선택하여 음표를 기준으로 간격을 정렬합니다.

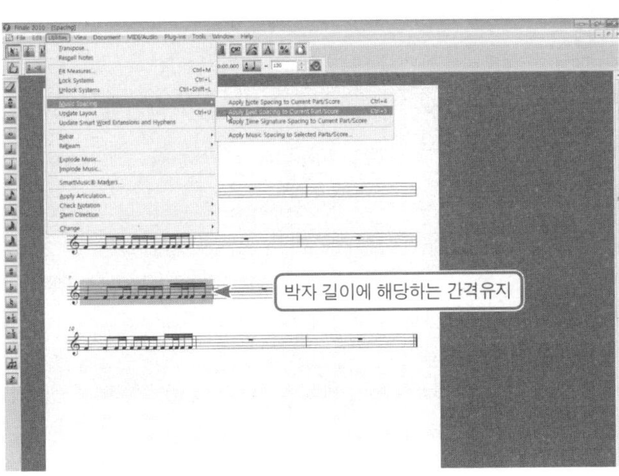

02 음표를 입력할 때 자동으로 설정되는 값이기 때문에 화면의 변화는 없습니다. 같은 리듬으로 입력되어 있는 두 번째 마디를 선택하고, Utilities 메뉴의 Music spacing에서 Apply Beat Spacing to Current Part/Score를 선택합니다. 박자 길이로 정렬되어 마디가 넓어지는 것을 확인할 수 있습니다.

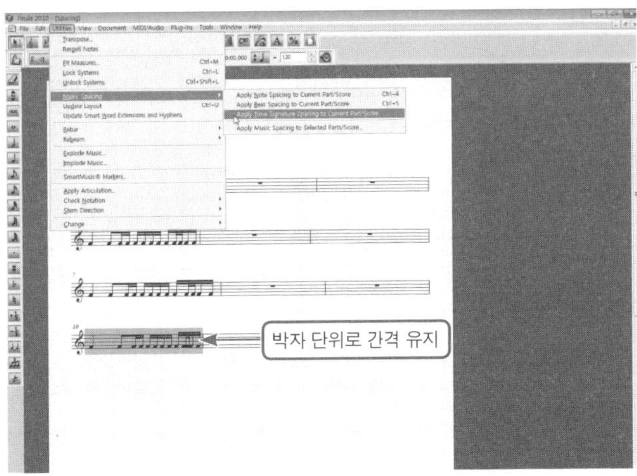

03 마지막으로 세 번째 마디를 선택하고, Utilites 메뉴의 Music spacing에서 Apply time signature Spacing to Current Part/Score를 선택합니다. 음표를 4박자로 나누어 정렬합니다. 음표가 많은 박자는 겹쳐 보일 수 있지만, 마디의 넓이를 유지하고 싶을 때 유용합니다.

04 음표의 간격을 일일이 수정할 필요가 있을 때는 스피디 툴을 비롯한 몇 가지 방법을 이용합니다. 먼저 스피디 툴은 음표의 머리를 드래그하여 간격을 조정할 수 있습니다.

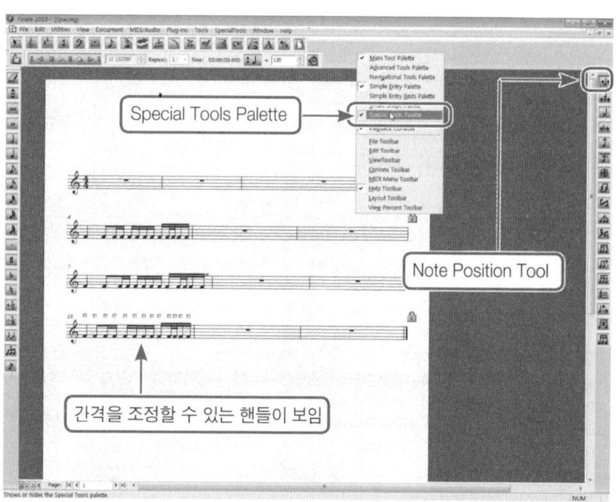

05 도구 모음 줄의 빈 공간에서 마우스 오른쪽 버튼을 클릭하여 Special Tools Palette를 선택합니다. 그리고 Note Position tool을 선택하고, 마디를 선택하면, 각 음표마다 핸들이 표시됩니다. 이 핸들을 드래그하여 간격을 조정할 수 있습니다.

06 그 외 마디 툴을 선택하면 각 마디에 2개의 핸들이 보입니다. 여기서 위쪽의 핸들은 마디의 넓이는 조정하는 것이며, 아래쪽의 핸들을 선택하면 노트의 간격을 조정할 수 있는 핸들이 마디 위에 표시됩니다. 각각의 방법 중에서 편리한 것을 이용합니다.

07 마디 번호 편집하기

01 보표의 시작 위치에 표시되는 마디 번호를 사용자가 원하는 형태로 표시하는 방법들을 살펴보겠습니다. 마디 툴을 선택하면 마디 라인과 마디 번호에 핸들이 표시됩니다. 마디 번호에 표시되는 핸들을 드래그하면 사용자가 원하는 위치로 이동시킬 수 있습니다.

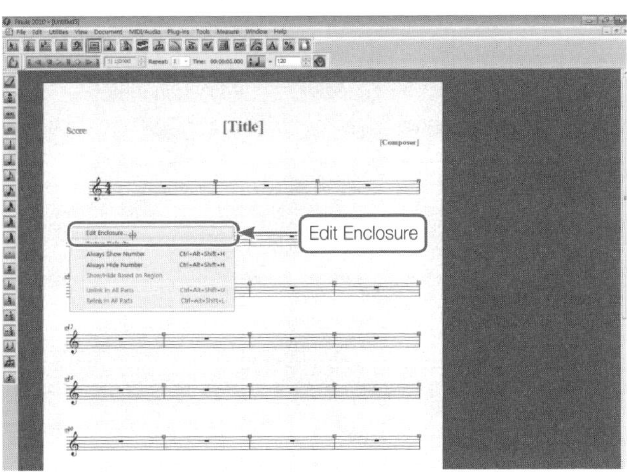

02 핸들을 드래그하여 이동시킨 마디 번호는 Backspace 키를 눌러 초기화 시킬 수 있습니다. 핸들을 마우스 오른쪽 버튼으로 클릭하여 단축 메뉴를 열고, Edit Enclosure를 선택합니다. 마디 번호의 핸들을 더블 클릭해도 됩니다.

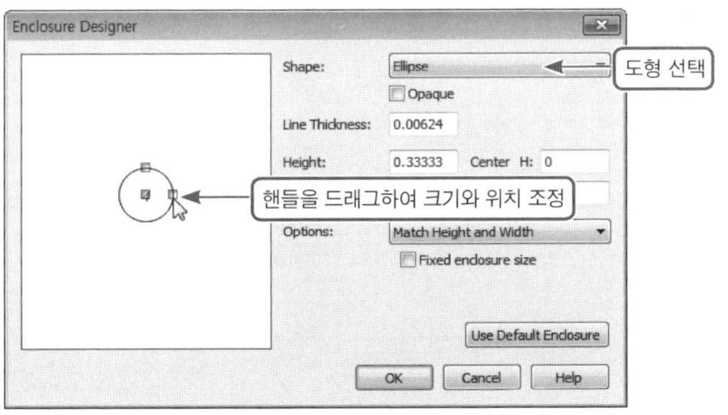

03 마디 번호에 사각형이나 원 등의 도형을 그려놓을 수 있는 Enclosure Designer 창이 열립니다 도형의 형태는 Shape에서 선택하면 굵기와 크기 등은 각각의 값들을 입력해서 설정할 수 있지만, 핸들을 드래그하여 조정하는 것이 편리할 것입니다.

04 선택한 마디의 번호는 Measure 메뉴의 Show Measure Number를 선택하여 표시하거나 Hide Measure Numbers를 선택하여 감출 수 있으며, Restore Measure Number Defaults는 초기값으로 복구합니다.

가정교사

Ctrl 키를 누른 상태로 마디를 클릭하여 번호를 표시할 수 있습니다.

Finale Tip   마디 번호 편집 창

Measure 메뉴의 Edit Measure Number Regions을 선택하면 구간별로 마디 번호를 편집할 수 있는 Measure Number 창을 열 수 있습니다. 크게 편집할 구간을 설정하는 Region 항목과 Score 탭으로 구성되어 있습니다. 파트에 적용하는 Linked Parts 탭의 옵션은 Score와 동일하며, 기본적으로 Score의 설정을 따르도록 Use Score Settings 옵션이 체크되어 있습니다.

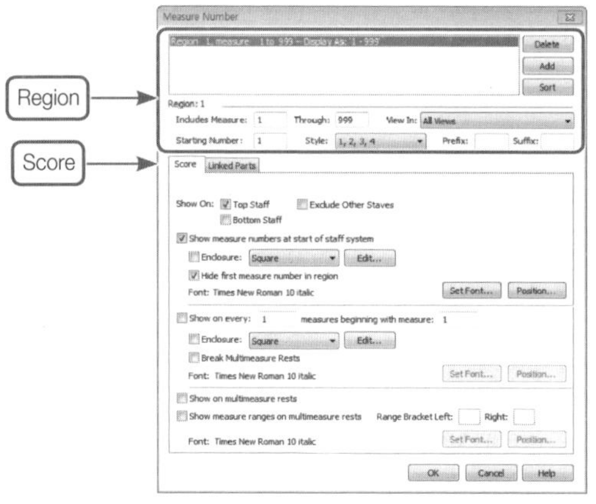

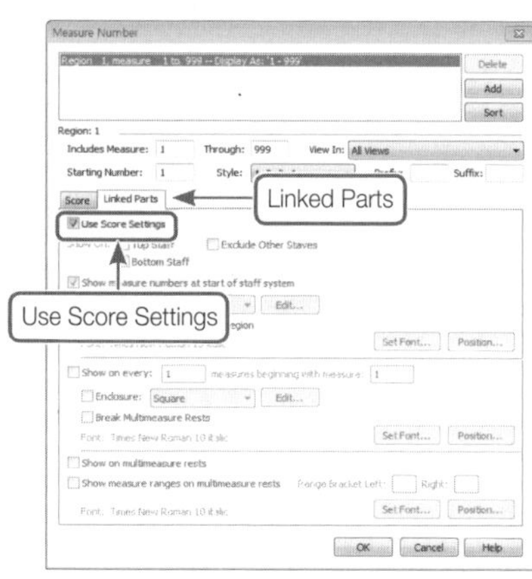

[Region]

Measure Number 옵션이 적용될 마디의 범위를 표시합니다. 기본적으로 1마디에서 999마디까지 설정되어 있는 목록이 있으며, Add 버튼을 클릭하여 추가하거나 Delete 버튼으로 삭제합니다. Sort 버튼은 여러 개의 목록을 만들었을 경우에 마디 순서대로 목록을 정렬합니다.

- Includes Measure와 Through
  목록에서 선택한 Region의 범위를 설정합니다. Includes에서 시작 마디를 입력하고, Through에서 끝 마디를 입력합니다.

- View In
  뷰 모드에 따라서 마디 번호의 표시 여부를 선택합니다. 기본적으로 모든 뷰 모드에서 마디 번호를 표시하는 All Views로 선택되어 있습니다.

- Starting Number
  마디의 시작 번호를 설정합니다. 기본적으로 1번부터 표시되지만, 필요한 겨우, 시작 번호를 바꿀 수 있는 것입니다.

- Style
  마디의 표시 형식을 선택합니다. 숫자, 알파벳 외에도 시간을 표시하는 Time과 사용자가 원하는 기호를 선택할 수 있는 Other 항목이 있습니다.

- Prefix와 Suffix
  마디 번호에 접두어(Prefix)와 접미어(Suffix)를 붙일 수 있습니다.

[Score 및 Linked Parts]

기본적으로 Linked Part는 Score에서 설정한 값을 그대로 따르겠다는 의미의 Use score Settings 옵션이 체크되어 있습니다. Score와 다른 설정을 하고 싶은 경우에는 옵션을 해제합니다.

- Show On
  번호가 표시될 위치를 선택합니다. 보표 위쪽에 표시되는 Top Staff와 아래쪽에 표시되는Bottom Staff 옵션이 있으며, Exclude Other Staves 옵션을 체크하면, 시스템의 가장 위 또는 아래쪽에만 표시됩니다.

- Show measure numbers at start of staff system
  보표의 시작 마디에 표시되는 마디 번호를 디자인합니다. Enclosure에서 사각형, 원 등의 도형을 선택할 수 있고, Set Font로 폰트를 바꾸거나 Position으로 위치를 수정할 수 있습니다. Hide first measure number in region은 첫 마디의 번호 표시 유무를 선택합니다.

- Show on every
  보표 시작 마디 이외의 마디 번호를 디자인 합니다. 기본적으로 1 measures beginning with measure 1로 설정되어 있는 옵션을 체크하면, 모든 마디에 번호를 표시할 수 있으며, 값을 수정하여 사용자가 원하는 범위에만 마디를 표시할 수 있습니다. 이때 Enclosure 옵션을 체크하여 도형을 선택한다거나 Set font(폰트)와 Position(위치)를 변경할 수 있습니다. Break Multimeasure rests 옵션은 멀티 쉼표가 있는 악보의 경우, 멀티 쉼표를 제거하고 마디 번호를 표시합니다.

- Show on multimeasure rests
  Show on every 옵션이 체크되지 않은 경우에도 멀티 쉼표가 있는 마디에 번호를 표시합니다. Show measure ranges on multimeasure rests 옵션을 체크하면, 마디 번호를 5-8과 같이 범위 형식으로 표시하며, Range Bracket에서 번호 왼쪽(Left) 또는 오른쪽(Right)에 붙일 문자를 입력할 수 있습니다.

08 파트 작업

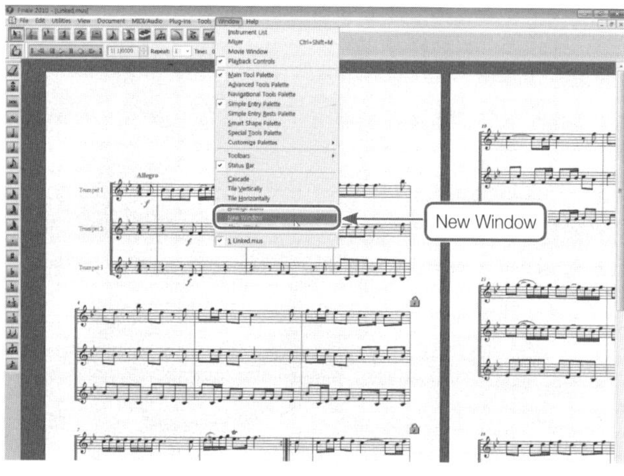

01 앞에서 언급한 Linked Parts의 의미와 역할을 살펴보겠습니다. 부록 CD의 Linked 파일을 엽니다. 3개의 파트로 구성되어 있는데, 각각의 파트를 분리해서 작업을 진행할 수 있습니다. Window 메뉴의 New Window를 선택하여 현재 열려있는 Linked 파일을 복사합니다.

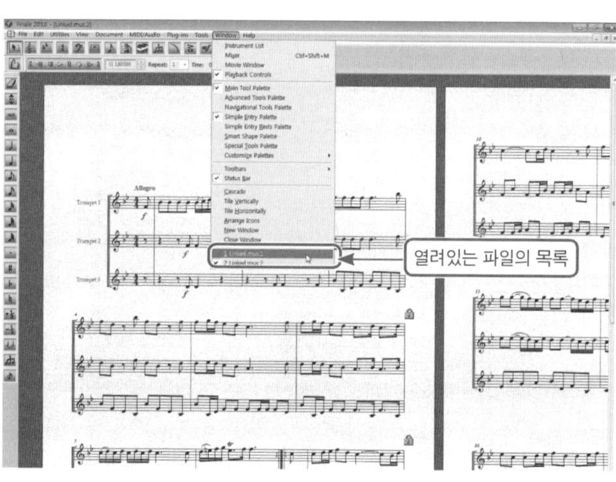

02 열려있는 파일은 Linked.mus: 1 파일이 되고, 복사된 파일은 Linked.mus: 2파일이 됩니다. 각각의 파일은 Window 메뉴 아래쪽에서 선택하여 이동합니다. 피날레는 많은 수의 파일을 열어놓고 작업을 진행할 수 있으며, 열어놓은 파일은 Window 메뉴에서 선택하는 것입니다.

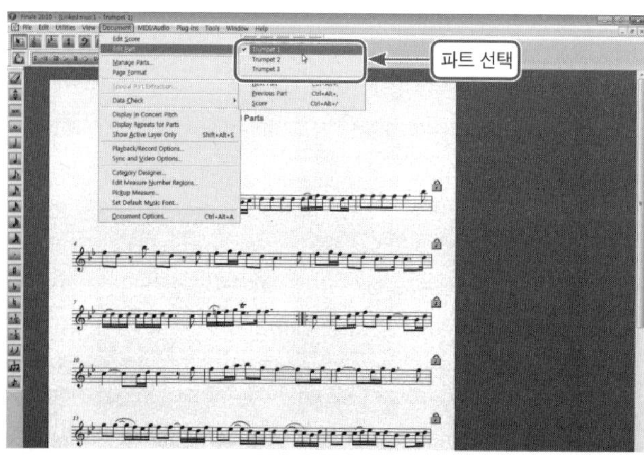

03 Document 메뉴의 Edit Part를 보면, 현재 작업 중인 파트의 목록이 보입니다. 여기서 화면에 표시할 파트를 선택하여 개별적인 편집을 할 수 있습니다. 실습에서는 Trumpet 1 파트를 선택해봅니다.

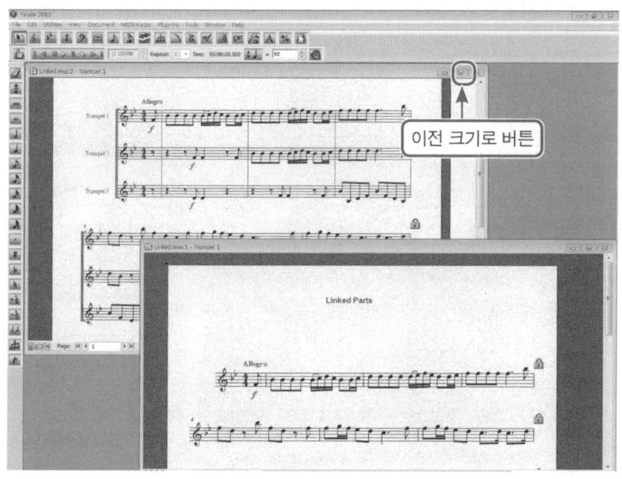

04 Linked Parts는 파트가 스코어와 연결되어 있다는 의미입니다. 이것을 확인해보기 위해 이전 크기로 버튼을 클릭하여 앞에서 복사한 파일과 함께 볼 수 있도록 합니다. 각 창의 위치는 제목 표시줄을 드래그하여 조정할 수 있고, 크기는 가장자리를 드래그하여 조정할 수 있습니다.

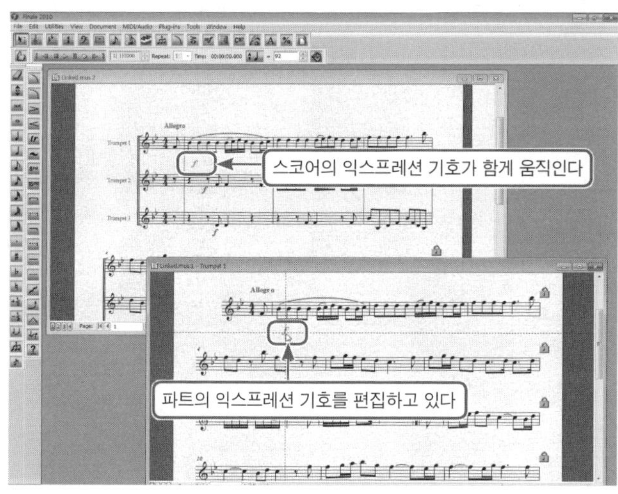

05 피날레는 기본적으로 파트와 스코어가 연결되어 있습니다. 파트에서 노트의 간격을 조정한다거나 익스프레션 및 아티큘레이션 등을 편집하면, 스코어에 그대로 적용되는 것을 확인할 수 있습니다.

06 파트를 개별적으로 편집할 필요가 있을 때는 아이템을 마우스 오른쪽 버튼으로 클릭하여 단축 메뉴를 열고, Unlink in All Parts를 선택하여 연결을 해제합니다. 연결이 해제된 아이템은 주황색으로 표시되며, 언제든 Relink in All Parts를 선택하여 다시 연결할 수 있습니다.

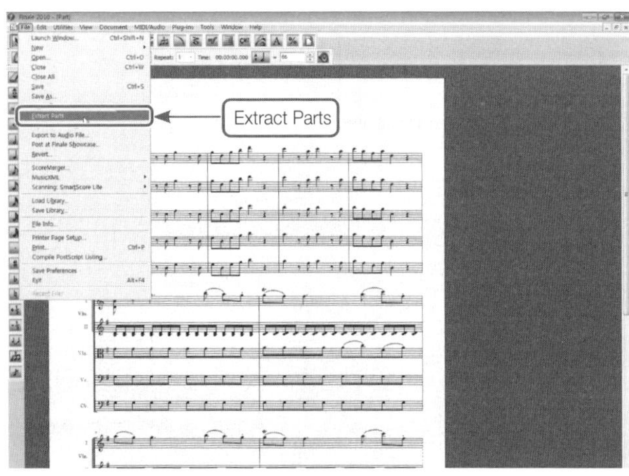

01 작업한 악보를 파트 별로 분리하여 저장하는 방법을 살펴보겠습니다. 부록 CD의 Part 파일을 불러옵니다. 그리고 File 메뉴의 Extract Parts를 선택합니다.

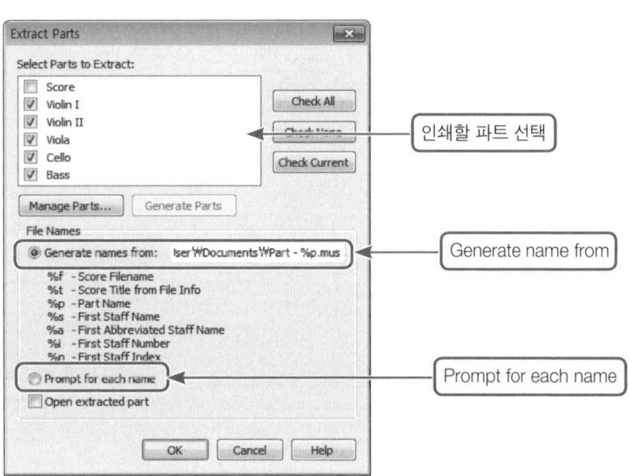

02 목록에서 저장할 파트를 체크하고, 파일 이름을 어떤 방식으로 만들지를 선택합니다. Generate names from과 Prompt for each name의 두 가지 방식이 있습니다. Open extracted part 옵션을 체크하면, 저장한 파트를 엽니다.

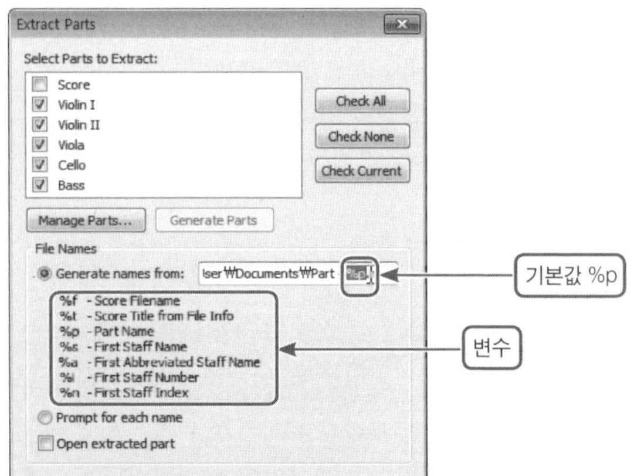

03 Generate name from은 저장 위치와 변수를 입력하여 자동으로 파일 이름이 만들어지게 하는 방식입니다. 변수에는 %f, %t 등이 있으며, 기본 값은 파트 이름으로 만들어지는 %p로 지정되어 있습니다. 변수는 기본 값 %p를 마우스 드래그로 선택하여 변경하는 것이 편리할 것입니다.

변수	설명	결과	샘플 파일의 경우
%f	Score Filename	파일 이름	Part
%t	Score Title from File Info	파일 정보의 Title	입력되어 있지 않으므로 [Title]
%p	Part Name	파트 이름	Violin I
5s	First Staff Name	첫 시스템의 보표 이름	I
%a	First Abbreviated Staff	나머지 시스템의 보표 이름	첫 번째와 동일하므로 I
%i	NameFirst Staff Number	첫 시스템의 번호	011
%n	First Staff Index	보표의 순서	001

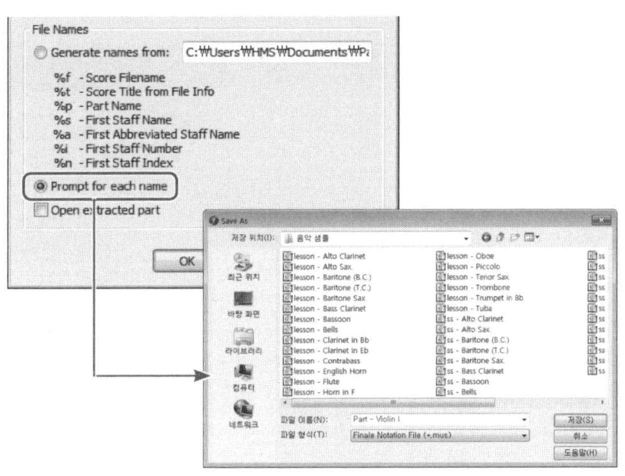

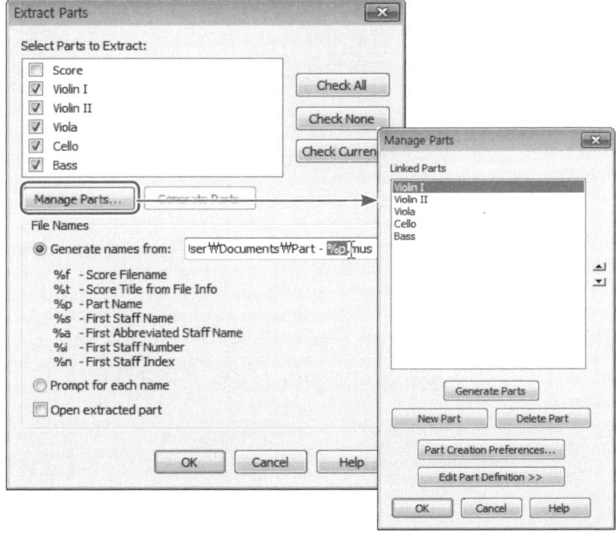

04 Prompt for each name은 각각의 파트를 저장할 때마다 사용자가 원하는 이름을 입력할 수 있게 Save As 창을 엽니다. 파트 수가 많지 않을 경우에 유리합니다.

05 파트를 저장하는 과정은 이것으로 끝입니다. Manage Part 버튼을 클릭하면 열리는 파트 관리 목적의 Manage Part 창에 관해서 살펴보겠습니다.

가정교사

파트 관리목적의 Manage Part 창은 Document 메뉴의 Manage Part를 선택하여 열 수 있습니다.

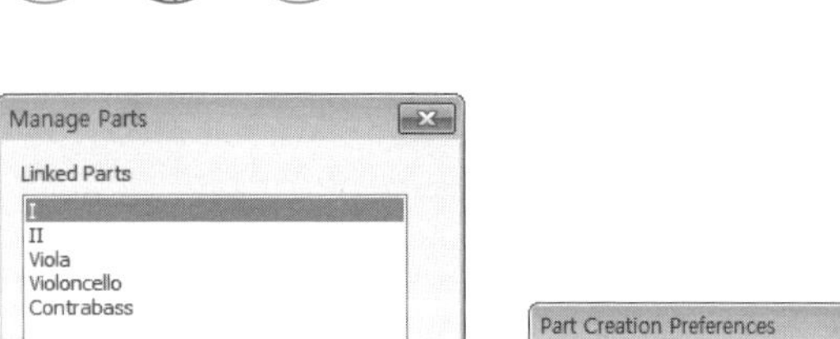

● Create multimeasure rests : 두 마디 이상의 쉼표를 멀티 쉼표로 처리합니다. Multimeasure Rests 버튼을 클릭하면 멀티 쉼표의 모양과 크기 등을 설정할 수 있는 환경 설정 창이 열립니다.

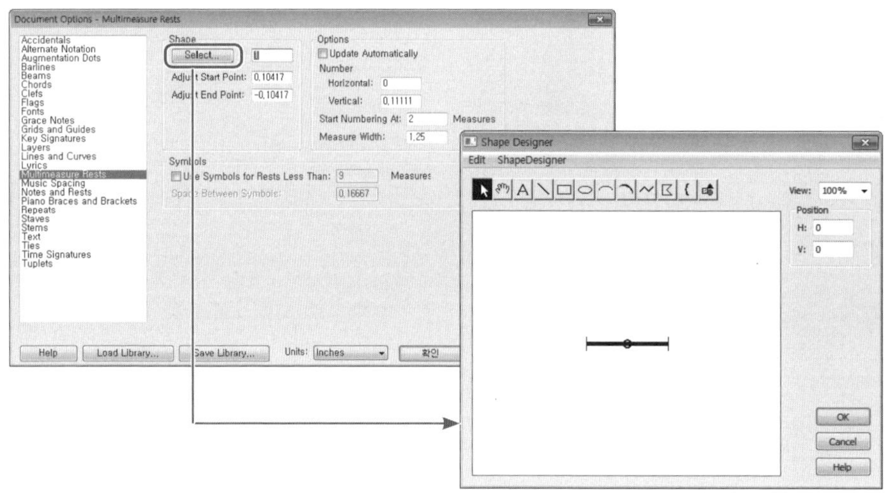

▶ Shape : 멀티 쉼표의 시작 지점(Adjust Start Point)와 끝 지점(Adjust End Point)을 설정합니다. Shape 버튼을 클릭하면 그래픽 프로그램을 다루듯 멀티 쉼표를 디자인 할 수 있습니다.

▶ Options : Update Automatically 옵션을 체크하면, 편집되는 악보의 정보가 바로 적용되며, Number에서는 멀티 쉼표의 숫자 위치를 가로(Horizontal)와 세로(Vertical)로 설정합니다. Start Numbering At은 멀티 쉼표로 제작할 마디 수를 설정하며, Measure Width에서 마디의 폭을 설정합니다.

▶ Symbols : 멀티 쉼표의 마디 수를 제한 하겠다면, Use Symbols for rests Less than 옵션을 체크하고 마디 수를 입력합니다. 이때의 간격을 Space Between symbols에서 설정합니다.

● Music Spacing Options : Apply Beat spacing, Apply Note spacing, Apply Time Signature Spacing, Copy Spacing from Score로 시스템을 정렬할 기준을 선택합니다. Music spacing Options 버튼을 클릭하면 환경을 설정할 수 있는 창이 열립니다. 이것에 관해서는 03. 라이브러리 이용하기 편(339페이지)에서 살펴보았습니다.

● Fit measures per system : 각 시스템에 할당할 마디 수를 설정할 수 있습니다. Treat multimeasure rests as one measure 옵션을 체크하면, 멀티 쉼표를 한 마디로 취급합니다.

● Space systems evenly : Page format for Parts 버튼을 클릭하면, 페이지의 크기와 시스템의 간격을 설정할 수 있는 창이 열리며, Space systems evenly 옵션을 체크하여 이를 적용합니다. 이것에 관해서는 01. 페이지 여백 조정하기 편(335페이지)에서 살펴보았습니다.

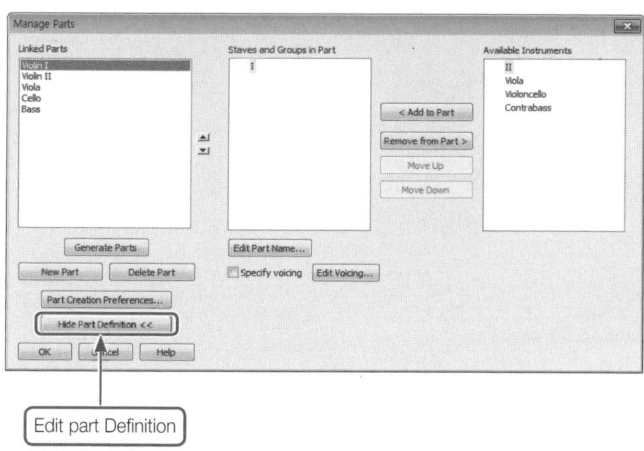

07 Manage Part 창은 파트의 레이아웃 외에도 저장할 파트를 추가하거나 삭제할 수 있습니다. Generate Pates 버튼을 클릭하여 파트 목록을 초기화시키고, Edit Part Definition 버튼을 클릭하여 창을 확대합니다.

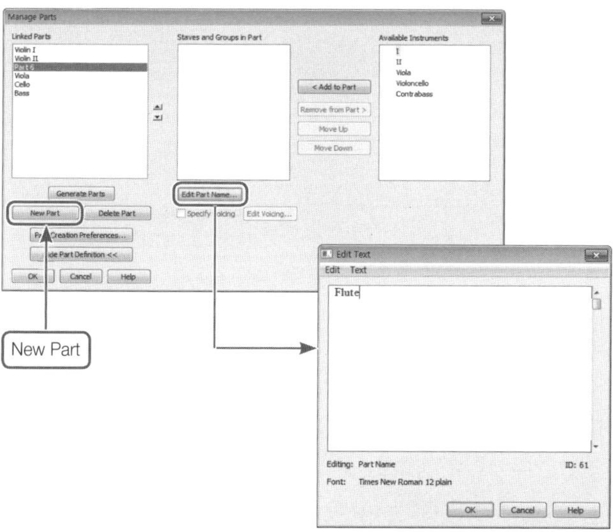

08 New Part 버튼을 클릭하여 새로운 파트를 만듭니다. 파트의 이름은 Edit Part name 버튼을 클릭하여 창을 열고, 입력합니다. 실습에서는 Flute를 입력하여 플루트 연주를 위한 파트를 만들어보고 있습니다.

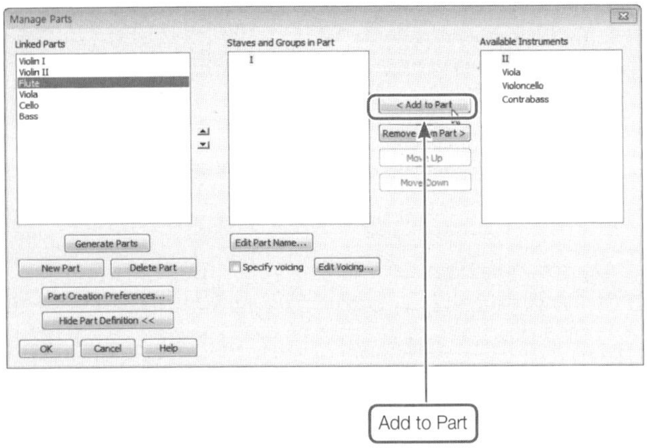

09 새로 만든 파트가 참조할 보표를 Available Instruments 항목에서 선택하고, Add to Part 버튼을 클릭합니다. 즉, Violin I 악보를 Flute 악보로 만들겠다는 의미입니다.

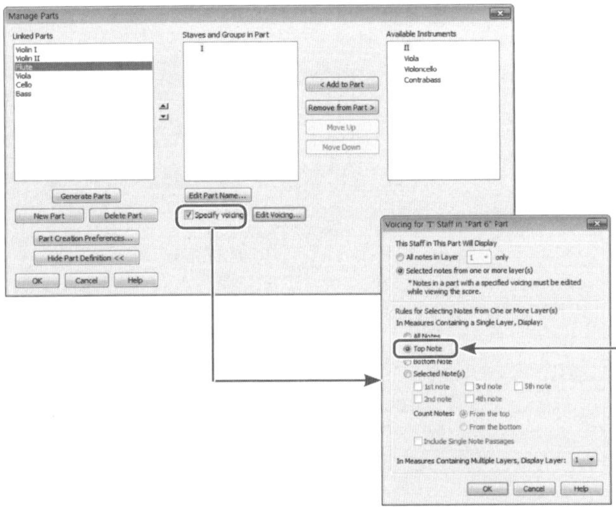

10 Specify voicing 옵션을 체크하면, Violin 1에서 가져올 레이어 및 보이싱을 선택할 수 있는 창이 열립니다. 실습에서는 Selected notes from one or more layer의 Top Note를 선택하여 가장 위에 있는 음표들만 Flute 악보로 만들겠습니다.

● All notes in Layer : 선택한 레이어를 가져와 악보를 만듭니다.

● Selected notes from one or more layer : 선택한 보이싱을 가져와 악보를 만듭니다. 모든 음표를 의미하는 All Notes, 위쪽의 음표를 의미하는 Top Note, 아래쪽의 음표를 의미하는 Bottom Note, 화음을 선택할 수 있는 Selected Note 옵션이 있습니다. 선택한 화음이 2 보이싱으로 이루어져 있을 경우에는 Sount Notes에서 위(From the top) 또는 아래(From the bottom)를 선택합니다. 이때 단선율로 이루어져 있는 음표들은 제외 되도록 Include Single Note Passages 옵션을 체크합니다. In Measures containing Multiple Layers, Display Layer는 새로 만드는 파트 악보에 표시할 레이어를 선택하는 역할입니다.

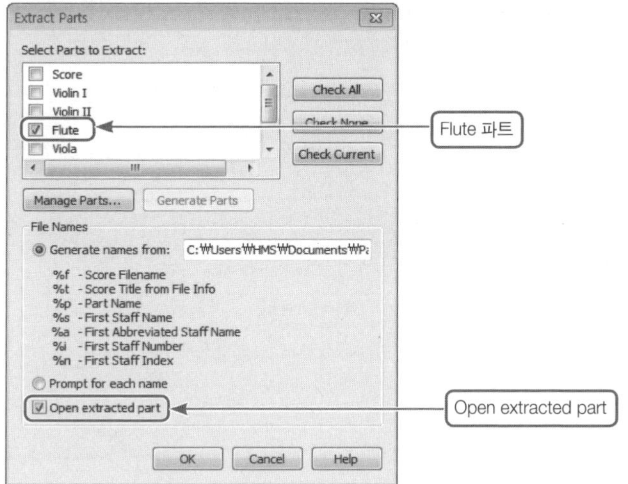

11 OK 버튼을 클릭하여 Manage Part 창을 닫으며, Flute 파트가 추가된 것을 확인할 수 있습니다. 별도로 악보를 편집하지 않고, Violin 1의 상위 보이싱을 가지고 Flute 파트를 만들어 본 것입니다.

Finale Tip   Page Layout 메뉴

지금까지 페이지 및 시스템 관리 실습에 사용되었던 Page Layout 메뉴의 역할을 정리합니다.

- Insert / Delete Blank Pages : 빈 페이지를 삽입하거나 삭제합니다.
- Insert / Delete Page Break : 선택한 시스템을 나누거나 취소합니다.
- Insert / Delete Staff Systems : 시스템을 추가하거나 삭제합니다.
- Redefine Pages : 악보를 재정렬 합니다. 선택한 페이지의 Current Page of Current Part/Score, 모든 페이지의 All Pages of Current Part/Score, 왼쪽 페이지의 Left Pages of Current Part/Score, 오른쪽 페이지의 Right Pages of Current Part/Score 그리고 사용자가 원하는 페이지를 지정할 수 있는 Selected Pages of Selected Part/Score로 구성되어 있습니다.
- Space Systems Evenly : 시스템 간격을 조정할 수 있는 창을 엽니다.
- Avoid Margin Collision : 시스템을 편집할 때 다른 페이지로 이동되지 못하게 합니다.
- Update Page Format for Score : Document 메뉴의 Page Format에서 설정한 값이 자동으로 적용되게 합니다.
- Sytem : 시스템의 여백을 편집하는 Edit Margins, 시스템의 시작 및 끝의 공간을 편집하는 System Spce Before/After Music, 편집 시스템 범위를 지정하는 Select Staff System Range로 구성되어 있습니다.
- Page Margins : 페이지 여백을 편집하는 Edit Page Margins, 여백 확보 공간을 선택한 페이지(Adjust Current Page Only), 전체 페이지(Adjust All Pages), 좌/우 페이지(Adjust Left or Right Pages), 사용자 지정 페이지(Adjust Page Reange)로 선택합니다.
- Page Size : 페이지 크기를 편집합니다.
- Resize Pages : 전체 페이지 크기를 확대/축소 합니다.
- Resize Staff Systems : 전체 시스템의 크기를 확대/축소 합니다.

10 룰러 및 가이드 라인 표시하기

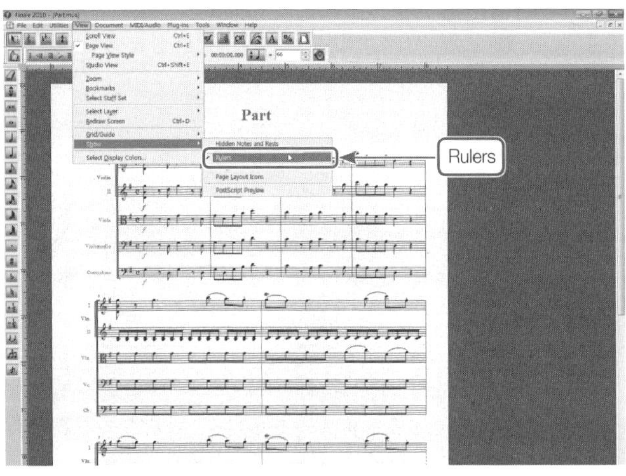

01 편집 및 웹 디자이너의 경우에는 악보의 레이아웃을 정확한 치수로 작업해야 할 경우가 많습니다. 이때 이용하는 것이 룰러 및 가이드 라인입니다. 룰러 라인은 View 메뉴의 Show에서 Rulers를 선택하여 표시합니다.

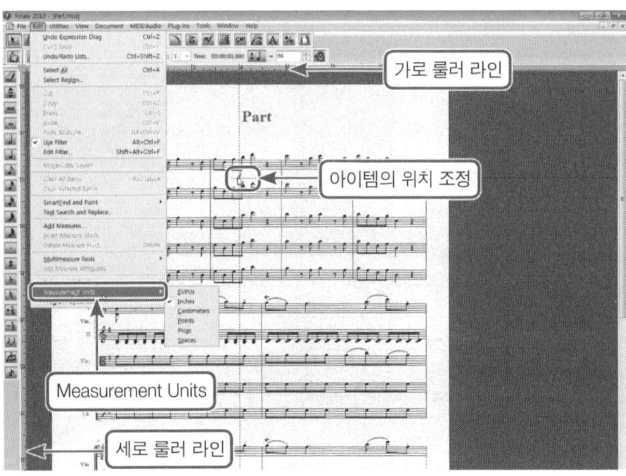

02 화면 상단과 왼쪽에 룰러 라인이 표시되며, 악보의 모든 아이템을 룰러 라인을 기준으로 조정할 수 있습니다. 룰러 라인의 단위는 Edit 메뉴의 Measurement Units에서 선택합니다.

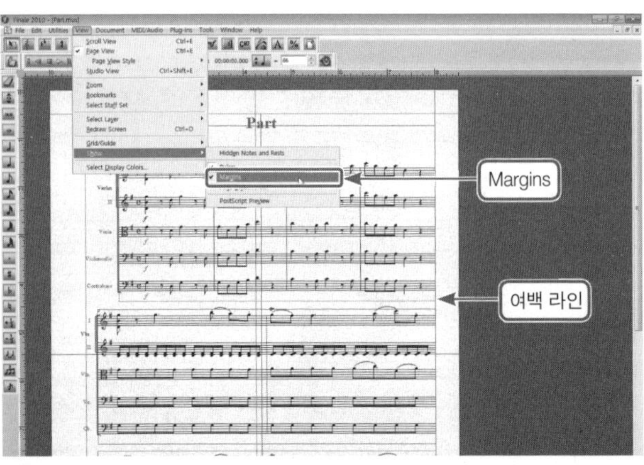

03 View 메뉴의 Show에서 Margins을 체크하면 페이지의 여백을 확인할 수 있는 라인이 표시됩니다. 악보는 여백 라인을 벗어나지 않게 작업해야 하므로, 레이아웃을 편집할 때는 표시되게 하는 것이 좋습니다.

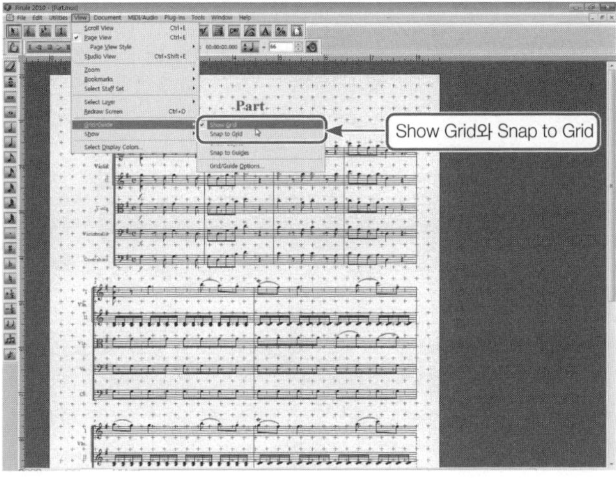

04 악보의 레이아웃을 좀 더 정확하게 편집할 필요가 있을 때는 View 메뉴의 Grid/Guide에서 Show Grid를 선택하여 그리드 라인이 표시되게 합니다. 이때 Snap to Grid 메뉴를 체크하면, 아이템이 그리드 라인에 달라붙는 스냅 기능을 적용할 수 있습니다.

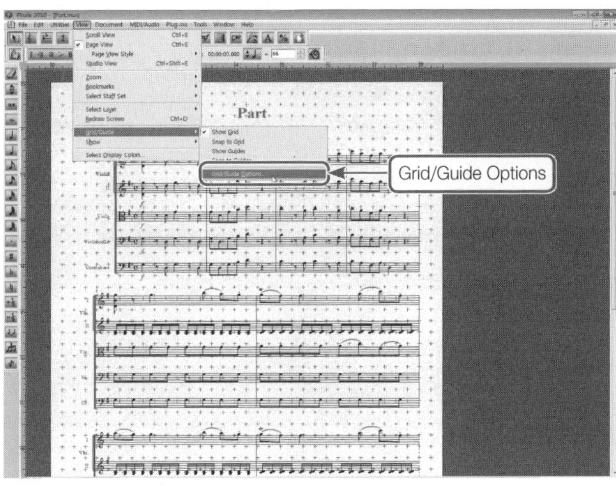

05 그리드 라인의 간격과 색상을 사용자가 원하는 스타일로 바꾸겠다면, Grid/Guide Options를 선택하여 Document Options 창을 엽니다.

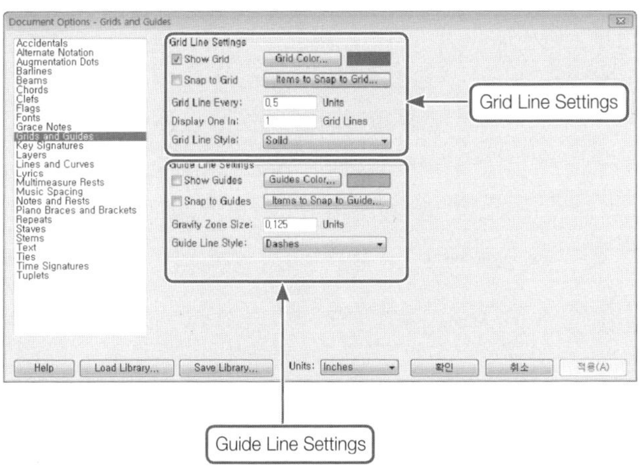

06 Grid Line Settings과 Guide Line Settings 항목으로 구성되어 있으며, 각각의 Color 버튼을 클릭하여 색상을 변경하고, Items to Snap 버튼을 클릭하여 스냅 기능에 적용할 아이템을 체크할 수 있습니다. 그리고 Units 단위로 간격을 설정하고, Line Style에서 라인의 형태를 선택합니다.

07 그림은 Grid Line Every에서 라인의 간격을 0.5로 설정하고, Grid Line Style에서 Solid를 선택하여 바둑판 모양을 표시한 경우입니다. 작업의 형태에 따라 다양한 스타일을 만들 수 있습니다.

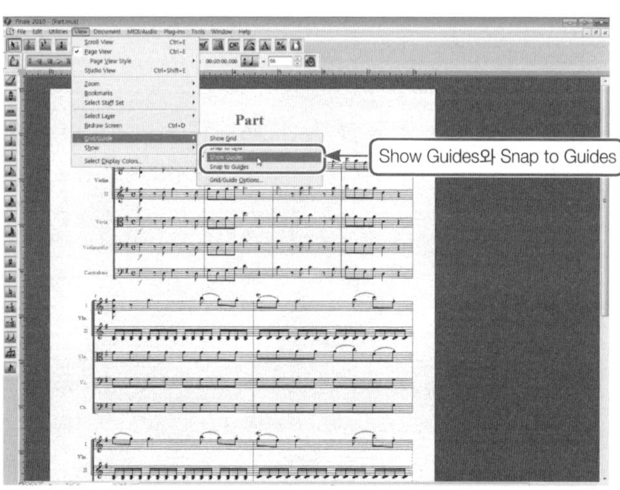

08 아이템의 위치를 일률적으로 맞출 필요가 있을 때는 가이드 라인을 표시하는 것이 좋습니다. View 메뉴의 Grid/Guide에서 Show Guides를 선택합니다. 가이드 라인에 아이템이 달라붙는 스냅 기능을 사용하고 싶을 때는 Snap to Guides 메뉴도 체크합니다.

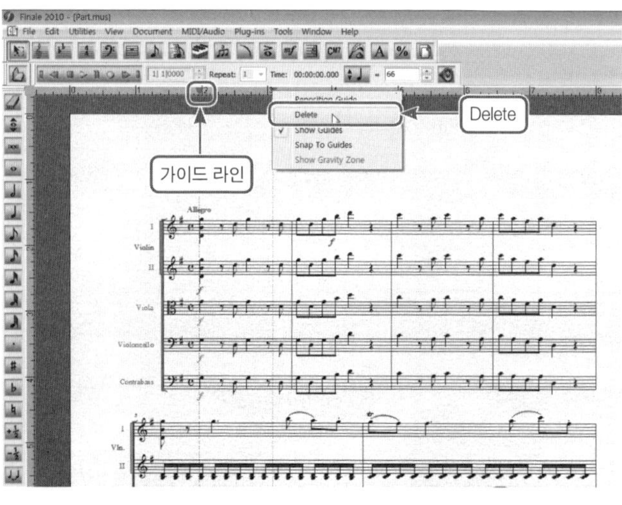

09 룰러 라인을 더블 클릭하면 삼각형 모양의 가이드 라인이 표시됩니다. 가이드 라인을 드래그하여 위치를 설정하고, 아이템을 가이드 라인에 맞추는 것입니다. 가이드 라인은 필요한 만큼 추가할 수 있으며, 단축 메뉴의 Delete를 선택하여 삭제할 수 있습니다.

11 악보의 크기 조정하기

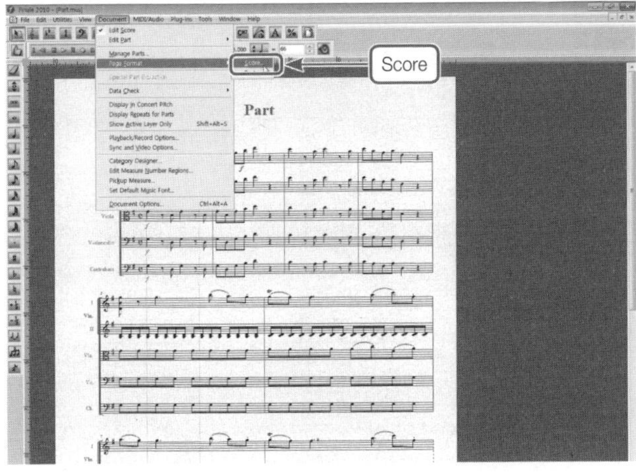

01 많은 파트를 사용하는 경우에는 모든 파트를 한 페이지에 표시하기 위해서 악보의 크기를 작게 수정할 필요가 있습니다. Document 메뉴의 Page Format에서 Score를 선택합니다.

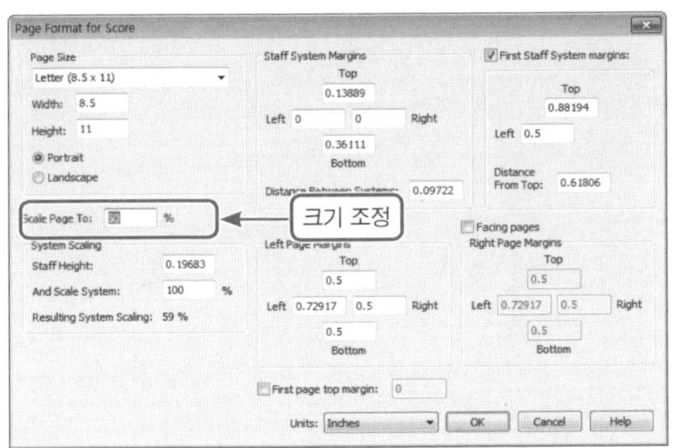

02 종이의 크기와 여백 등을 설정할 수 있는 창이 열립니다. 여기서 Scale Page to 항목에 악보의 크기를 퍼센트 단위로 조정하는 항목입니다. 값을 50%로 줄여봅니다.

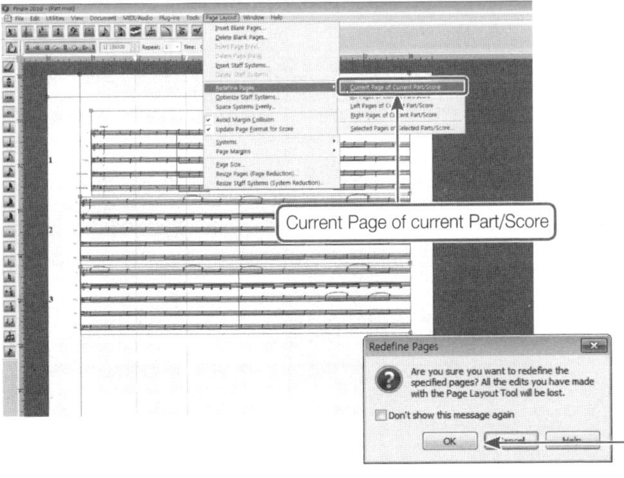

03 페이지 버튼을 선택하고, Page Layout 메뉴의 Redefine Pages에서 Current Page of current Part/Score를 선택하고 OK 버튼을 클릭하여 창을 닫습니다. Page Format에서 설정한 50%로 축소되는 것을 확인할 수 있습니다.

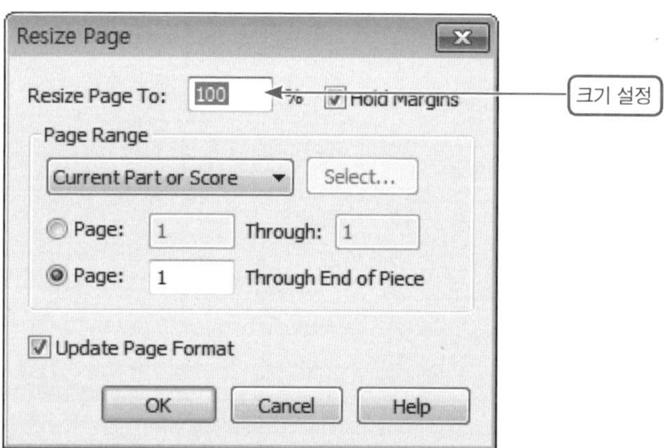

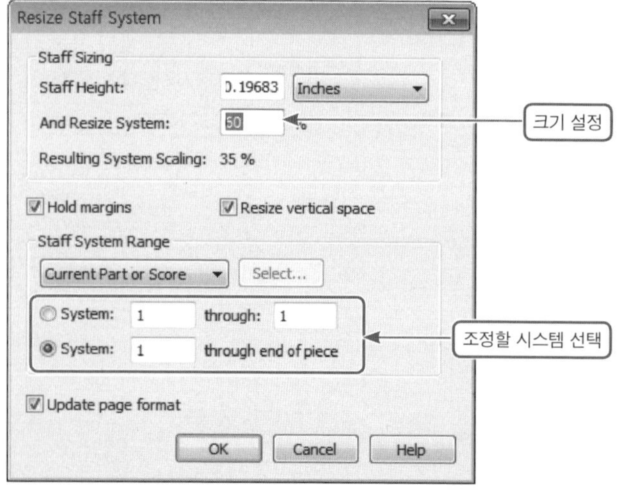

04 Page Format을 기준으로 악보의 크기를 바로 조정할 수 있습니다. Page Layout 메뉴의 Resize Pages(Page Reduction)을 선택합니다. 시스템의 크기를 조정하겠다면 Resize Staff Systems (System Reduction)을 선택합니다.

05 악보의 크기를 설정할 수 있는 창이 열립니다. 이때의 기준은 Page Format에서 설정한 값이므로, Resize Page to 값을 50%로 축소하면, 앞에서 Page Format을 50%로 설정했으므로, 최종 크기는 25%가 되는 것입니다.

06 Page Layout에서 Resize Staff Systems (System Reduction)을 선택한 경우에는 And resize System 항목에서 시스템의 크기를 조정할 수 있습니다. 시스템마다 크기가 다른 악보를 만들 때, 유용하며, Staff system range에서 크기를 조정할 시스템을 선택합니다.

12 악보 인쇄 및 PDF 파일 만들기

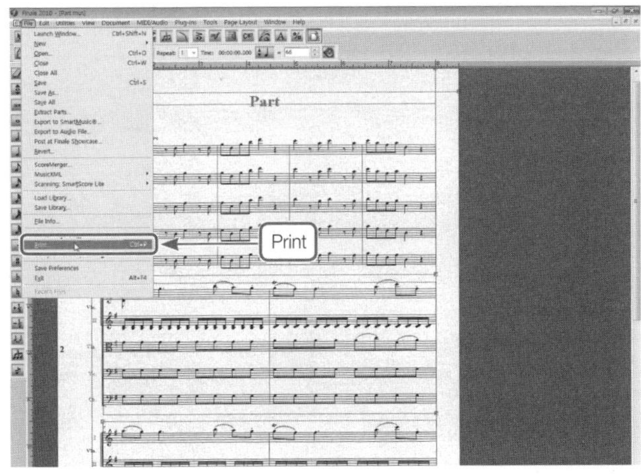

01 피날레를 이용한 악보 작업의 최종 목적은 종이 인쇄 및 파일 제작입니다. File 메뉴의 Print를 선택합니다.

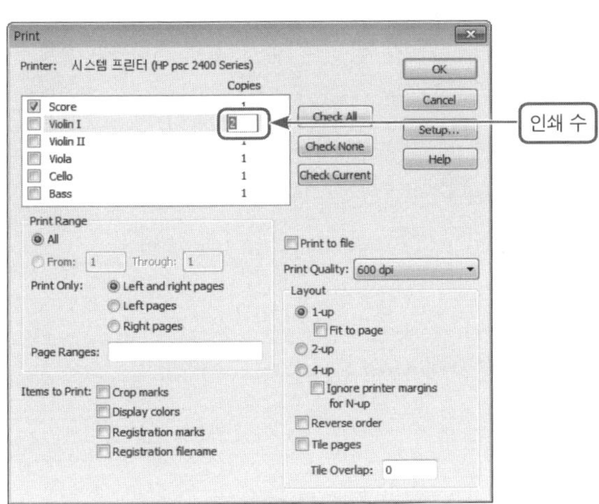

02 목록에서 인쇄할 악보 및 파트를 선택합니다. 풀 스코어 악보를 인쇄하겠다면, Score 옵션만 체크하면 되고, 각각의 파트 인쇄가 필요하다면, 보표 이름을 체크합니다. 두 장 이상의 인쇄가 필요한 파트는 Copies 항목의 숫자를 변경합니다.

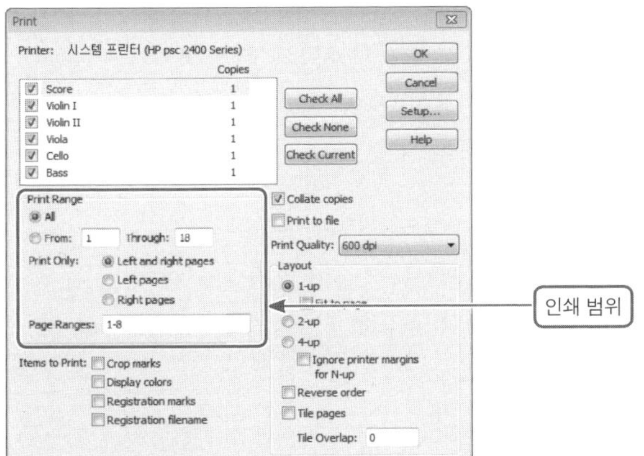

03 Print Range에서는 인쇄할 페이지를 설정합니다. All은 전체 범위를 인쇄하며, from을 선택하여 페이지 범위를 설정할 수 있습니다. 이때 left 또는 Right pages 옵션을 왼쪽 또는 오른쪽 페이지만 인쇄하는 것도 가능합니다. Page Ranges에서 범위를 설정할 때는 - 기호를 이용하며, 일부 페이지만 인쇄할 때는 3, 6, 7 형식으로 입력합니다.

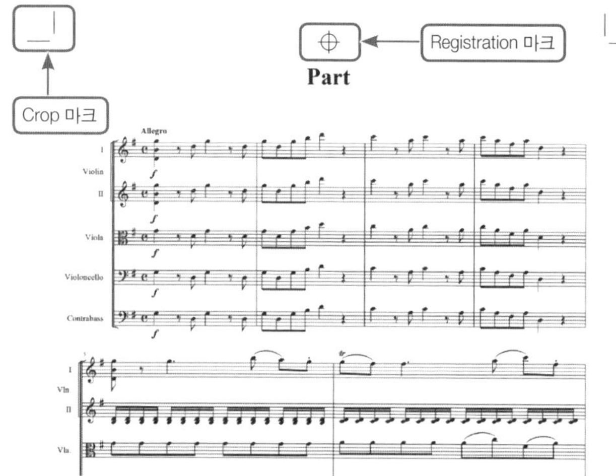

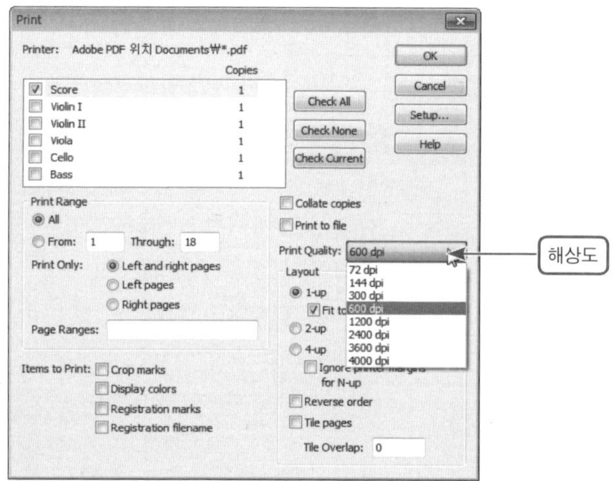

04 Items to Print의 Crop과 Registration 마크는 재단선의 표시 유무를 선택하는 것이며, Display colors 옵션을 체크하면 컬러로 인쇄가 됩니다. Registration filename은 Registration 마크에 파일 이름을 표시합니다.

책을 만들 때는 인쇄를 하고 종이를 재단하게되는데, 이때 crop과 registration 마크를 기준으로 자르는 것입니다.

05 페이지를 여러 장 인쇄할 때는 묶음 단위로 인쇄될 수 있게 Collate copies 옵션을 체크하고, 프린터 파일을 만들겠다면 Print to file을 체크합니다. 그리고 Print Quality 에서 해상도를 선택합니다. 인쇄를 목적으로 한다면 300dpi 이상을 선택하고, 웹 출력용이라면 72dpi로 충분합니다.

06 Layout 옵션은 종이 한 장에 두 페이지 이상을 인쇄할 때 선택합니다. 1-up, 2-up, 4-up 선택이 가능하며, 반대로 Tile pages 옵션을 체크하면, 한 페이지의 악보를 두 장 이상의 종이로 나누어 인쇄할 수 있습니다.

2-up을 선택하여 한 장에 두 페이지 인쇄

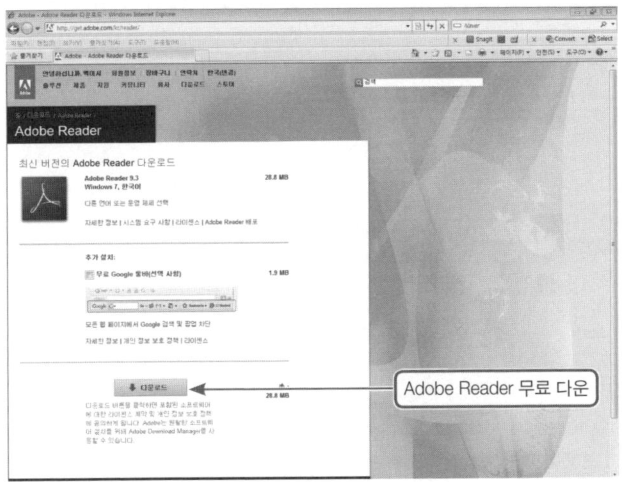

07 피날레는 디지털 문서의 표준으로 사용되고 있는 PDF 파일 제작이 가능합니다. 단, 사용자 컴퓨터에 Adobe Reader가 설치되어 있어야 하며, 이것은 adobe.co.kr에서 무료로 다운받아 설치할 수 있습니다.

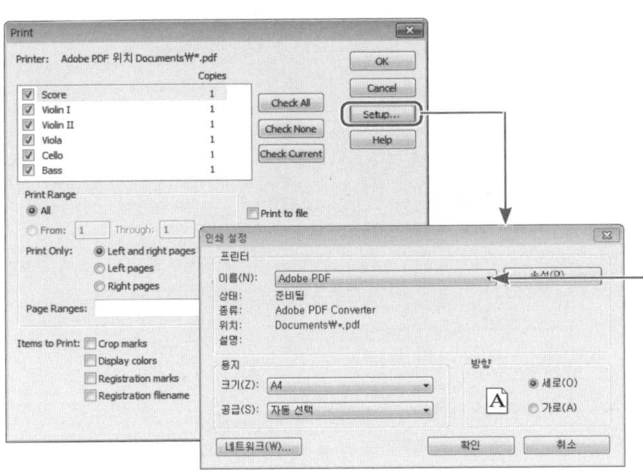

08 Setup 버튼을 클릭하여 창을 열고, 이름 항목에서 Adobe PDF를 선택합니다. 즉, 사용자 컴퓨터에 연결되어 있는 프린터로 인쇄하는 것이 아니라 PDF 문서로 출력하겠다는 의미입니다.

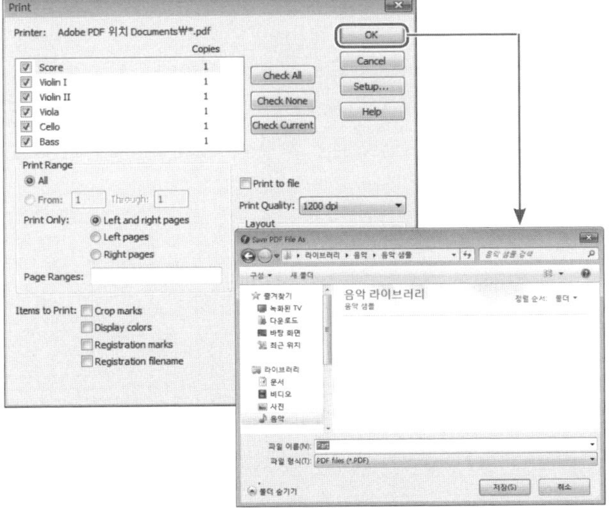

09 OK 버튼을 클릭하면 PDF 파일 이름을 입력할 수 있는 창이 열리며, 이름을 입력하고 저장 버튼을 클릭하면, 인쇄뿐만 아니라 웹에서도 자유롭게 사용할 수 있는 PDF 파일을 만들 수 있습니다.

가 정 교 사

PDF 문서는 File 메뉴의 Save as PDF를 선택하여 만들어도 좋습니다.

17

그 밖의 기능

피날레를 이용해서 악보를 만들고, 레이아웃을 디자인 한 다음에 프린트 또는 PDF 파일로 출력하는 전 과정을 학습하면서 피날레의 모든 기능을 살펴보았습니다. 끝으로 자주 사용하지는 않지만, 알아두면 유용한 기능들을 정리하겠습니다. 지금까지의 학습에서 이해되지 않는 부분을 복습하고, 여유가 있을 때, 천천히 읽어보아도 좋습니다.

01 북 마크 만들기

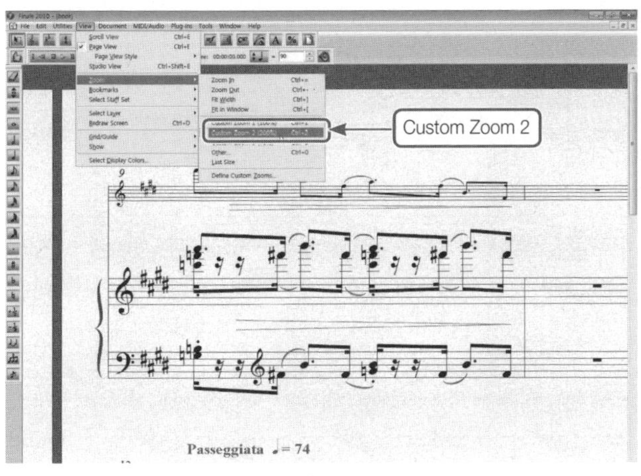

01 책 갈피와 같은 개념의 북 마크를 이용할 수 있습니다. 부록 CD의 book 파일을 불러옵니다. 그리고 View 메뉴의 Zoom에서 Custom Zoom 2(200%)를 선택하여 화면을 두 배로 확대합니다.

02 Ctrl + Page Down 키를 누르거나 다음 페이지 버튼을 클릭하여 2 페이지로 이동하고, 오른쪽의 스크롤 바를 아래쪽으로 내려서 12마디가 화면에 보이게 합니다.

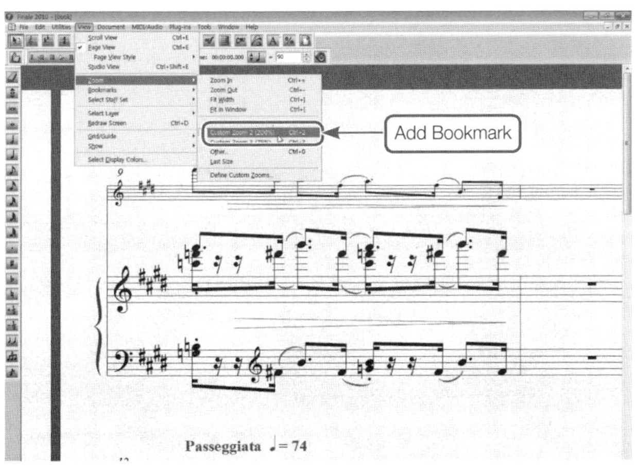

03 지금 보고 있는 화면에 북 마크를 추가하겠습니다. View 메뉴의 Bookmarks에서 Add Bookmark를 선택하거나 Ctrl + B 키를 누릅니다.

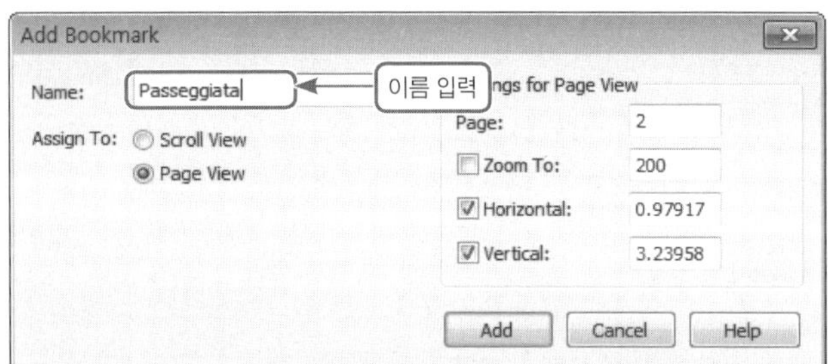

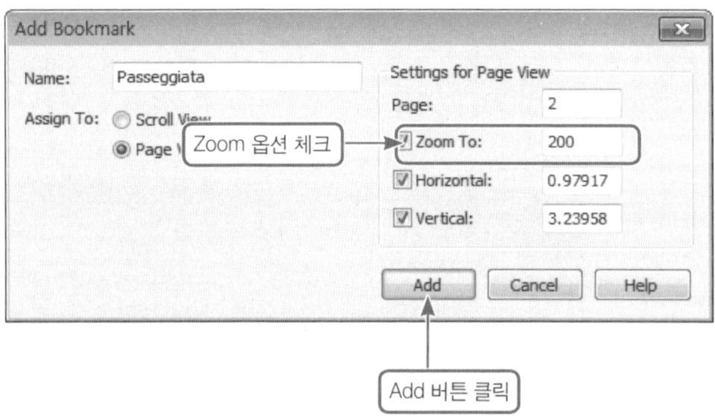

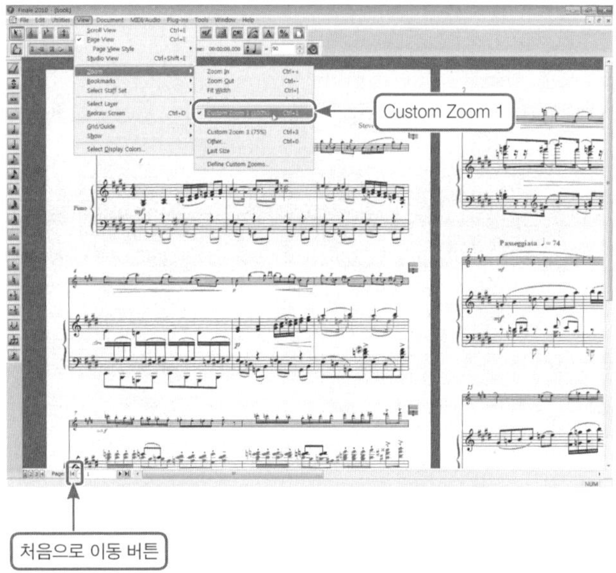

04 화면 모드(Assign to), 페이지(Page), 크기(Zoom to), 가로 위치(Horizontal), 세로 위치(Vertical)의 정보가 기록된 Add Bookmark 창이 열립니다. Name 항목의 이름을 Passeggiata로 수정합니다.

05 각각의 옵션은 사용자가 원하는 값으로 수정할 수 있지만, 미리 원하는 위치와 크기를 설정했으므로, 변경할 이유는 없습니다. 다만, 크기 정보가 기억될 수 있게 Zoom to 옵션을 체크하고, Add 버튼을 클릭합니다.

06 하나만 더 만들어 보겠습니다. View 메뉴의 Zoom에서 Custom Zoom1(100%)를 선택하여 초기 화면 크기로 바꾸고, 처음으로 버튼을 클릭하여 첫 페이지가 화면에 보이게 합니다.

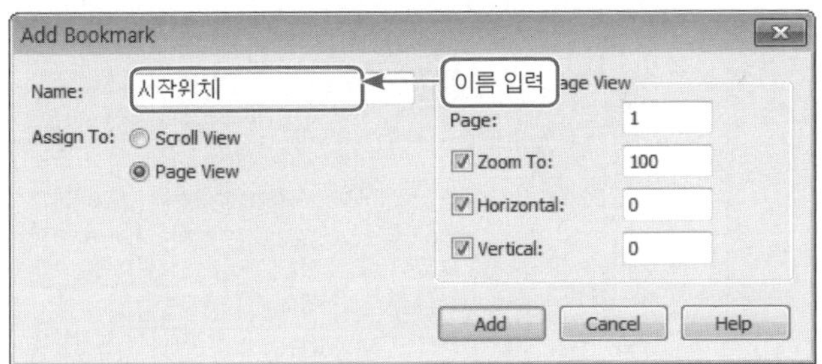

07 View 메뉴의 Bookmarks에서 Add Bookmark를 선택하여 창을 엽니다. Name을 시작 위치로 입력하고, Add 버튼을 클릭합니다. Name은 한글과 영어로 자유롭게 입력할 수 있습니다.

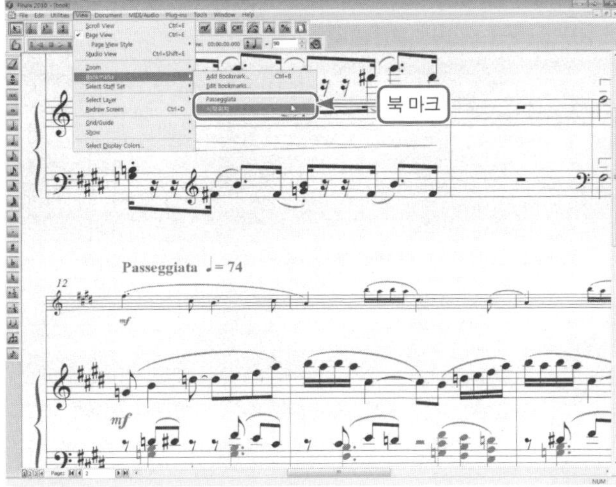

08 View 메뉴의 Bookmarks를 보면, 앞에서 만든 Passeggiata와 시작 위치라는 이름의 메뉴가 추가된 것을 확인할 수 있습니다. 각각의 메뉴를 선택하여 화면의 이동을 확인해봅니다.

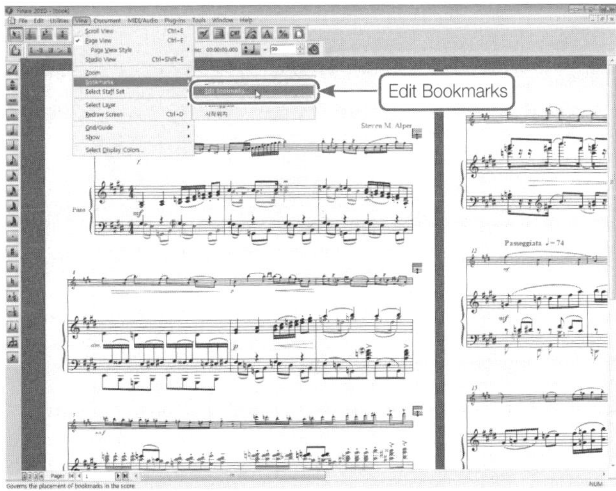

09 많은 페이지의 악보를 만들 때 매우 유용한 기능이라는 것을 알 수 있습니다. 북 마크 편집을 위한 창을 열겠습니다. View 메뉴의 Bookmarks에서 Edit Bookmarks를 선택합니다.

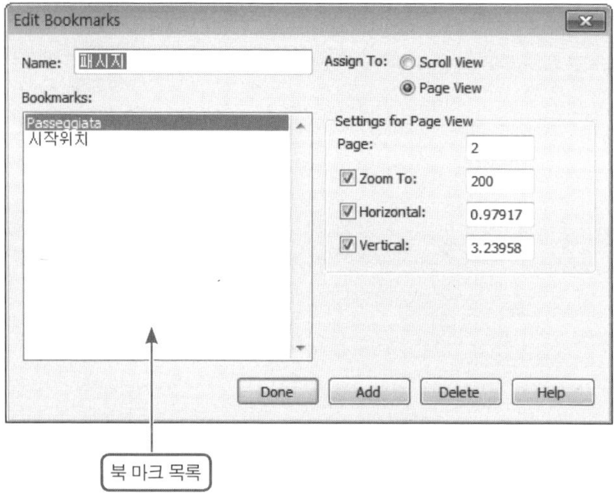

10 사용자가 만든 북 마크의 이름이 보이며, 이름을 비롯한 각각의 정보를 수정할 수 있습니다. Add 버튼은 현재의 화면을 북 마크로 추가하는 것이며, Delete 버튼은 목록에서 선택한 북 마크를 삭제합니다.

02 변 박자 만들기

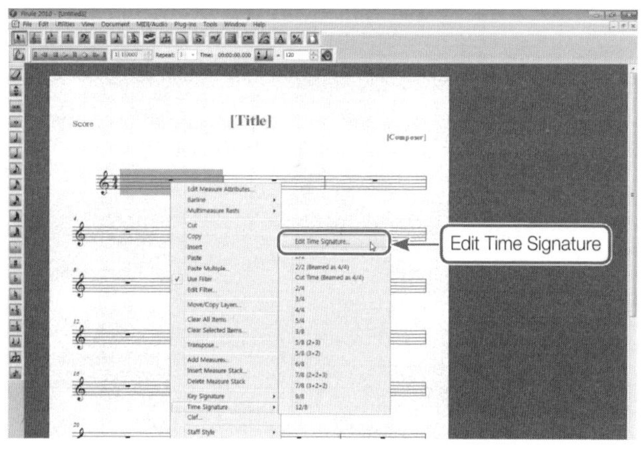

01 가요에서는 거의 사용하지 않지만, 클래식에서 흔하게 볼 수 있는 변 박자를 만들어보겠습니다. 새로운 보표를 만들고, 실렉션 툴을 선택합니다. 그리고 마우스 오른쪽 버튼을 클릭하여 단축 메뉴를 열고, Time Signature의 Edit Time Signature를 선택합니다.

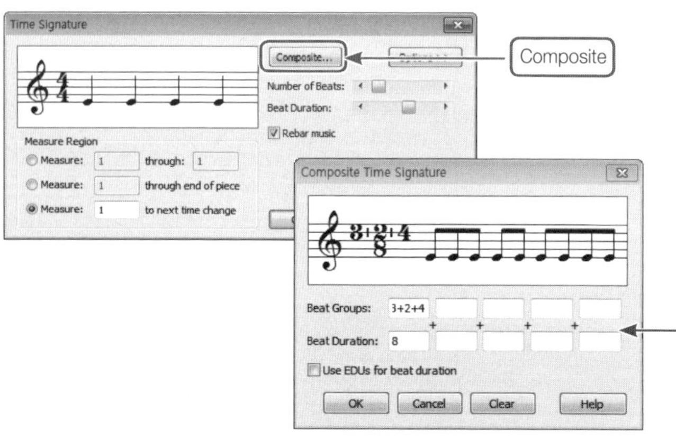

02 박자를 편집할 수 있는 Time Signature 창이 열립니다. 기본적으로는 변 박자를 만들 수 없으므로, Composite 버튼을 클릭하여 창을 열고, 필요한 박자를 입력합니다.

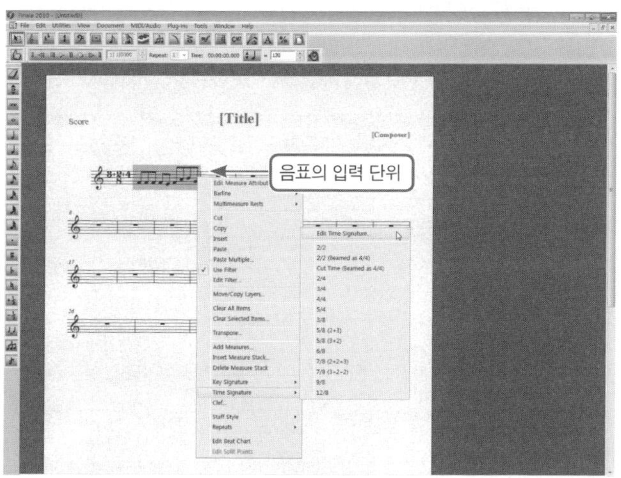

03 간단하게 복합 박자를 만들어보았습니다. 음표를 입력하게 되면, 사용자가 만든 박자를 기준으로 빔이 만들어집니다. 빔이 만들어지는 것은 그대로 두고, 박자를 변 박자로 수정하겠습니다. 단축 메뉴를 열고, Time signature의 Edit time Signature를 선택합니다.

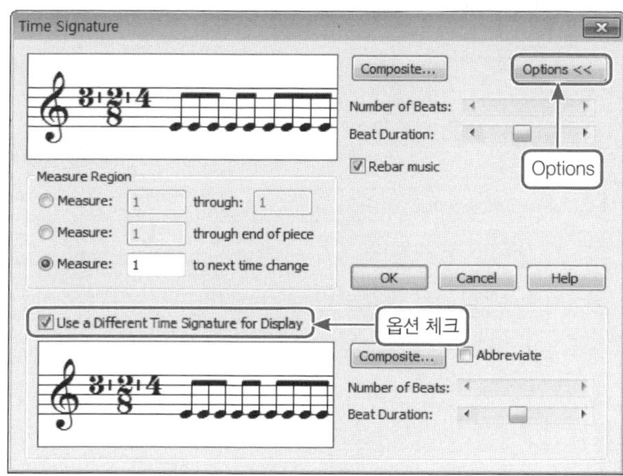

04 화면에 표시되는 것과 실제 입력되는 박자를 다르게 하기 위해서는 Options 버튼을 클릭하여 Time Signature 창을 확대하고, Use a different Time Signature for Display 옵션을 체크합니다.

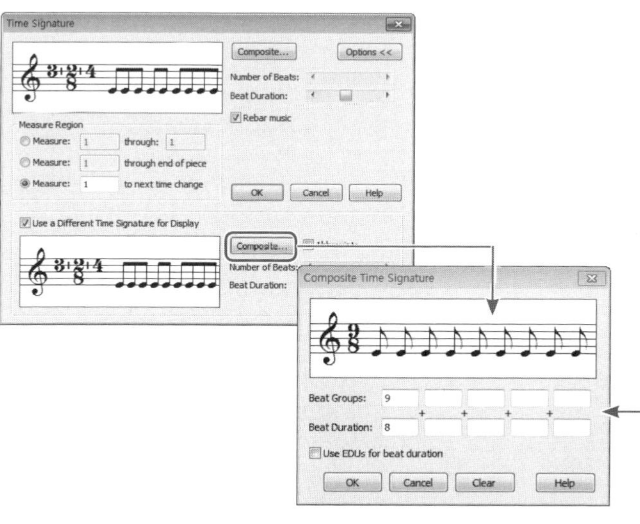

05 앞에서와 동일한 방법으로 Composite 버튼을 클릭하여 창을 열고, 실제로 표시될 박자로 변경합니다. OK 버튼을 클릭하여 창을 닫고, 음표를 입력해보면, 빔이 만들어지는 단위는 유지가 되고, 사용자가 원하는 스타일의 변 박자가 완성됩니다.

03 마디를 넘는 빔 만들기

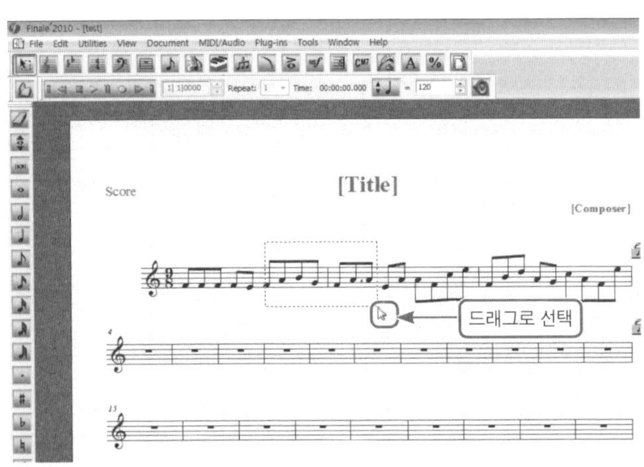

01 마디를 넘어 빔이 연결되는 음표를 만들어 보겠습니다. 실렉션 툴을 이용하여 빔을 연결할 음표를 마우스 드래그로 선택합니다.

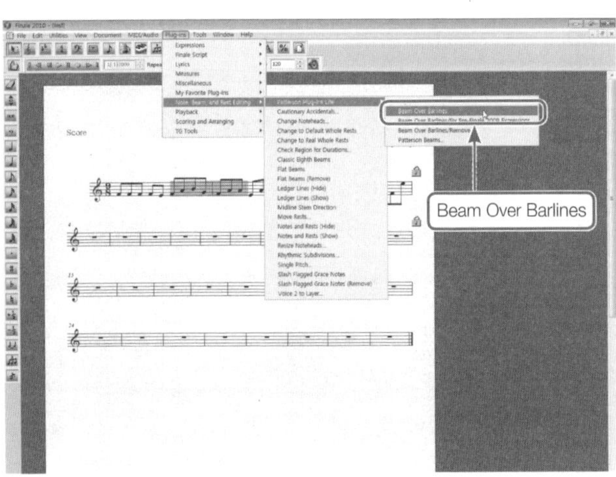

02 Plug-ins 메뉴의 Note, Beam and Rest Editing에서 Paterson Plug-ins Lite ▶ Beam Over Barlines를 선택합니다. 마디를 넘는 빔이 완성되었습니다. 회색으로 표시되는 음표는 Beam Over Barlines가 적용되었음을 표시하는 것이며, 실제로 인쇄되지는 않습니다.

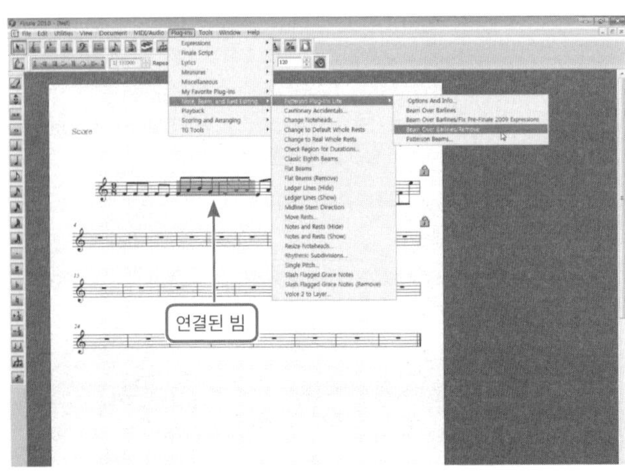

03 연결을 해제할 때는 앞에서와 동일하게 선택을 하고, Plug-ins 메뉴의 Note, Beam and Rest Editing에서 Paterson Plug-ins Lite ▶ Beam Over Barlines/Remove를 선택합니다.

04 그래픽 다루기

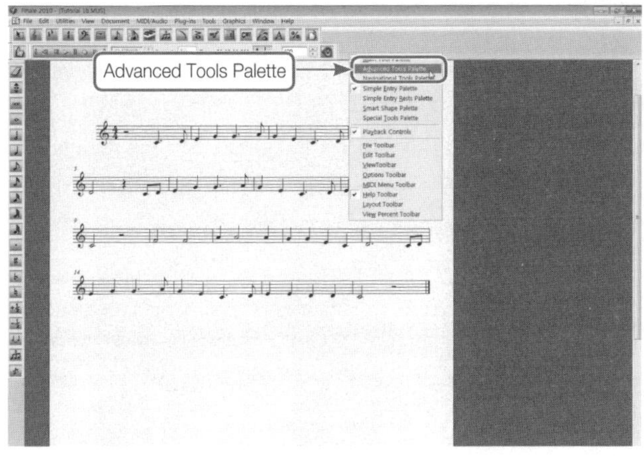

01 작업 중인 악보에 그림을 삽입한다거나 악보를 그림 파일로 저장하는 과정을 살펴보겠습니다. 도구 모음 줄의 빈 공간에서 마우스 오른쪽 버튼을 클릭하여 단축 메뉴를 열고, Advanced Tools Palette를 선택합니다.

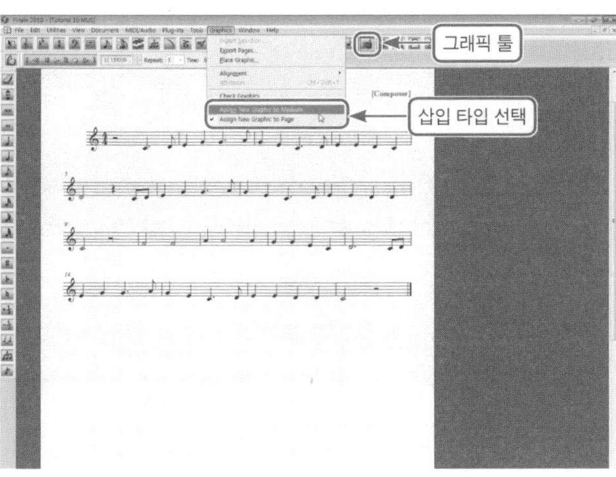

02 그림은 문자와 동일하게 페이지와 마디 연결의 두 가지 방식을 지원합니다. 그래픽 툴(Graphics Tool)을 선택하고, Graphics 메뉴의 Assign New Graphic to Measure를 선택하면, 마디로 연결되고, Assign New Graphic to Page를 선택하면 페이지로 연결됩니다.

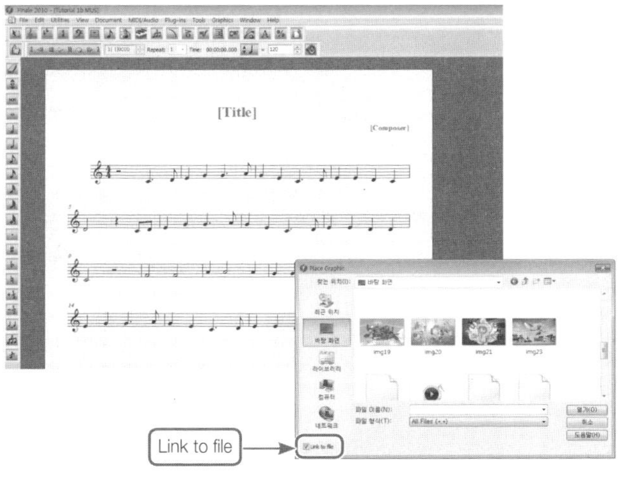

03 악보를 더블 클릭하여 Place Graphic 창을 열고 삽입할 그림을 더블 클릭합니다. 이때 Link to file 옵션을 체크하여 그림의 경로만 첨부할 수 있습니다. 경로만 첨부하면 그림을 변경하기 쉽고, 용량이 작아진다는 장점이 있지만, 그림 파일까지 관리를 해야 한다는 단점이 있습니다.

04 삽입한 그림의 위치는 마우스 드래그로 조정하며, 크기는 가장 자리의 포인트를 드래그하여 조정합니다. 이때 Shift 키를 누른 상태로 조정하면 가로와 세로의 비율을 유지한 상태로 크기를 조정할 수 있습니다.

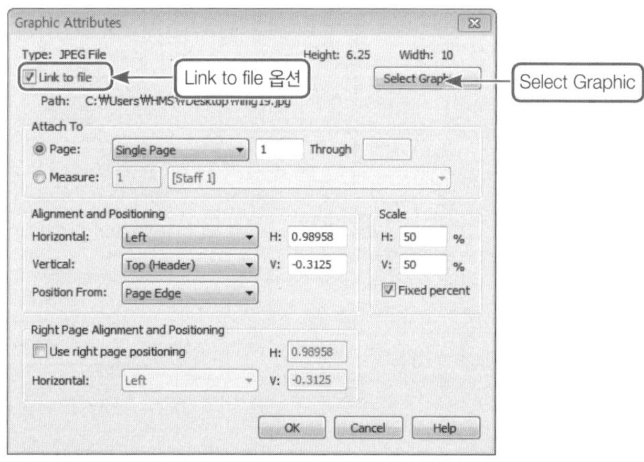

05 삽입한 그림을 더블 클릭하면 크기와 위치 등의 세부적인 정보를 편집할 수 있는 Graphic Attributes 창이 열립니다. 그림을 삽입할 때, Link to file 옵션을 선택한 경우에는 그림의 위치를 나타내는 Path가 보이며, Select graphic 버튼을 클릭하여 그림을 변경할 수 있습니다. 체크 옵션을 해제하면 그림이 악보에 포함됩니다.

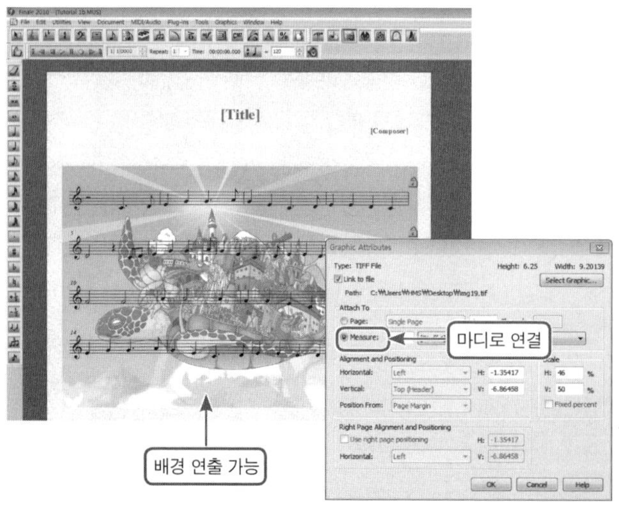

06 Attach To는 그림을 페이지에 연결할 것인지, 마디에 연결할 것인지를 선택합니다. 즉, Graphics 메뉴에서 페이지 및 마디를 선택하여 삽입한 경우에도 속성을 바꿀 수 있다는 의미입니다. 대부분 회사 로고 정도의 그림을 삽입하기 때문에 페이지 연결을 이용하지만, 아동 교재를 제작하는 선생님이라면 마디로 연결하여 악보의 배경 그림을 연출하는데 응용 할 수 있습니다.

07 Alignment and Positioning은 그림의 위치를 조정하며, Scale은 크기를 조정합니다. 그리고 Right Page Alignment and Positioning의 Use right page positioning 옵션을 체크하면 오른쪽 페이지의 위치를 별도로 지정할 수 있습니다. 이때 왼쪽 페이지의 위치는 Alignment and Positioning 입니다.

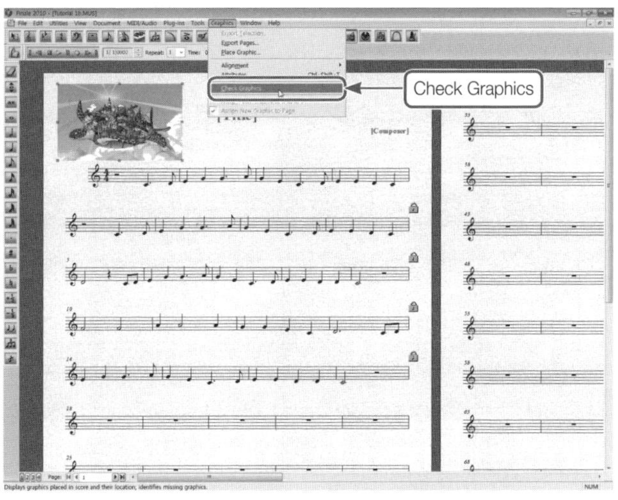

08 악보에 그림을 삽입할 때는 Link to file 옵션을 체크하여 용량이 커지지 않게 하는 것이 좋지만, 작업이 끝난 후에는 악보에 포함시키는 것이 편리합니다. Graphics 메뉴의 Check Graphics을 선택합니다.

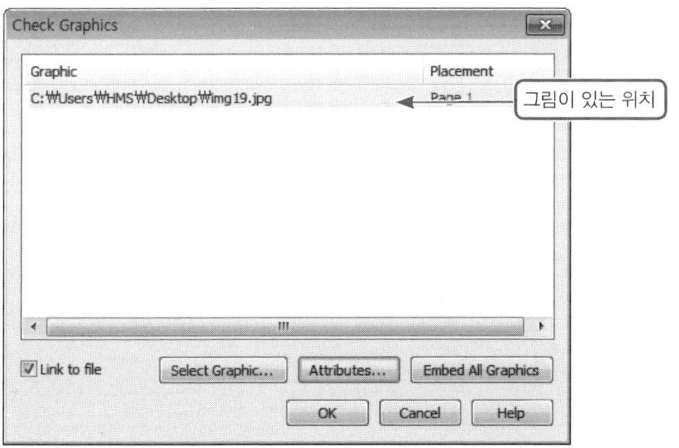

09 악보에 사용된 그림의 위치와 상태를 체크할 수 있는 창이 열립니다. 여기서 Embed All graphics 버튼을 클릭하면 Link to file로 삽입한 그림을 피날레에 포함시킵니다. Select Graphic 버튼은 선택한 그림을 바꿀 수 있는 열기 창을 열며, Attributes은 그림의 위치와 크기를 조정할 수 있는 창을 엽니다.

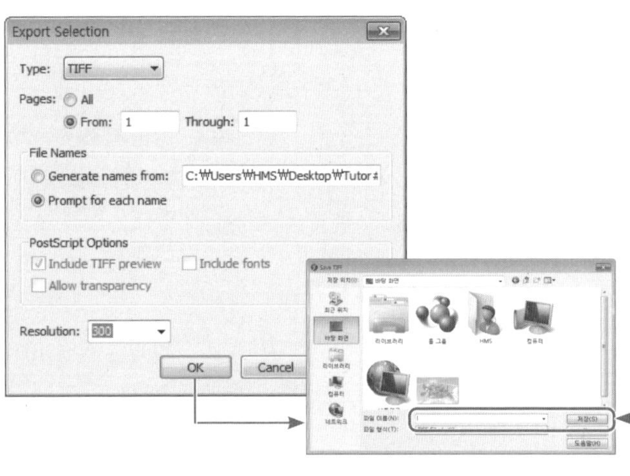

10 피날레는 특정 범위 또는 악보 전체를 그림 파일로 저장할 수 있습니다. 특정 범위를 저장할 때는 마우스를 더블 클릭한 상태로 드래그하여 범위를 선택하고, Graphics 메뉴의 Export Selection을 선택합니다.

11 저장할 파일의 이름과 포맷을 선택할 수 있는 창이 열립니다. 기본값 그대로 OK 버튼을 클릭하여 Save 창을 열고, 저장을 하면 되지만, 각 옵션의 역할을 정리하겠습니다.

- Type : 그래픽 포맷을 선택합니다. 피날레는 일러스트 및 인쇄 작업에 많이 사용하는 EPS와 TIFF는 물론, 웹 표준의 JPEG와 PNG 포맷을 지원합니다.
- Pages : 그래픽으로 저장할 범위를 선택합니다. 메뉴를 실행하기 전에 범위를 선택했으므로, 값을 변경할 이유는 없습니다.
- File Names : 파일이 저장될 위치와 이름을 지정하는 Generate names from과 Save 창을 열어주는 Prompt for each name을 선택합니다.
- PostScript Options : EPS 포맷을 선택한 경우에 선택할 수 있는 옵션입니다. Include TIFF preview 옵션은 파일을 불러올 때 미리 보기가 가능하도록 하며, Allow transparency는 페이지를 투명 레이어로 저장합니다. 그리고 Include fonts 는 악보에 사용된 폰트를 함께 저장합니다.
- Resolution : 그래픽의 해상도를 선택합니다. JPEG와 PNG는 72를 많이 사용하며, EPS와 TIFF는 300 또는 600을 많이 사용합니다.

12 악보 전체 또는 페이지를 그림 파일로 저장할 때는 Graphics 메뉴의 Export Pages를 선택합니다.

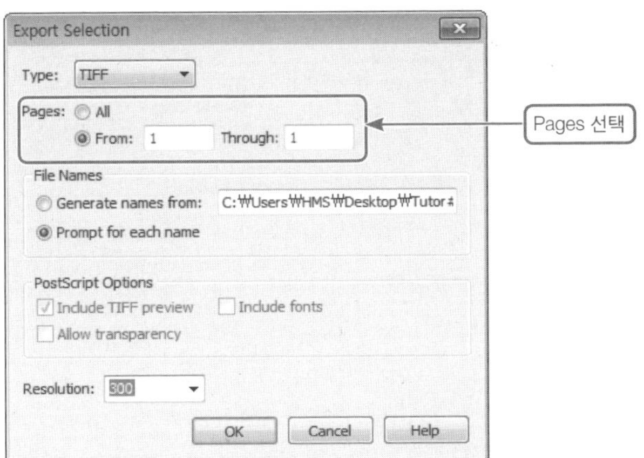

13 앞에서 살펴본 것과 동일한 Export Pages 창이 열립니다. 악보 전체를 저장하겠다면, Pages에서 All 옵션을 선택하고, 일부 페이지만 저장하겠다면, Form을 선택하고, 페이지 범위를 입력합니다.

14 저장한 그래픽 파일은 논문 및 교재 작업이 필요한 교사나 화려한 웹 디자인 작업이 필요한 디자이너 등에게 매우 유용한 소스가 될 것입니다.

05 미디 파일 다루기

01 피날레는 소나 및 큐베이스와 같은 컴퓨터음악 프로그램에서 저장한 미디 파일을 불러와 악보로 만들 수 있습니다. File 메뉴의 Open을 선택하여 창을 엽니다.

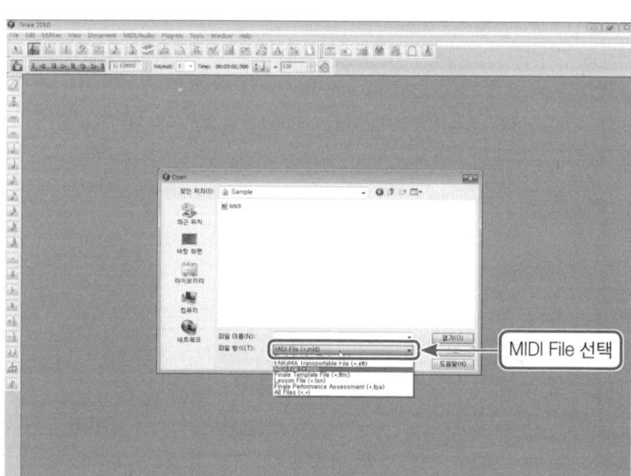

02 파일 형식에서 MIDI File을 선택하면, 목록에서 미디 파일을 찾을 수 있습니다. 부록 CD의 Midi 파일을 찾아 불러옵니다

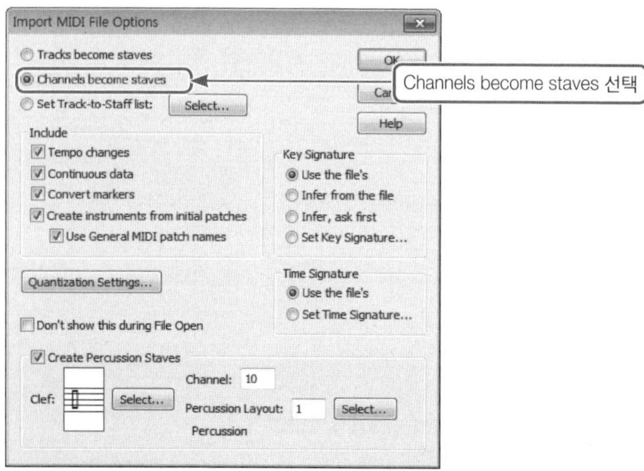

03 어떻게 불러올 것인지를 설정할 수 있는 Import MIDI File Options 창이 열립니다. 일반적으로 미디는 채널로 작업하므로, Channels become staves 옵션을 선택하면 되지만, Tracks become staves를 선택하여 트랙으로 불러오거나 Set Trck-to-Staff list의 Select 버튼을 클릭하여 트랙을 선택할 수도 있습니다.

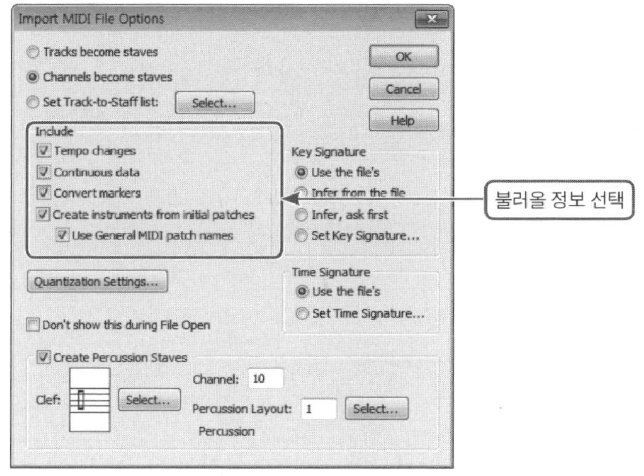

04 Include는 미디 파일에서 불러올 정보를 선택합니다. 템포(Tempo changes), 서스테인 페달 정보(Continuous data), 마커 정보(Convert markers), 패치 정보(Create instruments form initial patches)가 있으며, 패치 정보를 GM모드로 이용할 때는 Use General MIDI patch names 옵션을 체크합니다.

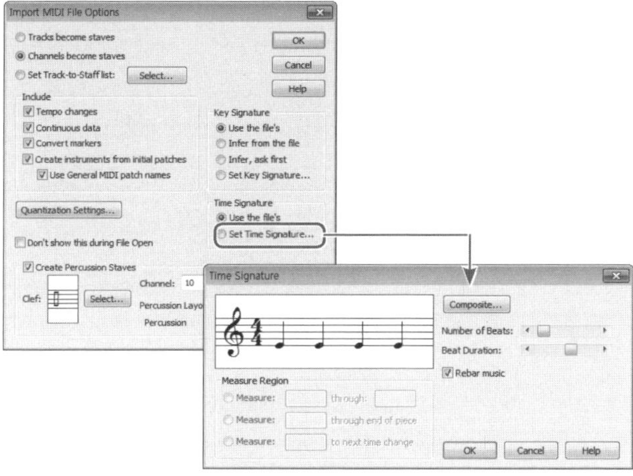

05 Key 와 Time Signature는 조표와 박자를 설정합니다. 자신이 작업한 미디 파일이라면 Set Key Signature과 Set Time Signature를 선택하여 조표와 박자를 설정하고, 잘 모르겠다면 자동으로 분석될 수 있게 두 가지 모두 Use the file's이 선택되어 있는 옵션을 그대로 사용합니다.

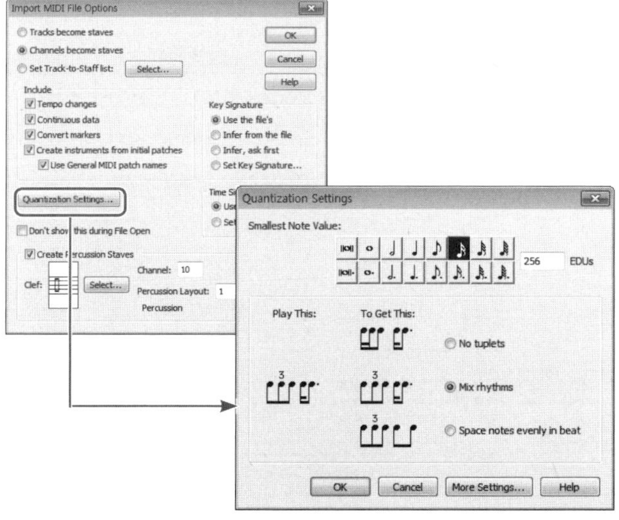

06 Quantization Settings 버튼은 음표의 최소 단위를 선택할 수 있는 창을 열고, Crete Percussion Staves는 드럼 파트에 사용할 채널과 맵을 선택합니다. 자신이 만든 곡이 아니라면, GM 모드로 설정되어 있는 기본 값을 그대로 사용합니다.

07 실습에서는 기본값을 그대로 두고, OK 버튼을 클릭하여 불러옵니다. 박자와 조표가 자동으로 분석된 악보가 만들어지는 것을 확인할 수 있습니다. 자신이 만든 미디 파일이었다면, 좀 더 세부적인 편집 작업을 더하여 완벽한 악보를 만들 수 있게 되는 것입니다.

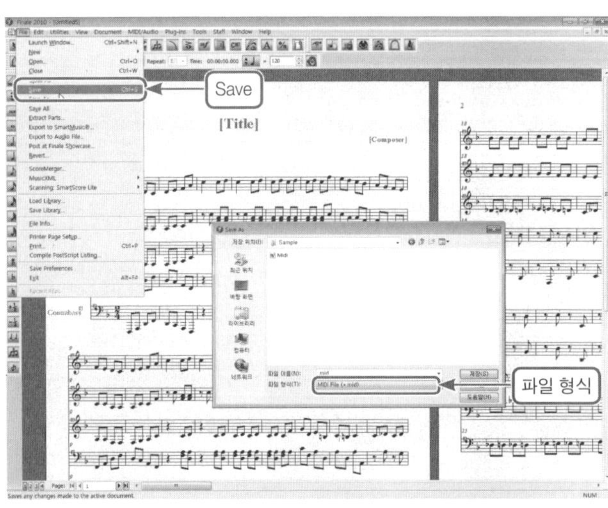

08 지금까지와 반대로 피날레에서 작업한 악보를 미디 파일로 저장할 수도 있습니다. File 메뉴의 Save를 선택하여 창을 열고, 파일 형식에서 MIDI File을 선택합니다. 그리고 파일 이름을 입력하고 저장 버튼을 클릭합니다.

09 미디 파일은 하나의 트랙으로 저장하는 Format 0과 각각의 보표를 트랙 별로 저장하는 Format 1이 있습니다. 용량을 줄이기 위해 Format 0을 사용하던 때도 있었지만, 요즘엔 정보 손실이 적은 Format 1를 주로 사용합니다. Save bookmarks as markers 옵션은 피날레의 북 마크 정보를 포함시켜 소나 및 큐베이스에서 마커 정보로 이용할 수 있게 합니다.

06 꾸밈음 만들기

01 심플 툴을 이용해서 음표를 입력할 때는 Alt + G 키를 눌러 꾸밈음으로 바꾸고, 스피디 툴을 이용해서 음표를 입력할 때는 G 키를 누릅니다. G 키를 한 번씩 더 누르면 /가 추가된 꾸밈음이 완성됩니다.

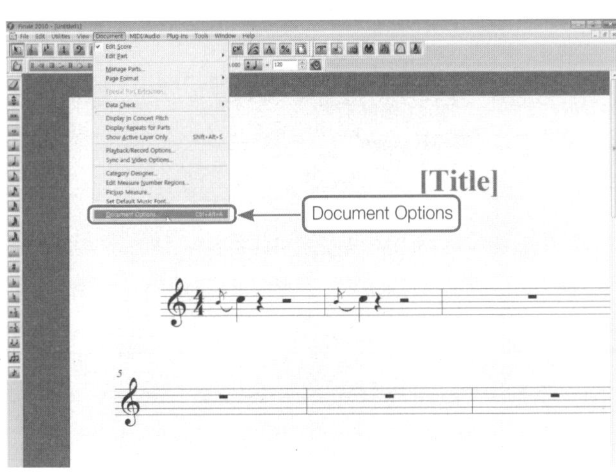

02 기본적으로 만들어지는 꾸밈음의 크기와 간격을 설정할 수 있습니다. Document 메뉴의 Document Options을 선택하여 창을 엽니다.

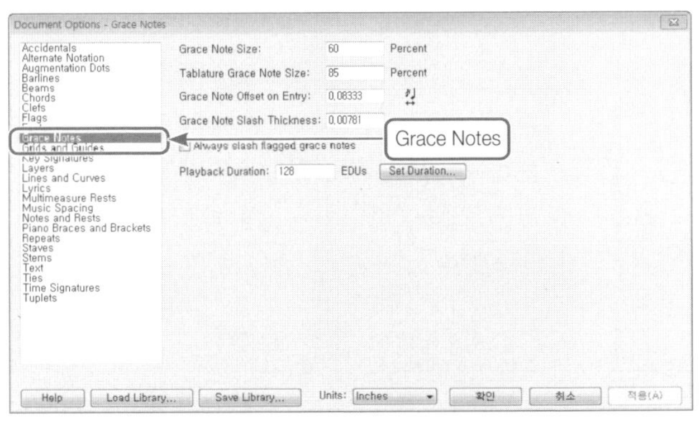

03 Grace Notes 카테고리를 선택하면 일반 보표에서의 크기(Grace Note Size), 타브 악보에서의 크기(Tablature Grace Notes Size), 음표와의 간격(Grace Note Offset on entry), 슬래시의 굵기(Grace Note Slash Thickness)를 설정할 수 있고, Always slash flagged grace notes 옵션을 체크하면 꾸밈음을 만들 때 슬래시 기호가 붙습니다. Playback Duration은 꾸밈음이 연주되는 길이를 설정하는 것입니다.

07 보표를 연결하는 음표 만들기

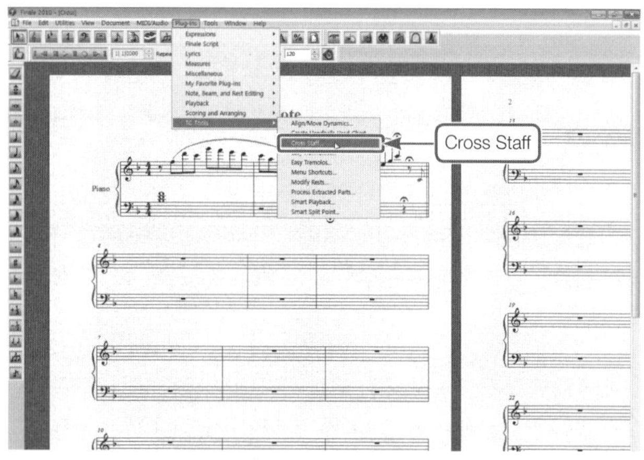

01 피아노 악보에서 낮은 음자리표와 높은 음자리표가 연결된 음표를 입력하는 경우가 있습니다. 부록 CD의 Cross 샘플 파일을 열고, Plug-ins 메뉴의 TG Tools에서 Cross Staff를 선택합니다.

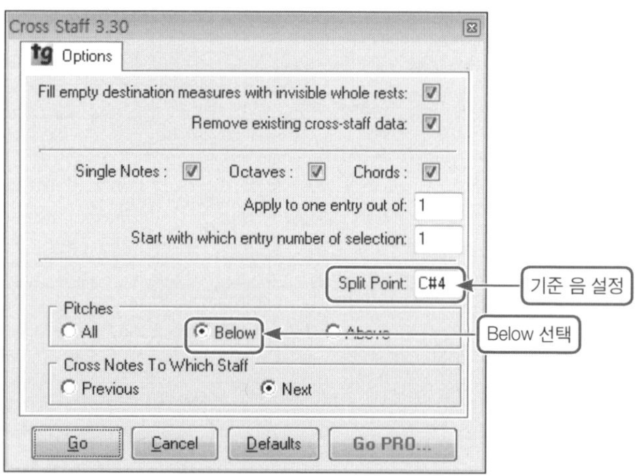

02 음표를 이동시킬 3번째 마디를 선택하고, Split Point를 C#4로 설정합니다. 그리고 Pitches는 Below, Cross Notes To Whirch Staff는 Next를 선택합니다. C#4 이하의 음표들을 아래쪽으로 내리겠다는 의미입니다. Go 버튼을 클릭하여 실행합니다.

03 계속 보표를 연결하는 음표가 필요한 곳이 있다면 마디를 선택하여 동일한 방법으로 실행합니다. 작업이 끝나면 Close 버튼을 클릭하여 창을 닫습니다. 음표의 방향이 바뀐 레이어 2의 음표는 심플 툴로 Ctrl 키를 누른 상태로 선택하고, L 키를 눌러 수정합니다.

04 앞의 실습은 레이어가 겹쳐진 경우이기 때문에 Plug-ins의 TG Tools을 이용했지만, 단일 레이어를 사용한 경우에는 이동시킬 음표를 마우스 드래그로 선택하고, Alt 키를 누른 상태에서 ↓ 키를 누르면 됩니다.

Finale Tip — Cross Staff 창의 옵션

보표가 연결되는 음표를 만들 때 사용되는 Cross Staff 창의 옵션을 정리합니다.

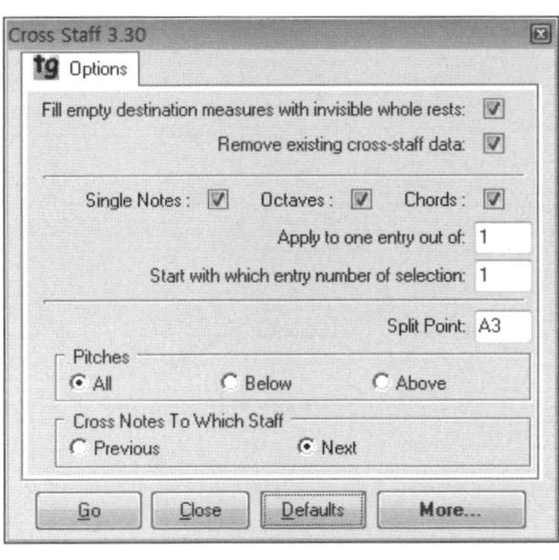

- Fill empty destination measures with invisible whole rests : 마디가 비어있을 경우 감춰진 온 쉼표를 만듭니다.
- Remove existing cross-staff data : 크로스 음표가 적용된 것들을 제거하고 새로 적용합니다.
- Single Note/Octaves/chords : 크로스 음표를 만들 때, 적용될 음표의 종류를 선택합니다.
- Apply to one entry out of : 선택한 마디의 음표 중에서 크로스 음표가 적용될 음표의 순서를 선택합니다. 값을 2로 하면, 두 번째 음표에만 적용되는 것입니다.
- Start with which entry number of selection : 선택한 마디의 음표 중에서 크로스 음표가 적용될 음표의 시작 위치를 선택합니다. 값을 2로 하면, 두 번째 음표에서부터 적용되는 것입니다.
- Split Point : 크로스 노트가 적용될 기준 음을 설정합니다. 가운데 도가 C4입니다.
- Pitches : Split Point에서 설정한 음표를 기준으로 모든 음표에 적용할 것인지(All) 아래 음에만 적용할 것인지(Below), 위에 음에 적용할 것인지(Above)를 선택합니다.
- Cross Notes To which staff : Next는 크로스 음표를 만들고, Previous는 적용 전으로 복구합니다.
- Go : 설정한 옵션에 따라 크로스 음표를 만듭니다.
- Cancel : 옵션을 취소하고, 창을 닫습니다. Go 버튼을 클릭한 경우에는 Close 버튼으로 바뀝니다.
- Defaults : 옵션을 기본 값으로 복구합니다.
- TG Tools : 플러그-인 제작사의 홈페이지로 이동하거나 기능을 업그레이드 시킬 수 있습니다.

08 트레몰로 음표 만들기

01 단음 트레몰로 기호는 아티큘레이션 툴을 이용해서 입력하지만, 두 음으로 표시되는 트레몰로는 Plug-ins 기능을 이용합니다. 실제로 표기될 음표의 반 길이로 음표를 입력합니다. 4분 음표 트레몰로를 표현하고자 한다면 8분 음표, 2분 음표 트레몰로는 4분 음표를 입력하는 것입니다.

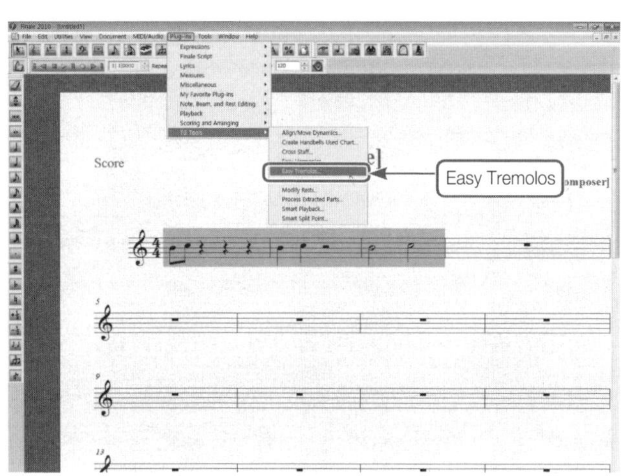

02 실렉션 툴로 트레몰로로 표시할 마디를 선택하고, Plug-ins 메뉴의 TG Tools에서 Easy Tremolos를 선택합니다.

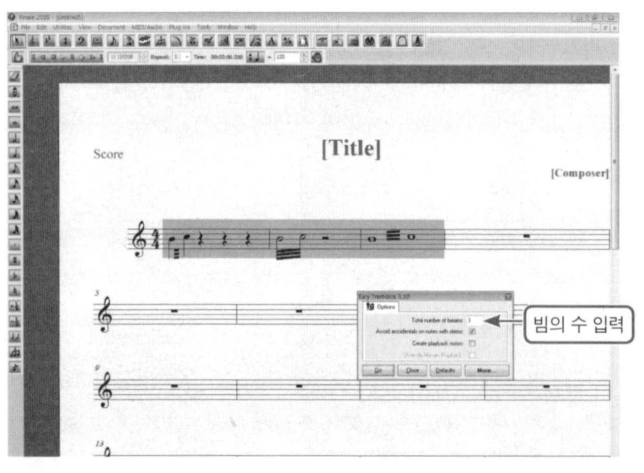

03 Total number of beams에서 트레몰로 빔의 수를 입력하고 Go 버튼을 클릭합니다. Avoid accidentals on notes with stems은 임시표와 겹치지 않게 하는 것이고, Create playback notes는 트레몰로 음표를 숨김 음표로 표시합니다. 그리고 Override Human Playback은 휴먼 연주 설정을 무시합니다.

09 하모닉스 음표 만들기

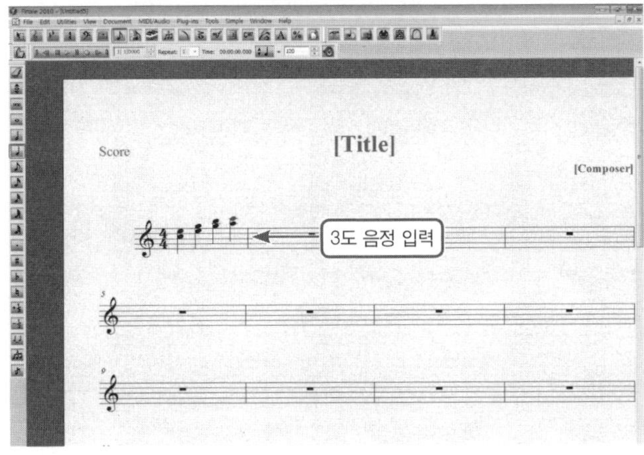

01 Guitar나 바이올린 등의 현악기에서 많이 사용하는 하모닉스 음표를 만드는 과정입니다. 음표를 3도 및 4도 화음으로 입력합니다.

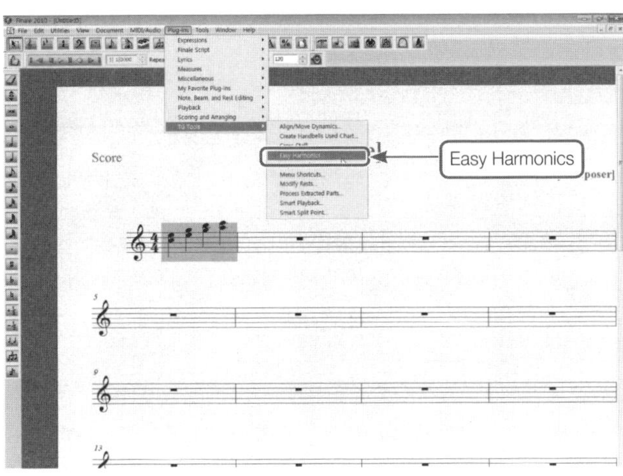

02 실렉션 툴을 이용하여 마디를 선택하고, Plug-Ins 메뉴의 TG Tools에서 Easy Harmonics를 선택하여 창을 엽니다.

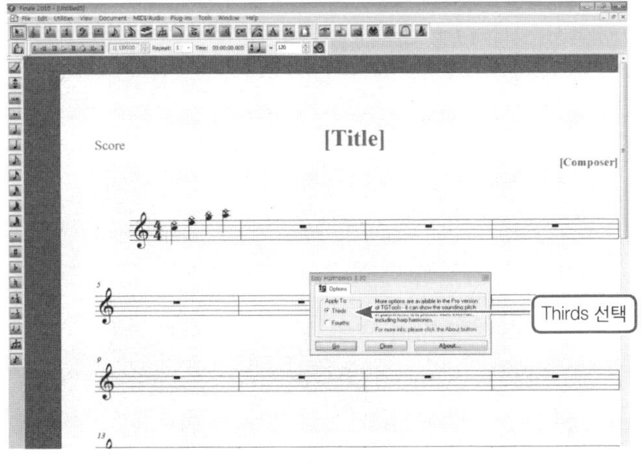

03 3도로 입력한 음표를 선택했다면 Thirds를 선택하고, 4도 음표라면 Fourths를 선택합니다. 그리고 Go 버튼을 클릭하면, 3도 및 4도 음정이 하모닉스 음표로 표시됩니다.

10 카덴차 입력하기

01 카덴차는 연주자의 기교를 보여주기 위한 솔로 연주를 의미합니다. 일반적으로 연주자에게 맡기지만, 편곡자가 악보에 기보하는 경우도 있습니다. 박자 툴을 이용해서 카덴자를 입력할 마디를 더블 클릭합니다.

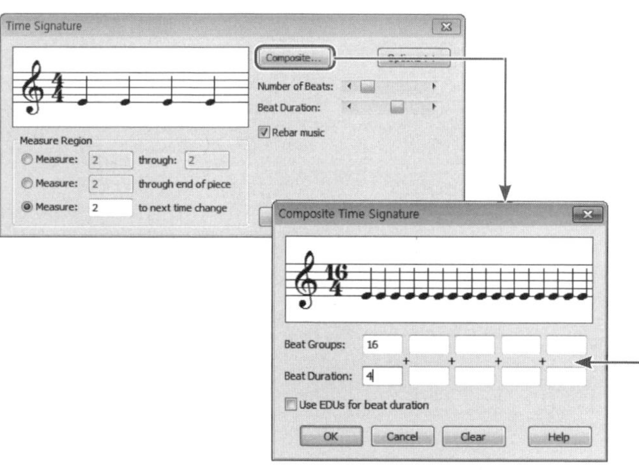

02 박자 설정을 위한 Time Signature 창이 열립니다. 카덴차는 박자를 무시하고 표시하므로, Composite 버튼을 클릭하여 창을 열고, 입력할 음표의 수를 임의로 설정합니다.

03 카덴차를 입력합니다. 마디 툴을 선택하고, 카덴차를 입력한 마디를 더블 클릭하여 창을 엽니다. 그리고 Time signature를 Always Hide로 선택하여 박자 표가 표시되지 않게 합니다.

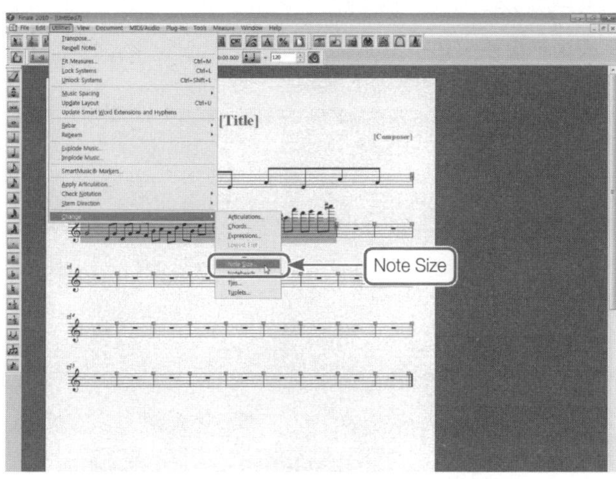

04 카덴차의 음표 크기를 조금 작게 만들 겠습니다. 마디가 선택되어 있는 상태에서 Utilities 메뉴의 Change에서 Note Size를 선택합니다.

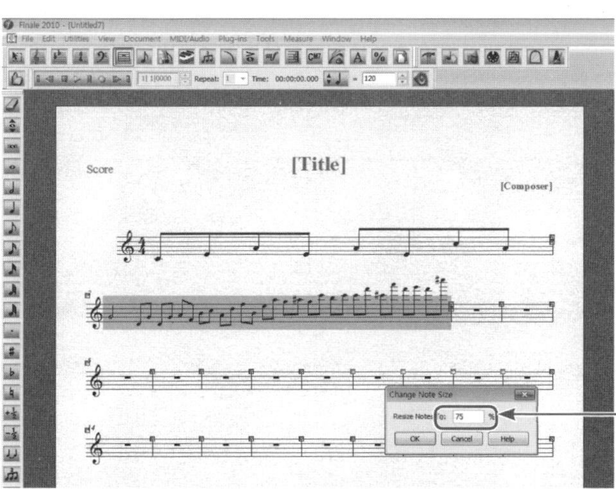

05 음표의 크기를 퍼센트 단위로 설정할 수 있는 창이 열립니다. Resize Notes to 값을 75% 정도로 설정하여 조금 작게 표시 되게 합니다.

06 음표의 크기를 조정하는 Resize Notes 기능은 리드 악보에서 많이 사용하는 오브리카토 음표를 만들 때도 유용하므로, 기억 해두기 바랍니다. 오브리카토는 레이어 기능을 이용해서 만들면 됩니다.

11 오시아 연주 만들기

01 트레몰로와 같은 기호의 실제 연주 방법을 설명하거나 좀 더 쉬운 프레이즈를 표기하여 선택 연주할 수 있게 하는 것을 오시아(Ossia)라고 합니다. 오시아 표기가 필요하다면, 음자리표 툴을 더블 클릭하여 보표를 추가합니다.

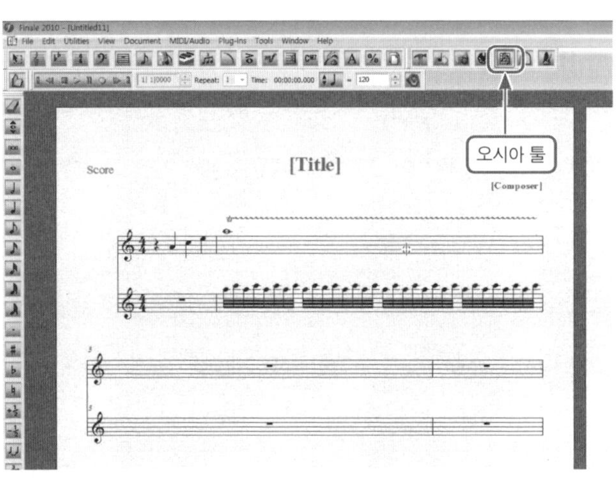

02 추가한 보표에 오시아로 사용할 음표를 입력합니다. 오시아 툴(Ossia Tool)을 선택하고, 오시아를 입력할 마디를 더블 클릭합니다. 오시아 툴이 보이지 않는다면 Window 메뉴의 Advanced Tools Palette를 선택하여 도구를 엽니다.

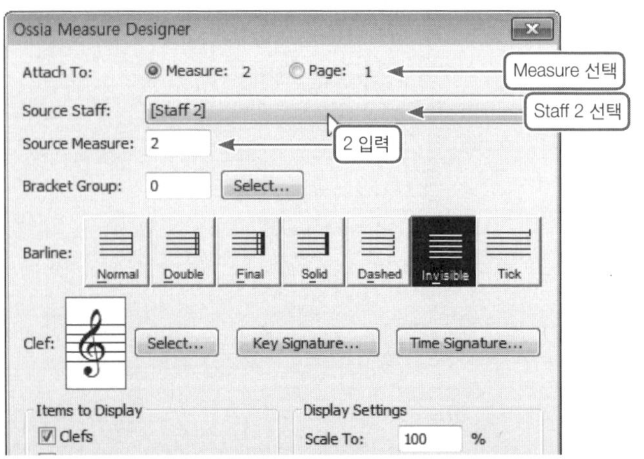

03 마디로 연결되는 오시아를 만들기 위해서 Attach to를 Measure로 선택하고, Source Staff는 Staff 2, Measure는 2로 설정하여 보표 2의 두 번째 마디를 소스로 사용합니다.

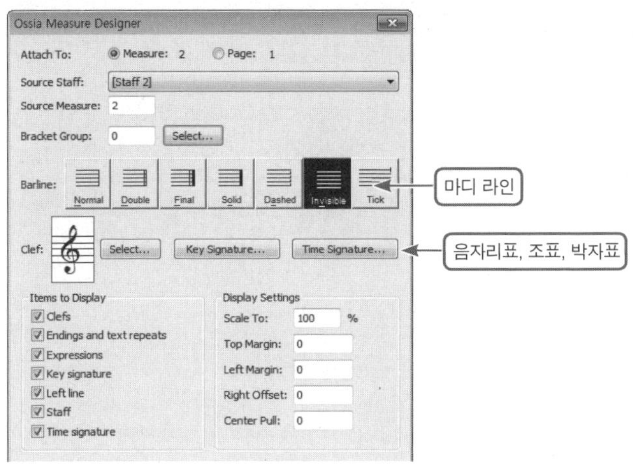

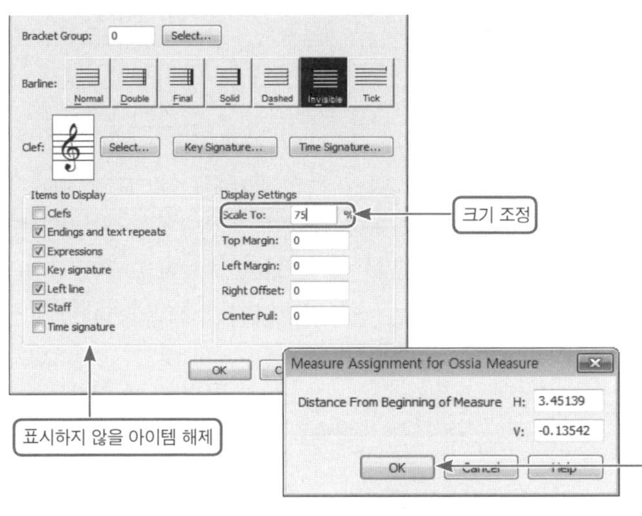

04 오시아를 그룹으로 묶어서 표시하려면 Bracket group의 Select 버튼을 클릭하여 브라켓을 선택하고, 마디 라인(Barline)과 음자리표, 조표, 박자표 등의 변화가 있다면, 각각의 버튼을 클릭하여 설정합니다.

05 Items to Display는 화면에 표시할 아이템을 선택하는 것이므로, Clefs, Key signature, Time signature 옵션을 해제합니다. 그리고 Scale to에서 75를 입력하여 음표를 작게 표시되게 합니다. OK 버튼을 클릭하면 위치를 설정할 수 있는 창이 열리는데, 핸들을 드래그하여 조정하면 되므로, 그냥 OK 버튼을 클릭합니다.

06 오시아 마디의 핸들을 드래그하여 위치를 조정하고, 음자리표 툴로 2번 보표를 더블 클릭합니다. 그리고 Hide staff 옵션을 체크하여 필요 없어진 2번 보표를 화면에서 감춥니다.

12 오디오 녹음하기

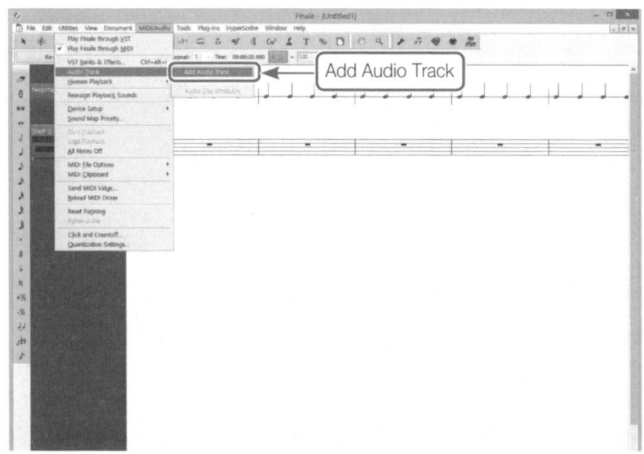

01 피날레는 오디오 파일을 불러와 배치하거나 사용자의 노래나 연주를 녹음할 수 있는 기능을 제공합니다. MIDI/Audio 메뉴의 Audio Track에서 Add Audio Track을 선택하여 오디오 트랙을 추가합니다. 화면은 Studio View 모드로 바뀝니다.

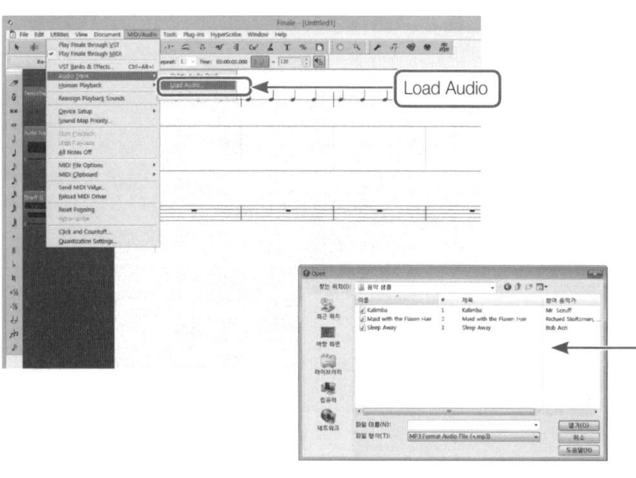

02 오디오 파일을 가져와 배치할 때는 MIDI/Audio 메뉴의 Audio Track에서 Load Audio를 선택하여 창을 열고, 오디오 파일을 더블 클릭하면 됩니다. 피날레는 Wav, Aif, MP3 등의 오디오 파일을 불러올 수 있습니다.

03 선택한 파일의 정보를 표시하는 창이 열립니다. Start in Score에서 파일이 배치될 위치를 설정할 수 있고, Star in Clip과 End in Cilp에서 불러올 파일의 시작 및 끝 위치를 설정할 수 있습니다. 그리고 Display Unit는 파일이 표시될 단위를 Time과 Samples 중에서 선택하는 것입니다.

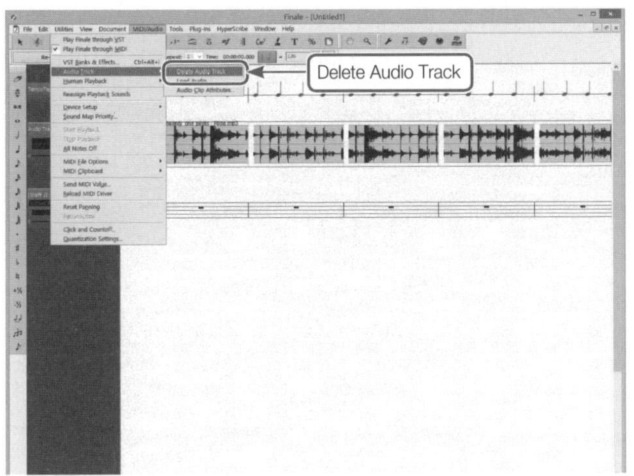

04 오디오 트랙을 삭제할 때는 MIDI/ Audio 메뉴의 Audio Track에서 Delete Audio Track을 선택합니다. Audio clip Attributes를 선택하면 오디오 파일을 변경할 수 있는 정보 창이 열립니다.

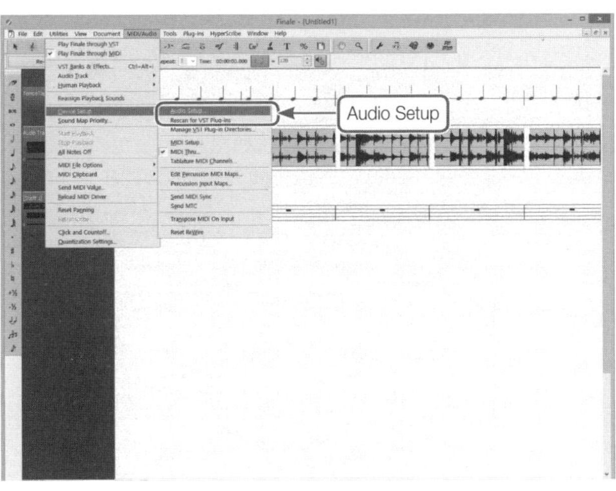

05 오디오를 녹음하기 위해서는 녹음할 소스를 선택해야 합니다. 사운드 카드에 마이크를 연결하고 녹음한다고 가정하고 진행하겠습니다. MIDI/Audio 메뉴의 Device Setup에서 Audio Setup을 선택합니다.

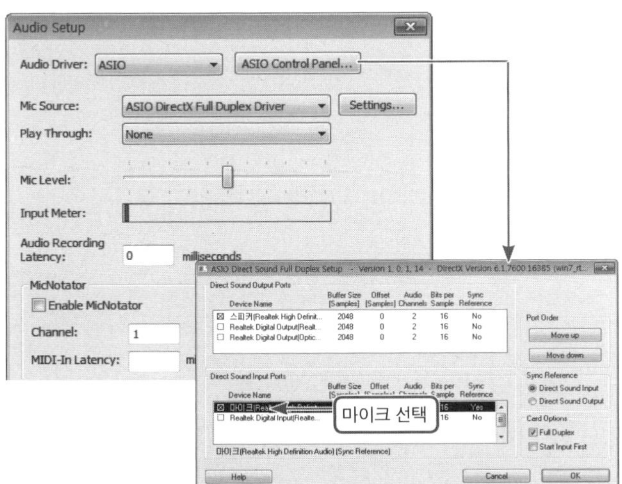

06 Audio Driver에서 사용자 컴퓨터에 설치되어 있는 사운드 카드 및 오디오 카드를 선택합니다. 그리고 Control Panel 버튼을 클릭하여 녹음할 소스인 마이크를 선택합니다.

가정교사

오디오 컨트롤 패널은 사용자 컴퓨터에 설치되어 있는 장치에 따라 다르므로, 자세한 설정 방법은 해당 장치의 설명서를 참조하기 바랍니다.

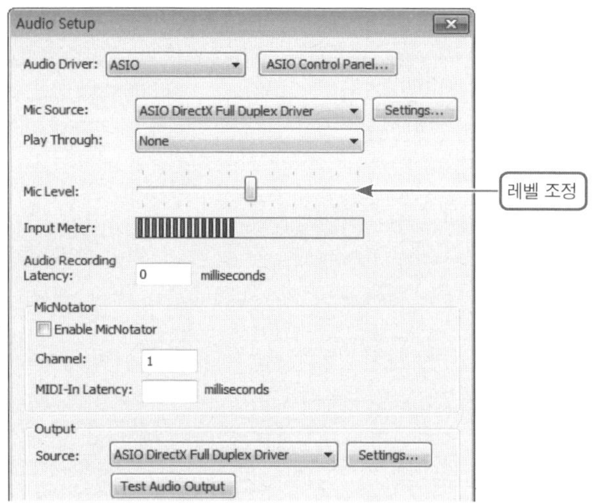

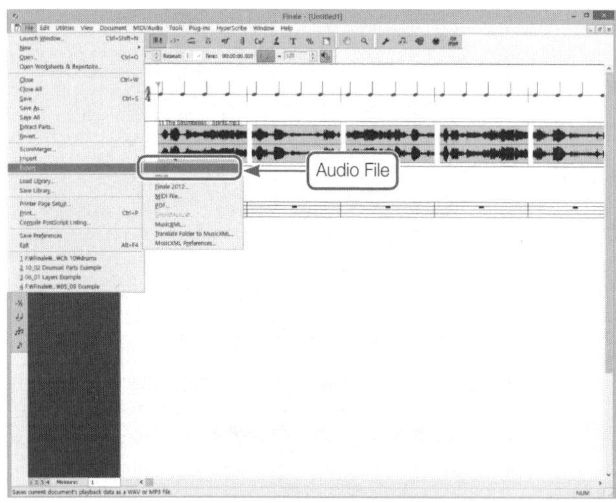

07 사용자 노래 및 악기를 연주해보면서 마이크의 레벨을 조정합니다. 가장 크게 연주될 부분을 테스트 하면서 Input Meter 에 붉은 색 경고가 보이지 않는 정도의 레벨로 설정하는 것이 가장 좋습니다.

08 녹음을 위한 준비는 끝 났습니다. MIDI/Audio 메뉴의 Audio Track에서 Add Audio track을 선택하여 오디오 트랙을 만들고, 오디오 트랙의 R 버튼을 On으로 합니다. 그리고 트랜스포트 패널의 녹음 버튼을 클릭하여 녹음을 진행합니다.

09 녹음이 끝나면 녹음 버튼을 다시 클릭하여 정지하고, Play 버튼을 클릭하여 연주해봅니다. 녹음한 오디오를 포함한 피날레 악보는 File 메뉴의 Export에서 Audio File을 선택하여 WAV 및 MP3 파일을 만들 수 있습니다.

13 연주 교재 만들기

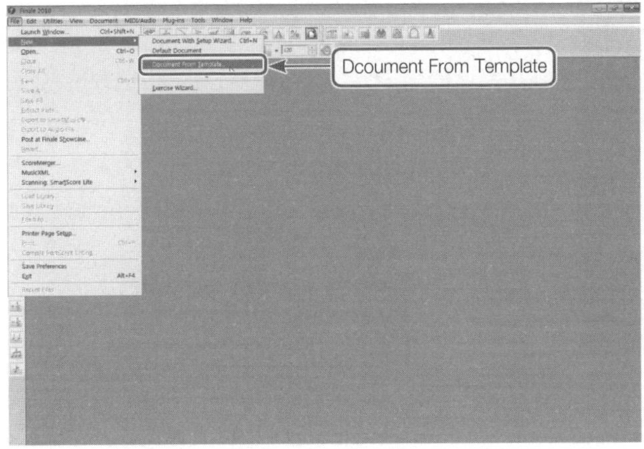

01 악보를 많이 사용하지 않는 이론 교재는 악보를 그림 파일로 만들고, 워드 프로그램에서 불러와 사용하지만, 악보를 많이 사용하는 연주 교재는 피날레에서 직접 만드는 것이 편리할 수 있습니다. File 메뉴의 New에서 Document From Template를 선택합니다.

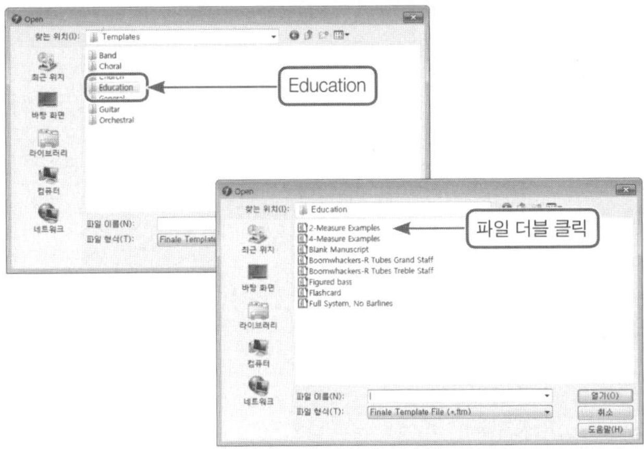

02 피날레에서 제공하는 다양한 템플릿 중에서 음악 교재를 만들기 적합한 Education 폴더를 더블 클릭으로 엽니다. 그리고 만들고자 하는 교재와 비슷한 형식을 갖추고 있을 것 같은 파일을 선택합니다. 실습에서는 2-Measure Examples 파일을 더블 클릭하여 열어보겠습니다.

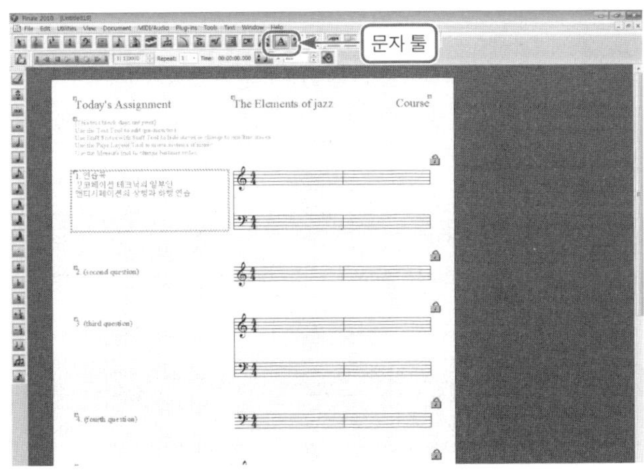

03 문자 툴을 이용하여 텍스트 박스의 핸들을 더블 클릭합니다. 그리고 만들고자 하는 교재 내용으로 문자 내용을 수정합니다.

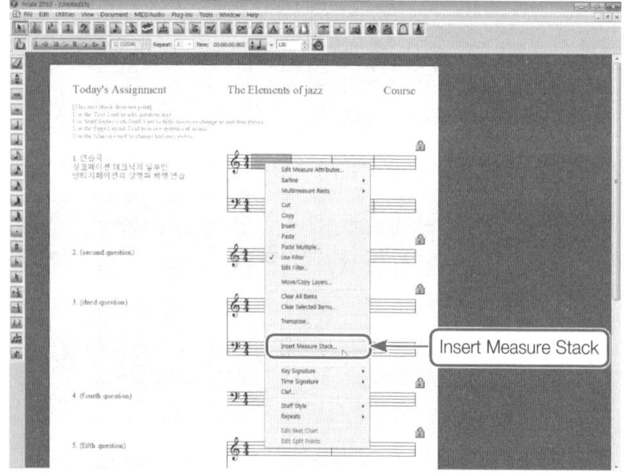

04 기본 템플릿으로 제공되는 보표도 필요한 형식으로 수정합니다. 그림에서는 실렉션 툴을 이용하여 단축 메뉴를 열고, Insert Measure Stack을 선택하여 마디를 추가하고 있습니다.

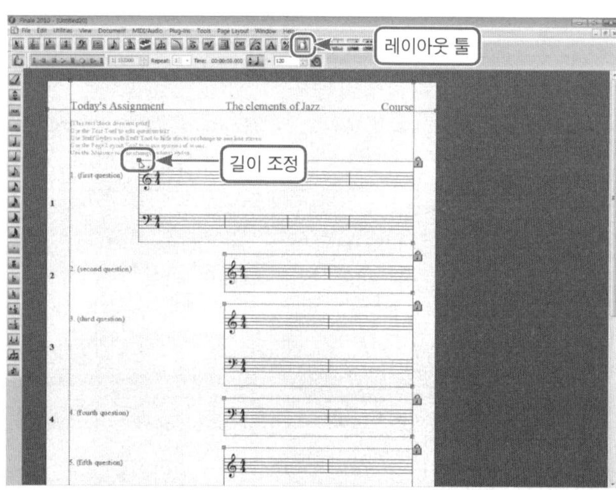

05 그 밖에 조표, 박자, 레이아웃 등을 필요한 형식으로 수정합니다. 그림에서는 레이아웃 툴을 이용해서 시스템의 길이를 수정하고 있습니다.

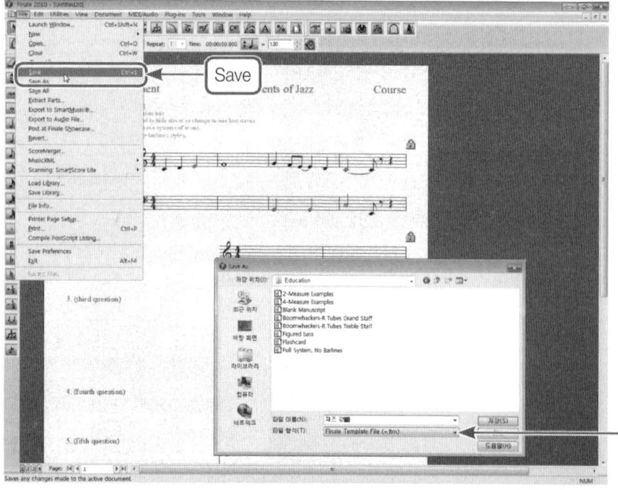

06 문자와 음표를 입력하여 연주 교재를 쉽게 만들 수 있습니다. 동일한 형식을 반복해서 사용할 것이라면, 음표와 문자를 입력하기 전에 레이아웃만 갖춰놓고, File 메뉴의 Save를 선택하여 사용자 템플릿으로 저장하는 것도 요령입니다.

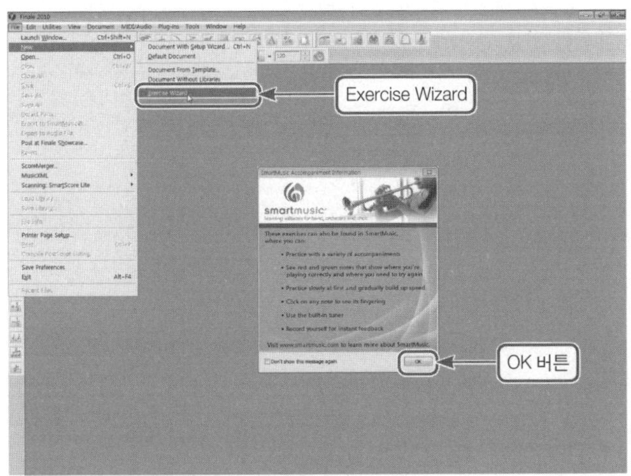

07 피날레는 악기 연습용 프로그램인 SmartMusic의 레슨 파일을 제작할 수 있는 마법사 기능을 제공합니다. File 메뉴의 New에서 Exercise Wizard를 선택합니다. Smart Music 안내 창은 OK 버튼을 클릭하여 닫습니다.

가정교사

교육 프로그램으로 유명한 SmartMusic에 관한 자세한 정보는 smartmusic.com을 참조합니다.

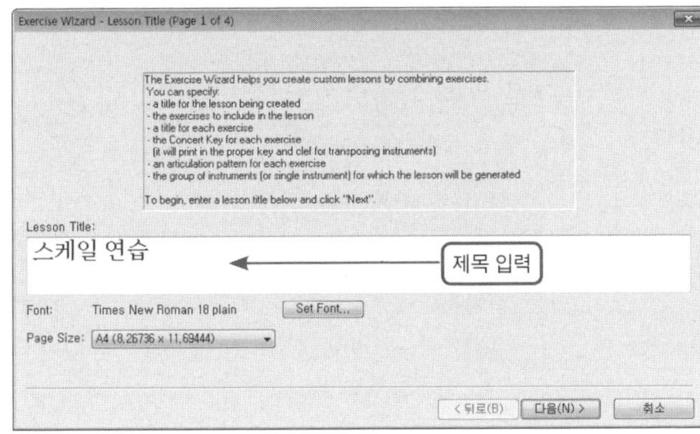

08 레슨 악보의 타이틀과 크기를 설정할 수 있는 창이 열립니다. Lesson title에 제목을 입력하고, Page Size에서 A4 용지를 선택합니다. 필요하다면 Set Font 버튼을 클릭하여 제목의 글꼴과 크기 등을 변경하고, 다음 버튼을 클릭합니다.

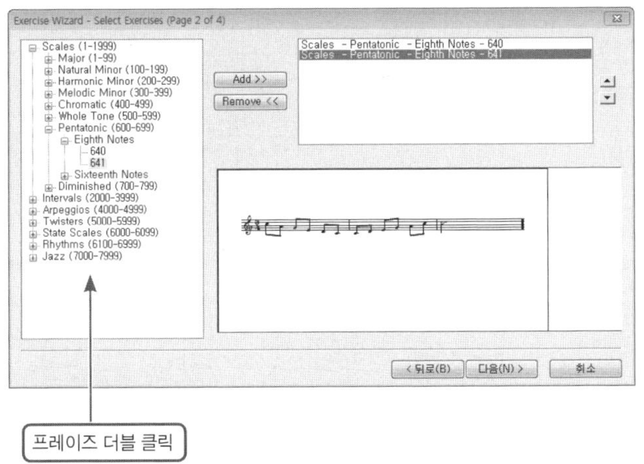

09 Scale, Intervals 등의 다양한 연습 프레이즈를 선택할 수 있는 창이 열립니다. 연습 악보로 만들고자 하는 프레이즈를 더블 클릭하여 목록에 추가합니다. 그리고 다음 버튼을 클릭합니다.

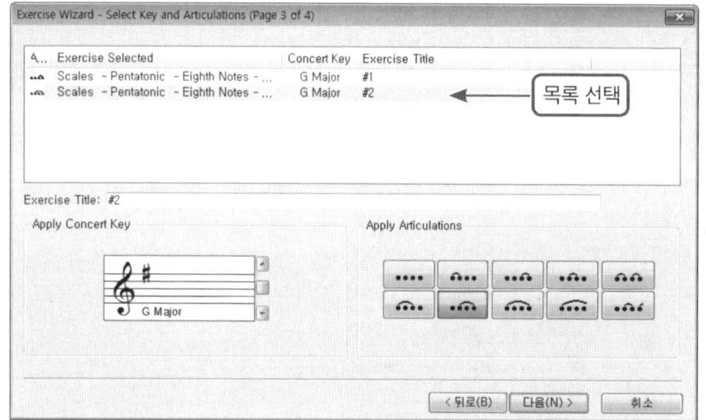

10 추가한 프레이즈 목록을 선택하고, Exercise Title을 입력합니다. 필요하다면, Apply Concert Key에서 조표를 설정하고, Apply Articulations에서 아티큘레이션이 적용될 타입을 선택합니다. 2개 이상의 목록을 추가했다면, 각각의 목록마다 서로 다른 설정이 가능합니다.

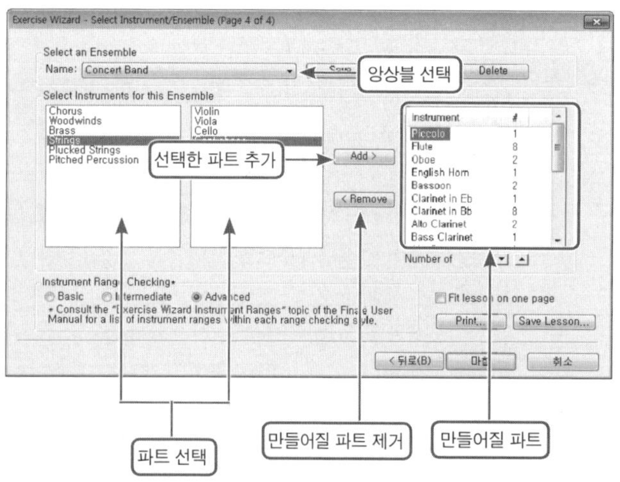

11 악기 파트를 선택할 수 있는 창이 열립니다. Name 항목에서 기본적으로 제공하는 앙상블을 선택하고, 사용자가 원하는 파트를 추가하거나 삭제하여 새로운 것을 만들어도 좋고, New ensemble을 선택하여 하나씩 추가해도 좋습니다.

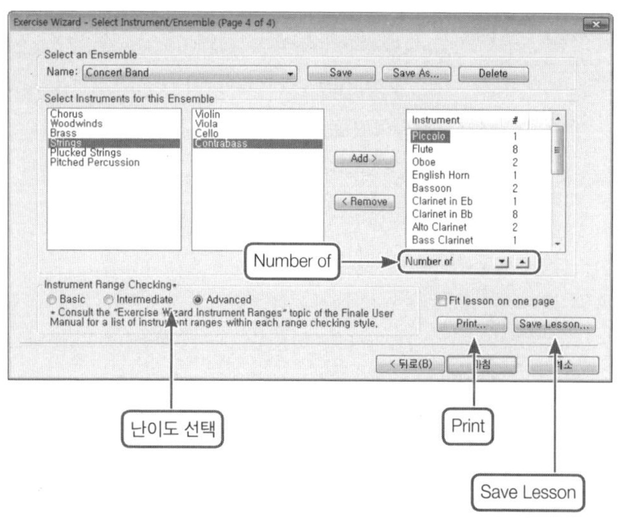

12 파트를 선택하고, Number of 버튼을 클릭하면, 프레이즈가 반복되는 수를 설정할 수 있고, Instrument Range checking에서 연주의 난이도를 선택할 수 있습니다. 파트 구성이 완료되면 Print 버튼을 클릭하여 인쇄하거나 Save Lesson 버튼을 클릭하여 레슨 파일로 저장합니다.

 가정교사

Fit lesson on one page 옵션은 한 장으로 맞춰주는 역할을 합니다.

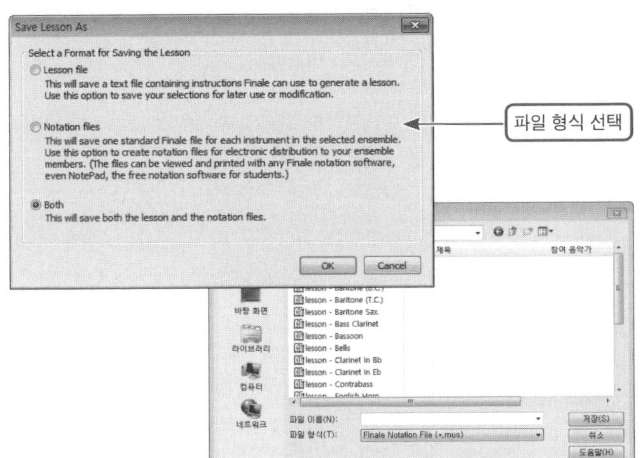

13 Save Lesson 버튼을 클릭하면 레슨 파일(Lesson file)로 저장할 것인지, 피날레 파일(Notation Files)로 저장할 것인지, 두 개의 파일을 동시에 만들 것인지(Both)를 선택할 수 있으며, OK 버튼을 클릭하면 파일을 저장할 수 있는 Save As 창이 열립니다.

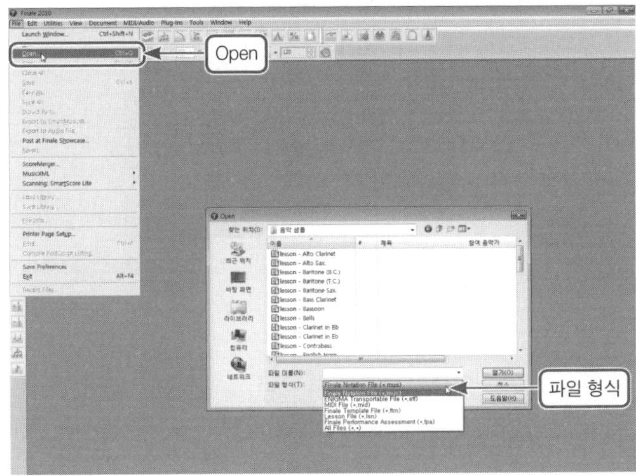

14 저장한 파일은 File 메뉴의 Open을 선택하여 불러옵니다. 레슨 파일은 파일 형식에서 Lesson file을 선택합니다.

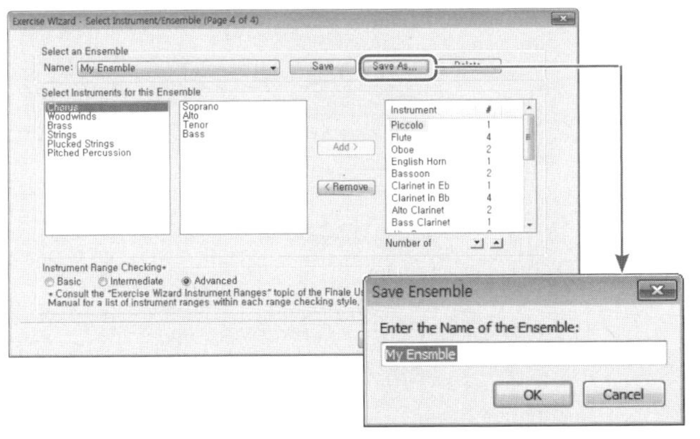

15 레슨 파일을 불러오면 Exercise Wizard의 마지막 단계 창이 열리며, 사용자가 원하는 파트를 재구성 할 수 있습니다. 자주 사용하는 것이라면 Save As 버튼을 클릭하여 앙상블로 만들어둡니다.

14 타브 악보 만들기

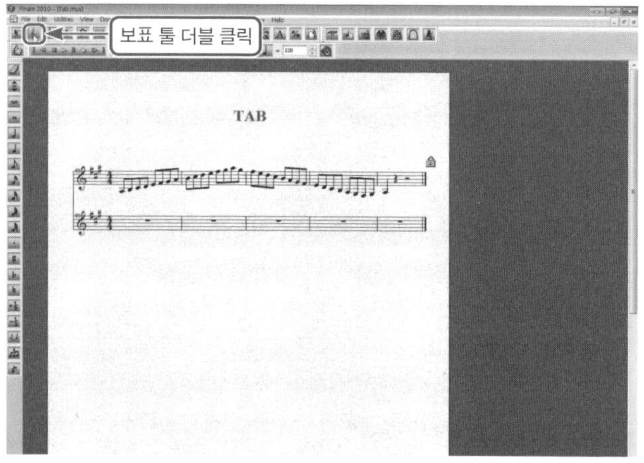

01 Guitar 및 Bass 악보에 많이 사용하는 타브 악보의 제작 방법을 살펴보겠습니다. 부록 CD에서 간단한 스케일을 입력한 Tab 파일을 불러오거나 사용자가 직접 음표를 입력합니다. 그리고 보표 툴을 더블 클릭하여 보표를 추가합니다.

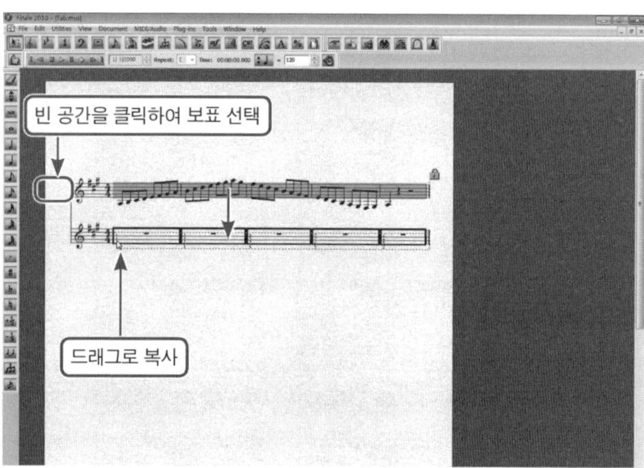

02 타브 악보는 현의 위치를 표시하는 것이 목적이므로, 굳이 새로 입력할 이유가 없습니다. 실렉션 툴로 보표 왼쪽의 빈 공간을 클릭하여 선택하고, 새로 만든 보표로 드래그하여 복사합니다.

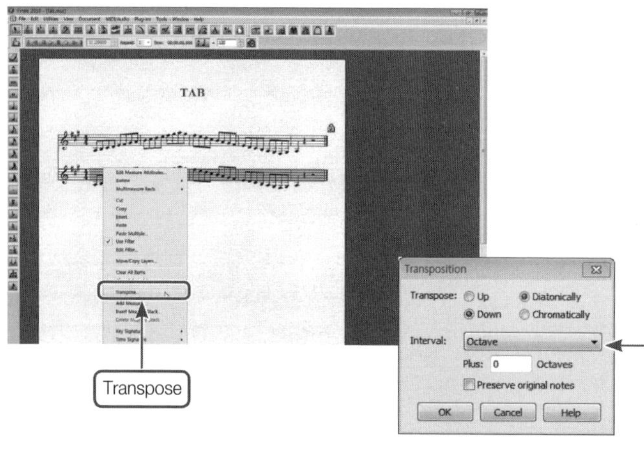

03 Guitar 및 Bass는 표기 음보다 한 옥타브 낮은 음으로 연주됩니다. 즉, 정확한 포지션의 타브 악보를 만들기 위해서는 음정을 한 옥타브 낮출 필요가 있습니다. 복사한 보표에서 단축 메뉴를 열고, Transpose를 선택하여 창을 엽니다. 그리고 Down과 Octave를 선택하여 한 옥타브 낮춥니다.

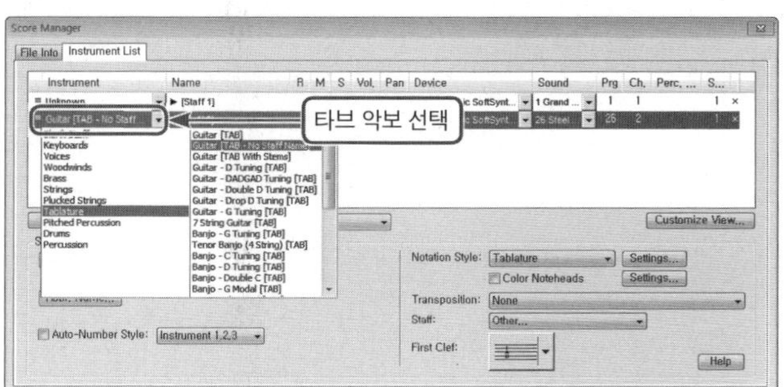

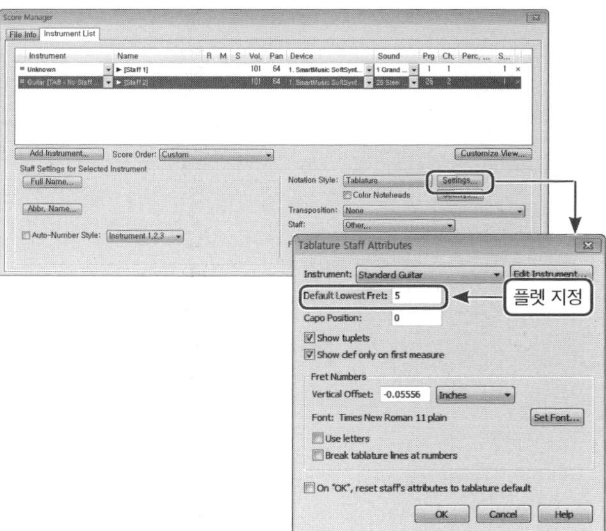

04 Window 메뉴의 Score Manager를 선택하여 창을 열고, 타브 악보로 표시할 보포의 Instrument 칼럼에서 Tabature의 Guitar Tab를 선택합니다.

05 Notation Style의 Select 버튼을 클릭하여 옵션 창을 엽니다. Tablature Staff Attributes 창의 Default Lowest Fret 값을 5로 수정합니다. 5 플렛에서부터 포지션이 설정되도록 하는 것입니다.

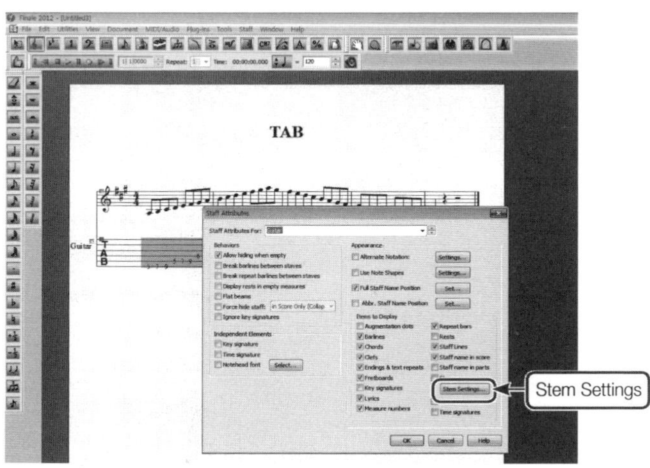

06 기본 음표의 기는 머리 중간 위치에서부터 표시됩니다. 하지만, 타브 악보는 머리 음표가 숫자로 표시되기 때문에 기가 중간 위치에서 표시되면, 보기 좋지 않습니다. 보표 툴을 선택하고, 타브 악보를 더블 클릭하여 속성 창을 엽니다. 그리고 Stem Settings 버튼을 클릭하여 옵션 창을 엽니다.

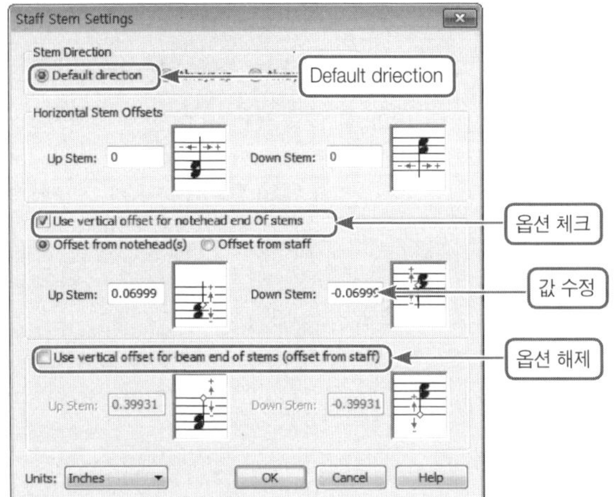

07 음표 기의 위치와 길이 등을 설정할 수 있는 창이 열립니다. Stem Direction 은 Default driection을 선택하고, Use vertical offset for notehaed end of stems 옵션을 체크하고, offset from notehead의 Up Stem은 0.07, Down stem은 -0.07 정도로 수정합니다. 그리고 Use vertical offset for beam and of stems 옵션은 해제합니다.

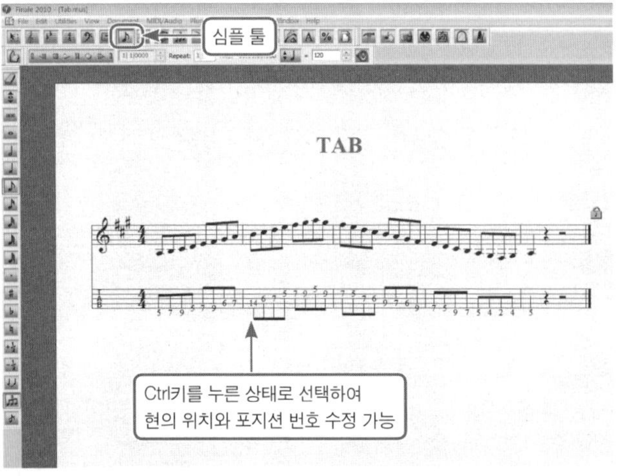

08 OK 버튼을 클릭하여 Staff Stem Settings과 Staff Attributes 창을 닫으면, 타브 악보가 완성된 것을 확인할 수 있습니다. 음정을 수정할 필요가 있을 때는 스피디 툴로 마디를 선택하면 해당 보표의 음정이 표준 악보의 5선으로 표시되어 편리합니다.

09 현의 위치와 포지션을 수정할 필요가 있을 때는 심플 툴이 편리합니다. Ctrl 키를 누른 상태로 음표를 선택하고, 위/아래로 드래그하면 현의 위치를 변경할 수 있으며, 키보드의 숫자 열로 원하는 포지션 번호를 수정할 수 있습니다.

15 드럼 악보 만들기

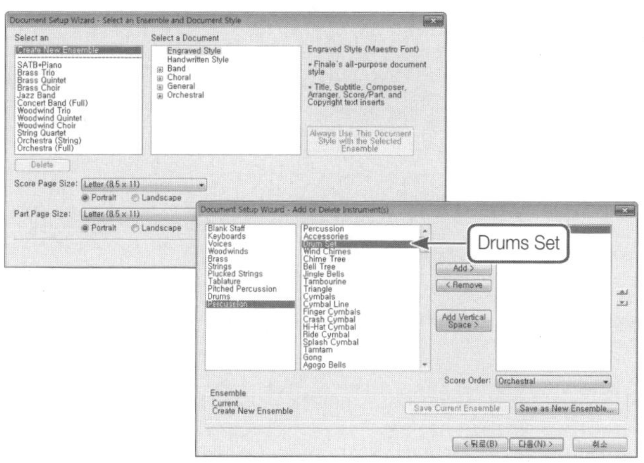

01 드럼 악보는 표준이 정해져 있지 않기 때문에 편곡자마다 악보 표기법이 다릅니다. 피날레에서 제공하는 드럼셋을 자신의 스타일에 맞게 변경하는 방법을 살펴보겠습니다. Ctrl + N 키를 눌러 마법사 창을 열고, Percussion의 Drum Set을 추가하여 악보를 만듭니다.

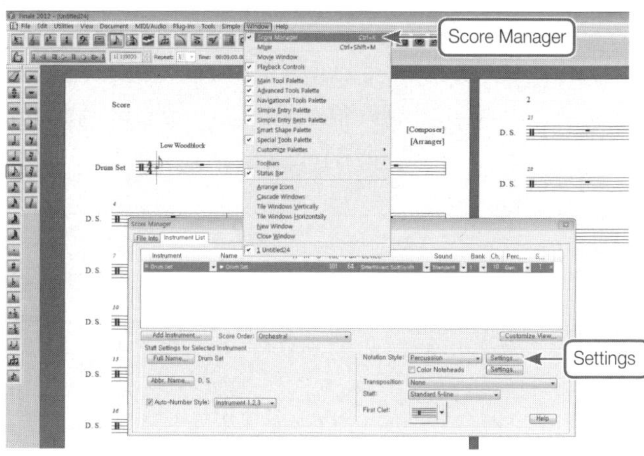

02 모든 노트가 드럼 스타일로 입력됩니다. 여기까지는 이미 학습한 내용입니다. 그러나 피날레에서 제공하는 스타일이 자신이 평소에 그리던 타입이 아니라면 Window 메뉴의 Score Manger를 선택하여 창을 열고, Notation Style의 Settings 버튼을 클릭합니다.

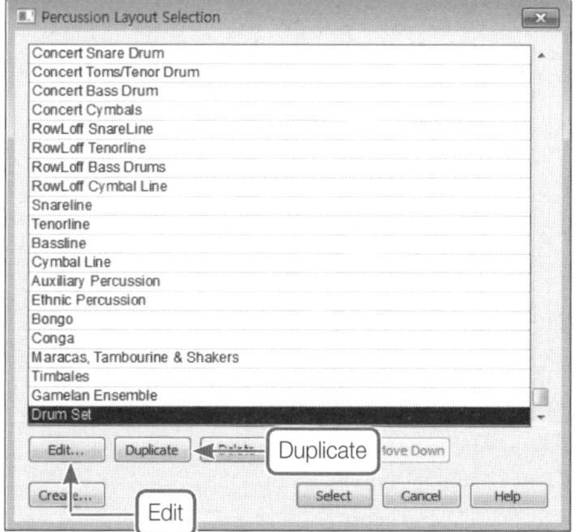

03 피날레에서 제공하는 스타일은 유지하는 것이 좋으므로, Duplicate 버튼을 클릭하여 Drum Set을 복사합니다. 그리고 Edit 버튼을 클릭합니다.

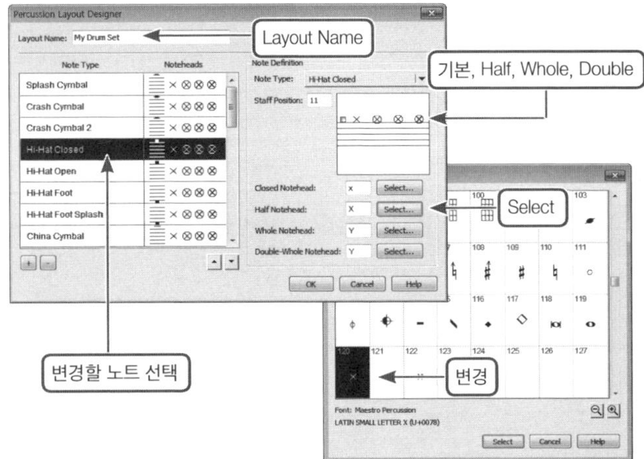

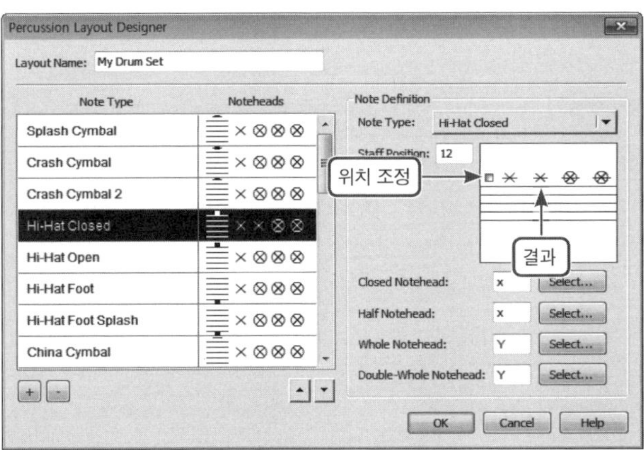

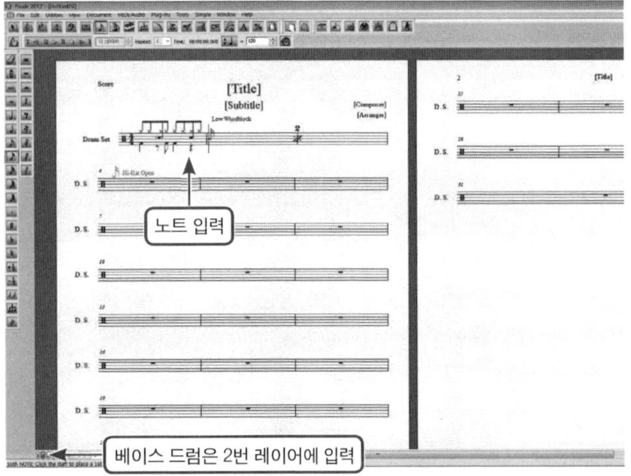

04 Layout Name을 입력하고, 변경하고자 하는 노트 타입을 선택합니다. 오른쪽에 노트 길이에 따른 표기 방법이 표시되며, Select 버튼을 클릭하여 변경 가능합니다. Half Notehead의 Select 버튼을 클릭하고, 원이 없는 X 표시를 선택해 봅니다.

05 Half Notehead의 모양이 변경된 것을 확인할 수 있습니다. 기본 노트 왼쪽의 사각형은 해당 노트가 표시될 위치를 조정합니다. 동일한 방법으로 각각의 노트를 사용자가 원하는 스타일로 변경하고, OK 버튼을 클릭하여 창을 닫습니다.

06 입력 과정은 기본 학습에서 살펴본 내용입니다. 심플, 스피디, 하이퍼 등의 툴을 이용해서 사용자가 원하는 스타일의 드럼 악보를 만들어 보기 바랍니다.

> **가정교사**
>
> 드럼 악보의 표준이 없다고 해도 기본 스타일을 너무 많이 바꿔서 자신만 볼 수 있는 암호가 되어서는 안 될 것입니다. 최소한의 약속은 있으므로, 드럼 교재 한 권쯤은 참조하길 권장합니다.

16 악보 스캔 받기

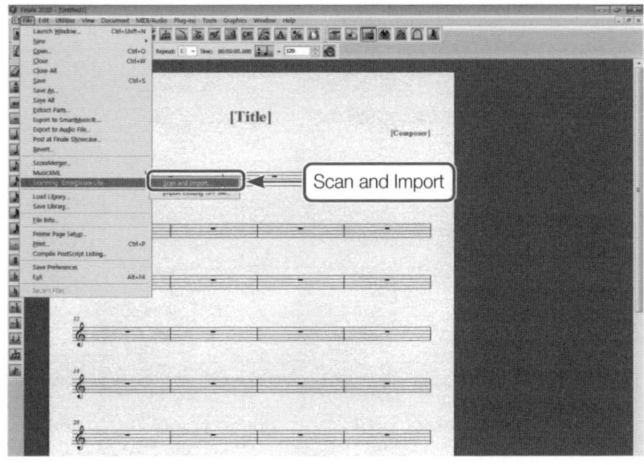

01 피날레를 학습하기 전에 연필로 그려 놓은 악보가 있다면, 스캔 기능을 이용해서 피날레 파일로 정리해둘 수 있습니다. 스캐너에 악보를 올려놓고, File 메뉴의 Scaning: Smartscore Lite에서 Scan and Import를 선택합니다.

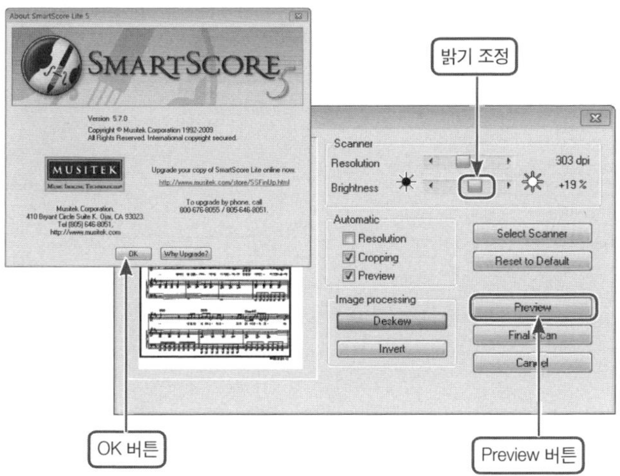

02 SmartScore Lite 로고 창이 열립니다. OK 버튼을 클릭하여 창을 닫으면, 스캐너 위에 올려져 있는 악보가 로딩됩니다. Brightness 슬라이드를 오른쪽으로 드래그하여 조금 밝게 조정하고, Preview 버튼을 클릭하여 다시 로딩합니다. 종이의 흰색과 음표의 검정색이 명확히 구분될 수 있게 조정해야 결과가 좋습니다.

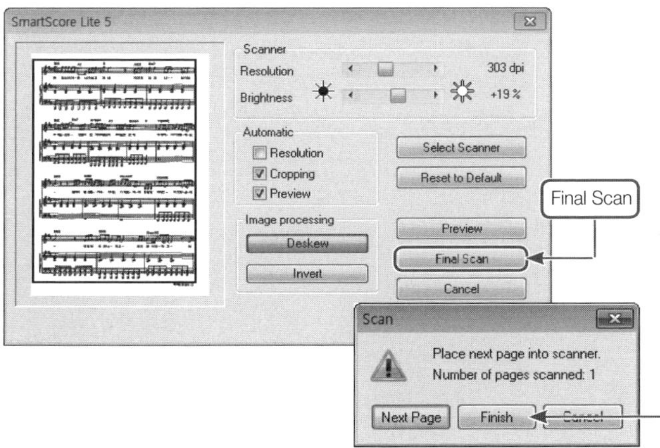

03 Final Scan 버튼을 클릭하여 스캔 작업을 진행합니다. 계속 스캔 작업을 진행할 것인지를 묻는 창이 열립니다. 다른 악보의 스캔 작업을 진행하겠다면, Next 버튼을 클릭하여 반복하고, 더 이상 스캔 받을 것이 없다면, Finish 버튼을 클릭하여 종료합니다.

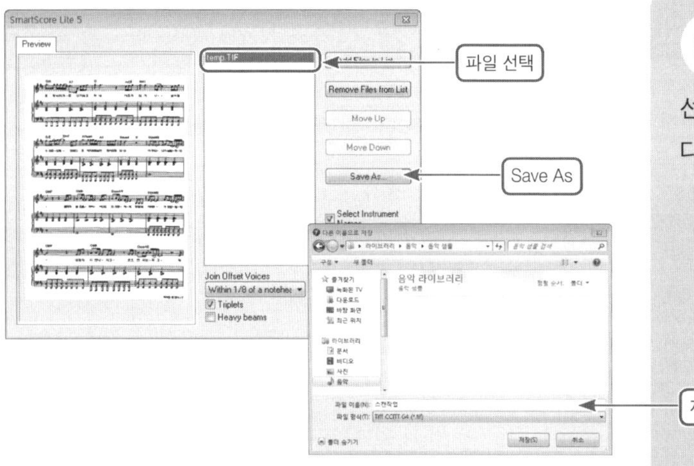

04 스캔 받은 악보는 temp.TIF 라는 이름의 임시 파일로 만들어집니다. 파일을 선택하고, Save As 버튼을 클릭하여 창을 엽니다. 그리고 파일 이름을 입력하여 저장합니다.

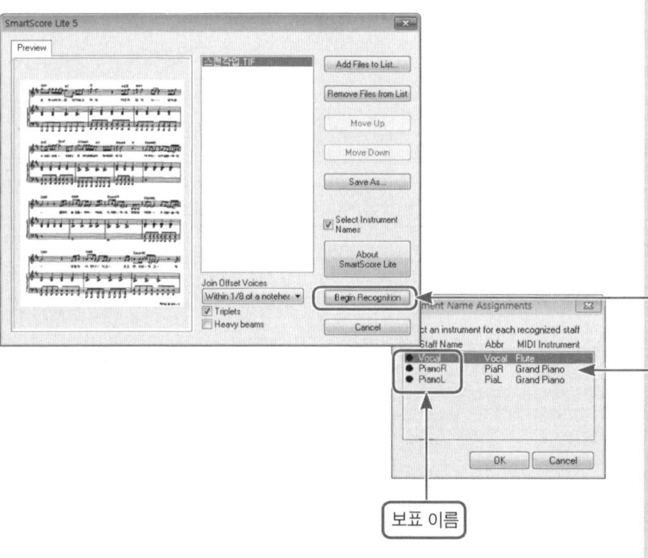

05 Begin Recognition 버튼을 클릭하여 피날레로 불러옵니다. 스캔 받은 악보의 보표 이름과 악기를 설정할 수 있는 창이 열립니다. 원하는 이름과 악기를 선택하고 OK 버튼을 클릭합니다.

06 악보 상태에 따라 만족스럽지 못한 경우도 있겠지만, 조금만 수정을 하면, 그 동안 연필로 그려놓았던 악보를 피날레 파일로 보관할 수 있게 되는 것입니다.

가정교사

피날레에 관한 모든 내용을 살펴보았습니다. 이해되지 않았던 부분이 있었다면, 다시 한 번 반복합니다. 처음 학습 때보다는 쉽게 이해할 수 있게 될 것입니다.

17 EPUB 파일 만들기

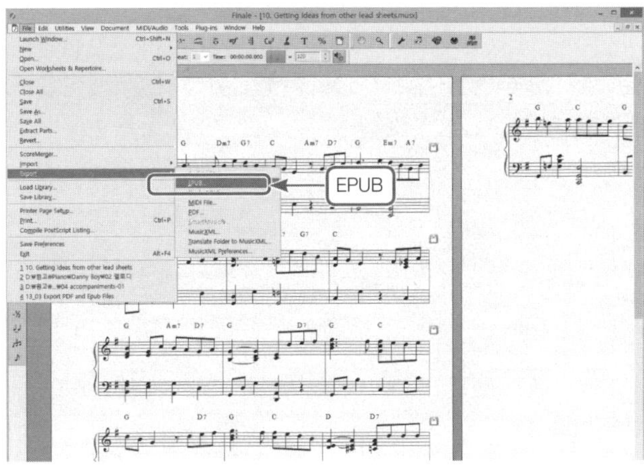

01 전자책의 표준 포맷인 Epub 파일을 File 메뉴의 Export에서 Epub를 선택하는 것만으로 간단하게 만들 수 있습니다.

02 저장된 Epub 포맷의 파일은 iPhone, iPad, Galaxy Note, Galaxy Tab 등의 모든 스마트 폰과 태블릿에서 지원합니다.

03 음악을 공부하는 학생은 물론이고, 자신만의 교육 자료를 준비하는 강사에게는 매우 유용한 기능이 될 것입니다.

학원 선택?
누구에게 배울 수 있는지가 중요합니다!
전 세계 유일의 특허 이론 저자 최이진에게 직접 배울 수 있는 곳!
EJ 엔터테인먼트 전속으로 졸업생 모두 음악 활동이 가능한 곳!

◐ 수강 과목 (입시/취미/프로반)

보컬	연습 반과 프로 반으로 운영되고 있으며, 프로 반의 경우에는 EJ Entertainment 전속으로 음반 및 방송 활동 기회를 제공합니다.
작/편곡	세계 유일 특허 출원 작/편곡 이론에 관한 특별한 노하우로 그 어떤 학교나 학원에서 배울 수 없는 이론 수업을 접할 수 있습니다.
재즈피아노	수 많은 프로 연주자를 배출한 교육 시스템으로 초, 중, 고급 개인차를 고려한 일대일 수업 방식으로 누구나 프로 연주자가 될 수 있습니다.
컴퓨터음악	국내 대부분의 실용음대에서 표준 교재로 사용되고 있는 저자의 일대일 수업. 큐베이스 및 로직의 실무 작업 테크닉을 전수받을 수 있습니다.
디제잉/패드	현장 경험과 다양한 교육으로 축적된 노하우를 제공합니다. 초급부터 화려한 테크닉을 숙련시키고 싶은 프로까지 개인별 목적에 맞추어 올바른 DJing 길로 안내합니다
기타/베이스	포크, 클래식, 재즈, 일렉 스타일별 맞춤 교육. 십 년 이상의 공연과 수 많은 앨범 세션 경험을 바탕으로 한 실무 테크닉을 배울 수 있습니다.

◐ 위치 : 2호선 서울대입구역 8번 출구

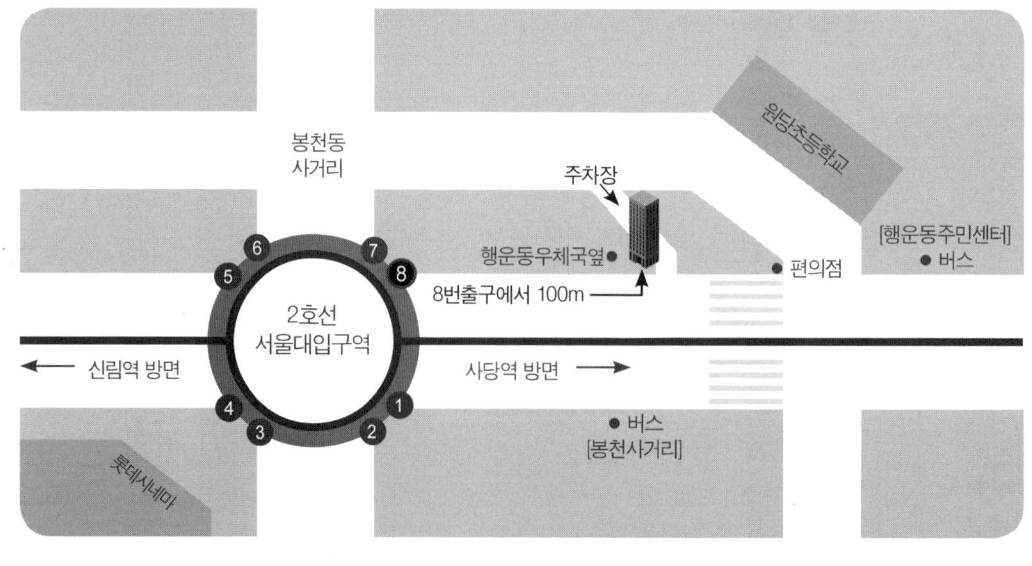